司法部指定司法鉴定教育培训系列教材

司法鉴定通论

（第二版）

主　编　霍宪丹

副主编　杜志淳　郭　华

撰稿人（以章节为序）　霍宪丹　郭　华　陈俊生　邹明理　常　远　杜志淳　孙大明　朱广友　陈忆九　李　莉　沈　敏　胡峻梅　王成荣　邹卫东　王永全　谭　立　何　敏　肇　旭

法律出版社

LAW PRESS·CHINA

——北京——

作者简介

霍宪丹 司法部司法鉴定管理局局长、教授，兼任中国法学教育研究会副会长、中国法医学会副会长。曾任司法部法学教育司副司长、第一届全国法律硕士专业学位教育指导委员会秘书长、中央司法警官学院院长等。主要研究法学教育、法律职业、司法鉴定、司法考试和社会系统工程。代表作：《中国法学教育反思》、《中国司法鉴定改革与发展范式研究》等；2002年以来，在《法学研究》、《中国法学》等核心期刊发表学术论文100余篇。

杜志淳 华东政法大学党委书记、教授、博士生导师。曾任司法部司法鉴定科学技术研究所党委书记。主要研究司法鉴定制度和司法鉴定技术，并主持了"中国罪犯DNA数据库模式库研究"、"DNA司法鉴定关键技术研究"等国家重点科技攻关项目。代表作：《司法鉴定机构质量体系文件》、《中国司法鉴定制度研究》、《司法鉴定立法问题研究》、《司法鉴定质量监控研究》等；在《法学》等核心刊物发表学术论文50余篇。

郭　华 中央财经大学法学院副教授，硕士生导师，预防金融证券犯罪研究所所长，法学博士、博士后；兼任中国刑事诉讼法学研究会理事，华东政法大学、中国政法大学应用法律研究中心、贵州民族大学研究员。主要研究诉讼法学、证据法学和司法鉴定制度，主持最高人民检察院、教育部、司法部、公安部、环保部、团中央等部级课题8项。代表作：《鉴定结论论》、《鉴定意见证明论》、《鉴定意见争议解决机制研究》、《案件事实认定方法》等；在《法学研究》、《政法论坛》、《法学家》、《法学》、《现代法学》、《法商研究》等核心期刊发表学术论文90余篇。

邹明理 西南政法大学教授，硕士生导师。曾任西南政法大学侦查系主任和司法鉴定中心主任，中国刑事科学技术协会理事等，代表作：《侦查学》、《司法鉴定》、《笔迹学》、《物证技术》；发表学术论文100余篇。

沈　敏 司法部司法鉴定科学技术研究所所长，研究员，博士生导师。兼任复旦大学、华东政法大学、苏州大学教授，主要研究系统毒物分析、毛发中滥用药物分析、司法鉴定质量管理，获省部级科技进步奖10余项。发表学术论文90余篇。

陈俊生 司法部法制司司长,北京大学法学硕士。曾任司法部司法鉴定科学技术研究所党委书记。发表学术论文20余篇。

朱广友 司法部司法鉴定科学技术研究所副所长、研究员、硕士生导师,《法医学杂志》主编。主要研究男性性功能障碍鉴定、活体年龄鉴定、人体损伤程度鉴定;发表学术论文多篇。

王成荣 西南政法大学教授,硕士生导师。主要研究痕迹鉴定等。代表作:《指纹学》、《痕迹学》;发表学术论文90余篇。

邹卫东 西南政法大学高级工程师,司法鉴定中心理化实验室主任。主要研究微量物证鉴定等。代表作:《微量物证仪器分析》;发表学术论文20余篇。

胡峻梅 四川大学华西医学院副教授、硕士导师、医学博士(研究方向精神病学与精神卫生学)。兼任中华医学会医学美学专委会青年委员,中华预防医学会四川分会行为医学专委会副主任委员。代表作:《现代精神疾病诊断与治疗》;发表论文40余篇。

陈忆九 司法部司法鉴定科学技术研究所研究员,博士生导师。主要研究机械性损伤、道路交通事故致伤者损伤成因并重建、电流损伤法医学鉴定等。发表学术论文多篇。

李　莉 司法部司法鉴定科学技术研究所研究员,硕士生导师,享受国务院特殊津贴。主要从事法医物证的科学研究,并主持完成了"十五"计划项目"法医DNA芯片技术研究"、"863"项目、"法医学DNA芯片研究与开发"等项目。发表学术论文多篇。

王永全 华东政法大学教授、硕士生导师,华东政法大学信息科学技术学院副院长,中国电子学会计算机取证专家委员会委员。主要研究网络与信息安全、计算机与声像资料鉴定等。发表学术论文40余篇。

孙大明 华东政法大学讲师,司法鉴定中心主检法医师,法学博士。主要从事司法鉴定制度和法医鉴定实务研究。代表作:《法医学》、《经济案件司法鉴定》、《司法精神病学》;发表学术论文10余篇。

谭　立　浙江大学城市学院教授、法学博士、财税金融法研究中心主任，注册会计师，中国经济法学研究会理事，中国财税法学研究会理事。代表作：《税法教程》、《证券信息披露法理论研究》、《法务（司法）会计前沿问题》等；公开发表论文50余篇。

何　敏　华东政法大学知识产权学院副院长、教授、博士生导师，法国巴黎第一大学法学博士，世界知识产权组织仲裁与调解中心调解员。主要研究知识产权法与科技法、法国法与欧盟法。代表作：《企业知识产权管理战略》、《科技法学》；发表学术论文40余篇。

肇　旭　生物学博士，法学博士后。主要研究知识产权法与科技法。在《Schizophrenia Research》、《European Journal of Human Genetics》、《国际遗传学杂志》等刊物发表学术论文多篇。

常　远　西北工业大学资源与环境信息化工程研究所教授、中国政法大学知识产权研究中心研究员，北京实现者社会系统工程研究院首席社会系统工程专家。主要研究证据系统和社会系统工程等。

第二版说明

本书自2009年出版发行以来,尽管时间较短,却因使用范围相当广泛,销售量较大,已经重印。近年来,随着司法制度和机制改革的深化,鉴定制度出现了一些新的变化。同时2011年最高人民法院、最高人民检察院、公安部、国家安全部、司法部《关于办理死刑案件审判判断证据若干问题的规定》对鉴定意见的审查判断作出了较为详细的规定,而2012年修改的《刑事诉讼法》和《民事诉讼法》对鉴定问题进行了大幅度地修改,尤其是公检法机关执行《刑事诉讼法》以及法院适用《民事诉讼法》有关司法鉴定的规定、解释与规则。同时,《精神卫生法》将"精神障碍医学鉴定"纳入司法鉴定的范围以及环保部等也将环境污染损害鉴定等纳入司法鉴定。《侵权责任法》实施后医疗损害鉴定将结束"二元制"鉴定体制。这些内容对作为司法鉴定通论的教材来说相当重要,需要对其进行补充与完善。基于教学、培训的需要以及出版社再版的要求,本次根据新近修改、制定的法律、司法实践经验以及创新社会管理的要求对其内容进行了修订,以保持本书在理论、学术以及鉴定技术上的前沿性。

在修订过程中尽管尽力保持准确性、全面性和前沿性,但因多专家参与以及专家、学科的不同仍难免存在不妥之处,诚请各位读者对本书提出宝贵的批评意见。

2012年12月30日

编写说明

为了适应我国现代化建设和依法治国基本方略对法律人才的需要，完善法律人才的知识结构和全面提高法律人才的素质，建设公正高效权威的社会主义司法制度，根据高等院校的教学方案和人才培养计划，我们组织部分高校、科研部门和司法鉴定管理部门、鉴定机构的教授、研究人员、管理专家以及司法鉴定专家编写了《司法鉴定通论》。本教材为普通高等院校法律专业的本科生和警察、检察官、法官、律师以及司法鉴定人的培训教材，也可作为研究生的参考资料。

本教材的编写坚持理论与实践的结合，注重应用性，充分反映司法鉴定制度和司法鉴定技术、方法发展的新成果。在保持理论深度的基础上，力求系统、准确地阐述司法鉴定的基本原理、基础知识和基本内容，努力保障教材的完整性、系统性、科学性和实用性，并提出了解决司法鉴定与司法实践相关问题的新的思路。本教材分导论、总论和分论。导论对司法鉴定的发展和教材的体系结构作了简略的介绍；总论侧重于鉴定制度、鉴定的原理以及鉴定管理、实施和适用等问题；分论注重各类鉴定的科学原理、依据、标准、方法、规范等问题，并在鉴定机理的说明、鉴定最容易出现问题的方面、鉴定文书的基本要求及其审查判断的方法作了阐释，力求给出分析、审查和判断鉴定意见的基本尺度。

本书撰稿人的分工如下：

霍宪丹　导论、第一章、第五章
郭　华　导论、第二章、第七章、第八章
陈俊生　第三章
邹明理　第四章、第十四章
常　远　第五章
杜志淳　第六章
孙大明　第六章
朱广友　第九章
陈忆九　第十章
李　莉　第十一章
沈　敏　第十二章
胡峻梅　第十三章

王成荣　第十五章
邹卫东　第十六章
王永全　第十七章、第十八章
谭　立　第十九章
何　敏　第二十章
肇　旭　第二十章

2009 年 1 月 10 日

目　录

导论 …… (1)

总　论

第一章　司法鉴定概述 …… (9)
第一节　司法鉴定的概念 …… (9)
第二节　司法鉴定的分类 …… (22)
第三节　司法鉴定的功能 …… (24)
第四节　司法鉴定的定位 …… (25)
第二章　司法鉴定演变历史 …… (28)
第一节　国外司法鉴定演变 …… (28)
第二节　我国司法鉴定沿革 …… (36)
第三章　司法鉴定基本原则 …… (46)
第一节　基本原则概述 …… (46)
第二节　依法鉴定原则 …… (48)
第三节　独立鉴定原则 …… (50)
第四节　客观鉴定原则 …… (53)
第五节　公正鉴定原则 …… (55)
第四章　司法鉴定基本原理 …… (58)
第一节　司法鉴定物质转移原理 …… (58)
第二节　司法鉴定同一认定原理 …… (62)
第三节　司法鉴定种属认定原理 …… (73)
第五章　司法鉴定管理制度 …… (76)
第一节　司法鉴定管理制度概述 …… (76)
第二节　司法鉴定管理体制构成 …… (80)
第三节　司法鉴定统一管理体制 …… (86)
第四节　司法鉴定管理制度的方向 …… (89)

第六章　司法鉴定实施制度 …………………………………… (98)
第一节　司法鉴定的启动 …………………………………… (98)
第二节　司法鉴定的受理 …………………………………… (106)
第三节　司法鉴定的实施 …………………………………… (108)
第四节　补充鉴定和重新鉴定 ……………………………… (122)
第五节　鉴定人出庭作证制度 ……………………………… (124)
第七章　鉴定意见适用制度 ………………………………… (126)
第一节　鉴定意见的证据性质 ……………………………… (126)
第二节　鉴定意见的质证制度 ……………………………… (130)
第三节　鉴定意见的认证制度 ……………………………… (140)
第八章　司法鉴定责任制度 ………………………………… (146)
第一节　司法鉴定责任概述 ………………………………… (146)
第二节　司法鉴定职业责任 ………………………………… (149)
第三节　司法鉴定法律责任 ………………………………… (155)

分　论

第九章　法医临床司法鉴定 ………………………………… (167)
第一节　法医临床司法鉴定概述 …………………………… (167)
第二节　法医临床司法鉴定的方法 ………………………… (169)
第三节　法医临床司法鉴定的主要内容 …………………… (170)
第四节　法医临床司法鉴定文书制作 ……………………… (173)
第五节　法医临床司法鉴定意见的评价 …………………… (175)
第十章　法医病理司法鉴定 ………………………………… (180)
第一节　法医病理司法鉴定概述 …………………………… (180)
第二节　法医病理司法鉴定的方法 ………………………… (183)
第三节　法医病理司法鉴定的主要内容 …………………… (189)
第四节　法医病理司法鉴定文书的制作 …………………… (197)
第五节　法医病理司法鉴定意见的评价 …………………… (199)
第十一章　法医物证司法鉴定 ……………………………… (203)
第一节　法医物证司法鉴定概述 …………………………… (203)
第二节　法医物证司法鉴定的方法 ………………………… (208)
第三节　法医物证司法鉴定的主要内容 …………………… (209)
第四节　法医物证司法鉴定文书的制作 …………………… (213)
第五节　法医物证司法鉴定意见的评价 …………………… (215)

第十二章　法医毒物司法鉴定 …………………………………………………… (219)
第一节　法医毒物司法鉴定概述 ………………………………………………… (219)
第二节　法医毒物司法鉴定的方法 ……………………………………………… (222)
第三节　法医毒物司法鉴定的内容 ……………………………………………… (224)
第四节　法医毒物司法鉴定文书的制作 ………………………………………… (228)
第五节　法医毒物司法鉴定结果的评价 ………………………………………… (230)
第十三章　精神疾病司法鉴定 …………………………………………………… (235)
第一节　精神疾病司法鉴定概述 ………………………………………………… (235)
第二节　精神疾病司法鉴定的程序 ……………………………………………… (236)
第三节　精神疾病司法鉴定文书的制作 ………………………………………… (238)
第四节　精神疾病司法鉴定的主要内容 ………………………………………… (239)
第五节　精神疾病司法鉴定意见的评价 ………………………………………… (252)
第十四章　文书物证司法鉴定 …………………………………………………… (254)
第一节　文书物证司法鉴定概述 ………………………………………………… (254)
第二节　文书物证司法鉴定的基本方法 ………………………………………… (258)
第三节　主要文书物证的鉴定内容 ……………………………………………… (261)
第四节　文书物证司法鉴定意见的评价 ………………………………………… (269)
第十五章　痕迹物证司法鉴定 …………………………………………………… (272)
第一节　痕迹物证司法鉴定概念 ………………………………………………… (272)
第二节　痕迹物证司法鉴定的原理 ……………………………………………… (274)
第三节　外表结构形象痕迹的司法鉴定方法 …………………………………… (276)
第四节　痕迹物证司法鉴定意见的评价 ………………………………………… (284)
第十六章　微量物证司法鉴定 …………………………………………………… (288)
第一节　微量物证司法鉴定概述 ………………………………………………… (288)
第二节　微量物证司法鉴定的步骤 ……………………………………………… (292)
第三节　微量物证司法鉴定的主要方法 ………………………………………… (297)
第四节　微量物证司法鉴定意见的评价 ………………………………………… (301)
第十七章　声像资料司法鉴定 …………………………………………………… (304)
第一节　声像资料司法鉴定概述 ………………………………………………… (304)
第二节　声像资料司法鉴定的方法 ……………………………………………… (306)
第三节　声像资料司法鉴定的主要内容 ………………………………………… (311)
第四节　声像资料司法鉴定文书的制作 ………………………………………… (314)
第五节　声像资料司法鉴定意见的评价 ………………………………………… (315)
第十八章　电子数据司法鉴定 …………………………………………………… (318)
第一节　电子数据司法鉴定概述 ………………………………………………… (318)

第二节 电子数据司法鉴定的方法 …………………………………… (321)
第三节 电子数据司法鉴定的主要内容 ……………………………… (323)
第四节 电子数据司法鉴定文书的制作 ……………………………… (329)
第五节 电子数据司法鉴定意见的评价 ……………………………… (331)
第十九章 会计司法鉴定 ……………………………………………… (334)
第一节 会计司法鉴定概述 ………………………………………… (334)
第二节 会计司法鉴定的方法 ……………………………………… (336)
第三节 会计司法鉴定的主要内容 ………………………………… (339)
第四节 会计司法鉴定文书的制作 ………………………………… (341)
第五节 会计司法鉴定意见的评价 ………………………………… (342)
第二十章 知识产权司法鉴定 ………………………………………… (345)
第一节 知识产权司法鉴定概述 …………………………………… (345)
第二节 知识产权司法鉴定的常用技术方法 ……………………… (349)
第三节 知识产权司法鉴定的主要内容 …………………………… (350)
第四节 知识产权司法鉴定文书的制作 …………………………… (370)
第五节 知识产权司法鉴定意见的评价 …………………………… (372)

导　论

随着我国民主法治建设的发展以及诉讼结构的调整、价值取向的变化和诉讼理念的转变，司法鉴定已不再被归为物证技术或者刑事侦查技术问题，也超越了作为证据获取手段或者侦查行为的范畴。司法鉴定制度已经成为司法制度的重要组成部分，并在诉讼实践中发挥越来越重要的作用。据统计，我国有些地区80%以上的诉讼案件以司法鉴定意见作为处理案件的重要根据；我国最高人民法院死刑复核发回重审的案件涉及司法鉴定问题的占80%。据《美国错案报告(1989~2003)》统计，自20世纪90年代初期，每年大约12件到2000年以后平均每年43件改判无罪的案件，其中，半数错案都是依靠DNA证据发现的。[1] 在我国，鉴定意见是诉讼法规定的法定证据之一，在司法证明和案件事实认定中具有其他证据不可替代的特殊功能，常以其"科学、公正"的形象在诉讼中发挥关键作用。正是在这个意义上，司法鉴定制度才成为及时裁判、公正司法越来越重要的可靠保障，司法鉴定也成为法学本科专业必不可少的一门课程。

一、学习司法鉴定的原因

司法鉴定与审判方式、证据规则和诉讼制度有直接的联系。它作为中国司法制度的组成部分应当与整个司法制度相一致，司法公正所包含的独立性、中立性、公开性等要素同样也是司法鉴定活动应当应遵循的基本原则。司法鉴定应当与审判方式、证据规则相适应、相协调，因为鉴定意见作为证据所涉及的司法鉴定人、鉴定机构以及鉴定原理、鉴定方法、鉴定标准等需要司法鉴定制度来规范；司法鉴定应当与诉讼制度相适应，因为任何鉴定意见只有经过举证、质证、认证这三个环节才有可能获得证据效力；司法鉴定只有与这些规则、制度保持一致的方向，才能在案件事实认定过程中甄别其他证据的真伪、揭示其他证据与案件事实之间内在联系，甚至澄清人证的证明效力，并在证明案件事实方面发挥识别、评价其他证据的作用。鉴于此，在司法实践中，"专家证人在现代诉讼中扮演着无可比拟的角色。伤害案件运用医生与经济学家；产品责任案件运用设计和安全专家；建筑案件运用结构工程师与建筑师；刑事案件运用指纹与DNA专家……"诉讼需要这些具有专门知识的鉴定人"解释事

---

〔1〕《法律能还你清白吗——美国刑事司法实证研究》，甄贞等编译，法律出版社2006年版，第2页。

情如何、为何发生,或者事情如何、为何没有如此发生”。[1] 因此,无论是法学理论研究还是司法实践均应重视司法鉴定,司法鉴定也应当成为从事司法活动主体必备的知识。因此,从事法律活动的人员,包括侦查人员、检察人员、审判人员、公证人员、仲裁人员、律师、调解人员以及执法人员等,均需要学习、了解司法鉴定的基本知识与基本制度,否则知识结构的缺陷会影响其证据应用能力,妨碍事实真相的发现,影响公正司法。

由于我国对司法鉴定研究以及对司法鉴定体制改革存在某些认识上的不足,无论在理论界还是实务部门都存在一些模糊的认识,特别是对其科学性的认识与理解仍存在一些误区。司法鉴定的科学性不仅包含鉴定对象的科学性(专门性问题)以及鉴定技术方法的科学性,更重要的是鉴定主体自身也应具有科学性:鉴定人应当是掌握科学技术或者特殊经验的专家;鉴定运用的原理与方法属于科学的原理与方法;鉴定使用的仪器设备符合科学的标准;鉴定得出的结论符合科学推理的要求;等等。这些问题需要得到澄清。

我国《刑事诉讼法》、《民事诉讼法》以及《行政诉讼法》均有关于专门性问题的规定,这些规定并未彻底解决司法鉴定在实践中存在的一些问题,[2] 况且,2012 年《精神卫生法》又将精神障碍医学鉴定纳入司法鉴定机构的任务范围以及环保部、卫生部等将环境污染损害、医疗损害等鉴定种类纳入统一司法鉴定体制,这些问题需要统一司法鉴定管理制度来解决。为此,2004 年年底中央提出了司法鉴定体制改革的目标和要求,2005 年 2 月 28 日在第十届全国人大常委会第十四会议上审议通过了《全国人民代表大会常务委员会关于司法鉴定管理问题的决定》(以下简称《决定》)。这对于司法鉴定的改革发展具有十分重要的意义。但是在理论和实践中对其还存在一些不同看法和模糊认识,影响了改革目标、要求的落实和《决定》的全面实施。

对于司法鉴定的误解主要表现为:(1)在司法鉴定范围划定上,认为纳入司法行政部门统一登记管理的鉴定为司法鉴定,未纳入统一登记管理的鉴定不是司法鉴定。实质上区分一般鉴定与司法鉴定的标准并不是是否纳入统一登记管理,而是是否对诉讼涉及的专门性问题,即能否为诉讼活动提供支持和案件事实认定提供依据。(2)在司法鉴定适用中,将为侦查服务作为确定犯罪嫌疑的技术侦查手段和检验鉴定与主要为审判服务作为定案根据的司法鉴定混同,导致案件事实认定上出现差错。为侦查服务作为确定犯罪嫌疑的检验鉴定是确定或者排除嫌疑,不能作为肯定性、确定性的定案证据,但可以作为排除认定的依据,两者在适用标准上是不同的。(3)对采用不同鉴定技术方法的鉴定不作区分,而实际上不同的鉴定技术方法对鉴定结果

---

[1] [美]汤玛斯·摩伊特著:《诉讼技巧》,蔡秋明、方佳俊译,台湾商周出版社 2002 年版,第 396 页。

[2] 王敏远、郭华著:《司法鉴定与司法公正研究》,知识产权出版社 2009 年版,第 71 页。

的意义是不同的。采用科学技术进行的司法鉴定，其结果一般具有可重复性和可验证性，客观性较强；采用经验知识进行的司法鉴定，其结果一般不具有重复性和可验证性，主观性较强。无论是客观性强还是主观性强，这些问题并不必然带来对准确性的评判问题，只是在审查、判断方法上应当有所区别。(4)对鉴定机构性质的认识存在错误。法律根据设立的主体不同而对鉴定机构作出的分类，并对职能鉴定机构在服务范围上有所限制，对社会鉴定机构则没有服务范围的限制，但不能因此得出社会鉴定机构就是面向社会接受委托从事鉴定业务的鉴定机构的结论。(5)对这些问题在有些教科书以及著作中还存在程度不同的误释，在一定程度上又制约了司法鉴定体制改革的深化，亟待在理论上予以澄清。这不仅是探讨如何深化司法鉴定制度改革的需要，[1]也是如何培养研究、探索司法鉴定的高层次人才的当务之急。

二、学习司法鉴定应当掌握的基本知识

司法鉴定的知识内容多，涉及的学科知识也相当广泛，它具有法学与科学技术、职业技能和执业经验相结合的特点。司法鉴定既要受到法律规范的调整，服务于诉讼，又有自身的科学规律，需要按照科学的要求实施其活动。因此，学习司法鉴定只有在了解其基本知识的基础上，掌握其学科的结构体系，对其有一个总体上的完整把握，获得较为深刻、全面、系统的领会，才能提高人们运用法律解决问题的能力。

司法鉴定的基本知识主要包括以下内容。

(一)司法鉴定的基本范畴、基本原则和基本原理

司法鉴定的基本范畴、基本原则和基本原理是司法鉴定学科最基础的内容，也是司法鉴定课程最基本的内容，更是从事司法鉴定活动以及利用司法鉴定、适用司法鉴定所必备的基础知识。这部分内容主要涉及司法鉴定的含义、特征和功能，司法鉴定的执业分类，司法鉴定的演变发展，司法鉴定的基本原则，司法鉴定的基本原理等。这部分内容在司法鉴定学科中具有基础性的地位，属于司法鉴定学科的基本知识和基本原理，也是学习司法鉴定入门的基础。

(二)司法鉴定的基本制度

司法鉴定作为司法制度的重要组成部分，与诉讼制度、证据制度和管理制度具有关联性。前面我们已经对它与前两者的关系作了简单的论述。司法鉴定不仅与这些制度存在紧密的联系，而且也有一些自己的特色，如司法鉴定管理制度、司法鉴定实施制度和司法鉴定适用制度。这些具有特色的制度体现出司法鉴定的独有特点，也反映出自己的本质规律。有些制度当下还不是太完善，有些还存在缺失，需要新的研究成果为其提供理论上的支持。这部分内容是司法鉴定知识体系和制度规范不可或缺的，只有在学习的基础上才能进行正确的理解和运用，也只有进一步学习和研究这些知识、原理与制度，才能为完善制度建设提供科学的建议。

---

[1] 郭华："司法鉴定制度改革的基本思路"，载《法学研究》2011年第1期。

(三)主要执业类别的鉴定方法

司法鉴定涉及种类众多,《决定》仅仅规定了主要在刑事诉讼领域常用的法医、物证、声像资料“三大类”鉴定事项。对于大量主要在民事诉讼和行政诉讼活动中使用的鉴定事项,2012 年修改的《民事诉讼法》拓宽了统一管理的鉴定事项,尤其需要《决定》通过授权性规定予以规范。然而,常用的“三大类”鉴定事项在实践中也因鉴定对象不同,其鉴定采用的原理、方法和步骤存在差异。即使同一种鉴定也存在不同的鉴定方法,如 DNA 鉴定是采用线粒体 DNA 还是染色体 STR 遗传标识检验等。对不同执业类别的鉴定方法的学习,并不要求学习者成为鉴定专家,旨在为哪种情形应当鉴定、如何质疑鉴定意见、审查判断鉴定意见,是否决定采用鉴定意见提供知识背景。

(四)司法鉴定意见审查判断方法

《决定》将司法鉴定的结果由原来的鉴定结论修改为鉴定意见。这种名称的变化不单纯是词语的简单更替,而是使司法鉴定作为言词证据在法定概念上得到充分体现,旨在改变司法鉴定人不出庭作证以及鉴定意见书证化的习惯做法。司法鉴定人出庭作证又为法庭审判对鉴定意见的质证等问题提出更高的要求。2012 年修改的《刑事诉讼法》和《民事诉讼法》对鉴定人出庭作出了专门规定,并建立了专家辅助人制度。[1] 同时,也要求法学专业的学生或者从事法律活动法律人应当对鉴定意见有所了解,对鉴定方法、鉴定原理、鉴定过程等有能力作出适当评估,以保证作为定案根据的鉴定意见具有可靠性。

对于一般人来说,以上知识的学习可能存在一些困难,但这又是法学专业学生、鉴定人员、审判人员、检察人员、侦查人员以及仲裁人员、社会管理和行政执法人员、律师、公证、调解员等专业人员应当具备知识。否则,因法律知识结构不完整难以满足现代诉讼的需要,难以完成科学、合理解决问题的重任。只有具备了这方面的相关知识,才能与其他法律知识进行融合,为举证、质证、审查判断以及采信鉴定意见奠定基础。

三、本教材的基本体系结构

本教材基于通论的考虑以及学习司法鉴定系统知识的需要,其体系结构分为导论、总论和分论三个方面。

导论主要从宏观方面介绍司法鉴定学科在法学学科的重要性、为什么学习司法鉴定、学习司法鉴定课程应当掌握哪些基本知识以及司法鉴定学科的基本体系结构。

总论主要包括司法鉴定的概念和性质、司法鉴定的演变、司法鉴定的基本原则、司法鉴定的基本原理、司法鉴定的管理制度、司法鉴定的实施制度、鉴定意见的适用制度、司法鉴定责任制度等内容。

---

〔1〕 郭华:“切实保障刑事诉讼法中司法鉴定条款的实施”,载《法学》2012 年第 6 期。

分论主要包括法医临床司法鉴定、法医病理司法鉴定、法医物证司法鉴定、法医毒物司法鉴定、精神疾病司法鉴定、文书物证司法鉴定、痕迹物证司法鉴定、微量物证司法鉴定、声像资料司法鉴定、电子数据司法鉴定、会计司法鉴定、知识产权司法鉴定等内容。

本教材旨在使读者通过学习,能够了解我国司法鉴定的基本知识、基本内容和基本制度,特别是鉴定活动应当遵循的原则以及鉴定委托、实施和适用的程序,达到对司法鉴定在诉讼制度和证据制度的作用、功能、价值等问题有所理解的目标。特别是对分论中常见司法鉴定的技术方法、主要内容、鉴定文书的制作以及鉴定意见的评价等方面作出的简要叙述,可为了解不同类型司法鉴定的鉴定方法、原理提供知识,以期培养对常见司法鉴定意见的分析、运用与审查、判断的评价能力。

总　　论

第一章　司法鉴定概述

本章重点内容

本章主要介绍了司法鉴定的基本概念、基本性质和基本属性以及司法鉴定分类结构和司法鉴定制度的基本功能，阐述司法鉴定在证据体系、司法制度中的基本地位。

本章学习要求

学习本章内容，应当掌握司法鉴定的本质特点和基本属性，充分认识司法鉴定在证据体系、司法制度中的地位，了解司法鉴定分类在司法鉴定中的重要意义和基础作用。

第一节　司法鉴定的概念

在法治社会中，诉讼活动的中心和主轴是审判，法院开庭审理案件的基本职责和任务：一是认定案件事实，二是正确适用法律，三是监管和推动程序。法庭认定案件事实的基本手段就是证据。人类社会的证明活动经历了从神证到人证再到物证的三个发展阶段。新中国成立以来，在相当长一段时期内，物证作为一种刑事技术手段主要在侦查活动中得以运用。随着改革开放和民主法制的建设，物证已经从一种技术手段转化为一种诉讼证据，主要服务于司法审判活动。与此相适应，司法鉴定逐步实现了从技术侦查手段到诉讼证据，从技术检验到司法鉴定，从主要为侦查活动服务到保障司法公正的制度性措施的转变。自此，司法鉴定作为科学证据在诉讼活动，尤其是司法审判中的地位越来越重要。它在准确、有效地查明案件事实，正确适用法律，保障及时裁判和公正司法方面发挥着不可替代的重要作用，因此也受到各国的重视，具有“科技能为正义说话”的功能和意蕴。

在司法文明、司法民主和人权保障的推动下，那种仅仅依赖人证（尤其是被告人口供)作为证明手段的时代已经过去。在欧洲,17世纪之前,证据的概念仅限于证人证言或者人造记录,排除了从物质材料进行推理的思想。20世纪80年代后期,开始出现了一种支持"以证据为基础的医学"和"以证据为基础的政策"。[1] 物证较之人证则具有更为重要的证明价值和社会公信力。但由于在诉讼活动中,特别是在司法审判中,绝大多数物证中蕴含的证据信息都需要通过司法鉴定活动将其"提炼"出来,并证实有关专门性问题和案件事实是什么,而认定案件事实的职责在法院,就此而言,司法鉴定对于发现案件事实真相和司法证明具有极端重要性。[2] 鉴于此,司法鉴定与诉讼制度、证据制度有密切的联系,是司法制度的重要组成部分,是正确认定案件事实、保障法律正确适用、实现司法公平不可缺少的司法制度之一。

司法鉴定活动是一种运用科技方法、专门知识、职业技能和执业经验为诉讼活动提供技术保障和专业化服务的司法证明活动。司法鉴定制度既是司法活动的保障制度,又是社会主义司法制度的重要组成部分。因此,从参与诉讼的角度来看,它应当是鉴定主体的合法性、诉讼地位的中立性和诉讼程序的正当性的统一;从科技实证活动的角度来看,它应当是仪器设备的专业性、技术方法的成熟性、操作程序的规范性和鉴定人职业性的统一。

一、司法鉴定的概念

(一)鉴定的语义分析

"鉴定"一词可拆分为"鉴"与"定"。"鉴"为仔细审视、查验或鉴别,本身表现为一系列带有连续性行为的程序活动。这些程序既包括"鉴"的启动行为,也包括鉴定人亲自对鉴定客体的审视、察验或鉴别等行为,并且这些行为的连续形成了程序化的程式。"定"则可理解为"认定"或"断定",是鉴定程序所制造出来的"产品",也是鉴定实施的程序性结果以及目的之所在。"鉴"与"定"具有密不可分性、先后承继性以及连续不断性。"鉴"的程序规则是鉴定活动赖以展开的支持力量,也是"定"得以生成的空间。无论是作为证据内容的鉴定意见还是作为证据事实载体的鉴定意见,它们相对于鉴定程序来说,均具有"实体"的意义。鉴定作为一种诉讼活动仍然要通过法定的诉讼程序的检验,通过可检验性和错误可证实性来体现它的可靠性和有效性。[3] "司法鉴定"一词最初仅指法院启动的鉴定,但随着司法实践发展和法制的推进,"司法鉴定"一词也不断发展变化,不能再狭隘地理解它。

"司法鉴定"一词在我国的使用已有几十年的历史,学者、专家乃至普通老百姓

---

〔1〕 [美]Willian Twining:"证据:跨学科的科目",载《证据论坛》(前沿、实务、文摘)(第13卷),王进喜译,法律出版社2007年版。

〔2〕 徐静村:"证据理论革命与司法鉴定——以刑事证据为视角",载《中国司法鉴定》2008年第1期。

〔3〕 郭华著:《鉴定结论论》,中国人民公安大学出版社2007年版,第3~4页。

对这一词已是相当熟知。[1] 但“司法鉴定”并不是“司法”和“鉴定”的简单相加，“司法”也并非是指鉴定属于司法的职能，只是表明司法鉴定涉及司法活动而已，说明该鉴定主要是为司法审判工作服务的。司法鉴定的基本属性就在于其法律性与科学性的高度统一。它既不是一般的科学技术性活动，也不是仅仅为某一司法职能服务的科技活动。“司法”两字仅是标明了“鉴定”的法定性，说明该项活动是具有法律意义的，其操作受法律约束和规范，其结论一经采信便具有法律效力。“司法鉴定”是在诉讼过程中为诉讼活动尤其是司法审判提供保障与服务的，既不同于一般的科学鉴定和技术鉴定，也不同于日常生活中对有些事项进行真假鉴别的活动。后二者因其并不进入诉讼领域，不具有法定意义上的司法鉴定的内涵。

（二）司法鉴定的立法定义

司法鉴定是指在诉讼活动中鉴定人运用科学技术或者专门知识对诉讼涉及的专门性问题进行鉴别和判断并提供鉴定意见的活动。这一定义主要包括以下几层含义。

1. 司法鉴定是在诉讼活动中进行的，是一项涉及诉讼活动，尤其是司法审判的活动。《决定》第1条规定：“司法鉴定是指在诉讼活动中鉴定人运用科学技术或者专门知识对诉讼涉及的专门性问题进行鉴别和判断并提供鉴定意见的活动。”法律之所以将诉讼法中的“鉴定”称为“司法鉴定”，并不是因为鉴定活动本身具有司法职能，而是因为鉴定是在诉讼活动尤其是司法审判中进行的。在现实社会中，需要运用科学技术或者专门知识进行鉴别和判断的问题很多，但这类活动不一定都属于司法鉴定，有些活动仍属于司法鉴定，如精神卫生法规定的精神障碍医学鉴定。只有在诉讼活动中对案件的某些专门性问题进行鉴别和判断的活动，才属于法定意义上的司法鉴定。

我国的诉讼活动包括刑事诉讼、民事诉讼、行政诉讼三大领域。因此，《决定》规定的“在诉讼活动中”，就是指在刑事、民事、行政三种诉讼活动中。但从《决定》中司法鉴定的内涵来看，鉴定是对诉讼涉及的专门性问题进行的鉴别和判断活动。也就是说，凡涉及诉讼而又有争议的专门性问题具有必要性和可能性的就应当进行司法鉴定，其涉及的诉讼范围包括诉前、诉中及诉后的执行阶段。因此，不宜把司法鉴定仅仅局限于法庭审判阶段。

2. 司法鉴定的主体是司法鉴定人。《决定》规定的“鉴定人”，是指在诉讼活动中，依法接受委托对诉讼涉及的专门性问题进行鉴别和判断并提供鉴定意见的人。

---

〔1〕 国外有的也称为法庭科学，2005年全国人大常委会立法时，也有人提出过使用法庭科学的概念，但大多数人不同意。一是因为司法鉴定在我国已经使用了几十年了，约定俗成，不宜改变。二是所谓法庭科学与法庭采用的科技手段之间容易混淆。三是在国外法庭科学习惯于特指刑事活动中涉及的鉴定事项，而且其范围随着社会的发展已经从原有的11项拓展到了30余项，民事活动涉及的范围就更广了，估计有好几百项，这都是传统法庭科学无法容纳的。基于此，全国人大常委会在立法时使用的是“司法鉴定”。

鉴定人不属于司法人员,而是一种特殊的诉讼参与人,英美法国家将其称为“专家证人”。司法鉴定人作为一种特殊的诉讼参加人,必须具有解决相关诉讼涉及的专门性问题所必需的科学技术手段、专门知识、执业经验和职业技能,并负有依法就提供的鉴定意见出庭作证的义务。

3. 司法鉴定的目的是解决诉讼涉及的专门性问题,帮助查明案件事实。对于诉讼涉及的专门性问题,需要进行鉴定的,应当依法进行鉴定。2012 年修改的《刑事诉讼法》第 144 条规定:“为了查明案情,需要解决案件中某些专门性问题的时候,应当指派、聘请有专门知识的人进行鉴定。”2012 年修改的《民事诉讼法》第 76 条规定:“当事人可以就查明事实的专门性问题向人民法院申请鉴定。当事人申请鉴定的,由双方当事人协商确定具备资格的鉴定人;协商不成的,由人民法院指定。”“当事人未申请鉴定,人民法院对专门性问题认为需要鉴定的,应当委托具备资格的鉴定人进行鉴定。”《行政诉讼法》第 35 条规定:“在诉讼过程中,人民法院认为对专门性问题需要鉴定的,应当交由法定鉴定部门鉴定;没有法定鉴定部门的,由人民法院指定的鉴定部门鉴定。”可见,司法鉴定的目的就是解决诉讼涉及的专门性问题。《决定》规定的“诉讼涉及的专门性问题”,主要是指在刑事、民事、行政诉讼中,属于案件证明对象范围内的事项,如亲子关系的确定、精神疾病的认定等。对那些仅凭侦查人员、检察人员或者审判人员的直观、直觉或者逻辑推理还是无法作出肯定或者否定的判断的事项,必须依法运用科学技术手段或者专门知识对专门性问题进行鉴别和判断才能得出正确的结论。

4. 司法鉴定的方法是运用科学技术手段、专门知识、执业经验和职业技能进行鉴别和判断。司法鉴定是在诉讼活动中一项重要的调查取证和证明活动。在诉讼活动中,有些问题不是能够凭着直观、直觉或者逻辑推理直接认识和判断的,必须借助于科学技术或者专门知识进行鉴别和判断。“科学技术”是指人类在利用自然和改造自然过程中形成的反映自然、社会、思维等客观规律的知识体系。“专门知识”是指人们在某一领域的生产劳动及实践中积累起来的专业知识和执业经验总结。

5. 鉴定人应当提供鉴定意见。鉴定人在完成鉴定工作后,应当依照法律规定的要求及其协议的约定,向委托人提供本人签名的书面鉴定意见。“鉴定意见”在诉讼法上称为鉴定结论,是指鉴定人在运用科学技术、专门知识、执业经验和职业技能对诉讼中涉及的专门性问题进行鉴别和判断的基础上给出的结论性意见。

鉴定意见作为鉴定人个人的认识和判断,表达的只是鉴定人个人的意见。对整个案件来说,鉴定意见也只是本案证据中的一种证据,在诉讼活动应当进行质证,并结合案件其他证据加以审查,综合判断其能否作为认定案件事实的根据。在司法实践中,由于对鉴定结论的本质特征缺乏必要的知识,有些审判人员既疏于对鉴定意见的分析判断,也懒得对鉴定意见进行必要的质证和审查,过多地依赖鉴定意见往往导致审判受制于鉴定,“打官司”变成了“打鉴定”,因而在诉讼中出现了不少问题。特别是在一个案件中对某一事项有多种不同鉴定结论的情况下，审判人员往往以鉴定人员的学历高低、资历深浅，或者鉴定机构的级别来决定对鉴定意见的取舍，忽视通过对每个鉴定人进行质证，进而审查其鉴定意见的科学性、可靠性，从中选择正确的鉴定意见。[1]

(三)司法鉴定概念的评析

我国的立法对鉴定的概念也历经了不同界定的过程。[2]《关于司法鉴定管理问题的决定(草案)》[以下简称《决定(草案)》]中将鉴定界定为："司法鉴定是鉴定人运用科学技术或者专门知识对涉及诉讼的专门性问题进行检验、鉴别和判断并提供鉴定结论的活动。"《决定》则其表达为："司法鉴定是指在诉讼活动中鉴定人运用科学技术或者专门知识对诉讼涉及的专门性问题进行鉴别和判断并提供鉴定意见的活动。"该立法概念与我国其他法律以及《决定(草案)》的规定相比存在以下不同。

1. 在鉴定前直接冠以"司法"，受到司法范畴的限定，将鉴定与司法活动联系起来，鉴定因此获得了诉讼的性质，这为进一步扩张鉴定为司法服务，鉴定机构和鉴定人相对其他诉讼主体而中立创设空间，为司法鉴定成为证据方法提供了条件。[3] 同时，也为鉴定成为诉讼活动的一部分提供了法律依据。

2. 立法概念反复强调鉴定活动的诉讼性。《决定》在原《决定(草案)》的基础上增加了"在诉讼活动中"的定语，并专指"在诉讼活动中"并且"对诉讼涉及的专门性问题"进行的鉴定。即使在诉讼中进行的鉴定，但该鉴定不是诉讼涉及的专门性问题也被排除司法鉴定的范围，或者虽然该鉴定是针对"诉讼涉及的专门性问题"，但不是"在诉讼中"进行的鉴定也不属于司法鉴定。这是对司法鉴定的必要性作出的明确规定，也为鉴定作为一种程序性活动而非简单归结为行为奠定了诠释性的基础。

3. 立法概念删除了原草案存在的鉴定过程中的"检验"活动，仅涉及"鉴别和判断"活动，且属于两项活动同时并存，相对缩小了鉴定活动的范围，似乎不尽全面。因为"鉴定人所进行的工作一般分为两个部分。第一部分就是较为复杂的检验工作(解剖尸体、化学分析、把犯罪地点遗留下来的指印与嫌疑人的指印相比较)。这种检验就把一定的事实——证据——确定下来。例如，尸体的肝脏破裂，在食品中有某

---

[1] 全国人大常委会法制工作委员会刑法室编著：《全国人民代表大会常务委员会关于司法鉴定管理问题的决定释义》，法律出版社2005年版，第1～4页。

[2] 郭华著：《鉴定结论论》，中国人民公安大学出版社2007年版，第18～20页。

[3] 我国学者对于鉴定是否前面冠以"司法"存在争议。一种意见认为，"司法鉴定"一词只突出"司法"，容易模糊人们对鉴定科学性质认识。参见徐立根："论鉴定"，载何家弘主编：《证据学论坛》(第1卷)，中国检察出版社2000年版，第20页。也有人认为，司法鉴定之"司法"并不是说这种鉴定是由司法机关进行或是带有司法裁判的性质，它只具有分类学上的意义，表明这种鉴定结论是在司法过程中开展的。参见汪建成、吴江："司法鉴定基本理论之再检讨"，载《法学论坛》2002年第5期。据考证，我国"司法鉴定"一词最早出自最高人民法院、最高人民检察院、公安部、卫生部和司法部1989年《精神疾病鉴定暂行规定》，可以这样说，"司法鉴定"一词来源于司法实践。

种毒物存在;有一定数量的指纹相符合。鉴定人的第二部分工作就是说明他已经确定的事实,务使这种事实为侦查员、公诉人或法庭理解。这种说明就在于:鉴定人把自己专门知识中的经验原理告诉不通晓这种原理的法院"。[1] 司法鉴定意见是鉴定人从被鉴定物中"提炼"出来的"证据信息",所以鉴定活动本身不仅存在"鉴别"和"判断",也存在"验真"的检验活动,"检验"在一定范围内也应当属于鉴定活动的一个内容。

4. 将其界定为提供鉴定意见的活动,且这种提供鉴定意见的活动与鉴定人对于专门性问题进行鉴别和判断并列,属于一种连续性的活动,缺少任何一项则不具有完整的意义。这表明鉴定既存在鉴定人对于专门性问题进行鉴别和判断行为,也存在这种行为的结果以及提供鉴定意见的行为。如果鉴定人没有对于专门性问题进行鉴别和判断,提供的鉴定意见则无效,因为违反了鉴定行为的"连续性",不符合鉴定的实质概念;如果鉴定人对于专门性问题进行鉴别和判断,而没有提供鉴定意见,鉴定不仅没有达到委托或聘请的目的,而且出现"连续性"的中断,也不是法定意义上的鉴定。在实践中,不能排除上述现象的存在。前者是因为鉴定人的主观原因,仅在鉴定书上签字而没有实际进行任何鉴定行为,属于"挂名的鉴定人";或主要的鉴定活动由其助手来完成,鉴定人仅为形式上的署名人。后者因鉴定客体不具备鉴定条件,无法得出鉴定意见,鉴定人作出结论客观上存在不能;或因鉴定人自身能力的不足,对于符合鉴定条件的鉴定,不能得出鉴定意见,属于鉴定人主观上的不能,仅提出倾向性的意见。《决定》为避免上述情况的发生,保证鉴定的质量和程序的合法,采用在诉讼活动中鉴定人运用科学技术或专门性知识对诉讼涉及的专门性问题进行鉴别和判断"并"提供鉴定意见的活动的规定,可以说用心良苦,意义重大,为合理架构鉴定诉讼程序规则提供了法律依据。

基于以上分析,鉴定涉及两个方面的内容,即诉讼过程中的(法律)程序活动和鉴定实施中的(技术)程序活动。即鉴定是指在诉讼中,依法启动鉴定程序委托或聘请鉴定人或其他具有专门知识、技能或特别经验的人,依照法定程序对案件涉及的某些专门性问题实施检验、鉴别、判断并提供意见的"证据调查活动"。将司法鉴定作为一种诉讼过程中的证据调查活动,强调它的法定程序性质;从鉴定的启动到鉴定结论的生成,整个过程均存在鉴定法律关系主体的互动,体现程序的参与性,即使鉴定人在具体运用专门知识的同时,也存在各参与者之间构造安排以及相互制约关系,使之不同于"科学技术活动",也不是单纯的鉴定人的行为,亦不同于所谓的"技术侦查

[1] [苏]M. A. 切里佐夫著:《苏维埃刑事诉讼》,中国人民大学刑法教研室译,法律出版社 1955 年版,第 244 页。

行为”；同时，这种证据调查活动是“诉讼中一项重要的调查取证活动”，[1]但不同于单纯的证据收集活动[2]——在某种意义上它属于一种“制造证据的活动”，也不同于法庭调查活动中狭义的证据调查的证据核实活动。因此，以证据调查活动作为鉴定的基本定性，能够充分反映鉴定的诉讼程序性。

（四）明确司法鉴定概念的意义

司法鉴定的基本概念是司法鉴定制度的基石。司法鉴定在诉讼中的地位作用、鉴定权的归属、司法鉴定管理、司法鉴定实施程序及技术标准等一系列实践中亟待解决的问题，都应当围绕司法鉴定的内涵和外延进行科学地构建。因此，深入理解和掌握司法鉴定的概念，对于明确司法鉴定与其他专业技术鉴定的区别以及各种鉴定的地位和作用，规范司法鉴定管理，乃至构建我国的司法鉴定制度都有十分重要的意义。

明确司法鉴定概念的意义在于：一方面有利于澄清认识和理解上的错误。如认为纳入司法行政部门统一登记管理的鉴定为司法鉴定，未纳入统一登记管理的鉴定不是司法鉴定，实质上鉴定是否纳入统一登记管理与否不是区分一般鉴定与司法鉴定的标准，应以是否是对诉讼涉及的专门性问题，即是否为诉讼活动提供支持作为其区别的标准。如对社会鉴定机构性质的认识错误。社会鉴定机构相对职能鉴定机构而言，是根据设立的主体不同而对鉴定机构作出的分类，职能鉴定机构知识在执业范围上有所限制，社会鉴定机构不受限制，并不是社会鉴定机构面向社会接受委托从事鉴定业务。司法鉴定的科学性不仅是采用科学技术，还包括以下内容：鉴定人的职业性——他们是掌握科学技术或者特殊经验的专业技术人员和专家；鉴定运用的原理与方法属于科学的原理与方法；鉴定使用的仪器设备符合科学的标准；鉴定得出的结论符合科学推理的要求；等等。

另一方面，有利于全面准确地理解司法鉴定的概念与性质。凡涉及诉讼的鉴定或者为诉讼服务的鉴定都属于司法鉴定。无论是在立案前调查、诉讼中和诉后执行中进行的鉴定，还是“法医类、物证类、声像资料类”或者“其他类”的鉴定，凡是运用专门知识解决涉及诉讼的专门性问题的科学证明活动都应当属于司法鉴定的范畴。司法鉴定活动是随着司法活动的专业化、复杂化、综合化的发展趋势而不断变化的，但无论怎样变化，其外延不能无限扩大。司法鉴定作为一种客观化程度较高的一种司法证明制度和证据调查方法，不仅直接为诉讼活动提供可靠的技术保障和专业服务，而且也为其他法律活动、准司法活动、社会管理活动和行政执法活动以及各种社

---

〔1〕 全国人大常委会法制工作委员会刑法室编：《〈全国人民代表大会常务委员会关于司法鉴定管理问题的决定〉释义》，法律出版社2005年版，第3页。

〔2〕 最高人民法院《关于民事诉讼证据的若干规定》将鉴定规定在“人民法院调查收集证据”内容之中，所以我们将鉴定定性为证据调查活动。

会纠纷解决活动提供证明服务。

二、司法鉴定的基本性质

(一)司法鉴定的基本性质

司法鉴定既不是行政行为,也不是司法行为和一般的科学技术行为,更不能简单地称为法律服务行为。司法鉴定是一种运用科学技术方法、专门知识、职业技能和执业经验为诉讼活动,尤其是为司法审判活动提供技术保障和专业化服务的司法证明活动,其基本性质是科学性与法律性的有机统一。这一本质特点或双重属性主要体现在以下几个方面:

(1)司法鉴定活动的双重性。司法鉴定活动既是一种科学技术实证活动,同时也是一种诉讼参与活动。但司法鉴定活动不等于审判活动,鉴定结论也不等于审判结论。

(2)司法鉴定机构的双重性。除一部分专门设立的司法鉴定机构外(大多为诉讼职能部门内设的鉴定机构,也称为职权鉴定机构),社会鉴定机构往往既是本行业的技术鉴定机构,又是具有司法鉴定主管部门通过行政许可授权的司法鉴定机构。

(3)司法鉴定人身份的双重性。在一些领域中,司法鉴定往往既是科学技术人员,又是司法鉴定人。司法鉴定人是诉讼参与人,不仅需要拥有本领域的专业技术,更需要有司法鉴定人执业资格。

(4)调整司法鉴定活动的规范也具有双重性。既包括一些法律规范,又包括行政管理规范和技术规范。

(5)权力配置的双重性。既涉及司法权又涉及行政权。对司法鉴定的管理是一种为司法活动服务的行政权,即司法行政权;对于鉴定的启动等诉讼程序则属于司法权。

(6)司法鉴定制度的双重性。司法鉴定制度既涉及司法制度,如司法鉴定的启动制度以及鉴定意见的举证、质证、认证和采信制度,又涉及司法行政管理制度,如司法鉴定职业的准入管理,鉴定机构的设立、授权和资质管理。

(二)认识司法鉴定基本性质的意义

司法鉴定的基本性质决定了司法鉴定作为一种科学性与法律性相统一的特殊的科学技术鉴定,与一般意义上的科学鉴定和其他行业部门的技术鉴定不同,决定了司法鉴定机构不同于科学鉴定机构和技术鉴定机构。这一基本性质还决定了司法鉴定活动既不同于侦查活动、检察活动和审判活动,也不同于技术侦查中的技术检验活动和现场勘验活动。

司法鉴定的基本性质决定了其他行业的专业技术职称既不等同于也不能替代司法鉴定的职业资格和司法鉴定人的执业资格证书,决定了部门和行业设立的技术鉴定机构未经司法鉴定主管部门的事先审核登记或司法机关的临时聘请并不天然或当然具有司法鉴定权。从司法改革的方向、基本要求和现有的法律法规的有关规定精神来看，人民法院在对外统一招聘或委托司法鉴定时，应当与现有的司法鉴定人管理制度、司法鉴定机构管理制度和司法鉴定程序通则相衔接，即在取得司法鉴定许可权的机构和司法鉴定人执业证的范围内指定或委托开展司法鉴定。同时，它还决定了司法鉴定制度的改革目标和发展方向既应当遵循司法体制改革的总体要求和发展方向，也要适应科学技术发展的规律和要求，做到法律规范、行政规范和技术规范的协调、统一。因此，正确认识和理解司法鉴定的基本性质对于正确适用司法鉴定和科学进行司法鉴定制度改革均具有特别重要的意义。

三、司法鉴定的基本属性

司法鉴定的基本性质决定或派生出其基本属性。司法鉴定作为一种法定证据，除了应当具备证据的一般要求外，还有有别于其他证据的基本属性，即具有法定性（法律性）、中立性（独立性）和客观性（真实性）相统一的突出特点。

（一）法定性（法律性）

司法鉴定的法定性是指司法鉴定活动是诉讼参与活动，不仅司法鉴定的主体需要有法定资格，而且从启动条件、鉴定实施、得出鉴定意见到出庭作证和质证、采信都有明确的法律规定。一是鉴定程序要严格遵守诉讼法的规定。如在刑事诉讼中，鉴定只能在诉讼过程中提起并由承办案件的司法机关决定。司法鉴定不是市场行为，不能因个人意愿自由启动和实施。二是司法鉴定机构必须经过国家司法鉴定的主管部门批准和授权或经司法机关临时指聘。[1] 三是鉴定客体（对象）仅限于案件中经过法律或法定程序确认的某些专门性问题。四是鉴定主体必须是取得司法鉴定许可证的鉴定机构和具有鉴定人执业资格的自然人，而不是科技机构或业务部门、行业组织专业技术及人员。鉴定人作为诉讼活动的参与人，应当依法出庭接受询问和参与质证。五是鉴定活动属于以科学技术手段核实证据的诉讼参与活动。六是鉴定意见是法定的证据种类之一。由此可见，司法鉴定主要是为司法审判服务的，司法鉴定人是诉讼参与人，司法鉴定活动是诉讼活动的组成部分。同时司法鉴定的改革必须与司法制度、诉讼模式和审判方式、证据规则的改革完善同步配套。从根本上讲，司法鉴定制度的发展与完善有赖于法治环境的健全改善。

（二）中立性（独立性）

中立性是司法鉴定活动的内在要求：只有中立，才能公正；只有公正，才有权威；

---

〔1〕 根据2004年7月1日生效的《行政许可法》的规定，司法鉴定机构的设立和从事司法鉴定活动资格的取得均属于需要行政许可的事项。可以说《行政许可法》之第12条、29条、54条、62条、67条、68条等条款，以基本法的形式规定了机构的设立程序、鉴定人选拔方式以及鉴定机构的法律责任内容，这在一定程度上有助于结束司法鉴定在管理上政出多门，各搞一套的混乱状态，也为建立统一司法鉴定体制提供了基础和可能。之后，国务院〔2004〕第412号令《国务院对确需保留的行政审批项目设定行政许可的决定》确认将司法部关于鉴定机构和鉴定人的设立审批纳入500项确需保留的行政许可事项内容；2008年和2011年在国务院统一开展的清理行政审批事项活动中，又依据《决定》再次予以确认。

只有权威,才能高效。司法鉴定机构和鉴定人在诉讼活动中保持中立地位,依法独立执业是保障司法鉴定活动客观公正的内在要求。其原因主要是基于四个方面:一是在司法证明活动中,保持中立地位是程序公正的要求。二是在进行科学技术活动时,排除人为因素的干扰,保持中立性和独立性既是科学精神的体现和要求,也是保障结果客观真实的前提条件。三是程序正义的要求,按照"任何人都不能成为自己的法官"这一原则,司法机关不能既当裁判员又当运动员。四是作为一种证明和评价活动,在当事的第一方和第二方之间,保持中立地位是权威性的基本保障。在技术检测和检验活动中,由于第一方评价(当事人自己为自己证明或作出评价,但因其直接的利害关系可信度最低)和第二方评价(由使用者进行证明或作出评价,也因为存在间接的利害关系甚至利益驱动)难以被对方接受,往往造成多次证明或评价。因此,只有中立第三方评价(由与第一方、第二方无利害关系的中立第三方权威机构作出证明或评价)因其中立性具有较高的证明力和权威性,因而具备被普遍接受和采用的基础,能够"一个证明,多方使用"。如英国在司法鉴定机构全部实现社会化、中立化之后,通过法律修改规定在民事诉讼中双方当事人必须共选聘同一个鉴定人。从2006年开始,根据英国控方、辩方和鉴定方共同签署的三方协议,这种方法也开始在刑事诉讼中推荐使用。[1]

基于其在诉讼中的中立地位和独立执业的要求,司法鉴定机构和鉴定人在实施鉴定活动时,既不是对司法机关负责,也不是对当事人负责,而应当对法律负责,对科学负责,对所委托的鉴定事项负责,最终是对案件事实负责。因此,中立性是司法鉴定的基本性质和本质特点,也是鉴定公正的前提和保障。对于诉讼参与活动而言,中立性或独立性是司法鉴定人和鉴定机构的基础。它是对鉴定机构和鉴定人提出的基本要求(也包括按预设的中立程序开展司法鉴定等要求),又是以其机构和人员的相对独立为基础的。如在一些国家中,司法部设立的司法鉴定机构在诉讼中必须保持严格的中立性。各鉴定实验室相对诉讼各方均保持中立,与司法机关和警察局在业务上均不存在任何行政领导关系,而是一种委托关系并以服务合同的形式独立为双方当事人和司法机关提供专业服务,并由鉴定机构派技术人员作为专家证人出庭作证。这种机构和人员的中立性、独立性更能保证鉴定意见的客观真实,避免人为干扰。

司法鉴定体制改革的要求之一是建立起鉴定主体与诉讼机关和当事人分离的制度。这一制度要求司法鉴定制度以鉴定机构地位的中立化和鉴定人身份的中立化为其改革的方向。实现司法鉴定客观公正的宗旨,首先有赖于司法鉴定机构和司法鉴定人在诉讼活动中的中立地位,由此才能实现鉴定职能的独立。司法鉴定在诉讼中

---

〔1〕 司法部司法鉴定考察团:"英国司法鉴定专题考察报告",载司法部司法鉴定管理局编:《两大法系司法鉴定制度的观察与借鉴》,中国政法大学出版社2008年版。

的主要功能是从科学技术的角度帮助司法机关发现真实和确认证据,本质上应当是中立的。司法鉴定的性质也决定了其职能必须独立于侦查职能、起诉职能和审判职能,以此来维护自己不隶属于任何诉讼参与机关的第三方地位,从而有利于促进“司法审判和检察同司法行政事务相分离”的司法改革目标的实现。

从司法鉴定制度的功能和作用上看,它是为诉讼活动发现案件真实、确认证据真伪和保证其作出公正裁判提供优质服务的活动。其功能的发挥应当不偏不倚,其改革的价值取向也要求司法鉴定处于中立地位。同样,鉴定职能也应当独立于侦查职能、控诉职能和审判职能,否则,将会引起职能的混乱和冲突,导致产生制度性和结构性缺陷。因此,鉴定职能与其他职能的分离成为司法鉴定制度改革和完善的基本方向,也是司法改革的总体目标的内在昭示。司法鉴定的中立性则是其内在价值要求,其指引的方向则为司法鉴定的统一管理。一方面,在改革方向的指引下,可以消除“侦鉴合一”、“检鉴不分”体制可能带来的不公正现象,避免鉴定机构因隶属控诉机关受部门干预、权力干预而迷失公正方向,而且通过司法鉴定的统一管理可以充分发挥专业技术人员的技术特长和思维优势,独立地开展鉴定工作和作出客观的鉴定意见;另一方面,以保证诉讼中立地位作为司法鉴定制度改革的方向指引,能够避免公、检、法机关各自为政,对同一专门性问题进行多项重复鉴定,出现多个相互冲突的鉴定意见,影响司法鉴定的严肃性和权威性。同时,也有利于统一规范司法鉴定实施程序,使司法鉴定各项工作的开展真正做到有章可循、有法可依,并通过鉴定实施程序的公开化、规范化来保障司法鉴定活动自身的公正性。因为鉴定问题不仅仅涉及科学性问题,它也是一项借助于科学知识和科学仪器、科学方法进行检验分析并具有主体性的活动,同时也具有较强的法律性,因此实质上它是一项产生于诉讼并且服务于诉讼的证据“制造”活动和证据收集活动。只有以中立性作为方向指引,才能保证这一活动真正的独立,为诉讼提供客观、公正的“产品”。

实现司法公正,维护社会公平正义,是我国司法改革追求的最高价值目标。司法鉴定制度改革的价值目标也必然是实现鉴定公正,进而促进和保障司法公正。目前在诉讼活动中,诉讼职能部门的鉴定机构往往从属于侦查职能、起诉职能和审判职能的现状导致结构性失衡。在实践中,侦查机关设立的鉴定机构,因“侦鉴合一”、“检鉴不分”,也必然导致当事人对其鉴定活动的独立性的合理质疑。

司法鉴定在诉讼中的主要作用是运用科学技术方法和手段帮助司法机关发现案件真实和确认其他证据的证明效力。因此,按照司法公正的要求,司法鉴定在诉讼中必须居于中立地位,鉴定职能必须独立于侦查职能、起诉职能和审判职能,鉴定主体也不应当是行使诉讼职能的司法机关。实现鉴定职能与侦查职能、起诉职能和审判职能的分离、分设具有重要的制度创新意义,也与国际惯例相符。人民法院在诉讼中履行审判职能,处于中立地位,对诉讼证据进行审查判断是人民法院审判活动的重要内容,诉讼证据的最终采信权也属于审判机关。如果人民法院既充当司法鉴定的主体,又行使对该鉴定意见的审查判断权和采信权,会有损司法鉴定的公正性,有违司法公正的原则,因此《决定》取消人民法院的鉴定机构和鉴定管理职能是必然的。

侦查机关作为刑事诉讼中执行控诉职能的诉讼机关,对其控诉主张承担举证责任。虽然法律明确要求其既要收集对犯罪嫌疑人不利的事实和证据,也要收集对其有利的事实和证据,但特定的诉讼地位和长期形成的追诉倾向使有些侦查机关更注意收集对犯罪嫌疑人不利的事实和证据,而疏于收集对犯罪嫌疑人有利的事实和证据。有些鉴定人员与侦查人员同处一个单位,甚至是共同承担侦查任务,难免受到一些侦查人员追诉倾向的影响,在鉴定过程中也更注意对犯罪嫌疑人不利的事实和证据,这就难以保鉴定意见的客观公正。但侦查活动往往非常紧急,随时会遇到有关问题需要鉴定,就此而言,侦查机关内部设置技术鉴定机构有利于侦查的及时性。侦查活动的这一特征决定了侦查机关内部仍可保留一部分鉴定机构和鉴定人,为侦查工作的顺利开展提供技术支持。需要说明的是,从大多数国家的实践来看,独立设置的社会鉴定机构,并不影响侦查机关侦查破案和公诉机关审查起诉职能的行使。

按照鉴定活动与侦查、公诉和审判活动分离的要求(指在同一诉讼案件中,鉴定人不能参加侦查、公诉和审判活动,侦查、公诉和审判人员也不能参加鉴定活动),需要解决的是"侦鉴不分"的问题,而应当加强的是"侦技结合"。这是两个不同的概念和不同的工作原则。"侦技结合"是在侦查活动中刑事侦查与刑事技术密切结合,刑事技术为基础业务建设服务,为案件侦查提供依据和线索,为侦查活动的顺利进行创造必要条件,并且这有利于做好取证和技术检验工作,及时解决侦查中涉及的各项技术问题。科技强警指的就是加强"侦技结合"。这是侦查与技术的关系,是侦查活动内部的组合关系,是侦查破案有效的组织措施和技术手段。而"侦鉴不分"是将侦查活动与鉴定活动融为一体,即一身兼任侦查员、鉴定人两职,结果是混淆诉讼职能。

在实践中,应明确鉴定活动与侦查活动、公诉活动和审判活动的界限,不宜相互交叉,更不能合为一体。只要从法律上正确区分侦查阶段的鉴定活动与取证活动、鉴别活动与检验活动,就能有效解决"侦鉴合一"、"诉鉴不分"和"审鉴一体"等影响程序公正的问题。

(三)客观性(可靠性)

科学规律和科学定理对司法鉴定提出的基本的规定性要求。鉴定意见的可靠性和可信性来自并取决于两个方面:一个是正当法律程序的保障(保证司法鉴定的合法性和公信力);另一个是鉴定意见的客观性(真实性)。鉴定意见的客观性主要取决于三个方面:一是科学性。司法鉴定是科学认识证据的重要方法和手段,司法鉴定是以科学技术为生命的。司法鉴定的实施过程就是一个科学认识的过程。司法鉴定意见,往往就是科学认识的结论。人类社会经过上千年的无数实验和探索,发展、归纳和总结出的科学规律、科学定理、科学理论、科学知识,构成司法鉴定的基本理论、基本知识和基本技能、基本方法、基础设备。这正是建立在人类社会公认的科学规律、科学定理和科学结论基础上的司法鉴定结论与证人证言之间的根本区别。二是专业性。鉴定结论的可靠性取决于它产生的过程和方式,取决于它的专业化、职业化程度和专业技术水平。司法鉴定的专业性,主要指的是专业技术机构的专业技术人员,根据专业技术理论、知识和方法,采用专业技术设备和手段,按照专业技术程序规范和技术标准规范的要求,对专门性问题进行识别、比较和认定、评断,并得出专业性结论的活动。三是统一性。不仅自然规律、科学原理和技术方法、技术标准具有统一性,而且鉴定程序和鉴定人资质要求上也具有统一性,以此保障鉴定的同一性和可检验性。

除以上基本属性外,司法鉴定还有其他一些属性。这些属性主要有以下几个方面:

(1)公共性。社会主义社会实行的是社会优先的原则,各种社会行为和个人行为都必须受到公共理性和公共原则的控制。由诉讼的公法性质和诉讼活动的复杂性,在刑事诉讼中,司法鉴定是公权力顺利运行的保障。在民事诉讼中,司法鉴定活动不仅涉及当事人的权利,而且也涉及公共利益和社会其他利益的调整和补偿,同样具有很强的公共性。正因为司法鉴定具有公共属性,2004 年国务院 412 号令和全国人大《决定》才把司法鉴定确定为政府行政许可的事项,并赋予司法行政机关行政审批的职责。

(2)社会性。司法鉴定是为诉讼服务的。从服务主体来看,司法鉴定不仅要为司法机关服务,而且为当事人服务;从诉讼范围来看,不仅为刑事诉讼服务,同时也为民事诉讼和行政诉讼服务。在刑事诉讼中,应当把为侦查机关提供控方证据的职权鉴定机构及鉴定人与为诉讼双方提供证据的社会鉴定机构和鉴定人区别开来,从而促使刑事诉讼活动控辩式审判方式有效地进行。

(3)综合性。司法鉴定既是多学科交叉的一种技术科学实证活动,又是诉讼参与活动,在一些重大疑难和特别复杂案件以及突发重大公共事件中,往往需要综合运用自然科学、社会科学和工程技术三大领域的理论、知识、方法和技术。与之相适应的是,调整司法鉴定活动的也是法律规范、行政规范和技术规范的综合运用。

当然,鉴定意见也有主观性的一面(这也是产生重复鉴定的客观原因之一),这是由客体的多样性和社会科技发展水平以及主体认识水平的不同决定的。如采用的技术装备和技术标准不统一,检测比对的标准体系不统一,鉴定人的认识水平和方法不同,鉴定对象的多样化(如生物体、精神状况的鉴定与物体鉴定就有很大差异)和时间上的差异等。尽管如此,鉴定结论与其他证据形式相比较而言,它的客观性因素大大超过其主观性因素,因而具有相对合理性和更高的可靠性。

由于借助科技手段的鉴定结果是现代社会公认的发现事实真相的最有效手段。在以往的诉讼中往往被认为是科学的证据,一般情况下,会直接被作为认定事实的根据,而很少受到质疑性的挑战。但是,由于诉讼可能运用鉴定人专业知识及经验的种类繁多,对如何排除假的鉴定结果,如何审核鉴定结果的范围,怎样确定跨领域鉴定结果的效力等问题,都需要司法官进行决断。虽然鉴定人通过运用科学技术手段去证明事实,但因鉴定人的专业知识和执业经验存在差异,采用鉴定的科技手段会有所不同,特别是在科技急剧进步的冲击下,鉴定的实施在诉讼程序上衍生的问题也越来越多。这些均需要通过完善司法鉴定统一管理制度获得保障。

第二节　司法鉴定的分类

规范司法鉴定的执业分类和确定司法鉴定的系统结构既是司法鉴定规范化建设的基础,也是规范司法鉴定管理工作的前提条件。一般来说,可以依据司法鉴定的执业领域、司法鉴定的系统结构(层级结构)和司法鉴定人与司法鉴定技术方法结合程度的不同进行划分。

一、依据学科专业分类

根据司法鉴定执业活动运用的基本原理、专门知识和技术方法所属的学科专业,结合鉴定对象、鉴定要求和适用范围,司法鉴定可分为专业性司法鉴定和综合性司法鉴定。随着社会的发展,司法工作面对的各种专门性问题越来越广泛,越来越复杂,越来越专业化、国际化和技术化。司法鉴定的领域也在随之不断发展和调整(如在日本,司法鉴定分为三类:一是有关一般性原则的鉴定;二是有关一定具体事实的认定;三是有关将一般性原则适用于一定具体事实时所得出的推论的鉴定)。我国司法实践中大体分为三种类型:

第一类是传统的司法鉴定执业领域,如法医病理类司法鉴定、法医临床类司法鉴定、精神疾病类司法鉴定、法医物证类司法鉴定、法医毒物类司法鉴定、会计类司法鉴定、文书类司法鉴定、痕迹类司法鉴定、微量物证类司法鉴定和声像资料司法鉴定。

第二类是近年来适应社会发展和诉讼需要发展起来的,如会计司法鉴定、交通事故类司法鉴定、电子数据类司法鉴定、建设工程类司法鉴定、知识产权类司法鉴定、涉案物品价格类司法鉴定、产品质量类司法鉴定、安全生产类司法鉴定、文物类司法鉴定、医疗损害类司法鉴定、海事类司法鉴定、保险理赔类司法鉴定、火灾类司法鉴定、环境污染损害类司法鉴定等。

第三类鉴定事项数量很少且往往与特殊的技能、绝活和多年累积的特别经验相关,也不必纳入统一管理的范围,司法实践中一般采用司法机关临时审定指聘的办法。

应当说明的是,国家没必要也不可能将所有的鉴定活动都纳入统一管理的范畴。一般说来,对于属于诉讼需求,拟纳入登记管理范围的鉴定事项是否符合规范管理的基本条件主要是考察四个相关因素:一是行业技术鉴定主管部门是否具有行业管理和指导的职能,是否提出纳入统一管理的要求;二是有无统一的技术鉴定机构准入和管理办法;三是有无统一的技术鉴定人的职业资格制度或审核管理认证认可办法;四是有无统一的技术标准和技术规范。

同时,除了应当基本具备规范管理条件外,还需要看其符不符合法制化、规范化的发展方向,而且不得与《决定》的基本规定相冲突,符不符合发展规划和合理布局的要求,是否有利于统一管理体制的建立。

二、依据层次结构分类

研究司法鉴定的系统结构和制定司法鉴定执业分类规范不仅涉及准入管理、资质管理、质量管理、执业监管,而且也是认证认可、收费管理和专业评估、国际交流的基础及前提。从目前的实践看,可以借鉴高校学科专业体系结构、动植物系谱和家谱划分的分类办法,主要依据知识体系、能力方法和鉴定要求,构建起司法鉴定的多层次系统结构。

第一层级是鉴定种类如法医类、物证类和声像资料类司法鉴定。

第二层级是鉴定类别,如法医类鉴定中的法医病理、法医临床、法医物证、法医精神病和法医毒物鉴定。

第三层级是鉴定事项,如法医毒物中的常见挥发性法医毒物鉴定和常见有机毒物、常见无机毒物的司法鉴定等。

第四层级是鉴定项目,如常见有机毒物法医鉴定中的具体物品的常见有机毒物分析等。其系统结构呈正金字塔形状。

三、依据人、机结合度分类

司法鉴定活动应当是科学技术与司法鉴定人的有机结合。但在具体的司法鉴定中,可以根据科学技术与鉴定人的结合程度分为三种状态:

第一类是主要依靠科学技术出具检验检测结果开展鉴定的。如法医病理类司法鉴定、物证类司法鉴定等。这一类鉴定活动对于实验室建设水平、质量控制体系、机构管理水平、技术方法、技术规范往往有严格的要求。伴随着司法鉴定体制改革的深入,公众法律意识日益加强,鉴定结果是否客观、准确越发受到重视。如何保证鉴定活动有章可循、有规可依、有据可查?这就要求鉴定机构建立和使用科学管理方法和先进的鉴定技术。认证认可就是这样一种质量管理手段,是按照国际通行的标准,根据《检测和校准实验室能力认可准则》(ISO/IEC17025)、《检查机构能力认可准则》(ISO/IEC17020)、相关领域应用说明以及《实验室资质认定评审准则》来指导司法鉴定机构从管理要求和技术要求两个方面,建立并运行质量管理体系,对能影响鉴定质量的所有因素包括人员、设备、环境、标准、程序等方面进行全过程、全方位的有效控制和管理,以确保司法鉴定“行为公正、程序规范、方法科学、数据准确、结论可靠”——这对于公正司法起至关重要的保障作用。

第二类是主要依靠鉴定人的专业知识、执业经验和职业技能进行鉴定的,如精神疾病类司法鉴定,尤其是功能性精神疾病鉴定。这一类鉴定对于执业人的专业学历、技术职称、学术地位、执业经验、工作业绩等基本资质以及实施程序都有较高、较严格的要求。如在不少国家中,往往是医科院校中具有本专业高级职称并有5年以上从业经历的鉴定人员才能独立执业,从事法医精神病鉴定工作。

第三类是经过长期钻研和实践,在某一职业种掌握某种特殊技能的专业人才,如文物鉴定中的青花瓷鉴定专家。

第三节　司法鉴定的功能

一、司法鉴定的服务对象

司法机关在诉讼活动中是服务主体而不是服务对象。鉴定机构接受侦查、公诉和审判机关的委托从事司法鉴定业务,表面上看来似乎是为政法机关服务,其实不然。为谁服务的问题,应当从鉴定的终极目标上考察。司法鉴定的目的是解决诉讼涉及的专门性问题,这无疑是为诉讼活动服务,最终是为公正司法服务。司法机关作为国家诉讼职权机关和诉讼主体,在刑事诉讼中要实现惩罚犯罪、保障人权、维护国家与社会安定的职能,司法机关在民事、行政诉讼中是解决诉讼争议、维护当事人合法权益、保障社会秩序的问题。就司法鉴定而言,司法主体与鉴定主体都是为诉讼活动服务,最终达到公正司法的要求。两者的服务对象具有一致性。

二、司法鉴定的主要任务

司法鉴定的主要任务是出具鉴定意见、提供诉讼证据,而不是为哪一个诉讼主体服务。任何国家的法律都规定鉴定是出具鉴定意见、提供证据材料,其实质是为诉讼活动服务。我国司法鉴定活动一贯强调合法性、独立性、客观性、公正性原则,如果规定司法鉴定是为诉讼主体的司法机关服务或是为诉讼当事人服务,都容易偏离这四个原则,并且司法鉴定永远难以实现确保司法公正的要求。

三、司法鉴定的根本目的

司法鉴定既不是为司法机关服务,也不是为诉讼当事人服务。从其任务和要达到的目的来看,只能是为刑事、民事、行政诉讼活动尤其是司法审判服务的。

(1)诉讼法律规定司法鉴定活动是诉讼活动。我国刑事、民事、行政诉讼法规定,鉴定是诉讼活动的组成部分,这种活动常常贯穿于诉讼活动的始终。司法主体、诉讼当事人、鉴定主体都要共同参与这一活动,他们根据法律规定,享受各自的权利(力)和履行各自的义务,为实现诉讼要求共同努力。司法鉴定为诉讼目的服务是毋庸置疑的。

(2)司法鉴定必须按诉讼法律规定的程序进行。我国“三大”诉讼法和其他相关法律规定了一系列的鉴定程序,如鉴定启动(鉴定提出或申请)、鉴定决定与委托、补充鉴定、重新鉴定、鉴定意见法庭质证等,同时在鉴定管理层面还制定了鉴定实施程序规范、鉴定技术标准规范、鉴定文书规范、职业道德规范与执业纪律等规章。这些程序与规章,都是从一个侧面确保鉴定程序正当、实体合法的要求,从而达到鉴定意见有效地为诉讼目的服务。

(3)司法鉴定的任务是解决涉及诉讼的专门性问题并提供诉讼证据。鉴定任务是与服务对象、服务目的直接相连接的。提供鉴定意见是为了司法机关及时作出公正裁决,确保诉讼目的实现。司法鉴定是诉讼主体和参与诉讼各方的互动活动,共同实现诉讼目的。

综上所述,司法鉴定机构也不宜简单称为“中介机构”或“法律服务机构”。一是在于司法鉴定具有法律性与科学性相统一的双重属性,其执业活动是一种诉讼参与活动,既是为诉讼活动的顺利进行提供保障,也是一种具有公共服务性质的专业技术活动。司法鉴定机构的设立是要经过一定的法定程序,需要司法行政机关审核登记,司法行政机关还要对其进行监管,违规了还要进行处罚。二是在于司法鉴定是对案件事实负责而不是对委托人或当事人负责的,也不是可任意启动的市场行为。三是在于它是通过运用科学技术、专门知识执业经验和职业技能,为司法活动提供技术保障和专业化服务的,而法律服务是依靠法律知识提供服务的。

第四节　司法鉴定的定位[1]

鉴定意见是一种法定证据,司法鉴定制度是保障司法活动顺利进行的司法制度之一,司法鉴定管理是司法行政的一项重要工作。因此,应当正确地把握司法鉴定在社会主义法治体系中的基本定位,依法履行法律赋予的公共管理和社会服务的职责。

一、司法鉴定在证据体系中的定位

司法鉴定法律性与科学性相统一的基本属性决定了在实施司法鉴定活动时,既要严格遵守诉讼活动的程序规定和法律要求,又要认真遵循科技活动的客观规律和技术规范。这种双重属性决定了司法鉴定是一种客观因素较高的可量化、可检测的技术手段,它因科学证据的本质属性和基本特点成为科学性、权威性和可靠性、可信性的统一。它在诉讼中尤其是在审判活动中是一种法定证据和司法证明制度,具有直接认定案件事实和判断其他证据的特殊功能,在司法证明活动中发挥至关重要的作用。

---

〔1〕　司法鉴定管理的基本定位,可参见本书第五章第二节第四部分。

二、司法鉴定制度在司法制度中的定位

在“十一五”规划中,司法鉴定曾经与律师、公证、法律援助、经济仲裁等共同作为法律服务纳入了“规范发展商务服务业”一节。党的十六届六中全会通过的《中共中央关于构建社会主义和谐社会若干重大问题的决定》中将“民主法治”列为和谐社会建设的总要求和目标任务的首要任务,同时对司法鉴定的制度定位作出了重大调整,将司法鉴定与检察监督、刑罚执行、教育矫治、刑事赔偿、司法考试等并列为司法保障制度。2006 年全国政法工作会议也明确提出:“要通过完善司法鉴定、刑事赔偿、司法考试等制度,维护和促进司法公正。”由此可知,司法鉴定制度既是司法制度的组成部分,又是维护司法公正,促进司法活动顺利进行的司法保障制度。

三、司法鉴定在纠纷解决机制中的定位

科学权威的证明方法是社会多元化纠纷解决机制的三大核心要素之一。[1] 和谐社会并不是没有纠纷和矛盾的社会,而是一个能够通过和依靠基本的社会制度和多元化的纠纷解决机制,最大限度地有效减少、预防和解决纠纷、化解矛盾的社会。在建设社会主义和谐社会的进程中,一方面,要建立完善多元化的纠纷解决机制,尽可能并善于采用各种非诉讼手段解决纠纷,化解矛盾,让每个群体都有维护权利和解决纠纷的适当途径。另一方面,又要善于将各种重大政治问题、经济问题和社会问题转化为法律问题(而不是相反),将其纳入民主法治的轨道上来解决(司法是一个缓冲带,鉴于司法在社会治理体系中的位置,通过健全司法体系,能使社会维持基础性秩序。如果社会制度设计的比较合理,那么政治问题往往能够通过司法的途径解决掉。如果司法体系能够有效运转,社会中的大量冲突就可以分散解决)。特别是再进一步将有些法律问题转化为技术问题,使主观因素客观化,进而在可量化、可检测的基础上,通过发挥和依靠司法鉴定的制度作用,运用科学技术的手段,公正、客观和有效地调解和解决各种诉讼纠纷,使大量社会冲突和争端得以及时化解。

司法鉴定作为当今社会一种法定证据、证据调查方法和司法证明制度,是构建纠纷解决机制的三大核心要素之一,必将在社会纠纷解决体制中得到广泛运用。鉴定意见作为司法证明的一种科学证据,因其自身的性质和特点,在认定案件事实方面具有特殊的功能,对诉讼结果起到关键作用。因此,建立和完善独立公正和科学规范的司法鉴定制度,将对维护公民、法人和组织的诉讼权利,保障诉讼活动的顺利进行,促进司法公正,提高司法效率,维护司法权威,维护社会公平正义与和谐稳定发挥不可替代的重要作用。

---

〔1〕 三大核心要素:一是指独立于争议双方的中立第三方;二是争议解决规则和规则体系;三是公正权威的证明方法和制度。

思考题

1. 如何理解司法鉴定基本性质、基本属性在管理工作中的意义？
2. 如何理解司法鉴定与司法公正的关系？
3. 如何理解司法鉴定活动与刑事技术侦查活动的区别与联系？
4. 为什么说中立性是司法鉴定活动的内在要求？
5. 为什么不能将司法鉴定归入法律服务的范畴？

阅读书目

1. 朱富美著：《科学鉴定与刑事侦查》，中国民主法制出版社 2006 年版。
2. 郭华著：《鉴定结论论》，中国人民公安大学出版社 2007 年版。
3. 王敏远、郭华著：《司法鉴定与司法公正研究》，知识产权出版社 2009 年版。
4. 霍宪丹、郭华著：《中国司法鉴定制度改革与发展范式研究》，法律出版社 2011 年版。

第二章　司法鉴定演变历史

本章重点内容

司法鉴定最早曾染指证人证言和勘验、检查，随着司法体制、诉讼制度与证据制度的变迁渐自成为相对独立的制度。世界各国将鉴定问题逐渐从纯技术的活动向技术与制度并重转化。大陆法系国家在职权主义诉讼制度下形成了中立的司法鉴定制度；英美法国家在当事人主义诉讼模式形成了专家证人制度。我国司法制度在职权主义诉讼制度下形成了不完全同于大陆法国家的司法鉴定制度。两大法系国家的司法鉴定在发展过程中出现了相互吸收和相互融合的趋势，我国司法鉴定制度在改革中也不断借鉴国外的成熟经验，初步建立了统一司法鉴定管理体制。

本章学习要求

学习本章内容，应当了解中外司法鉴定演变与发展的历史脉络，了解不同法系国家和同一法系不同国家之间司法鉴定的共性问题与差异的原因，理解司法鉴定与司法制度、诉讼制度以及证据制度之间的关系，掌握中外司法鉴定的特点、发展趋势以及我国司法鉴定发展的未来方向。

第一节　国外司法鉴定演变

司法鉴定作为证据源于证人证言，英美法系国家至今仍沿用专家证人制度，因其染指科学技术，曾与勘验、检查等刑事技术并合，后随着诉讼制度的发展与之断裂。大陆法系国家形成了司法鉴定制度，鉴定意见作为独立的证据种类。这些制度的形成经历了一个漫长的过程，不同传统文化、诉讼结构以及司法制度的背景造就了各具特色的鉴定制度或者专家证人制度。

一、大陆法系国家司法鉴定的发展历史

大陆法系国家的鉴定历史悠久，肇起于尸伤检验的司法实践，并与刑事审判制度

并存。据考证,鉴定可追溯到古希腊时代。在古希腊的文献中能够捉捕或寻找到因争议案件事实而使用医学知识或其他自然科学知识的踪影,存在医生进行尸体检验的实例。公元前510年的古罗马《十二铜表法》中存在亲子鉴定的有关规定。公元前44年,古罗马恺撒大帝(Julius Caser)在罗马元老院大厅遇刺身亡,由医师安提斯底(Antistius)验尸,发现身体23处被刺,并提出胸部为致命伤的意见。它在诉讼历史上可能属于最早使用法医的案例。公元6世纪,东罗马帝国的《查士丁尼法典》中也存在关于鉴定的规定,这是最早有关鉴定的立法例。鉴于此,一般视罗马法为鉴定制度的端绪,并作为大陆法系司法鉴定的始端。

(一)大陆法系国家早期司法鉴定的演变

"鉴定制度,在罗马法中已发其端绪,继依德国普通法之理论而发达;惟德国古代法中则无此制度。"[1]德国古代法没有鉴定的相关规定,其鉴定制度是在后来的德国普通法理论得到发展后形成的。公元6世纪,东罗马帝国的《查士丁尼法典》有类似于鉴定的规定。1532年的德国《加洛林法典》存在有关"鉴定"的规定,涉及鉴定的条文有40条。如该法典第147条规定,伤害致死的因果关系,可以由外科医师作为证人,并要求他进行鉴定。在"德国普通法中,初则以鉴定人与证人同一视之,且以鉴定人为理论方面之证人,而以证人为事实方面之证人;厥后始有鉴定人与证人之区别"。[2] 继之,许多国家将有关鉴定的规定规定在法典中。15世纪后,伴随欧洲资产阶级革命的发生,生物学、物理学、化学、数学得到空前的发展,这对法医学的发展起到了推进作用,对维护社会制度的诉讼制度提出了新的要求,特别是通过科技手段等专门知识来证明案件事实产生了深远的影响。1562年法国医生巴雷(Ambrois Paré)第一次进行了汞中毒的法医学鉴定,1575年撰写了《外科手术学》,并对损伤、杀婴、机械性窒息、电击死等非正常死亡尸体以及活体损伤等提出一些鉴定方法。1606年亨利四世曾通过许可状的方式授权任命外科医生让德拉里维尔(Jean de la Rivère)为被伤害或者谋杀的人进行检验。17世纪后期,路易十四颁布的《刑事条例》中规定了受伤者应受愿意宣誓提供诚实报告的内科医生与外科医生检验,检验报告可以作为案件的证据;法官可以命令正式指定的内、外科医生进行再检验,检验报告可以作为案件的证据;法官可以命令正式指定的内、外科医生进行再检验。这些规定主要涉及鉴定人宣誓、鉴定人资格等内容,是法国现代鉴定制度的基本雏形。

1598年意大利的菲特利斯(Fortunatus Fidelis)教授撰写了欧洲第一部系统性的医学专著《医师报告》(De Relationibus Medicorum)。这一医学著作为以后的法医学发展奠定了基础,也为法医学鉴定的发展提供了条件。1622年意大利的巴迪尔(Camillo Baldi)编写了世界上第一本笔迹学著作——《怎样根据字迹判断写作者性

---

〔1〕 [日]松冈义正著:《民事证据论》(上、下),张知本译,中国政法大学出版社2004年版,第206页。
〔2〕 同上。

格和气质》。1813年、1815年西班牙的医学博士马蒂厄·约瑟夫·博纳旺蒂尔·奥菲(Orfila)拉先后出版了《毒物与普通毒物学》(上)、(下),对砷的研究、对毒物检验鉴定产生了较大的影响。在1840年玛丽·拉法格被指控毒死丈夫一案中,玛丽·拉法格奥菲拉鉴定出拉法格尸体内有砷的存在,在排除来自检验所使用的试剂以及来自死者棺材周围泥土的情况下,确认了此案的事实。他在毒物研究和检验鉴定方面因此也获得欧洲"毒物学鼻祖"的声誉。1850年比利时的化学教授让·塞维·斯塔尔在古斯托夫被杀案件中,鉴定出死者的肝脏中含有大量的尼古丁毒物,形成了斯托斯检验毒物生物碱的方法。1850年法国马里·德维热出版了《法医学:理论与实践》。1850年和1856年德国约翰·路德维希·尤斯佩的《司法验尸》和《法医学手册》出版。1868年俄国涅金戈利用显微镜研究颈索沟的变化判断死因。1872年法国人米尚(Jean Hippolyte Michon)出版了《笔迹学的体系》和《笔相学的方法》。

1883年法国的贝蒂隆(A. Betillon)创建了"人体测量法",将其应用于刑事犯罪档案的建立,并创建了世界上第一个鉴定机构——刑事鉴定局。鉴定机构的建立,对大陆法系国家的司法制度产生了深刻的影响,致使其他国家纷纷效仿。在享有侦查权的机关内设立鉴定机构,成为了警察机关和行使侦查职能的检察机关内设鉴定机构的传统。同时,1877年的《德意志刑事诉讼法典》中有关鉴定的规定,保留了法官指定鉴定以及鉴定人属于法官协助人的传统。19世纪末,鉴定人与法官仍然维持此种密切的协助关系。在法定证据制度下,法官没有自由判断及评价证据的权力,因此,对基于一定的鉴定而提出的意见,法官必须遵从。[1] 1877年的《德意志刑事诉讼法典》总则部分关于"鉴定"的规定存在法官辅助人性质的鉴定人。

(二)大陆法国家现代司法鉴定的演变

随着诉讼模式演进、证据制度的变化、科学技术的发展以及对鉴定问题认识的深入,大陆法系国家将鉴定作为一项相对独立的活动,鉴定结果也逐渐作为证据的种类,并在实体法和程序法中对其作出相关的规定。如《法国民法典》以"鉴定"这种证据方法来明确其证据种类;《法国刑事诉讼法典》设立"鉴定"专节共用14个条款规定鉴定的程序规则;《法国民事诉讼法典》规定了鉴定程序规则。

法国"在刑法中,所有的证据方法——书证、人证、供述、搜查、扣押、现场查证、勘验、鉴定、事实上的推定、痕迹,等等,只要运用这些证据方法所取得的证据是按照一定的形式并遵守特定的规则进行查找与提出,并提交法庭辩论与对席争论,便都许可"。1910年法国的埃得蒙丝·洛卡德(Edonond locard)在里昂创立了欧洲第一警察犯罪侦查实验室。法国的警察系统设有鉴定机构,隶属于内政部的国家司法警察局下设的司法鉴定中心,主要在现场勘察、物证检验、人身识别等方面向各地警察机

---

〔1〕 Wegener, Der Psychologische Sachverständige - Aufgabe, *Methoden und Probleme*, Forensia 1986, SS. 41-43.

构提供服务。巴黎警察局设有中心实验室和毒物学实验室。国家宪兵总局设立技术处,主要负责现场勘察和鉴定工作。法国将鉴定资格授予个人和单位,委托鉴定“应从列入最高法院制定的全国性名册的自然人或法人中挑选鉴定人,或者从列入上诉法院按照1971年6月29日有关司法鉴定人的第71—498号法律规定之条件制定的名册上的自然人或法人中挑选鉴定人”。

德国“法律规定的证据有勘验、证人、专家鉴定、文书、询问当事人。法律列举并没有穷尽,其他查证的方法也可以考虑,如广泛询问(Umfragen)”。其证据形式主要包括询问当事人、人证、书证、勘验和鉴定。1901年德国学者保罗·乌伦豪特在意大利学者罗格托·马格纳尼研究利用干血痕区别人血和动物血方法的基础上,研究出利用血清能够将人血、马血和牛血的干血痕区别开来的方法,发表了《不同种类的血的鉴定方法及人血的鉴别证明》论文,为血痕的鉴定奠定了技术基础。随后,在鉴定活动中出现了ABO血型的鉴定技术方法。

《德国刑事诉讼法典》和《德国民事诉讼法典》对鉴定作出了相关规定。德国的警察系统设有司法鉴定机构,分属于联邦和州警察局鉴定机构,它们之间互不隶属。联邦警察局设立7个部门,信息鉴定处负责鉴定工作,法医学鉴定均在各医学院校的法医研究所。德国司法鉴定机构的管理机关为司法部,各医学院校的法医研究所的法医学鉴定也接受司法部的指定,但法院与检察院不设立鉴定机构。德国将鉴定资格授予个人和机构。

1716年俄国颁布了通过尸体解剖来确定死因的军事法令。该法令规定,对于殴打和受伤死亡者应当实行尸体解剖。俄国将鉴定人作为科学的法官,曾一度出现视鉴定人的意见为科学的判决的情况。但之后这一观点逐渐被修正。苏联法学家克列曼认为证据种类应有以下几种:证人的陈述、书证、物证、当事人本人的答辩、勘验笔录和鉴定人的意见等。《俄罗斯联邦刑事诉讼法典》在苏联1985年修正的《苏俄刑事诉讼法典》的基础上在2003年进行修改,再经过2005年的修订,在鉴定人的结论外又新增加了“专家”的规定,并在“鉴定人的结论”的基础上增加了“鉴定人的陈述”,以此明确“结论”与“陈述”的区别。《俄罗斯联邦民事诉讼法典》规定了“鉴定人的结论和陈述”,并将“鉴定结论”作为独立的证据种类。

由于大陆法系国家受职权主义诉讼模式的影响,鉴定人的鉴定资格一般由有关法律或有权机关明确规定或者将鉴定权授予特定的人或机构。鉴定机构和鉴定人具有中立性,并实行了鉴定人的回避制度。法院将鉴定人视为法官的“助手”,帮助法官发现事实的辅助人。法官在审判实践中借助鉴定人的专门知识和鉴定意见,在外在形式“弥补其知识的不足”或“掩饰其常识的缺陷”。鉴定程序一般由法官启动,警察机关和检察机关一般不拥有司法鉴定的直接决定权,在侦查活动中发现案件确有专门性问题需要鉴定时,一般请求法官决定。

大陆法系国家的司法鉴定强调法官对鉴定启权动的控制、鉴定人的中立,鉴定制度的职权主义色彩相当浓厚,这使鉴定更多地追求实质公正和诉讼效率,易于忽视诉讼当事人在司法鉴定程序方面的权利保障,在实践中,常常导致法官过分依赖鉴定结论的危险。这些缺陷已经成为近年来大陆法系国家进行鉴定制度改革的主要原因以及完善鉴定体制的重要课题,尤其是法国,在《法国民事诉讼法典》中形成了"确认"、"诊断"和"鉴定"的制度。

二、英美法系国家专家证人制度的演变

英美法系国家由于历史传统、地理环境、诉讼模式以及民族特点等原因,在鉴定制度中形成了颇具特色的专家证人制度,并随着诉讼对抗制度的发展创立了有关专家证人制度的判例和相关立法。

(一)英美法系国家早期专家证人制度的历史

由于英国的历史渊源、地理环境以及民族特点,英格兰、威尔士和苏格兰形成了具有差异的诉讼制度,也出现了两种不同的鉴定制度。英国的鉴定制度源于盎格鲁—撒克逊时期的"验尸官"(coroner)。英格兰、威尔士被誉为"验尸官"制度的诞生地。"验尸官"的主要作用是查明死因,医生是协助人。这种制度影响了不少英联邦国家,如美国的部分州、北爱尔兰、新加坡等的相验制度就是在"验尸官"制度的基础上发展起来的。

英美法系国家的专家证人制度是在审判实践中逐渐成长起来的。早期由某一领域具有经验的人组成陪审团参与案件的审判,如英国审理出售变质食物案件的陪审团,审判妇女怀孕案件的"已婚妇女"陪审团等。在公元5世纪~9世纪英国一些官员代表国王支持地方死亡尸体的勘验和证据调查,形成了验尸官制度。随着陪审团制度的改革,14世纪的英国出现了利用专门知识帮助法庭解决疑难问题的"法庭顾问"。如1345年审理有关当事人伤口是否为新近形成的案件时,法官聘请了外科医生作为顾问,他们以自己的专门知识出席在法庭上,解决的主要是医学问题。1532年英国法律规定,法庭对暴力致死案件应当传唤医学专家提供专业意见。1555年英国伯克利诉拉斯·托马斯一案(Buchley v. Rice Thomas)是最早听取专家证言的判例,审理案件的法官桑德斯(Saunders)认为:"如果在我们的法律中出现有关其他学科或机构的事项,我们通常请求有关的科学或机构帮助,这是我们的法律中一件值得尊敬和赞扬的事。因为它表明我们并没有拒绝接受除我们之外的所有其他科学,相反,我们把它们作为值得赞许的事情来鼓励和支持。"在18世纪以前的英国,专家证人的程序启动权并非由当事人(控辩)双方享有,而是由法院垄断,与大陆法系国家基本相同;具有专门知识的人被称为"技术证人"(skilled witness)。

自然科学技术的发展促发了鉴定技术、方法的改变以及鉴定领域的拓宽。1684年英国科学家格雷(Gray)博士利用显微镜提出了最早的指纹研究报告。1782年在福克斯诉查德(Folks v. Chadd)判例中,法庭采信了著名工程师防洪设施淤塞港口的专家证言。19世纪初,英国的安德鲁·邓肯(Andrew Duncan)在爱丁堡大学首先开

设法医学课程。1880年苏格兰教士亨瑞·费尔滋(Henry Faulds)通过报告建议犯罪侦查运用指纹识别技术。1892年英国弗朗西斯·高尔顿(Francis Galton)出版了《指纹》专著,提出了指纹的独特性和不变性,为指纹鉴定奠定了理论基础,从而扩大了鉴定的范围。英国的国家安全饱受刑事犯罪问题的困扰,为了保障打击犯罪的效率,政府建立了由警方管理的鉴定机构,即"刑事科学服务局"(FSS)。在苏格兰,警方设有4个鉴定实验室。美国承继了英国法的传统,在部分州采用了英国的"验尸官"制度,但当时担任"验尸官"的不限于医师,在1877年废除继承而来的"验尸官"制度时,改为法医师制度(medical examiner)。1851年在美国判例出现了专家证人(expert witness)。18世纪后期,因英国的这种职权式的专家证人启动程序与主流的当事人诉讼文化不相融,特别是普通法的不断规范,使专家逐渐被固定在证人席上。在司法实践中,法庭一般不再指定专家证人,专家证人由当事人双方委托,出现了当事人双方聘请专家证人的情况,专家证人成为当事人的协助人。"这一程序的优点就在于把调查的责任赋予那些最有调查积极性的人来完成。"

19世纪初期,现代诉讼制度中的专家证人制度基本形成,如笔迹鉴定的专家证人制度的运用。19世纪中叶之后,城市成为经济、文化和政治等的集聚地,人口逐渐向都市集中,商场交易习惯不再限于熟人之间,加上受教育的人渐多以及银行的出现,金钱作为交易的工具可以大量地在陌生人之间流通,故美国法院不再采用以一般熟悉笔迹的人作为证明笔迹的证明方法。由于法官在判断笔迹真伪的案件中对一般人的意见证据不满意,同时,基于一定经验、学识等有能力比对笔迹真伪的"智人"的出现,美国法院舍弃难以寻觅的熟悉撰写人笔迹的证人,转而求之于有能力比对笔迹真伪的"智人"专家,但证据形式仍然采用证言。从法官"对一般证人的意见证据不满意"的层面进行分析,可能存在两个方面的问题:(1)传统的熟悉当事人笔迹的证人对笔迹的确认存在不准确情形,由此带来的错判导致法官或当事人的不满,客观上造成了一些不利的后果。(2)法官对一般证人提供的意见证据本身存在疑虑,认为对于发现事实无助,认为寻求具有科技知识或实践经验的专家方为较好的方法。专家证人制度日趋完善和成熟。

(二)英美法系国家专家证人制度的现状

随着科学技术的不断更新,英美法系国家的鉴定技术有了重大的发展。19世纪因枪杀案件的增多,英国的一些法院逐渐接受了枪弹检验结论作为证据,枪弹检验技术得到了发展。1902年英国首次采用指纹鉴定作为证据运用于定罪。1902年美国马萨诸塞州最高法院首次将枪弹鉴定采纳为证据。1910年英国的罗伯特·丘吉尔(Robert Churchill)首次以枪弹专家的身份出庭作证。1911年美国伊利诺伊州法院开始以指纹比对鉴定用于谋杀案件。1913年美国开始有笔迹专家出庭作证。1921年美国加利福尼亚州的伯克利警察局第一次将测谎技术应用于诉讼过程中,并逐渐出现一些私人的测谎机构。1923年美国洛杉矶市警察局长奥古斯特·沃尔默在其警区内创立了第一个警察犯罪侦查实验室。1925 年美国查尔斯·怀特在比较显微镜下开始了枪支的同一鉴定,并成为近代枪弹痕迹鉴定的创始人。1974 年美国建立了指纹自动识别系统。1985 年英国学者杰佛利(A. Jeffeys)发现了 DNA 指纹法,开创了 DNA 亲子鉴定的先河,并逐渐在其他各国得到普遍应用。美国 1986 年开始采用 DNA 鉴定证据,并于 1994 年制定了《DNA 鉴定法》(DNA 1994)。

英美法系国家的鉴定人作为协助当事人的专家,未能像大陆法系国家那样存在法定资格,其资格一般由法官在法庭上判断。美国形成了颇具特色的专家证言,涉及科学技术的可采性判断规则。1923 年,美国华盛顿哥伦比亚特区(D. C)联邦法院审理的弗赖伊诉美国(Frye v. United States)案,形成了专家证言可采性的"普遍接受标准"。该标准要求该专家证言来自科技领域,并确认该专家证言的科学性原理、领域和范围;该专家证言所赖以建立的科学原理以及技术方法已经获得该领域中的专家同僚的普遍接纳或者认同。1993 年在达伯特诉麦热里·杜制药公司(Daubert v. Merrell Dow Pharmaceuticals, Inc)案件中,美国联邦最高法院推翻了第九巡回地区法院根据弗赖伊判例"普遍接受标准"所作的判决,从此确立了达伯特判例的"综合观察标准"或达伯特法则(Daubert Rule)。法庭认为,应采用以下四种方法来检验专家证言是否具有可采性:(1)该科学理论是否得到了实验检验(the known can and has been tested);(2)作为专家证言基础的理论或技术是否已发表且经受同行严格复查的检验(the science has been subjected to peer review and publication);(3)作为专家证言基础的研究方法或技术的出错概率有多大(the known or potential error rate of the science);(4)就专家证言基础的技术、方法和理论而言,在某个特定的科学领域中有多少学者能加以认同和接受(the general acceptance of the science in relevant scientific community)。1975 年《美国联邦证据规则》第 702 条对专家证人制度作出了规定;2000 年对其进行修改,增加了判断标准的最低要求,规定了审判法院必须使用一些基本标准来判断向法庭提供的专家证言的可靠性与有效性。

科技进步不仅拓宽了鉴定的领域,而且引起了鉴定制度的变化。在 20 世纪 90 年代,英国进行了一系列的鉴定制度改革,将英格兰的两大鉴定机构[FSS 和工业贸易部设立的"政府化学实验室"(LGC)]从警方和政府中剥离出去,使之成为独立股份化的市场中介机构。1995 年 4 月英国对鉴定机构又进行了一系列的改革,将全国 7 个大型法庭科学实验室收归内政部管理,建立了相对统一的鉴定管理模式。这种司法鉴定统一管理机构是由内政部、检察机构、警察局共同成立的法庭科学管理委员会,该委员会设在内政部,独立于检察机关和警察机构。苏格兰也效仿英格兰的做法,2007 年 4 月将 4 个警方实验室与警方脱离,成为中立的社会机构。

1923 年美国洛杉矶警察局长奥古斯特·沃尔默(Auguste Wormer)建立美国第一个警察的犯罪侦查实验室。鉴定机构被称为法庭科学实验室,分属于不同的管理部门,法院和检察院没有鉴定机构,警察机构设有鉴定机构,这些鉴定机构互不隶属。

美国的鉴定机构既有政府投资的，也有私人设立的。其中，政府投资设立的鉴定机构属于非营利性的机构，具有中立性的特点。在英国，当事人在诉讼中是否需要鉴定可以自行决定，法院对其启动鉴定一般不予限制。美国继承了英国的专家证人传统，当事人对鉴定程序的启动拥有完全的自主权，对鉴定事项的决定和专家证人的选任拥有同等的权利。但"在许多情况下，当事人及其律师从大量的专家中选任专家证人的能力是不平衡的，他们会根据其证言可能的内容来选任专家出庭作证"。专家证人和普通证人一样，都承担着出庭作证的义务：接受传唤方和对方的询问，陈述鉴定所依据的原理、材料的来源、方法和设备的采用，并回答双方的询问和质证，解释自己专家证言中存在的疑点或矛盾的地方。1935 年英国警方建立犯罪侦查实验室。

英美法系国家专家证人制度具有充分保障当事人诉讼权利的功能，然而这种与当事人主义相联系的专家证人在诉讼中扮演着"具有专门知识的辩护人"的角色作用，法庭成为"专家争斗"的战场。在某些时候那些不是最优秀的科学家和专家反而成了最优秀的"专家证人"，其结果必然是降低诉讼效率和影响案件事实真相的发现。

三、两大法系现代司法鉴定（专家证人）的发展趋势

随着法治社会的发达与进步，两个法系国家对各自的鉴定制度不断地进行改造，使鉴定（专家）人在诉讼中的地位发生了微妙的变化。英美法系国家在专家证人制度上，主要强化专家证人的中立地位，防止专家过分当事人化、影响实体真实的发现，逐渐强调专家证人对法院的责任。1999 年英国的《民事诉讼规则》和 2000 年《专家证人指南》（Code of Guidance for Experts and Those Instructing Them）对专家证人作了一些改动，使专家证人具有法院辅助人的倾向。《民事诉讼规则》第 35 条第 3 项规定，专家证人的职责在于以其专业知识帮助法院解决有关诉讼程序中的问题，故专家的基本职责是帮助法院实现上述目标。《专家证人指南》规定了鉴定专家对法院的优先职责。英美法系国家的专家证人在向大陆法系国家的鉴定人的角色靠拢。《美国联邦证据规则》第 706 条规定，法庭可以根据自己的选择指定专家证人，也可以指定由双方当事人同意的任何专家证人，就案件的某一科学问题进行鉴定。在英国，越来越多的人主张由法官或法庭直接决定鉴定事项，将其作为当事人委托鉴定制度的补充，以克服这一制度的缺陷。英美法系国家法官对这种规定在实践中很少适用，仍保持其专家证人作为当事人证人的特色。

大陆法系的法国修改刑事诉讼法时，建立了"双重鉴定制度"，预审法官可以同时指定数名专家对同一问题进行鉴定，强化相互制约。2001 年 1 月的《欧盟国家统一刑法典（草案）》，将大陆法系国家的鉴定人转向英美法系国家的专家证人，吸收了英美法系国家专家证人的合理因素；在鉴定制度上的职权主义逐渐出现了松动，容许当事人在特定条件下自行启动鉴定程序，启动权存在由职权部门向当事人移转的倾向；对于鉴定意见是否采信由单一的不采信说明理由，发展到无论采信与否均需说明理由,在鉴定结论适用上对法官自由心证起到了限制的作用。

两大法系国家在司法鉴定制度方面出现了相互吸收、相互融合的趋势。英美法系国家对司法鉴定存在统一管理的趋势。如英国内政部的管理以及定期公布行业协会推荐的专家名单则是一种表现。大陆法系国家这种统一管理最为明显,如俄罗斯司法部统一管理全国的司法鉴定工作,大多数国家实行统一的鉴定人国家名册制度,对于鉴定人的资格由统一的机关予以公布。两大法系的鉴定机构大都不依附于其他诉讼主体,属于以自己的名义承担责任的独立的民事主体,具有社会化的特点。英国1991年司法改革以后的司法鉴定机构独立于警察、皇家公诉人办公室和法院;德国联邦的警察机构和州警察机构设立的司法鉴定机构互不隶属,鉴定机构保持相对的中立性特征;美国各类实验室都是中立的,不隶属于执法机构,具有法人资格,对外独立承担责任,并逐步走向社会化、中立化和公益化。但是,两大法系的鉴定制度或专家证人制度仍然保持各自独有的特征。

第二节　我国司法鉴定沿革

我国的鉴定历史可溯源于周朝,鉴定事项主要集中在伤情鉴定上,并始终与刑事诉讼密切关联。1907年清政府颁布的《各级审判厅试办章程》是古代检验制度与现代鉴定制度的分水岭;2005年2月28日全国人大常委会颁布的《关于司法鉴定管理问题的决定》是新中国司法鉴定制度改革的重要标志,并形成了颇具中国特色的统一司法鉴定管理体制。

一、我国古代司法鉴定的历史

我国鉴定的历史可以追溯到周朝,与刑事诉讼密切相关,其鉴定事项主要集中在伤情鉴定上。据《礼记·月令·孟秋之月》中记载:"是月也,命有司修法制,缮囹圄,具桎梏,禁止奸,慎罪邪,务缚执。命理瞻伤,察创,视折,审断,决狱讼,必端平。戮有罪,严断刑。"当时已经存在兼任司法法医检验与鉴定的"令史"、"理"的官员。据考证,1975年湖北云梦县秦墓出土的竹简《封诊式》中存在收集足迹、手印等"穴盗"的记载。在《出子》篇中,对一起因斗殴引起的流产案件,存在对可疑血块是否是胎儿进行鉴定的记载。其内容详细介绍了对胎儿的检验程序和认定方法。其县里的"令史"属于专门负责检验和鉴定的公职人员。如《封诊式》的"贼死"爰书中记载:"某亭求盗甲告曰:'署中某所有贼死,结发,不知何男子一人。'来告,即命令史某往诊。"《令史》某爰书:"与牢隶臣某甲诊。男子尸在某室南首……"秦朝基本上建立了相对完备的检验制度。

唐宋时期,存在有关鉴定人员身份、职责以及检验内容、检验结果等较为完整的记录。《唐律》有对人命和伤害等案件的尸体、伤者以及诈病者检验的规定，对损伤程度、诈病、自残、堕胎、年龄、废疾等法医活体检验方面的内容也有较为明确的规定。《唐律疏议·诈伪》中规定："诸诈病及死伤受使检验不实者，各依所欺减一等；若实病死及伤不以实检者，以故入人罪论。"鉴定以及检验在宋朝得到了发展，对杀伤和非正常死亡的案件要求进行初检和复检。南宋提刑宋慈的《洗冤集录》则是一部较多论述检验制度的法医学著作，成为世界上最早的法医学专著。该书共分为5卷，其中，与鉴定有关的有条令、检复总说、疑难杂说及自缢、溺死、服毒等53目，并对鉴定的功能、重要性作了精辟的论述，认为"狱事莫重于大辟，大辟莫重于初情，初情莫重于检验"，"死生出入之权舆，幽枉屈伸之机括"，"每念狱情之失多出于发端之差，定验之误"。该书是中国古代法医学的代表作，比欧洲第一部法医学著作早350余年，被誉为世界上第一部法医学经典著作。宋人郑克编写的《折狱龟鉴》一书中，也有鉴定的典型案例记载。在元朝，司法鉴定方面的成就得到了进一步的发展。其中，王与根据《洗冤录》、《平冤录》、《结案式》以及元代相验制度、个人经验编撰了《无冤录》。该书对古代的朝鲜、日本影响较大，曾作为它们检验的专用参考书。元大德年间颁布了由国家统一制定的《检尸式》。

明清时期司法鉴定承继了宋元以来的成果，相继出现了大量的法医学著作。如《洗冤录及洗冤录补》、《洗冤集说》、《律例馆校正洗冤录》、《洗冤录详义》等。《大明律例》和《大清律例》对有关检验的问题作了规定。但其中有关鉴定的规定，尤其是鉴定制度仍不完备。

二、我国近代司法鉴定的发展历史

清末起草的《刑事民事诉讼法》并未对鉴定作出规定。1907年颁布的《各级审判厅试办章程》对鉴定实施的条件、鉴定人的选用、鉴定书的制作及鉴定人的待遇作出规定。"凡诉讼上有必须鉴定始能得其事实真相的，得用鉴定人。"该章程成为我国古代检验制度向现代鉴定制度转化的分界线。

《大清民事诉讼律草案》以及《大清刑事诉讼律草案》对鉴定内容作了大致相同的规定，并对鉴定人的权利作出了较为明确的规定。这些权利主要有鉴定人可以在审判厅进行鉴定，有权阅读文件、证物等。1912年的《刑事诉讼律》规定："遇到横死人或疑为横死之尸体应速行检验"；"检验得发掘坟墓，解剖尸体，并实施其余必要处分"。1913年中华民国北京政府内务部发布的《解剖规则》，该规则第2条规定："警官及检察官对于变死体非解剖不能确知其致命之由者，指派医士执行解剖。"该规则为现代法医学发展奠定了基础，被有些学者视为中国古代法医学与现代法医学的分水岭。

19世纪末至20世纪初，西方国家的法医学和指纹学等司法鉴定技术相继传入我国。1909年王祐与杨鸿通共同翻译了日本的《实用法医学》；1931年刘紫苑编写了我国第一部关于指纹的专著——《指纹法》；1933年高修堪翻译了日本的《侦探术》;1948 年冯文尧编写了《刑事警察科学知识全书》,对枪弹检验、笔迹检验、痕迹检验和指纹检验进行较为详细的介绍。1930 年林几教授在北平大学医学院首创法医学科;1932 年 8 月 1 日“司法行政部法医研究所”在上海创建,1933 年开始招收法医研究员;1934 年中国第一个法医学研究杂志——《法医月刊》(后改为《法医季刊》)创办,开创了法医学研究之先河。

在北洋时期,1922 年的《民事诉讼条例》对鉴定人资格作出了规定,鉴定人应当为从事鉴定所需的学术技艺或职业或者经公署委派有鉴定职务者。在《大理院判例》中有相关强制鉴定的记载。如在亲子认知案件中,控告审仅凭容貌难以判断有无血缘关系,应依法鉴定;犯罪人犯罪时是否疯疾并无专门医士鉴定,仅具有诊断证书备案,不能断定犯罪成立。鉴定人由受诉法院选任并定其人数,法院得命当事人选定鉴定人,已选任之鉴定人,法院得撤换之。1922 年的《刑事诉讼条例》第八章规定了“鉴定人”。该条例第 129 条规定,鉴定人在实施鉴定时,有权检阅卷宗及证物,若证物不在现场,可请求司法人员去收集证物;鉴定人还有权询问被告人、自诉人、证人,学问可以通过审判人员或检察官进行,可以经过他们的允许由鉴定人直接向上述人员发问。鉴定人有权获得报酬,这些报酬主要包括日费、旅费和鉴定费。

三、我国现代司法鉴定的发展历史

1949 年以后,我国从半殖民地半封建的法律制度向新民主主义以及社会主义法律制度转化,逐渐形成了服务于、服从于当时全新政权的法律制度。新中国的司法鉴定受这种法律历史背景的影响,基于专门机关办理刑事案件的需要,成立了一种有利于侦查工作的技术部门。1949 年 6 月上海市军管会将上海的“司法行政部法医研究所”划归上海市人民法院,1951 年 10 月更名为“华东司法部法医研究所”,直属于华东军政委员会司法部。

随着司法改革的展开,1953 年 8 月“华东司法部法医研究所”改名为“最高人民法院华东分院法医研究所”。我国法律体系是在打破原来的旧司法制度基础上建立起来的,特别是 1954 ~ 1956 年,国家进入较大规模创制法律的阶段。同时,我们对社会主义国家苏联的立法模式和法律制度进行了大量的学习、借鉴和移植,并将经过苏联传来的英美法国家的“forecial science”翻译为“司法鉴定”,聘请了苏联专家楚贡诺夫、马阔廖夫等来我国北京和上海对有关司法鉴定问题进行培训。因司法鉴定涉及大量的医学知识,1950 年卫生部颁布了《解剖尸体规则》,使司法鉴定的管理出现了一些变化。1955 年 7 月“最高人民法院华东分院法医研究所”更名为“中央司法部法医研究所”,同时,也成立了“司法鉴定科学研究所”。但由于“左”的错误思潮的影响,1959 年 4 月 28 日的第二届全国人大一次会议通过了《关于撤销司法部、监察部的决议》,随之“中央司法部法医研究所”和“司法鉴定科学研究所”并入“公安部刑事技术研究所”。1960 年“公安部刑事技术研究所”也被撤销。1966 年“文化大革命”开始,我国社会主义法制遭到了严重破坏,司法事务基本上由政策来调整,法律虚无主义占主要地位。

1978年12月党的十一届三中全会在作出把党和国家工作重心转移到经济建设上来、实行改革开放的历史性决策的同时，确立了加强社会主义民主、健全社会主义法制的基本方针，我国开始了改革开放的伟大社会变革，民主、法制建设进入了重建和发展的一个新的历史时期。1979年7月第五届全国人大二次会议通过的《人民法院组织法》第41条第2款规定："地方各级人民法院设法医。"我国《刑法》和《刑事诉讼法》对鉴定的有关问题作出了规定。1980年5月7日公安部发布了《刑事技术鉴定规则》。从此，公安机关建立了从中央公安部所属第二研究所到省（自治区、直辖市）、地（市、州）、县（市、区）四级鉴定系统。公安机关内设的鉴定机构作为刑事侦查技术的处、科，鉴定的内容主要为刑事案件中的物证和法医学鉴定。部分省市公安机关鉴定机构也面向社会开展司法鉴定工作。

随着诉讼法的实施，司法鉴定作为一门科学又恢复了在法制建设中的重要地位。1983年国家科学技术委员会批准建立司法部司法鉴定科学技术研究所和公安部法医研究所。同年10月，教育部、卫生部、司法部、公安部和最高人民法院、最高人民检察院共同在太原晋祠召开了全国高等法医学专业教育座谈会，研究抢救和发展我国法医学教育问题，决定在6所高等医学院校设置法医学专业，高等政法院校恢复法医学作为必修课，医学院校也开始增开法医作为必修课。1984年公安部126所更名为公安部第二研究所（公安部刑事科学技术研究所）。1985年10月在洛阳召开了中国法医学会第一次代表大会，成立了中国法医学会。1986年最高人民法院根据《人民法院组织法》中"地方各级人民法院设法医"的规定，下发了《关于加强法院法医工作的通知》，并在全国各级地方人民法院建立了法医鉴定机构。1988年1月28日最高人民检察院发布了《人民检察院法医工作细则（试行）》。由于医学院校以及政法院校司法鉴定课程的恢复，中山医科大学、中国医科大学、华西医科大学、昆明医学院以及中国政法大学、西南政法大学等高校相继编写了一批法医学、司法精神病、物证技术等方面的教材。

1989年7月11日最高人民法院、最高人民检察院、公安部、司法部、卫生部联合颁布了《精神疾病司法鉴定暂行规定》；1990年3月最高人民法院、最高人民检察院、公安部、司法部、联合颁布了《人体重伤鉴定标准》；1990年4月2日最高人民法院、最高人民检察院、公安部、司法部、联合颁布了《人体轻伤鉴定标准（试行）》。这些规定为鉴定提供了标准依据。1993年3月在上海对"法医工作改革"进行了研讨。由于医学院校以及政法院校司法鉴定课程的恢复，1988年金光正主编的《司法鉴定学》、1993年徐立根主编的《物证技术学》等成为政法院校、高等院校文科以及鉴定职业的教材。部分政法院校开始招收司法鉴定方向的硕士、博士研究生。

1996年我国修正后的《刑事诉讼法》增加了"省级人民政府指定的医院"作为鉴定机构的规定。第120条规定："鉴定人进行鉴定后，应当写出鉴定结论，并且签名。

对人身伤害的医学鉴定有争议需要重新鉴定或者对精神病的医学鉴定,由省级人民政府指定的医院进行。鉴定人进行鉴定后,应当写出鉴定结论,并且由鉴定人签名,医院加盖公章。”

1998年国务院机构改革“三定”方案明确规定司法部负责指导“面向社会服务的司法鉴定工作”。司法行政部门根据国务院《司法部职能配置、内设机构和人员编制规定》,对社会的司法鉴定机构实施管理。由于司法鉴定的混乱以及不断暴露出的问题,需要法律法规对此进行规范。1998年12月12日黑龙江省人大常委会通过了我国第一部地方性的司法鉴定管理法规《黑龙江省司法鉴定管理条例》(现已废止)。随着《黑龙江省司法鉴定管理条例》的颁布,其他省市人大及其人大常委会也相继制定了有关司法鉴定的地方法规。如1999年3月26日《重庆市司法鉴定条例》(2007年11月23日修改)、1999年11月27日《吉林省司法鉴定管理条例》(现已废止)、2001年7月22日《深圳市司法鉴定条例》、2001年11月29日《河南省司法鉴定管理条例》、2002年3月28日《湖北省司法鉴定管理条例》、2002年6月1日《江西省司法鉴定条例》、2002年7月20日《四川省司法鉴定管理条例》、2002年11月25日《河北省司法鉴定管理条例》、2002年12月2日《山西省司法鉴定条例》、2004年3月24日《宁夏回族自治区司法鉴定管理条例》、2005年11月25日《贵州省司法鉴定条例》、2009年6月3日《浙江省司法鉴定管理条例》和2011年11月25日《山东省司法鉴定条例》。2002年4月,国务院颁布的《医疗事故处理条例》规定,由负责医疗事故鉴定由医学会组织鉴定,卫生行政部门履行管理职能。2001年11月16日最高人民法院发布了《人民法院司法鉴定工作暂行规定》(法发〔2001〕23号),2002年2月22日发布了《人民法院对外委托和组织司法鉴定管理办法》(法释〔2002〕8号)。

从2001年5月起,全国人大内务司法委员会多次派出调研组赴一些省市对司法鉴定领域存在的问题进行深入研究。征询最高人民法院、最高人民检察院、公安部、国家安全部和司法部的意见时,他们也希望通过全国人大常委会对司法鉴定的管理问题作出决定。自九届全国人大一次会议以来,每次代表大会上关于尽快制定司法鉴定法的呼声愈发强烈。其中,2001年第九届全国人大四次会议有8个代表团的266名代表、2002年第九届全国人大五次会议有7个代表团的234名代表提出此项议案。代表们认为,司法鉴定中存在的弊病涉及司法鉴定的管理体制和运行机制,仅靠部门协调难以解决,只有通过国家立法才能从根本上改变局面。在2002年12月23日全国人大常委会初次审议《决定(草案)》后,印发各省(区、市)和中央有关部门征求意见时,因分歧较大,暂时被搁浅。全国人大法律委员会认为《决定(草案)》还需要进一步的研究,并配合我国《刑事诉讼法》的修改进行。2003年2月24日,湖南省黄静裸尸鉴定问题在2004年全国人大、政协第十次会议上获得37名教授签名支持,被列入了1342号提案。

2004年7月1日的《行政许可法》规定,司法鉴定机构的设立和司法鉴定人从事司法鉴定活动资格的取得均属于需要行政许可的事项。国务院2004年6月29日《国务院对确需保留的行政审批项目设定行政许可的决定》(第412号令)将司法部关于司法鉴定机构和司法鉴定人的设立审批纳入500项确需保留的行政许可事项内容。

2004年年底,中共中央的21号文件转发了《中央司法体制改革领导小组关于司法体制和工作机制改革的初步意见》。2004年12月25日《决定(草案)》被提请第十届全国人大常委会第十三次会议进行二次审议。在审议中委员们认为,对我国司法鉴定管理体制进行立法改革已迫在眉睫。2005年2月6日全国人大法工委再次召开会议对草案进行讨论;2月18日全国人民代表大会常务委员会委员长会议对《决定(草案)》进行了审议;2月28日第十届全国人大常委会第十四次会议表决通过了《决定》(《全国人民代表大会常务委员会关于司法鉴定管理问题的决定》)。

2011年6月24日最高人民法院、最高人民检察院、公安部、国家安全部、司法部《关于办理死刑案件审查判断证据若干问题的规定》专门对鉴定意见的审查判断规则与方法作出了规定。2012年修改的《刑事诉讼法》和《民事诉讼法》将"鉴定结论"的证据种类的名称修改为"鉴定意见",增加了对鉴定人出庭作证及其人身权利保障制度,并在制度创新上规定"公诉人、当事人和辩护人、诉讼代理人可以申请法庭通知有专门知识的人出庭,就鉴定人作出的鉴定意见提出意见"。正在修改的《行政诉讼法》在鉴定方面也作出了一些新的变化,尤其是在保障当事人在鉴定权利的方面得到了发展。如2012年修改的《民事诉讼法》第76条规定:"当事人可以就查明事实的专门性问题向人民法院申请鉴定。当事人申请鉴定的,由双方当事人协商确定具备资格的鉴定人;协商不成的,由人民法院指定。""当事人未申请鉴定,人民法院对专门性问题认为需要鉴定的,应当委托具备资格的鉴定人进行鉴定。"2012年的《精神卫生法》又将精神障碍医学鉴定规定为司法鉴定。这不仅赋予了当事人申请鉴定权利,而且还赋予当事人对鉴定人的选择权。2012年最高人民法院《关于适用〈中华人民共和国刑事诉讼法〉的解释》在第四章"证据"专列第五节规定了"鉴定意见的审查与认定"。

四、我国司法鉴定的现状

(一)司法鉴定法律法规体系的状况

《决定》标志着司法鉴定的管理从"多头"到"集中"、从"分散"到"统一",司法鉴定由原来的职能部门分别管理体制逐渐发展为司法鉴定的统一管理体制。国务院司法行政部门主管全国鉴定人和鉴定机构的登记管理工作。省级人民政府司法行政部门依照《决定》的规定,负责对鉴定人和鉴定机构的登记、名册编制和公告。人民法院和司法行政部门不再设立鉴定机构,侦查机关根据侦查工作的需要设立的鉴定机构,不得面向社会接受委托,从事鉴定业务。

司法鉴定涉及的职能部门根据《决定》的规定,分别制定了相应的实施办法。

2005年9月30日公布了《司法鉴定人登记管理办法》和《司法鉴定机构登记管理办法》(司法部〔2005〕95号令)以及2007年8月7日重新颁布了《司法鉴定程序通则》;2005年12月29日公安部发布了《公安机关鉴定人登记管理办法》和《公安机关鉴定机构登记管理办法》;2006年11月30日最高人民检察院发布了《人民检察院鉴定人登记管理办法》、《人民检察院鉴定机构登记管理办法》和《人民检察院鉴定规则(试行)》;2007年1月1日国家安全部发布了《国家安全机关鉴定机构管理办法》和《国家安全机关鉴定人管理办法》;2007年8月23日最高人民法院颁布了《最高人民法院技术咨询、技术审核工作管理规定》和《最高人民法院对外委托、评估、拍卖等工作管理规定》;2012年修改了最高人民法院《关于执行〈中华人民共和国刑事诉讼法〉若干问题的解释》、《人民检察院刑事诉讼规则(试行)》、《公安机关办理刑事案件程序规定》和最高人民法院《关于执行〈中华人民共和国民事诉讼法〉若干问题的意见》等。

(二)司法鉴定体制的状况

我国还处于司法鉴定体制改革深化过程中,《决定》规定的统一司法鉴定管理体制还没有完全形成。侦查机关内设的鉴定机构的登记管理有待统一,实行侦查机关所属部门直接管理和司法行政部门备案登记管理相结合的管理模式,同时还存在其他机关如环境部门对环境损害评估鉴定管理和司法行政部门相结合的管理模式,应当在统一司法鉴定管理体制的框架内实行统一登记、统一编制名册并统一公告。同时,在医疗纠纷诉讼、环境损害纠纷诉讼中的鉴定制度也得到了有益的尝试。

(三)国家级鉴定机构的建设

为了保障鉴定的质量和解决"重大、复杂、疑难"鉴定事项以及鉴定意见争议纠纷,国家需要建设一批高水平的鉴定机构。这些国家级鉴定机构应当在所有鉴定机构或者鉴定事项领域内具有一流的人员、科研能力、技术设备条件以及优良的鉴定环境,并能够在鉴定实践中发挥"示范性"的功能。但是,国家级鉴定机构主要体现在它的仪器设备以及实验室环境等硬件建设,主要是强化鉴定实验室仪器设备和环境,旨在保障鉴定活动的客观、可靠。其作出的鉴定意见并不必然优于与其他鉴定机构作出的鉴定意见,它们之间具有同等的证明效力,不能应对其提供的鉴定意义作出证明效力等级分层。

(四)司法鉴定教育的现状

我国高等院校已经开设有关司法鉴定的课程。在开设的这些课程中,其内容主要涉及鉴定类别和鉴定技术方法,有的称为《司法鉴定学》,有的为《物证技术学》。在一些高等院校的医学院开设了法医学本科专业,并招收法医学硕士学位、博士学位的研究生。部分公安院校开设了文检、痕检等专业,招收物证技术专业的研究生;有些政法院校已经招收司法鉴定专业硕士学位研究生,并成为独立博士授予权的学科,如华东政法大学、中国政法大学证据科学研究院。华东政法大学还建立了司法鉴定专业的博士后流动站。

五、我国司法鉴定的趋势

司法鉴定是一个复杂的系统工程,司法鉴定作为司法制度的重要组成部分,与诉讼制度和证据制度紧密关联。在未来发展过程中,在统一司法鉴定管理体制的基础上对涉及诉讼制度、证据制度也需要进行不同程度的改革,使之逐步发展为相对成熟的、具有中国特色的司法鉴定法律制度。

(一)司法鉴定管理的发展趋势

根据我国的国情和《决定》规定的基本精神,按司法鉴定所涉及专业学科性质不同,坚持分类指导、分类管理的原则,形成统一司法鉴定管理定体制,并在统一的基础上,推进司法鉴定可信性和可靠性建设。[1]

司法鉴定管理体制的总体发展趋势是:通过准入管理、名册管理、执业管理和处罚管理,维护正常的鉴定秩序;通过制定和颁布统一的行业规范、行业标准和行业要求,规范管理行为、规范鉴定行为、规范鉴定程序、规范鉴定方法、规范鉴定标准,以保障鉴定机构的中立地位、鉴定人的独立身份、鉴定程序的公开公平和鉴定行为的客观公正。我国未来的司法鉴定管理模式可能是由司法行政部门设立并管理为主的专门司法鉴定机构和其他行业设立的由司法行政部门辅助性管理的非专门鉴定机构并存。这些辅助性管理主要是借助于鉴定协会的行业管理(专家管专家)、鉴定学会的社团管理、侦查机关的行政管理、相关行业的技术管理、鉴定机构的内部管理等多层次参与管理的配合,实现司法鉴定的全行业、全过程、动态化管理的目标。

(二)鉴定机构与鉴定人的未来定位

司法鉴定作为获得证据的手段,其结果属于证据种类之一,对案件事实发挥证明的功能。它不是职能部门专有的一项司法职能。对于证据首先应当考虑是其可信性,保持鉴定机构和鉴定人的独立性;同时也应当使鉴定机构和鉴定人与控辩双方或者当事人保持中立性,不染指任何诉讼职能部门或者成为当事人代言人。鉴定机构和鉴定人如果不中立,就难以保证鉴定意见的公正性;鉴定机构和鉴定人如果不独立,就难以保障鉴定意见的客观性。我们《决定》规定的侦查机关根据侦查的需要可以内设鉴定机构仅仅属于权宜之计,在条件成熟的时候这些鉴定机构应当脱离侦查部门,成为独立于诉讼职能部门的中立性鉴定机构,鉴定人成为具有独立性,并处于中立的地位。

(三)司法鉴定法律体系的发展趋势

司法鉴定随着我国诉讼结构的调整和价值取向的转变,不再仅仅表现为科学技术和法律属性问题,也远远超出证据事实获取手段的范畴,它已作为公正性要求和中立性价值被纳入我国司法体制的价值目标并且被社会各界所关注。这些问题需要系

---

[1] 郭华:“司法鉴定制度改革的基本思路”,载《法学研究》2011年第1期。

统化的立法来实现。但如何立法,是统一立法还是分散立法,仍是需要研究的问题。司法鉴定的统一立法是指制定一部同时适用于刑事诉讼、民事诉讼和行政诉讼的统一的司法鉴定法。分散立法则是指通过《刑事诉讼法》、《民事诉讼法》和《行政诉讼法》分别对"三大"诉讼中的司法鉴定作立法规定。在国际上,分散立法是一种较常见的立法模式。

在当今社会,由于人类活动领域的不断拓展和科技的飞速进步,诉讼中司法鉴定在现代社会中的运用起来越普遍,并在诉讼中起到越来越重要的作用。同时,社会的法治化对诉讼活动的规范化提出了更高的要求,也对司法鉴定提出了同等高的要求,通过法律来保障其高标准成为必要,制定统一的司法鉴定法将成为世界各国立法的发展趋势。我国司法鉴定立法应当在《决定》的基础上继续推进。因为《决定》是司法鉴定改革的开始,仅仅限于司法鉴定登记管理制度的完善,在司法鉴定的改革中仅仅为其指出了方向,仍存在许多需要继续改革的问题。因此,司法鉴定在立法规格上应当采用二元制的法律结构层次体系,将司法鉴定法分为两个层面:[1]

(1)制定《司法鉴定法》,以法的形式出现,作为司法鉴定问题的基本性规范,特别是对司法鉴定的原则、制度等重大问题作出规定,成为其他有关司法鉴定立法的根据或指导思想。这些规范主要涉及司法鉴定的任务和原则,以及司法鉴定的机构设置、管理体制、运动机制以及司法鉴定相关主体之间的权利义务关系乃至一些相关的诉讼规范。它由全国人大常委会制定,赋予其法律的地位,起到司法鉴定的"宪法性"的作用,统领整个司法鉴定规范。

(2)制定统一的司法鉴定人出庭作证办法,司法鉴定管理部门应当与最高司法机关针对鉴定人出庭的权利义务等问题作出规定,以保障鉴定人出庭作证的规范化、制度化,防止这一涉及诉讼问题的无规则化。

(3)制定司法鉴定的程序性规范和技术性规范,在遵循司法鉴定法的指导思想的基础上,构建与之相配套的法规体系。其程序规范应当是统一的,并适用于所有领域的司法鉴定。专业上对司法鉴定有特殊要求的,可以在遵循统一司法鉴定程序的基础上,制定出更为严格的鉴定程序,但不得低于统一司法鉴定程序的基本要求;这些技术规范主要从不同鉴定专业的技术和鉴定中应执行的技术标准的层面进行规定,以行政规章的形式颁布,赋予其规章的地位,作为某些领域的标准。未来的司法鉴定将形成以司法鉴定法为主轴,以司法鉴定程序性规范为中心,以司法鉴定各领域技术规范为指导的完备而健全的法律法规体系。

[1] 郭华:"司法鉴定法律文本的变奏及结构重整",载《华东政法大学学报》2010年第2期。

思考题

1. 简述大陆法系国家司法鉴定的历史发展。
2. 简述美国专家证言可采性的发展变化。
3. 简述我国司法鉴定的发展历程。
4. 简述我国司法鉴定的未来趋势。

阅读书目

1. 贾静涛著:《我国古代法医学史》,群众出版社 1984 年版。
2. [日]上村正吉等著:《刑事鉴定的理论和实践》,徐益初、肖贤福译,群众出版社 1986 年版。
3. 贾静涛著:《世界法医学与法科学史》(上、下),科学出版社 2000 年版。
4. 郭华著:《鉴定结论论》,中国人民公安大学出版社 2007 年版。
5. 司法部司法鉴定管理局编:《两大法系司法鉴定制度的观察与借鉴》,中国政法大学出版社 2008 年版。
6. 王敏远、郭华著:《司法鉴定与司法公正研究》,知识产权出版社 2009 年版。

第三章　司法鉴定基本原则

本章重点内容

本章主要是有关司法鉴定基本原则的内容。司法鉴定的基本原则是司法鉴定立法、管理、实施和适用应当遵循的基本准则，是有关司法鉴定活动的指导思想。这些原则主要包括依法鉴定原则、独立鉴定原则、客观鉴定原则、公正鉴定原则。

本章学习要求

学习本章内容，应当把握司法鉴定活动基本原则的内容，全面准确理解各项原则的基本内涵，着重认识各项原则对于司法鉴定活动提出的具体要求，自觉地以司法鉴定基本原则指导司法鉴定理论研究和实践活动。

第一节　基本原则概述

一、司法鉴定基本原则的意义

法律制度的基本原则是法律对社会关系进行调整时所依据的最基本的准则，它体现了一国法律的基本精神和基本价值取向。司法鉴定基本原则是指司法鉴定活动中，司法鉴定机构、司法鉴定人、鉴定委托方以及其他相关主体都必须遵循的基本行为准则。司法鉴定基本原则贯穿于司法鉴定的全过程以及各方面，对司法鉴定活动具有普遍的指导意义。

司法鉴定基本原则指导鉴定活动的开展。司法鉴定基本原则集中体现了司法鉴定的法律依据、法理依据、实践依据，为司法鉴定活动规范提供了基本价值取向，是指导司法鉴定活动的基本理念。从事各项司法鉴定活动，都必须以基本原则为行为准则，与基本原则的要求保持一致。鉴定活动违背基本原则，将使其与司法鉴定的价值追求背道而驰，无法发挥司法鉴定发现案件事实、服务诉讼活动的功能。

司法鉴定基本原则把握鉴定制度改革与完善的方向。司法鉴定制度是国家为规范司法鉴定活动制定的规则体系。司法鉴定基本原则对于司法鉴定制度的建立健全具有纲领意义，为确定鉴定活动主体之间的权利义务关系提供方向、基础和依据。必须看到，现行司法鉴定制度在鉴定启动权、鉴定主体准入、鉴定活动管理等方面还存在不少与司法鉴定基本原则不相符合、不相适应的问题。只有认真贯彻和遵循司法鉴定基本原则的精神，才能正确把握司法鉴定制度的改革发展方向。

司法鉴定基本原则指导鉴定管理工作的开展。根据党的“十六大”提出的推进司法鉴定体制改革的要求和《决定》的精神，我国确立了建立统一司法鉴定管理体制的目标，这为改进和加强司法鉴定管理工作提出了新的任务。司法鉴定基本原则体现了国家和社会对司法鉴定活动的总体要求与期待，是衡量司法鉴定事业发展成败的基本标准。司法行政机关及其他有关部门指导和管理司法鉴定工作，必须以司法鉴定基本原则为基本管理理念，按照基本原则的精神和要求制定政策、提出措施、实施监管，从而推动我国司法鉴定事业健康、持续发展。

二、确立司法鉴定基本原则的依据

关于司法鉴定活动的原则，现行法律、法规和规章存在不同的表述。《决定》第12条规定：“鉴定人和鉴定机构从事司法鉴定业务，应当遵守法律、法规，遵守职业道德和职业纪律，尊重科学，遵守技术操作规范。”《司法鉴定机构登记管理办法》第7条规定：“司法鉴定机构开展司法鉴定活动应当遵循合法、中立、规范、及时的原则。”《司法鉴定人登记管理办法》第6条规定：“司法鉴定人应当科学、客观、独立、公正地从事司法鉴定活动。”《司法鉴定程序通则》第4条规定：“司法鉴定人应当依法独立、客观、公正地进行鉴定，并对自己作出的鉴定意见负责。”此外，最高人民法院、最高人民检察院、公安部所制定的有关司法解释、部门规章中也对司法鉴定的基本原则作了不同表述。

从学者总结概括的司法鉴定基本原则的内容看，主要有以下几种意见：有的认为，司法鉴定基本原则包括法制原则、独立性原则、客观性原则、保守案内秘密原则、时限原则五个方面。也有的认为，司法鉴定原则可以概括为合法原则、独立性原则、中立性原则、客观性原则四个方面。还有的认为，司法鉴定基本原则包括依法鉴定原则、实事求是原则、科学鉴定原则、独立鉴定原则、及时鉴定原则、鉴定分离原则、公平公开原则、保守秘密原则八个方面，等等。

可以看出，有关司法鉴定基本原则内容的表述各异，但其内涵并无实质差异。我们认为确立司法鉴定活动基本原则，应紧紧把握司法鉴定活动从以下四个方面来考虑：一是司法鉴定基本原则应当适用于整个鉴定活动，包括鉴定的委托与受理，鉴定的实施，鉴定结论的出具与审查，参与鉴定活动的各方主体均应受基本原则规制，但重点是司法鉴定机构和鉴定人的执业活动。二是司法鉴定基本原则要有概括性。基本原则是以抽象的形式贯穿于鉴定活动各方面、全过程的准则，应区别于某项具体的制度规定。三是司法鉴定基本原则要契合司法鉴定的特征。虽然司法鉴定是诉讼活动的组成部分,但由于鉴定活动主体、客体和内容具有特殊性,不能简单地将诉讼活动的基本原则复制为司法鉴定基本原则。四是司法鉴定各项基本原则之间既要有含义、角度的区别,又要有内在逻辑性,构成有机的整体。

三、司法鉴定基本原则的内容

基于上述考察,一般认为司法鉴定基本原则包括依法鉴定、独立鉴定、客观鉴定、公正鉴定四个方面的内容。

依法鉴定原则即司法鉴定活动必须严格执行法律、法规、规章的规定。“依法鉴定原则”与有的学者所概括的“合法原则”内涵是基本相同的,但“合法原则”侧重于从结果上判断鉴定活动是否与法律规定相符,而“依法鉴定原则”侧重从动态的角度强调鉴定活动必须依照法律规定进行,其含义更为积极。依法鉴定原则在司法鉴定基本原则中处于前提地位。

独立鉴定原则即鉴定人自主进行鉴别判断并出具鉴定意见。较之其他教材表述的“中立鉴定原则”,两者都要求鉴定人的立场必须不偏不倚,不受利害关系影响,但“中立鉴定”强调鉴定人居于对立双方之间,不倾向于任何一方,而“独立鉴定”强调鉴定人不依赖于外部力量,不受外界因素的干扰,其含义更为透彻。独立鉴定原则在司法鉴定基本原则中居于保障地位。

客观鉴定原则即司法鉴定活动必须坚持实事求是,遵循客观规律。在有的教材中也有“科学原则”的表述,我们认为其内涵与“客观鉴定原则”一样,都强调鉴定活动的科学属性,但“客观鉴定原则”的含义更具根本性。客观鉴定原则在司法鉴定基本原则中居于首要地位。

公正鉴定原则即鉴定活动应以公平、正义为价值目标。公正鉴定原则既是司法鉴定基本原则之一,又是依法鉴定、独立鉴定、客观鉴定原则的进一步浓缩与提升。它在司法鉴定基本原则中居于核心地位。

第二节 依法鉴定原则

一、依法鉴定原则的含义

依法鉴定原则,是指参与司法鉴定活动的各方主体,必须严格遵守法律、法规、规章的各项规定,规范进行鉴定活动。依法鉴定原则在司法鉴定基本原则中处于前提和基础地位,对于规范和指导司法鉴定活动具有重要的意义。理解和把握这一原则应当注意以下几点:

(1)依法鉴定原则所称之“法”是广义上的法。其中,既包括实体法,也包括程序法;既有国家相关法律、法规,也有地方性法规、部门规章及规范性文件;既要严格遵守国家机关制定的法律文件，又要认真执行行业组织制定的技术性规范。随着司法鉴定事业的不断发展，各项司法鉴定制度不断健全和完善，终将形成完整统一的司法鉴定法律规范体系。

(2)依法鉴定原则贯穿于全部司法鉴定活动。司法鉴定活动主体在司法鉴定活动的各个环节都必须严格依照法律、法规、规章的要求。鉴定机构和鉴定人执业主体资格的获得，鉴定事项的委托受理，实施鉴定的方法、程序和标准，出具和审查鉴定结论等都必须符合法律的规定。

(3)依法鉴定原则的实质是实现司法鉴定活动的规范化、标准化、制度化。司法鉴定的各项法律规范，分别从不同层面、不同范围、不同角度对司法鉴定活动作出了规制，为司法鉴定机构、鉴定人和其他有关主体提供了行为准则。开展各项鉴定活动，都要依法行使权利，履行义务，承担责任。

二、依法鉴定原则的根据

依法鉴定是由司法鉴定的法律属性所决定的。司法鉴定是诉讼过程中为查明案件事实而由具备专门知识和经验的鉴定人作出判断的活动。司法鉴定意见是法律规定的诉讼证据种类，司法鉴定活动是为司法证明服务的，司法鉴定制度是国家司法制度的组成部分。从一定意义上说，鉴定天然不是为司法证明活动服务的，而司法鉴定天然是一种司法证明活动，司法鉴定区别于一般鉴定活动的根本点就在于其法律属性。因此，司法鉴定活动必须符合健全完善司法制度的基本要求，必须体现诉讼程序正义的理念，必须遵守证明的各项规则。从司法鉴定的申请、决定、委托，到司法鉴定的实施以及鉴定意见的审查认定，都必须严格依照法律的规定进行。一旦司法鉴定活动违法，则鉴定意见的可靠性将受到质疑，其服务和保障诉讼活动的功能就不能实现。

依法鉴定是客观公正鉴定的前提和基础。司法鉴定所遵循的法律、法规、规章，是根据长期鉴定实践总结的合乎科学性、规律性的立法产物，遵守法律和尊重科学是一致的。例如，在美国长期的判例实践中形成诸如弗赖伊规则(Frye)、多伯特规则(Daubert)等对专家证言的审查判断规则，使法庭对科学证据的审查判断跟上科技发展的步伐；我国“三大”诉讼法将司法鉴定纳入法定证据种类，确立了科学证据在诉讼中的合法定位；《决定》的颁布明确了我国司法鉴定管理体制和工作机制，为实现司法鉴定客观公正提供管理制度保障；《司法鉴定程序通则》的颁布为实现司法鉴定客观公正提供程序保障。每一次立法的完善都标志着司法鉴定制度努力地朝着科学化、法治化的目标向前迈出一步。

依法鉴定是维护司法鉴定工作秩序的需要。良好的司法鉴定秩序是司法鉴定工作得以顺利进行和稳定发展的必要条件。我国司法鉴定领域长期存在的突出问题是混乱无序，表现为司法鉴定多头管理、鉴定机构设置不合理、鉴定活动不统一，其后果是导致司法鉴定服务质量不高、司法鉴定权威性受损。造成这些问题的原因是多方面的，其中司法鉴定制度不完善、不落实是一个重要的因素。必须切实贯彻执行《决定》及有关法律法规和规章,并进一步建立健全司法鉴定活动的各项制度,将司法鉴定纳入法制化、制度化、规范化发展的轨道,保证司法鉴定工作的健康发展。

三、依法鉴定原则的基本要求

(一)鉴定主体依法设立

鉴定主体合法是鉴定活动依法开展的前提条件。从两大法系国家对鉴定主体资格的立法规定看,各国对鉴定人资格的审查方式不一,但相同之处在于必须符合本国法律规定。英美法系国家将鉴定人视为专家证人,对其应具备的条件没有统一限定,对其是否具备专家身份是通过庭上审查完成的;大陆法系国家对鉴定主体资格进行规定并通过授权方式赋予资格。我国目前对鉴定主体实行登记管理制度,鉴定人和鉴定机构必须具备法定条件,经法定程序,取得执业证书,方可开展司法鉴定活动。没有合法资格的机构和人员,出具鉴定文书,不具有规定的法律效力。

(二)鉴定事项依法委托和受理

鉴定事项必须由诉讼法规定的主体,包括司法机关、当事人等,根据法律规定的条件提出委托。鉴定机构和鉴定人受理鉴定事项,必须符合依法登记的业务范围。受理鉴定事项,应当由委托人与鉴定机构签订委托合同,明确双方权利义务。

(三)鉴定活动依法实施

首先,检材的来源须合法。检材是客观准确的鉴定结论得以形成的基础,检材的来源是否合法直接影响鉴定意见的合法性。常见的检材包括尸体、血液、毛发、骨骼、牙齿、指纹、痕迹、工具、文书等生物和非生物材料。根据我国诉讼法的规定,检材依法由职权机关或当事人负责收集和提供。其次,鉴定的程序须合法。如鉴定人的人数必须符合法定要求,鉴定人须遵循回避、保密、时限等规定,必须履行规定的检测、检查、鉴别步骤等。最后,鉴定的方法须合法,不得违背规定采用的司法鉴定有关技术标准和技术规范。

(四)鉴定意见依法出具和审查

鉴定文书的出具必须符合规定的格式和内容规范。鉴定人出具意见后,委托人对鉴定意见提出询问的,鉴定人必须予以解释和说明。我国目前对鉴定人出庭质证尚未作出具体规定,随着2012年《刑事诉讼法》和《民事诉讼法》的修改,鉴定人出庭作证成为鉴定意见接受审查的一种法定方式。

第三节 独立鉴定原则

一、独立鉴定原则的含义

独立鉴定原则是指鉴定人在司法鉴定过程中不受外界的干扰,独立自主地对鉴定事项作出科学判断,提出鉴定意见并对鉴定意见负责。《决定》第10条规定:“司法鉴定实行鉴定人负责制度。鉴定人应当独立进行鉴定,对鉴定意见负责并在鉴定书上签名或者盖章。多人参加的鉴定,对鉴定意见有不同意见的,应当注明。”这为独立鉴定原则提供了法律依据。独立鉴定原则在司法鉴定基本原则中处于重要地位,是依法、客观、公正鉴定得以实现的条件和保障。独立鉴定原则包含以下三层含义:

(1)鉴定人独立进行科学判断。司法鉴定是司法鉴定人凭借其专门知识对专门性科学问题作出的一种认识和判断。鉴定意见是否客观准确,取决于鉴定人的专业水平、判断能力和工作态度等因素。为保证鉴定结论真实体现鉴定人的能力和水平,方便审查确定鉴定意见的可靠性,鉴定人必须独立进行科学判断,不得为他人意见和意志所左右。

(2)鉴定人以科学技术标准为基础提出鉴定意见。虽然司法鉴定是由鉴定机构接受委托的,但是鉴定人是鉴定活动的具体实施者。为体现和标识鉴定意见的独立性,鉴定人必须根据鉴定材料的条件,以科学技术标准为基础出具鉴定意见。为此,鉴定人必须在鉴定书上签名或盖章,依法出庭作证。同一鉴定活动虽有多人参与,但鉴定人必须以个人名义出具意见,而持不同意见的鉴定人必须在鉴定书上注明。

(3)鉴定人对鉴定意见负责。既然鉴定意见是鉴定人独立作出的,是鉴定人的自主意识,其法律后果就应由鉴定人承担。《决定》第10条规定了我国司法鉴定实行鉴定人负责制。鉴定人对鉴定意见负责是鉴定人独立原则完整内涵的必要构成部分,是鉴定人权利与义务相统一的重要体现。

二、独立鉴定原则的基本要求

(1)鉴定人独立于委托人。司法鉴定的实施以鉴定的申请、决定、委托为前置程序。由于鉴定结论关系到案件事实认定,与当事人或者诉讼职能部门存在利害关系,委托人对鉴定事项的结论多少具有倾向性。根据诉讼公正理念的基本要求,鉴定实施主体必须独立于申请、决定的主体,独立于包括当事人和职权机关在内的委托主体,鉴定意见才能客观、准确地作出。司法鉴定人独立于委托人,必须坚持对鉴定技术和专业知识的笃信,坚持实事求是的科学态度,不受鉴定委托人利益的影响,不被委托人鉴定意图所左右,独立、自主地作出鉴定判断和提出鉴定意见。鉴定人在受理与实施鉴定活动中发现与委托人、委托事项或者案件有利害关系的,应当依法回避。

(2)鉴定人的鉴定意见独立于司法鉴定机构的行政领导。鉴定人是司法鉴定机构中具有特定鉴定事项执业资格的自然人。司法鉴定机构依照内部规定对鉴定人进行管理监督,对鉴定活动进行组织、管理、服务,但不是代替鉴定人进行分析判断。司法鉴定机构受理鉴定委托,然后指定或选择本机构的鉴定人进行鉴定活动,由司法鉴定人运用科学技术和专门知识,对诉讼涉及的特定问题进行鉴别和判断。对复杂、疑难和特殊技术问题咨询相关专家意见的,最终鉴定意见仍由鉴定人出具,不同意见的应当注明。鉴定机构不能要求或强制鉴定人出具某种鉴定意见,即使行政领导是该事项鉴定人也只能代表他个人意见。强调鉴定人独立鉴定,有助于强化鉴定人对鉴定意见后果承担责任的法律意识,有助于提高鉴定人对鉴定事项的责任感,有助于鉴定人摆脱鉴定机构对鉴定人鉴定活动的不当干预,有助于厘清司法鉴定机构的行政领导和鉴定人业务活动的界限。

(3)鉴定人独立于其他鉴定人。独立鉴定的要求还包括鉴定人与鉴定人之间的独立,具体指鉴定人在进行司法鉴定过程中,对鉴定事项的判断必须建立在自己对科学技术和鉴定知识的运用,对鉴定客体的独立检测和鉴定技术标准的独立运用的基础上,不轻易听信其他鉴定人的意见,更不盲目听从其他鉴定人的指挥。坚持鉴定人独立于其他鉴定人,是鉴定意见的属性所决定的。鉴定意见是特定领域的鉴定人对特定事项进行判断的活动,从其属性看是鉴定人个人的观点。每个鉴定人对事物的认识判断受到其自身的专业知识、实践经验、仪器设备,甚至包括工作态度等因素影响,不同的人对同一事物的认识都可能存在差异。这些差异是正常的,要正确认识差异,就需要我们尊重鉴定人的独立地位。至于在不同的鉴定意见之间如何去伪存真,筛选符合客观事实的意见,最终需要通过庭审质证,兼听则明得以实现。强调鉴定人之间独立有利于鉴定人主观能动性得以发挥,有利于鉴定人负责制得以贯彻,有利于鉴定意见的客观公正得以体现。同时,也必须明确鉴定人之间不同意见应当注明是有条件的。

三、正确理解和贯彻独立鉴定原则

(1)维护鉴定人独立地位。独立鉴定是司法鉴定公正、可靠的重要保障。只有鉴定人独立自主地实施鉴定活动,才能形成真实反映客观真实和鉴定人专业能力的鉴定意见。《决定》实施以后,我国司法鉴定人逐渐淡化隶属于司法机关的官员色彩而还原科学技术专家的本色,这一制度转变使鉴定人独立地位得以保障。但是,现实中影响鉴定人独立地位的因素和现象仍大量存在,如鉴定主体依附现象,诉讼当事人对鉴定人的干扰因素,重复鉴定中司法机关影响鉴定活动等。鉴定人独立地位的维护仍然需要各方面在观念上及时转变、在制度上强化巩固、在工作中切实落实。

(2)加强鉴定人监管。鉴定人独立进行鉴定,并不意味着对鉴定人放任不管,贯彻独立鉴定原则与加强对鉴定人监管是统一的。司法鉴定作为服务和保障诉讼活动顺利进行的重要环节,事关当事人根本利益,事关司法公正,必须依法严格管理。事实上,只有鉴定机构为鉴定活动必需的物质组织机制和法律保障,鉴定才能顺利进行。也只有加强对鉴定人的监管,才能保证鉴定活动有序进行,为鉴定人独立鉴定提供一个良好的执业环境;才能规范鉴定人与委托人和当事人的关系,防止鉴定人受到干预和影响;才能指导和督促鉴定人不断提高专业知识和鉴定技术水平,为鉴定人独立进行分析判断奠定基础。当然,无论是管理部门的管理监督,还是鉴定机构的组织指导,以及各个方面的监督指导,都不应非法干预鉴定人正常的鉴定活动,侵犯司法鉴定人的独立地位。

(3)强化鉴定人责任。独立鉴定原则并不意味着鉴定人可以随意和轻率地进行鉴定活动。《决定》规定了我国实行鉴定人负责制度,鉴定人要对鉴定意见的法律后果承担责任。司法鉴定人负责制度和司法鉴定人独立进行鉴定两者是相辅相成的,只有司法鉴定人独立进行鉴定,鉴定人才能对鉴定意见负责;相反,实现司法鉴定人负责制度,必然要求司法鉴定人独立鉴定,两者的共同要求是要保证司法鉴定人充分依据科学知识和科学规律进行鉴定,保障鉴定意见的客观公正。因此,司法鉴定人要强化职业风险意识,增强责任心,端正工作态度,提高鉴定质量。

第四节　客观鉴定原则

一、客观鉴定原则的含义

客观鉴定原则是指司法鉴定活动必须遵循客观规律,反映案件事实,摒弃主观臆断。客观鉴定原则的基本含义:一是真实,即依据真实的而不是虚假的检材、情况、资料等进行鉴定活动。二是准确,即采取科学、先进的而不是落后的科学技术,对鉴定事项予以定性、定量的检验、测定。三是可靠,即对鉴定事项按照科学思维而不是主观随意地进行分析、判断,作出有关案件事实况的鉴定结论。客观鉴定原则是司法鉴定活动的首要原则,是鉴定的根本目的,也是鉴定活动的生命,对于司法鉴定的发展具有十分重要的意义。

二、客观鉴定原则的依据

(1)客观鉴定原则是唯物主义认识论的要求。唯物主义认识论认为,认识的本质是在实践的基础上主体对客体能动的反映,实事求是是唯物主义认识论的根本要求。坚持实事求是就要做到一切从实际出发,找出事物的内部联系,使主观与客观相一致。司法鉴定是鉴定人根据长期鉴定实践积累的科学知识和工作经验,对鉴定客体进行判断从而使事实真相得以还原的认识活动。无论是对鉴定客体进行同一认定、种属认定、因果认定,还是对其自身固有的性质、特征、发展变化、内外联系的揭示和反映,都必须按照唯物主义认识论的要求,真实、客观地进行司法鉴定活动。

(2)客观鉴定原则是司法鉴定科学技术属性的要求。司法鉴定是司法鉴定人运用自然科学原理、规律、技术和方法对鉴定客体进行检验判断的科学实践活动,科学性是司法鉴定的基本属性。同任何自然科学活动的客观性要求一样,司法鉴定活动也必须尊重客观规律,体现事物固有的、内在的和本质的联系。作为科学技术活动,司法鉴定活动有别于文学、艺术等创作活动,后者可以淋漓尽致地发挥想象,而前者必须真实准确地反映检材信息,不能随主观想象凭空捏造。

(3)客观鉴定原则是司法鉴定职能的要求。司法鉴定是为诉讼活动提供科学证据的活动,具有为司法证明活动服务的职能。司法活动的基本准则要求"以事实为根据,以法律为准绳",即司法人员在办理案件过程中,必须以证据认定的事实为依据,在此基础上准确地适用法律。司法鉴定结论是诉讼证据的法定种类之一,在认定案件事实方面起到至关重要的作用,具有"证据之王"的美誉。以"事实为根据"的基本准则要求司法鉴定人必须根据检材的真实情况,对鉴定客体进行科学认定,从而使案件的事实认定准确可靠。

三、客观鉴定原则的基本要求

(1)牢固树立科学精神。司法鉴定是司法鉴定人员运用自然科学原理、科学技术和方法解决诉讼活动中专门性问题的活动,坚持客观鉴定原则就必须牢固树立科学精神,忠于事实,追求真理。《司法鉴定程序通则》将尊重科学作为司法鉴定活动的一项重要的执业要求,并贯穿于《司法鉴定程序通则》的各项规定之中,旨在促使司法鉴定人自觉维护科学的纯洁性,坚决摒弃人情、私利因素的驱使,确保司法鉴定活动的客观性、准确性、可靠性。实践中,一些案件出现多份不同的鉴定结论,造成这种现象的原因是多方面的,其中司法鉴定人受利益驱使,违背客观鉴定原则是问题产生的一大主观因素。

(2)重视科学方法和技术创新。司法鉴定是一种运用科学技术的活动,坚持客观鉴定原则必然要求重视科学方法的运用和科学技术的创新。一要提高司法鉴定人员的科学技术水平。科学知识日新月异地发展,司法鉴定人员必须不断提高科技知识水平才能满足时代发展要求。二要推动技术创新并提高司法鉴定手段的科技含量。由于受当前科学技术水平的限制,司法鉴定人员对同一事物的认识往往是不同的,推动技术创新和提高科技含量,才能是司法鉴定的结论更加接近于事物的客观真实。三要积极增加投入,采用先进的仪器设备,为技术进步提供物质保障。

(3)优化司法鉴定流程。首先,检材的提取、收集、保存要符合鉴定要求。真实可靠的检材是客观正确的鉴定意见得以形成的基础,无论是生物检材还是非生物检材,其提取、收集、保存必须适当,防止发生退化、损坏。其次,积极采用统一的鉴定技术标准。目前在司法鉴定各专业领域中,除了个别专业出台了由国家相关部门制定的统一适用的行业标准外,多数鉴定专业领域的鉴定技术标准和规范仍为空白,因此采用统一的鉴定标准尤为必要。最后,对鉴定质量实施全过程管理。按照司法鉴定机构认证认可工作的要求,建立和运行质量管理体系,有效地维持和改进鉴定机构的技术能力和管理水平。

(4)正确把握客观真实与法律真实的关系。客观鉴定原则要求鉴定意见要符合客观真实,还原案件本来的面目。然而由于人类认识能力的有限性,又由于司法鉴定活动作为诉讼证明活动的组成部分,必须受到程序法律的规制,司法鉴定认定的事实是一种法律事实,与客观事实可能存在一定的差异。客观真实是事物客观存在的面貌,它不可重现,人们只能根据案件遗留的线索无限接近地还原客观事实;法律真实是根据证据认定的案件事实,它有可能与客观真实一致,也有可能相悖。鉴定意见在性质上是一种专家意见,最终能否被法庭所认定为证据,取决于鉴定意见客观性、关联性、合法性等因素。坚持客观鉴定原则就是要使鉴定结论无限地接近于检材和案件客观事实,努力使法律真实与客观真实相一致。

第五节　公正鉴定原则

一、公正鉴定原则的含义

公正鉴定原则是指司法鉴定活动应以公平、正义为价值追求,秉持正当性,不得有专私、偏袒。鉴定人居中立之地位,以科学之神圣,仗法律之权威,再现事实真相,确保恶抑善扬,其目的与宗旨是维护社会公正。包括鉴定活动程序公正和鉴定意见的实体公正两方面。因此,公正鉴定原则是司法鉴定活动的最高准则和核心原则。

二、公正鉴定原则的意义

(1)公正鉴定是人类价值追求的体现。古往今来,公正是人类追求的价值目标。尽管公正是一个相对抽象的概念,在不同的社会、不同的历史阶段,人们对公正内涵的理解是有差异的,但公正的基本内涵应包括公平和正义,具体涵盖平等、正直、追求真理、忠于事实等要素。新的时代条件下,实现公平正义是构建社会主义和谐社会的基本要求,而法律作为对人们行为进行规范的基本准则,是实现人类公平正义的重要保障。正如罗尔斯在《正义论》中指出的,"正义是制度的首要价值"。司法鉴定是我国法律制度的组成部分,鉴定活动坚持公正鉴定原则与我国社会主义法治的价值目标是一致的,是人类对公共价值追求的体现。

(2)公正鉴定是诉讼公正的保障。在法律制度中,正义包括实体正义和程序正义两部分,实体正义是指实体法对权利义务进行确立所要遵循的价值标准,程序正义是指法律程序在具体运作过程中所要实现的价值目标。我们必须在诉讼活动中贯彻公平、公开、公正的程序理念,坚持"以事实为根据,以法律为准绳"的准则,确保司法公正。司法鉴定作为科学证据,对案件事实的认定起到至关重要的作用。实现公正鉴定,才能保证客观公正的鉴定结论得以产生,最终保障诉讼公正得以实现,以"看得见的正义"展示在人们面前。

(3)公正鉴定是司法鉴定公信力的来源。司法鉴定意见在诉讼证据中居重要位置,往往成为法官认定案件事实的关键依据,这对司法鉴定公信力提出了很高的要求。司法鉴定的公信力来源于司法鉴定活动的公正性。只有客观准确,忠于事实,不偏不倚,从而使鉴定结论的形成充分体现司法正义的产生过程,才能维护其权威性。

现实中存在的诸如司法腐败、鉴定人违规出具鉴定意见、鉴定人受利益驱动等损害司法鉴定公信力的负面现象,根本原因在于鉴定结论的公正性不足。要长期巩固和有效提升鉴定结论公信力,关键在于强化司法鉴定的公正性。

三、公正鉴定原则的基本要求

(1)司法鉴定主体应保持中立。按照自然正义理论,公正要求"任何人不得担任自己案件的法官",即裁判者必须保持中立性。鉴定活动是鉴定主体根据专业技能和经验对鉴定客体进行检验判断的过程。鉴定人如同居中裁判的法官一样,必须独立于鉴定事项有关的各方当事人,保持超然的身份。因此,鉴定主体保持中立,是确保鉴定公正的重要前提和必要条件。我国原来的鉴定机构设置于侦查、控诉、审判机关内部,鉴定主体的中立性受到一定影响,改革后鉴定机构依赖于侦查、控诉、审判职能机关的不合理现象得以初步矫正。但是,要想按照鉴定主体中立的要求进一步深化体制改革,特别是真正在观念上实现转变,树立鉴定人中立的形象,仍需要作出很大的努力。

(2)鉴定法律关系中权利义务应体现对等性。权利与义务是法律关系的重要内容,两者相辅相成,没有绝对的权利也没有绝对的义务。公正的法治理念要求在立法及司法环节中正确把握法律关系中各方主体权利与义务的对等性。在司法鉴定法律关系中,诉讼当事人、司法鉴定机构及鉴定人、委托鉴定的司法机关等各方共同构成了司法鉴定法律关系的主体,保持各方主体权利义务的对等性,做到权利与义务、职权与责任相平衡、相协调,是贯彻公正鉴定原则的一项基本要求。必须正视现行制度在维护鉴定法律关系权利义务对等性方面存在的不足之处。例如,鉴定当事人缺乏主体地位,在刑事诉讼中的司法鉴定启动权方面仅享有补充鉴定或重新鉴定申请权,民事诉讼法在此方面有所改观;司法鉴定人在出具鉴定意见之后,履行出庭作证义务的实施情况不尽如人意;委托鉴定的职权机关对鉴定意见过分依赖,而对有无必要进行鉴定、综合其他证据认定案件事实的工作做得还不够充分。这些都值得我们深入反思,进而完善相关立法,使公正鉴定基本原则得以切实贯彻。

(3)司法鉴定过程要坚持公开。"阳光是最有效的防腐剂",司法鉴定过程公开是实现公正鉴定的程序保障,可以最大限度防止"暗箱操作"和利益驱动。鉴定的委托和受理、鉴定的实施、鉴定文书的出具等流程中,除了涉及国家秘密、商业秘密、个人隐私等情况外,应当向委托人、有关当事人公开,做到以公开为原则,不公开为例外。一方面,公开鉴定程序能够增强当事人的参与性,维护当事人的主体地位,使当事人对鉴定意见的产生过程有更为直接的了解,从而增强当事人对司法鉴定的信任;另一方面,公开鉴定程序能够方便接受社会监督,增强鉴定活动的透明度,加强对鉴定公正的外部制约。目前,鉴定公开还没有迈出实质步伐,需要尽快探索具体措施,建立相关制度。

(4)鉴定意见必须客观真实。鉴定意见是鉴定目的的体现,偏高或歪曲鉴定目的，就是最大的不公正。鉴定活动独立、客观是鉴定结果公正的保障。

思考题

1. 依法鉴定原则的基本要求是什么?
2. 如何正确理解和贯彻独立鉴定原则?
3. 客观鉴定原则的基本含义是什么?
4. 如何做到鉴定公正?

阅读书目

1. 徐景和编著:《司法鉴定制度改革探索》,中国检察出版社 2006 年版。
2. 金光正主编:《司法鉴定学》,中国政法大学出版社 2001 年版。
3. [英]丹宁著:《法律的正当程序》,李克强等译,法律出版社 1999 年版。
4. 霍宪丹、郭华著:《中国司法鉴定制度改革与发展范式研究》,法律出版社 2011 年版。
5. 杜志淳等著:《司法鉴定立法问题研究》,法律出版社 2011 年版。

第四章　司法鉴定基本原理

本章重点内容

本章主要介绍司法鉴定的基础理论和司法鉴定实施的科学基础。司法鉴定原理主要包括物质转移原理、同一认定原理、种属认定原理。

本章学习要求

学习本章内容，应当了解司法鉴定物质转移原理、同一认定原理、种属认定原理的概念、基本内容及与司法鉴定的关系，明确司法鉴定原理在制定与使用鉴定方法、鉴定依据、鉴定标准，确定鉴定意见分类，评断鉴定意见客观真实性和证明力方面的意义。

第一节　司法鉴定物质转移原理

一、物质转移原理的形成与发展

（一）物质的定义与现代物质的类型

物质是自然科学和社会科学领域一个基本概念，是指独立于人的意识之外的客观存在。它包括有形的物质与无形的物质，一切客观存在的都属于物质的范围。行为学理论认为，人的行为活动、自然界的变化、社会现象的产生，都具有物质性特点。犯罪行为是物质性的反映，正因为它具有物质性特点，侦查和鉴定主体才有条件对其进行认识和揭示。

随着现代科学技术的发展，司法鉴定中物质概念的范围也在不断拓展。目前进行鉴定的物质对象可以归纳为三类：

第一类是实物型物质。它是有形的，可以用目力和科学仪器观察到的物质实体。如毒物、毒品、爆炸物、金属微粒、泥土、粉尘、纤维、油渍、人体微细物质等。它是司法鉴定最常见的对象。

第二类是痕迹型物质。它是实物型物质（含物品、物体）的外表形态结构和其组成部分，由于机械作用、理化作用和自然变化，形成于载体物上的痕迹。如手印、足迹、工具痕迹、牙齿痕迹、碎裂痕迹、笔迹、图像、印刷字迹等，这些是司法鉴定最为多见的物质对象。鉴定这类物质，主要不是确定其理化成分、结构特点和生物特性，而是寻找其形成痕迹的“物”或“人”，或者判明痕迹形成的原因。

第三类是信息型物质。它是随着电子技术的发展而出现的新的物质类型。如声频与视频录音带和录像带、光碟、软盘等储存的信息，计算机系统和网络系统有关部位留存的电磁痕迹及其内容。这类物质与前两类物质有许多不同，它是由光电转化、声电转化、光化学转化、电磁转化形成的转化物质痕迹，其中许多物质痕迹在一定条件下还可“复原”。这种转化物质痕迹是逐渐增多的新兴鉴定对象。

上述三类司法鉴定物质都与物质转移原理有密切关系，明确其转移的条件、过程及转移后的特点，对于选用鉴定方法和评断鉴定意见的证明力具有重要意义。

（二）物质转移概念

物质转移概念是在不断发展的，至今尚无一个定型的抽象性的统一定义。在司法鉴定科学领域，它只是由物质交换、物质转移、信息传递（转化）三者的本质特征综合而成的一种界说。所谓物质转移，是指物体的物质或信息被其他客体物承载、交换、吸收、转化，而在其他客体物上存留一定的物质、信息的物质运动过程，包括物质实体的自身转移、物质实体外表结构形态的形象转移、信息物质的吸收或转化等转换形式。物质转移用于鉴定的基本原理是：证据是一种信息，而信息是物质的一种表现，鉴定中的证据信息是一种客观存在，它可以在不同客体间以不同的方式进行交换、转移、传递，并在其承载客体上留存相应信息，从而可被获取和运用。

（三）物质转移原理的形成和发展

1. 物质交换原理的产生

法国著名侦查学家、警察实验室鼻祖、物证技术学先驱之一埃蒙德·洛卡德（Locard）在20世纪初期提出：犯罪实施过程是一个物质交换过程。犯罪行为人作为一个物质体，在实施犯罪过程中，总是要与现场相关物质实体发生接触和交换关系，从而导致接触体之间会发生一些形态变化，或者其被黏附某些物质，或者被其带走某些物质。总之，接触体之间会发生质或量的变化。洛卡德和他的同事们，将犯罪过程中所产生的物质交换这一客观事实总结为“物质交换原理”。这一原理强调物质系统能量不变，在交换过程中客体间的物质总量不会增多或减少，只是出现了转移现象。

2. 物质转移原理的形成

随着侦查学的发展和现代痕迹学基础理论的建立，物质交换原理存在的局限性不能解释多种痕迹形成机理的过程和证人证言信息的交换规律，因为它们的形成并不能完全反映物质的能量守恒法则，而是以接触、“复制”方式，或者是以感官、记忆方式进行转移的。如目击证人看到犯罪现场上犯罪行为发生过程的某一个片段,听到的某些说话声或者物体发出的声响而留存于其头脑中的印象痕迹。这种转移现象超出了物质交换的范围。于是,侦查学家和司法鉴定学家又将物质交换原理扩展为物质转移原理。后者可以包容前者。物质转移,既包括参与物质转移各方的形态变化、物质量的增减,也包括物质的信息被其他物质体所"复制"、吸收等变换过程。这一原理,对于物证鉴定有更重要的指导意义。

3. 信息转移原理的提出

上述物质交换与物质转移原理主要是针对有形的物质性证据的形成机理进行研究的,由于电子技术的发展和证据范围的扩展,对电子数据证据、意识信息证据的形成过程就难以作出恰如其分的解释。尤其是电子数据是自动转移或交换的结果,不为人们所直接感知,也不需要传统的转移条件。于是,在物质转移理论的框架内,又衍生了信息转移原理。从本质上讲,证据就是一种信息,信息是物质的一种表现,而物质同时又往往是信息的载体。因此,信息转移是物质转移的一种特殊方式。这一原理丰富了现代司法鉴定理论,拓宽了司法鉴定范围。

二、物质转移的科学依据、条件和方式

(一)物质转移原理的科学依据

无论是物质量的转移还是物的外表结构形态特征被转移成痕迹物质,或者是物质中蕴涵信息的转移,它们各自都需要具备一定的科学基础,遵循各自的转移规律。一般认为,物质不灭、能量守恒和人的行为的物质性,是物质转移原理的科学依据。尽管不同类型的物质转移方式有所不同,但都要以物质不灭、能量守恒或能量转化作为先决条件。物质的任何转移形式,首先要有物质体存在,电子信息转移也不例外。唯物辩证法认为,行为是物质性的表现形式,是一种物质运动。司法鉴定中涉及的鉴定对象(或专门性问题),都是行为人的刑事行为、民事行为、行政行为导致的结果。行为主体的物质性运动必然在一定的时间、空间条件下实施,从而改变事物的原有状态,引起有关物质按照自己的运动特点转移。

(二)物质转移的条件

物质转移是物质运动的客观规律。仅就司法鉴定中常见的物质转移过程而言,一般需要两个条件:(1)转移客体的条件,多数是要在两个客体之间进行。(2)外力作用条件,包括行为人的作用、自然界相关因素的作用、参与转移物之间的理化作用、机械作用等。外力作用的方式,可以是接触、吸收、传递、化合、分解等多种。物质转移的结果,必然导致参与转移的一方、双方或者各方引起一定的变化。

(三)物质转移的方式

物质转移的方式主要有三种:(1)物质量与质的转移,即传统物质转移理论中的物质交换方式。由于行为主体或造型主体之间发生接触或交换关系,接触体或交换体之间产生一定的形态变化,或者被黏附、脱落某种物质,或者被吸收、带走某种物质，使相关方发生量或质的变化。(2)物的外表形态结构被承受体“复印”而转移成痕迹型物质。这种转移方式并不完全遵守能量守恒法则，而是以“接触复制”的方式，或者以感觉、记忆方式实现转移的。如形象痕迹、记忆痕迹的形成，即超出了物质交换的范围。(3)物质中蕴含信息的转移。如电子数据是由于人的行为产生自动转移的结果，其数据、图像或痕迹不仅寓存于主动入侵的计算机与被侵害的计算机之中，同时还保留于登录所途经的网络站点之中。学术界普遍认为，电子信息转移是物质转移的一种特殊方式。

物质转移概念、物质转移科学基础、物质转移的条件与方式、物质转移理论在司法鉴定中的运用等理论体系，被统称为物质转移原理。

三、物质转移原理在司法鉴定中的意义

(一)物质转移原理是获取鉴定材料的科学依据

鉴定材料是鉴定的物质基础。鉴定材料虽有分散性、多变性、隐蔽性等特点，但它是一种客观存在，不会完全被自然或人为因素掩盖、隐藏、破坏，也不会自动消失。侦查人员、司法人员、鉴定人可以根据物质转移原理及相关规律，应用科学技术方法进行勘验、检查，从而有效地发现、提取鉴定材料。

(二)物质转移原理是鉴定人选用鉴定方法的基本依据

司法鉴定领域，研究物质转移原理的目的之一，是寻找鉴定材料形成的规律性。物质转移的三种方式，实质上就是鉴定材料的形成方式。鉴定方法是依据鉴定材料的性质和特点选定的。如对于由物质交换原理形成的鉴定材料，鉴定所要解决的多是定性、定量问题，主要应当采用理化检验、生化检验方法；对于物的外表形态和结构或人的行为习惯形成的鉴定材料，鉴定多是解决同一认定问题，鉴定主要选用数学统计法、物理比较法、电子学比较法等；对电子信息转化或传递原理产生的鉴定材料，鉴定主要是解决恢复事实、显示事实、辨明事实真伪等问题，多用电子技术方法实现鉴定要求。

(三)物质转移原理对评断鉴定意见的证明作用有一定指导意义

多数司法鉴定对象都是经过物质转移方式形成的，其转移方式不同，对鉴定意见的证明作用也有差别。尤其是对物证类和声像资料类鉴定意见的评断更要重视这一原理的运用。物质转移不完全是物质形态和信息的复制，而会根据不同转移条件和方式发生量或质的变化。每种鉴定对象或每个鉴定对象，都要随转移条件和方式的差异发生不同的变化，因而在其量和质方面既有相同的部分又有变化的部分。鉴定主体之间，由于主客观因素的差异和制约，对同一事项的鉴定意见可能出现不同的量或质的差别。鉴定人、司法人员、律师工作者应当遵循物质型、痕迹型、信息型不同鉴定材料的转化特点规律评断鉴定材料因转移过程可能发生的变化及对鉴定的影响，从证据链总体上考察鉴定意见的客观性、可靠性。

第二节 司法鉴定同一认定原理

一、同一认定原理中的“同一”

(一)“同一”的含义

司法鉴定同一认定原理中的“同一”,是指客体的自身同一,即被鉴定客体物与其自身为同一物。“客体自身同一”,是自然辩证法中一个基本观点。在自然界和人类社会,没有两个完全相同的人、相同的物,只有“同一”的自身。所谓客体自身,是指具体的人或物各方面物质特性的唯一性表现。如人的肤纹特性、外貌特性、遗传物质基因特性、书写习惯特性等与其自身同一;一个印章、鞋底、枪支弹道、车轮胎花纹特性与自身同一。一个具体的人、具体的物,只能与自身相同,不可能与其他人、物互相相同,否则,同一认定鉴定也就成为不可能了。同一认定原理中所说的客体,是指与案件事实相关,能据以证明案件情况,需用专门的科技手段进行鉴定的物体(含物质、物品)、人身以及某些事实与物质现象。

客体的自身同一,通常有两种情形:一种是客体物的组成部分与其自身为同一个整体物,如人体物质同一、动植物体物质同一、断离物或分离物与其整体物同一;另一种是客体物的若干反映形象(痕迹或复制品、声音、图像等)为其自身所形成。如检材指印与样本指印、检材笔迹与样本笔迹、检材牙齿印与样本牙齿印、检材声纹与样本声纹,为同一人的指纹、同一人的书写习惯、同一人的牙齿、同一人的语音习惯所形成,此类“同一”即称为人的手指乳突花纹同一、书写习惯同一、牙齿结构形态同一、语音习惯同一。

同一认定鉴定中的“同一”是指被寻找客体的自身同一。所谓被寻找客体,是指与案件中某一事实确实有关的“人”或“物”。如案件中涉及的专门性问题(一般称为检材,由被寻找客体形成),通过与其相关的样本(理论上称为受审查客体的反映形象)的比较鉴定,确认该两者为同一人或同一物所形成,即是寻找到了形成该专门性问题的客体物的自身。可见,这种“同一”,不是检材与样本的同一,而是两者均出自同一客体物,是客体物自身同一,而检材与样本只是认定同一的依据和条件。同时,也不能一概认为“同一”是被寻找客体(检材的自身)与受审查客体(样本的自身又称可疑客体)之间的“同一”。因为这两者间不存在必然“同一”的关系,只存在可能“同一”的条件。如果对这两者(被寻找客体与受审查客体)各自形成的检材与样本的比较鉴定,检材与样本确实出自同一客体物,该两个“客体”就是同一客体了。如果检材与样本不是出自同一客体,那么,被寻找客体与受审查客体就分别是两个不同的客体。所以,司法鉴定同一认定原理中的“同一”是指客体自身同一(被寻找客体的自身同一),既是由哲学、自然科学的基本原理决定的,又是侦查、调查、鉴定、审判所要求的。

(二)"同一"与"相同"、"相似"的区别

在司法鉴定中,常常出现"同一"、"相同"、"相似"这三个既相互联系而又有根本区别的概念。三者各自具有根本不同的标准,若互相换用,必将导致鉴定理论和实践上的错误。

"同一"是指客体或其反映形象特征总体的同一,不是客体特征个体的相同。同一具有唯一性,是客体自身的同一,是独一无二的。客体间个体特征相同,不能称为"同一"。

"相同"是指两个事物的特征有某种一致的表现。两个事物的特征相同,有可能是客体自身,也可能根本不是。鉴定中所说的"同一"与"相同",认定的标准不一样。鉴定中所说的"相同",一般有三种情形。第一种是客体间的种属特征相同,用鉴定的习惯语言表述为客体种属一致,实质上是一种相似的层级。第二种是检材与样本间个体特征或局部特征相同,鉴定书上通常用个体特征相同或不同,或者部分特征相同或不同限制术语表示。第三种情况是检材与样本间各方面的特征相同,但"不同一"。因为两者间不具备认定为同一个客体的基本条件。如对于复印或扫描形成的签名字迹、印章印文,无论其检材与样本两者或其中一种为复印件或扫描件,通过比较鉴定虽然发现两者间各方面的特征都相同,但都不能认定它们为同一人书写或为同一枚印章所盖,它们只是"相同"而非"同一"。这是由于它们不是被寻找客体和受审查客体的直接产物,复印件或扫描件可能是原件的真实反映,也可能是伪造、变造形成的"再生物",从逻辑上和事实上讲,都不具备直接认定同一的条件。如果该复印件或扫描件来源的真实性获得了合法证明,可以由"相同"进而认定为"同一"。鉴定中的"同一意见"与"相同意见"是有根本区别的,其证据证明力也是不同的。鉴定人在出具"同一"或"相同"意见时,不仅要严格把握鉴定技术标准,同时还必须审查检材与样本的来源与性状,不能忽视鉴定材料的条件,混淆"同一结论"与"相同结论"的界限。同时,这两种"鉴定意见"在表述要求上也有区别。

"相似"属于相像、相仿、大致相同的层次等级,是一个不确定的判断结果。鉴定中出现相似性的判断结果,一般也有三种情形:客体间种属特征一致,本质上只能是一种相似性结论;检材与样本间种类特征一致,特殊特征部分相同;检材与样本特殊特征大部分一致,特殊特征少部分有本质性差异。客体间"相似"只是部分特征或局部特征相同,而不是客体间总体特征相同,更不是客体自身同一。自然界和人类社会,客体物之间"相似"的不少,"相同"的极少,"同一"的没有。司法鉴定中的相似性结论,有的可以经过努力,创造鉴定条件进而认定"同一";有的相似结论可以起到排除作用或压缩调查、侦查范围的作用,如客体种属一致或者不一致结论;多数相似性结论证明意义不大。有的在鉴定书中将肯定同一意见表述为"两者特征总体一

致"是极不准确的,也不符合证据要求。"一致"与"相似"是同一层次等级的判断语。

二、同一认定原理及其基本内容

(一)同一认定概念

关于同一认定的概念问题,中外学者曾有过多种表述,有的认为它是鉴定的一个认识过程,有的认为它是一种鉴定方法,有的认为它是鉴定的一种结果。经过50余年的探讨,我国较多学者比较一致地认为它是一种判断,即同一认定是对客体是否同一作出的判断。因为同一认定是在诉讼活动中,鉴定人对客体是否同一问题作出的科学判断。同一认定的本质特征是"认定",是对客体作出"是"与"不是"、"同一"与"不同一"的认定,而"认定"是一项认识活动,属于判断范畴。因而,将同一认定定位为一种判断活动,是符合认识规律和鉴定要求的。

(二)同一认定原理及其基本内容

同一认定原理,是指同一认定判断活动的科学基础和科学方法的理论体系。其理论体系主要包括五个方面。

(1)关于同一认定基本概念原理。如客体、同一、相同、相似、被寻找客体、受审查客体、客体反映形象、检材、样本、被认定同一客体、供认定同一客体等。这是同一认定原理的基本元素。

(2)关于同一认定科学基础和科学依据原理。主要有同一认定客体本质的特定性、相对稳定性、反映性原理,同一认定客体特征与特性关系原理等,这是同一认定原理的核心。

(3)关于同一认定种类及其基本形式原理。有按同一认定客体的对象分类、同一认定的科学依据分类、同一认定的方法分类三种基本形式,每种鉴定分类都有各自的原理与方法。

(4)关于同一认定步骤、方法原理。同一认定活动一般都应当经历分别检验、比较检验、综合评断三个步骤(阶段),每个阶段各有不同的任务和方法,其任务、方法都有相应的科学原理。

(5)关于同一认定意见评断与运用原理。主要是指阐明同一认定意见的科学性和证明作用的原理和方法。

(三)同一认定原理在司法鉴定中的意义

同一认定原理的地位问题,在学术界存在不同的认识,有的认为它是侦查学的基础理论,有的甚至认为它是刑事法学的基础理论。但形成基本共识的是:同一认定原理是司法鉴定的基础性原理。所谓基础性原理,是指阐明一个学科或一项认识活动的基本原理和实践方法最基本的共同性原理。

一般认为,同一认定原理作为司法鉴定基础性原理,是由它在司法鉴定理论和实践中的地位和作用决定的。司法鉴定原理很多,唯物辩证法是其指导思想,是最高层次的原理。物质转移原理是阐明鉴定材料产生、变化、运用规律的一般原理。同一认定原理是系统揭示鉴定原理、依据、步骤、方法、标准、规则的基本原理，是司法鉴定基础理论的精髓，是鉴定方法体系的核心，对各类司法鉴定业务的鉴定理论和实践活动均具有普遍的指导意义。

（四）同一认定原理的创立与发展

同一认定原理起源于何时，对此中外鉴定学家难有统一认识。但比较一致的观点是：同一认定原理是随着各门鉴定科学的创立和发展逐步建立与完善的。在19世纪中叶，犯罪侦查学界提出了类似同一认定理论的一些基本观点，如特征与特征组合、特征分类、客体特定性与稳定性、鉴定比较法等。到20世纪30年代，以苏联为首的欧洲学者提出了同一认定的概念与分类，同一认定的方法、标准与条件，指出同一认定原理是犯罪侦查学鉴定的专门方法，同时也是刑事诉讼各个阶段进行鉴定应当采用的方法。20世纪50年代，基本建立了同一认定原理的理论体系。但当时同一认定鉴定的范围主要局限于客体的反映形象，如痕迹、笔迹、人像照片等。随着精密仪器的问世，相继研究出了对微粒物质和流体物等无固定外形的整体物同一认定的依据和方法。到20世纪70年代，肯定了运用物理学、化学、生物学等方法对合量整体物进行同一认定的理论与方法。由此，由依据客体外表特征发展到依据客体内部结构、成分特征进行同一认定的理论体系已初步建立。与此同时，美洲学者对同一认定原理的研究也取得了诸多成就。20世纪50年代，美洲成立了“国际同一认定协会”，学者们对同一认定与种属认定发表了不少有指导意义的见解。主要如：“一个客体只能与其自身同一”；“物证技术一系列原理的中心内容就是对‘人’和‘物’的种属认定和同一认定”；“主张将同一认定客体的特征分为形象特征、物质结构特征、空间位置特征三类”；“将数学原理引入同一认定方法体系之中”；“提倡要为各种鉴定客体建立特征数据库，以利制定评断鉴定结论的统一标准”等。

中国学者在学习与引进外国先进理论与方法的基础上，结合国情发展与完善了具有中国特色的同一认定原理的理论体系。主要表现在：对同一认定原理的若干基本概念，从自然科学和社会科学角度注入了新的内容，作了明确界定；在同一认定科学基础方面根据物质转移原理总结了客体特征的反映性是同一认定型鉴定又一个必要条件；在同一认定鉴定结论的科学依据方面，发展了同一认定客体特征分类层次理论、特征鉴定价值理论、特性构成理论；将同一认定原理界定为是有关鉴定原理、方法的理论体系，并由五个部分的理论构成；明确肯定了同一认定原理在司法鉴定中的地位，一致认为同一认定原理既是各类司法鉴定业务的基础理论，又是指导鉴定活动的方法论，突破了国外学者长期固守的同一认定原理是同一认定鉴定和同一认定辨认的基础理论和方法体系的认识局限。

三、同一认定的科学基础

在司法鉴定中，认定客体的自身“同一”成为可能，是由于被鉴定客体具有三个基本属性。

(一)客体本质的特殊性

客体本质的特殊性或特定性,是指一个客体区别于其他任何客体,每个客体的本质都是特定的。自然界和人类社会,绝对没有两个完全一样,互相同一的事物。

同一认定客体本质的特殊性,是由其内部条件的复杂性和外部条件的多样性决定的。就多数被鉴定客体而言,主要是由于以下四方面原因的单一作用或综合作用形成了各自特有的本质属性。

(1)客体本身固有的属性不同。客体在其自身形成过程中由于内部种种原因构成了自己的特殊本质。有的是由于客体的生理、生物属性不同,在其外表或内部形成了特殊的形态和结构,如人体皮肤乳突花纹、血液、毛发等在人的生命形成和成长过程中就构成了自己的特殊本质。有的是由于生理属性或病理因素的影响,形成了特殊的外貌形象,如人体外貌。有的是由于客体的物理、化学属性不同,在物质结构方面形成了特殊的结构组合状态。

(2)客体在生产、加工过程中形成特殊的外表形态。作为司法鉴定客体中的许多物体或物品,由于机器性能、机械磨损、工艺过程、原材料质量、工人技术特点与工艺习惯不同,即使是同一台车床、同一个模型、同一个工具生产加工制作的同种、同类、同批量产品,在细节特征方面也存在重大的差别,各自的特殊本质是明显的。如新工具、新印章、新鞋底的痕迹,都能与它自身以外的客体形成的痕迹相区别,具备较好的鉴定条件。

(3)客体在使用过程中逐步增加附加特征使其更加特定化。许多工具和物品在使用过程中,由于受到自然因素和人为因素的影响,不断产生变化,因而在其本来就很特殊的外表形态结构上又增加了许多极为特殊的个别"标记"。

(4)人在生长、学习、生活、劳动等过程中形成独特的技能与习惯。这种技能与习惯的特殊本质与物体的特殊本质的形成机理是不同的。它是由于人的生理、心理因素差异,以及学习、训练方法、兴趣爱好、生活环境、职业特点等条件的不同,通过条件反射的作用,逐步形成动作行为的自动化锁链系统并从中反映出各自特有的习惯体系。如书写动作习惯、语音习惯、行走步法习惯等是人各有异的。

每个客体都是特定的,与其他任何客体不会相同,是指客体的特性是独特的。而任何客体的特性都是通过一定的特征表现出来的。认识和区别客体,必须从考察客体的具体特征开始。

客体特定性是司法鉴定的总体科学依据。正是由于司法鉴定客体具备了只能与其自身同一的基本属性,鉴定才具有科学依据,鉴定意见才具有证明力。

(二)客体特性的相对稳定性

客体特性的相对稳定性,是指客体所具有的重要特性在一定条件下、一定时间内保持不变的属性。客体物在其发展的一定阶段和一定时期内具有质的稳定性,其基本属性能保持不变。事物的稳定性是其基本属性之一,也是认识事物的必要条件。

宇宙间的万事万物，都是处在不断运动、发展和变化之中的。物质的运动是绝对的，物质的稳定是相对的。然而，任何事物都是按照由量变到质变的规律运动和变化的，千变万化的事物在其发展变化过程中必然存在某种静止状态。运动变化的客体处于质变以前的相对静止状态就是其稳定性。这是客体物特性保持相对稳定的基本原因。

作为司法鉴定的客体，其外表形态和物质成分结构特性之所以能保持相对稳定，除上述基本原因外，还有各自的具体原因。有的客体是由生理学、组织学的特性为其提供了稳定的条件；有的客体是由于物理学方面的特性而使其外表形态和组织结构的特性保持稳定（如工具、物品等）；有的又是借助化学方面的特性而使其组成成分保持稳定，等等。

不同客体特性的稳定程度是有区别的，对于司法鉴定来说，客体的稳定程度越大，鉴定条件越好，客体的稳定程度越小，鉴定条件越差。司法鉴定客体特殊本质的稳定程度有三种情况：有的客体的特性长期稳定，如人体皮肤乳突花纹、血型与DNA遗传基因等；有的客体的特性在较长时期内保持稳定，如书写习惯、人体外貌、比较精细的工具（如枪支）、印章等；有的客体的特性只能在较短时期内保持稳定，如鞋底、质量较差而又经常磨砺的工具等。除了客体特性的稳定程度受自身变化因素影响外，外界条件也有一定作用，如客体物的生活环境、使用与保管条件等。

客体特性的相对稳定性，是司法鉴定的条件。只有被寻找客体的特性处于相对稳定状态，侦查、调查、鉴定人员才能根据先前留下的反映形象去发现可疑的受审查的客体，鉴定人员才能根据检材与可疑受审查客体的样本进行比较，从而确定可疑的受审查客体是否就是被寻找的客体。

（三）客体特性的反映性

反映性是客体的基本属性之一。客体的特征借助一定的条件，以不同的形式在其他客体上表现出来的这种属性就是反映性。司法鉴定客体，通过自身位移、接触、分离、剥落、黏附、化合、分解以及光学、电子学等形式，将自身特性的全部或部分反映到其他有关的客体上，显示其与案件事实的某种联系。客体的反映性既是遗留痕迹、物质、物品的必要条件，又是司法鉴定依据这种痕迹、物质、物品去发现与确定被寻找客体自身的必备条件。

司法鉴定客体的特征反映形式有直接反映和间接反映两种。直接反映是客体特征最客观、最完整的反映，如人体物质、断离物、分离物及其他各类物质物品等都是以直接的方式反映出来而被作为物证。鉴定这类客体，是对客体自身与自身相关部分进行比较，其特征直接从其自身表现出来。

间接反映是客体特征在其他客体上通过反映形象或以其他方式表现出来。这种间接反映只有固体物质才有可能形成，多数是反映客体表面的外部形态结构特征。如手指皮肤乳突花纹通过指印反映其外表形态特征，工具外表形态结构通过工具痕迹反映其特征,书写习惯通过笔迹反映其特点规律,人体外貌特征以图像为载体形式反映出来。属于同一认定型的鉴定客体,其特征大多是以间接反映形式表现出来的。

(四)客体基本属性与鉴定的关系

客体的特定性、稳定性、反映性是司法鉴定客体的三大基本属性,是司法鉴定的科学基础。其中客体的特定性是司法鉴定的科学依据,同时也指明了司法鉴定的范围,客体特性的稳定性和反映性是司法鉴定的客观条件。这三个属性对鉴定的作用是互相联系、互相制约的。特定性强、稳定性大、反映能力好的客体,鉴定条件充分;特定性强、稳定性小、反映能力好的客体,鉴定条件较差;特定性强、稳定性大但反映能力弱的客体,鉴定条件也差。只有三个条件同时较好的客体,才是符合科学要求与法律要求的鉴定客体。

司法鉴定客体除必须具备上述客观条件外,同时还要求鉴定主体具备相应的条件,即鉴定主体必须具备对鉴定客体有足够的认识能力,其中包括对客体特性的认识、鉴定人的业务水平、鉴定部门的仪器设备等条件。

四、同一认定的依据与方法

(一)认定客体自身同一的依据

同一认定是认定客体的自身同一,即以不同的形式去寻找客体自身。任何客体的特性都是独一无二的,因此,要区别不同客体,要寻找客体自身,只能以客体的特性为依据。客体特性是通过客体各方面的特征表现的。鉴定中,要区分不同客体,确定客体自身,必须首先分析与研究客体特征与特性的关系。

客体特征是客体各个方面的个别特点,它是实在的、具体的,是客体本质属性的外部表现,是反映客体特性的具体内容。

客体的特征,按其表现形式划分,可分为形态特征、物质成分结构特征和行为习惯特征三个方面。

形态特征是指客体外表结构、形态的特点,如客体的长度、宽度、高度、角度、弧度、花纹结构、图案形式等外表形态特点。人体皮肤乳突花纹、鞋底、工具、牙齿、印章等客体的特性,都是以客体外表形态特征作为表现形式的。

物质成分结构特征是指物质内部的组织结构、组成成分、形态及物质的理化特性所表现的特点。如毛发、血液、各种微量物质等都是以结构特征表现其特性的。

行为习惯特征是人的行为的自动化动作锁链系统表现出来的动作特点。如书写动作习惯的特性,是以书写动作习惯所反映出来的笔迹特征为表现形式的。

客体的特征,按其对构成特性的作用划分,可分为种属特征和特殊特征两个等级层面。

种属特征是表明客体种属范围的特征,是同种同类客体共有的属性,是区分客体种属的依据。鉴定中,根据客体种属特征可以压缩受审查客体的范围,否定受审查人或受审查物的可能性,同时这又是比较检验确定客体是否自身同一的第一步,是认定客体自身是否同一的一个方面的依据。客体的种属划分越细,其种属特征对鉴定的意义越大。

特殊特征是每个客体所具有的若干个别特点,是表现客体特性的重要“标记”,是构成客体特性的主要依据。每个客体的特性,主要是由一定的特殊特征构成的。特殊特征是区别客体是否同一的主要依据。不同客体之间,特殊特征的类型和表现形式可能部分一致,但其形态、数量及其相互间的关系等特征总体绝不可能相同。

客体的特性,是客体内在的质,是每个具体客体特有的属性,它具有抽象性和综合性的特点。一个客体的特性,不能从外表形式上直接感知。司法鉴定活动中认定客体是否同一,以客体特性的异同作为出具鉴定意见的依据。在鉴定中,必须从发现和确定检材与样本各自客体的特征入手,通过对两者相同特征与不同特征总体的比较分析,进而确定两者的特性是否相同。

(二)司法鉴定认定客体同一的方法

司法鉴定中,认定客体是否同一,要根据具体客体及其反映形象的特点选择不同的方法——包括基本方法和具体方法。

认定客体是否同一的基本方法是比较法。这是任何一种同一认定鉴定都必须采用的。比较的基本形式有三种。

(1)被寻找客体与受审查客体反映形象的比较。这种鉴定的比较资料,既有被寻找客体的反映形象——检材,又有受审查客体的反映形象——样本。通过检材与样本的特征比较,最后确定受审查客体与被寻找客体的关系,即受审查的客体是否就是被寻找的客体。这是典型的同一认定比较法。

多数同一认定都是典型式的。如笔迹鉴定通过检材笔迹与样本笔迹特征的比较,认定书写人的书写习惯同一;指纹鉴定通过检材指印与受审查人样本指印的特征比较,认定手指皮肤乳突花纹的同一;等等。

(2)被寻找客体自身的直接比较。这种同一认定是将客体自身与其组成部分直接进行比较,把被寻找客体自身的一部分或几部分作为检材,将受审查客体自身的一部分作为“样本”。经过比较,如它们之间的特征体系相互吻合,能够形成一个自然完整的整体,即构成部分与整体物的同一关系。这种同一认定形式仅适用于对散离物、断离物或分离物的鉴定。

(3)被寻找客体反映形象的单独比较。这是一种最初阶段的、不完全的同一认定比较鉴定方法,其鉴定意见还不能作为证据,但它是运用同一认定的原理和步骤方法进行的。整个认定过程仅有被寻找客体的数个反映形象或自身——检材,而无受审查客体或其反映形象(样本)。同一认定的特征比对都只是在几个检材的单方面之间进行。比较结果只能确定数个检材是否为同一个被寻找客体所形成的,不能确定受审查客体与被寻找客体间的关系。这种鉴定多是在案件侦查的最初阶段进行的,目的在于判明犯罪人数、犯罪工具、犯罪手段与特点,为并案侦查提供依据。

同一认定的具体方法有数学、物理学、化学、物理化学、生物学、电子学等。

(1)在同一认定中广泛利用物理学的方法来观察测量、分析物体的形态以及声、光、电学等方面的特性,分析客体的种类属性和特殊属性。观察物体的痕迹形态方面的特征并进行比较是进行鉴定的重要方法。早期的鉴定只是用肉眼进行观察,显微镜的应用大大提高了人们对物体和痕迹的细小和微观特征的识别能力。通过体视显微镜可观察物体表面结构特点,常用于检验笔迹、其他文书、工具痕迹、枪弹痕迹等。比较显微镜可用于检验枪弹痕迹、工具擦划痕迹等,也可用于印文比对等。金相显微镜是检验金属内部结构形态特征的专用仪器,观察金相组织是否相同来区别不同的金属材料,等等。

(2)在鉴定中采用化学方法可显现痕迹,分析物质的种属和成分;使用化学试剂分析检材的种类、组成、结构、性质及含量等;采用定量分析法、容量分析法,可以对检材进行定量分析。

(3)随着科学技术的进步,鉴定中普遍运用物理化学方法对客体物的物质成分及结构进行分析。如薄层色谱、气相色谱、液相色谱、红外吸收光谱、紫外吸收光谱、原子吸收光谱、发射光谱、荧光光谱、质谱、离子选择电极、X 射线衍射光谱、X 射线能量色散、中子活化等分析方法。仪器分析方法与通常的化学分析方法相比,具有灵敏度高、速度快、定性定量准确等优点。

(4)在司法鉴定中广泛运用生物学方法对法医物证以及对植物碎屑、种子、孢粉等生物物质进行鉴定,如电泳分离技术、DNA 分析技术等。

(5)司法鉴定中各个专业都离不开数学统计分析方法。如枪弹痕迹鉴定中射击距离、角度的测算等。在评断鉴定结果的价值时,经常采用统计分析的方法,测算检测数据和鉴定结果的可靠性概率。

(6)计算机技术、图像处理技术的应用,可以对大量的信息予以方便地存取和快速处理,提高鉴定的效率。在指纹鉴定、人像识别、痕迹比对、生物基因信息查找等方面成为不可或缺的先进方法。

五、同一认定的种类及其认定意见的证明力

(一)按同一认定客体划分同一认定鉴定类型

同一认定客体的种类繁多。按照鉴定客体划分鉴定种类,是按照客体的基本属性划分。这种分类对于研究鉴定方法、鉴定原理、鉴定意见的评断与运用有一定的意义。以鉴定客体作为鉴定分类依据,同一认定可分为对“人”的同一认定和对“物”的同一认定。

1.“人”的同一认定

“人”的同一认定,是指鉴定意见所认定的是具体的人。它是依据人的某一方面的特性、某些技能习惯或人体某一部分的物质特性去认定案件中需要确定的人。因为人的某一部分物质特性与其整体特性不可分割,只要根据其中某一方面的特性认

定了同一,也就认定了人的同一。在现代司法鉴定科学中,可能作为“人”的同一认定的客体主要有:人体皮肤乳突花纹、书写动作习惯、语音习惯、人体外貌、牙齿、血液、毛发、骨质、人体组织、体液、人体分泌物、人体气味、人体其他皮肤花纹等。因此,鉴定中有皮肤乳突花纹同一认定、书写习惯同一认定、人体外貌同一认定、牙齿同一认定、语音习惯同一认定、血的同一认定(主要指DNA认定)、人体其他物质同一认定、人体其他肤纹同一认定等鉴定类型。

“人”的同一认定形式,有直接认定和间接认定两种。直接认定是依据被鉴定客体的直观特征直接进行的,如法医学鉴定中依据尸体残肢认定整尸等。这种鉴定形式一般较少被使用。间接同一认定,是依据被鉴定客体所遗留的痕迹、声纹、字迹、气味和分离物质等确定与其自身的关系。间接同一认定是“人”的同一认定的主要形式。

“人”的同一认定鉴定意见可直接证明被认定同一的人与案件的某种联系,有时甚至可以直接证明其是否为刑事诉讼中的犯罪嫌疑人。

2.“物”的同一认定

“物”的同一认定结果所确定的是具体的物,即通过鉴定确定检材是否是所要寻找的“物”。“物”的同一认定客体主要有涉案工具、交通运输工具、鞋底、袜底、枪弹、印章、铅字、印刷图版、编织物、纺织物以及各类微细物质等。

根据物的组成状况,“物”的同一认定可分为“单体物”的同一认定和“合成物”的同一认定。

“单体物”是指具有单一固定形态和单一外表结构的客体,它是以自身一个较大局部的表面结构形态特征反映其自身的特性。如鞋印鉴定、印文鉴定、枪弹痕迹鉴定、工具痕迹鉴定等都是确定单体物的同一,而鞋底、印章、枪支机械、工具等都是单体物客体。鉴定的方式主要是比较客体反映形象痕迹的特性异同。

“合成物”是指具有整体特性而非单一结构、单一形态的客体,它的每一个细小的部分都是独立的并能反映其整体特性,如纤维、爆炸物、毒物、植物果实、动物毛等。鉴定这类客体必须满足数量的要求,鉴定的目的是要确定被寻找的“物”与受审查的“物”是否属同类合成物或同一合成物。鉴定的方式多是用理化方法、生物学方法直接比较分析客体物自身各方面的特征。

“物”的同一认定鉴定意见,一般只能证明物与案件的联系,不能证明受审查的人或物主与案件的联系。即使认定同一的“物”属受审查的人所有,也难以肯定该物主与案件的关联性。

无论是对“人”的同一认定还是对“物”的同一认定,鉴定结果都还有确定种属的问题,鉴定的方式方法都与认定同一大致相同。

(二)按鉴定依据划分同一认定类型

绝大多数鉴定都是以客体的特征作为分类依据,因此,依据客体特征划分鉴定类型是有实际意义的。由于鉴定客体的广泛性,客体特征的表现形式也相应具有多样性。综合同一认定客体特征的表现形式,主要有外表形态特征、行为习惯特征和物质成分结构特征三大类。据此,同一认定也可相应划分为以下几种类型。这种分类,对于研究鉴定原理,选用鉴定方法,审查鉴定意见的科学依据具有一定的意义。

1. 客体外表形态同一认定

以客体外表形态特征作为鉴定依据,是一种传统的鉴定方式。在科学技术高度发展的现代,它在鉴定依据中仍处于主要地位。这种鉴定大多数是通过比较客体的反映形象特征实现的。如指印鉴定、牙印鉴定、赤脚印鉴定、鞋印鉴定、工具痕迹鉴定、致伤工具鉴定、印文鉴定、人像照片鉴定等。鉴定的目的是确定检材和样本是否为同一客体外表形态特性的反映。

2. 行为习惯同一认定

人的习惯是多方面的,有生理活动习惯、心理活动习惯、技能动作习惯以及某些特殊行为习惯(如犯罪手法习惯)等,目前只有书写动作习惯和语音习惯可以作为司法鉴定客体。笔迹是书写习惯的反映,声纹是语音习惯的反映。因此,笔迹鉴定、声纹鉴定是动作习惯鉴定的主要对象。

任何行为习惯都是人的行为方式的表现,这种行为方式只有反映在一定的"载体"(承受动作习惯的客体)上才能被人们感知和察觉,才可能成为鉴定的对象。因此,行为习惯鉴定的检材也是以痕迹作为表现形式的。但表现行为习惯的动态痕迹并不反映客体的外表形态,而是反映行为习惯的运动规律——痕迹中的一种特殊表现形式,由此决定了行为习惯鉴定依据的是习惯运动规律的特点,而不是客体的外表形态特征。这是它与客体外表形态鉴定的根本区别。

行为习惯同一认定,是认定习惯与人的关系,即根据习惯的异同确定检材和样本是否是受审查人相应习惯的反映。

3. 物质成分同一认定

依据客体物质成分特征进行鉴定,主要是依据物质的形貌、结构、排列组合及含量比例等方面的特征进行鉴定。自然界的任何具体物质,实际上都是混合物质,不仅不同种类的物质的成分种类不同,同类同种的物质的成分、含量、组成结构、形貌也有一定差异,因而能够显示出其物理学特性、化学特性、生物学特性的不同,可作为区分物质种属和异同的依据,如爆炸物鉴定、毒物鉴定、油脂涂料鉴定、纤维鉴定等。

物质成分鉴定,属于司法鉴定中面广量大的一种常规鉴定。鉴定的方法主要是物理学方法、化学方法、生物学方法,其中仪器分析是重要的检测手段。鉴定所能解决的问题,主要是确定物质的种类(属)及其异同,少数的物质成分鉴定可以确定其是否同一。

4. 气味鉴定

依据客体的气味特征所进行的一种鉴定。实际上是物质成分鉴定的另一种途径。对人的气味鉴定可以认定气味是属于何人的(确定气味与人的关系),鉴别物的气味大多只能解决种类(属)异同问题。如毒品、爆炸物气味鉴定。

在现代鉴定方法体系中,以鉴定依据作为分类基础的上述四类鉴定往往不是单独进行的。在鉴定同一个客体时可能同时采用几种不同的鉴定途径,以不同的依据,从不同的角度确定其种属,认定其是否同一,从而使鉴定结果互相印证,确保鉴定意见真实可靠。如指印鉴定,既要依据皮肤乳突花纹特征进行客体外表形态的鉴定,又可依据指印的汗液进行物质成分鉴定;鞋印鉴定,既要依据鞋底外表形态特征进行痕迹学鉴定,又可依据其黏附的人体气味进行气味同一鉴定。

第三节　司法鉴定种属认定原理

一、种属认定概念

在司法鉴定中,同一认定与种属认定是同一个科学理论体系和鉴定方法中的问题,两者间既有联系又有区别。

种属认定是根据同一认定原理和方法,确定客体种属范围,或者确定客体间是否同类、同种的一种鉴定类型。其实质就是对客体间的相似或相同问题作出科学判断。

种属认定在物证鉴定领域使用得相对多一些,鉴定结果只能表明检材与样本种类属性是否相同,或者单独确定受检客体的种属范围。

种属认定与同一认定的联系主要表现在:作为鉴定过程来说,许多鉴定事项的种属认定是同一认定的第一步。鉴定有种属划分的客体,必须首先比较客体的种类特征是否相同,只有种属相同,才有可能进一步确定是否同一。鉴定有些客体种属相同后可以进一步认定客体是否自身同一。由于科学技术的进步,人们认识能力的提高,有的原先只能进行种属认定的客体,可以发展为同一认定的客体,如血物质曾长时期只能进行A、B、O、AB四种血型鉴定,但DNA遗传基因的特定性被揭示后,现已成为同一认定的客体。

种属认定与同一认定的区别主要有四个方面:一是解决问题的范围不一样。同一认定是确定客体自身是否同一的问题,种属认定是确定客体的种属范围和客体间种属是否相同的问题。二是鉴定对象不同。有的客体既可确定种属又可确定同一,有的客体目前只能确定种属。三是两者鉴定意见所依据的特征的数量和质量不同,即鉴定技术标准不同。同一认定是以客体的特性为依据,对相同特征的数量和质量要求很高,种属认定以客体的种属特征和一部分特殊特征为依据。四是鉴定意见的证据证明力不同。

二、种属认定的范围

种属认定的主要任务是确定被认定客体的种属范围和客体间是否同类、同种、同属。随着科学技术的进步,人们对自然界、社会现象认识能力的增强,同一认定的客体范围逐步扩大,种属认定的客体范围已经或将会逐步缩小,所以,种属认定的对象是不稳定的。过去有的种属认定对象现在已被纳入同一认定范围,现在的某些种属认定对象以后又会成为同一认定对象,有些尚不是种属认定的客体将来也会成为种属认定以致同一认定的客体。

司法鉴定实践中,目前种属认定客体的范围主要有七个方面:一是"人"的种属认定,即认定人体物质的种属和人体外貌形态的种属,如毛发的种属(含性别)、尸块的种属、牙齿的种属、人体外貌的种属。二是动物的种属,即根据动物体的皮、骨、肉、血、毛、内脏等物质或整体形态认定家生或野生动物的种属。三是植物种属,如根据植物体的根、茎、叶、花粉、果实等物质或其整体认定家生或野生植物的种属。四是非生物或其他生物的物质、物品种属,这是司法鉴定最常见的鉴定对象,如毒物、毒品、药物、爆炸物、金属物、泥土、粉尘、涂料、化妆品、食品、饮料等。五是物质现象的种属范围判定,如根据物质爆炸、燃烧、撞击产生的气味、声响、火焰颜色、烟雾状态等确定被烧被毁物质的种属范围。六是判定某种事物、事件产生的时间、空间范围,如文书制作时间鉴定用于确定文书制作的时间范围(时间段);根据照片、视频图像、声频资料等认定某一事件或某一动体发生或活动的空间、时间范围。七是认定机械、工具或其制作物的种属,如工具痕迹鉴定认定机械、工具的种类,打印、复印、传真、油印、铅印、胶印文书鉴定,认定文书制作机具的种类,等等。种属鉴定范围是不断变化的,现有的会不断缩小,现在没有的以后可能会出现。

三、种属认定的依据

从原理上讲,种属认定是同一认定的组成部分,任何同一认定鉴定,都首先要用种属认定的依据和方法,确定检材与样本是否具备其自身种属特征的反映,即使该检材与样本的自身没有明确的种属划分,也应大致判定两者种属范围的特征反映是否一致。因此,种属鉴定的科学基础(或称原理)与同一认定是一致的,鉴定依据也是运用同一认定的客体特征分类体系的一部分。对于有明确种属划分的客体,以种属特征的异同作为区分客体种属和认定客体间种属异同的主要依据;对于不能明确划分种属的客体,可以用属于客体种属范围的特征和部分特殊特征作为区分客体种属和确定客体间种属异同的依据。

种属认定的基本方法,也是采用比较方法,其具体方法也与同一认定相同。

四、种属认定意见的证明力

种属相同的鉴定意见只能表明被寻找客体与受审查客体种类属性相同,受审查的客体有可能是被寻找的客体。由于这类鉴定意见具有不特定的特点,不能肯定受审查客体与被寻找客体同一或非同一的关系,所以一般不能单独作为证据使用。种属认定的鉴定意见，一般可以证明以下两个方面的问题：

（1）种属认定的否定意见可以否定某种事实，甚至否定刑事案件中的犯罪嫌疑人。种属鉴定的肯定意见，只能表明案件中被怀疑的事实有可能存在，不能直接证明该种事实一定存在。

（2）种属鉴定意见所确定的客体的种属范围越小，证明意义越大。种属鉴定意见所确定客体的种属范围与鉴定意见的证明意义是成反比的。根据概率论原理，检材与样本间特征相同概率越大，与其他客体相同的概率越小；客体的特定化程度越高，与其他客体相重复的可能就越小。由此可以确定：鉴定意见确定涉案客体的种属范围越小，证据证明力越强；鉴定意见所确定的涉案客体种属范围越宽，证据证明力越弱。

思考题

1. 物质转移原理对鉴定的意义。
2. 同一认定理论及其基本内容。
3. 认定客体自身同一的科学基础及其与司法鉴定的关系。
4. 认定客体自身同一的依据与方法。
5. 同一认定的种类及其鉴定意见的作用。

阅读书目

1. 何家弘著：《同一认定——犯罪侦查方法的奥妙》，中国人民大学出版社 1989 年版。
2. 霍宪丹主编：《司法鉴定学》，中国政法大学出版社 2010 年版。
3. 邹明理主编：《司法鉴定》，法律出版社 2000 年版。
4. 徐立根主编：《物证技术学》（第 3 版），中国人民大学出版社 2008 年版。

第五章　司法鉴定管理制度

本章重点内容

本章主要介绍了我国司法鉴定统一管理体制的基本内容和统一管理的基本要素,实现统一管理的运行机制,行政管理体系和管理过程以及中国司法鉴定管理的发展趋势等。

本章学习要求

学习本章内容,应当了解司法鉴定管理体制改革的时代背景,掌握司法鉴定体制改革的基本目标、基本预期和基本方向,熟悉司法鉴定统一管理的基本内容和基本要求,了解司法鉴定管理的发展方向和改革要求。

第一节　司法鉴定管理制度概述

一、司法鉴定管理的概念和特点

(一)管理的基本含义

汉语“管理”一词,可以被顾名思义地理解为具有不同层次的两种行为——“管”与“理”。“管”(domination)是高层行为,指管辖、掌管,强调的是对被管理的系统、组织或事物拥有的社会权力。“理”(coordination)是以“管”为前提的行为,指调理、理顺,强调的是遵循和运用科学规律对被管理的系统(或组织、事物)进行相关的活动,以实现特定的目的。概言之,管理(management),就是对特定系统(或组织、事物)拥有管辖权(“管”)的主体,为使特定系统(或组织、事物)达到最佳状态及持续最佳状态以实现特定价值目标而进行协调的活动(“理”)。

(二)司法鉴定管理的内容与特点

1. 司法鉴定管理的内容

司法鉴定管理的内容主要是指司法鉴定准入管理、资质管理、执业管理、质量管理、监督管理和实施管理等不同阶段和方面:(1)司法鉴定准入管理是司法行政机关依法对申请从事司法鉴定业务的法人、组织及自然人实行核准登记的一种行政管理活动。(2)司法鉴定资质管理涉及鉴定机构资质评估、鉴定质量管理、鉴定人诚信等级评估和鉴定人教育培训等内容。(3)司法鉴定的执业管理是政府主管部门对司法鉴定机构及司法鉴定人获准执业后进行司法鉴定活动及其相关行为的管理。(4)质量管理是司法鉴定管理工作的核心,是鉴定意见科学权威的保障,包括内部质量管理、外部质量管理和质量管理服务,涉及认证认可、标准化、信息化和科技研发与应用推广等工作。(5)司法鉴定监督管理可分为各级国家机关的监督和社会监督,其中司法行政机关依法对司法鉴定机构、鉴定人及其执业活动进行监督是监督的主要形式。(6)司法鉴定实施管理包括机构自身对鉴定活动的管理和外部对鉴定委托和鉴定人出庭作证等方面的管理。

2. 司法鉴定管理的特点

从《决定》的规定看,司法鉴定管理具有以下特点:(1)统一性。《决定》不仅确立了统一的管理体制,还明确了统一的管理主体、管理客体,确立统一的适用范围,以及统一的行为规范等。(2)综合性。由于具有司法鉴定科学性与法律性相统一的基本性质,司法鉴定活动也是法律规范、行政规范和技术规范的综合运用。(3)行为性。《决定》确立的管理制度是建立在行为管理的基础上,而非以往那种建立在所有制关系基础上。即履行国家司法鉴定管理职能的司法行政机关与司法鉴定机构之间不存在人、财、物上的隶属关系。也就是说,不论鉴定机构和鉴定人隶属于或依附于哪个主体或主管部门,只要是实施司法鉴定行为的,都属于《决定》调整的范围。

(三)司法鉴定管理模式的构成[1]

管理模式可分为管理体制和管理机制两个层面。司法鉴定管理模式的形成通常与一国的行政权力作用领域、司法组织体系、诉讼模式、社会组织和社会权力的发育程度、司法鉴定的业务范围等方面紧密相连。司法鉴定管理模式不仅反映了特定国家和地区特定时期司法鉴定活动的基本特征,也反映了特定国家或地区司法鉴定管理活动中的管理思想、管理的价值取向等内容。

《决定》所规定的司法鉴定管理制度,是在打破部门所有制或地区所有制管理模

---

〔1〕“体制”与“机制”是较易混淆的一对词语。按照《辞海》的解释,“体制”是指国家机关、企事业单位在机构设置、领导隶属关系和管理权限划分等方面的体系、制度、方法、形式等的总称;“机制”原指机器的构造和运作原理,借指事物的内在工作方式,包括有关组成部分的相互关系以及各种变化的相互联系。关于“机制”和“体制”的区别,一般而言,“机制”指的是有机体的构造、功能和相互关系,泛指一个工作系统的组织或部分之间相互作用的过程和方式,如市场机制、竞争机制、用人机制等。“体制”指的是国家机关、企业、事业单位等的组织制度,如学校体制、领导体制、政治体制等。两个词的中心语和使用范围不一样:“机制”由有机体喻指一般事物,重在事物内部各部分的机理即相互关系;“体制”指的是有关组织形式的制度,限于上下之间有层级关系的国家机关、企事业单位。制度则是体制和机制的外在的、规则化的表现形式。

式后,在行为管理模式的基础上建立起来的。这完全符合我国《宪法》规定的法制统一原则的基本要求。据此,我国司法鉴定管理可分为以下三个层面:

(1)国家管理。《决定》以法律决定的形式赋予司法行政部门代表国家行使司法鉴定管理的职能,这是一种跨地区、跨部门的全行业、全过程和动态化的管理。我国《宪法》第89条第8款明确规定,国务院负责司法行政,其职能部门由司法部行使。

(2)社会公共管理。如前所述,司法鉴定在国家制度构成中的定位既是司法制度,又是一种是司法保障制度。诉讼活动是一种由国家强制力保障的公权力活动,司法鉴定作为一种诉讼活动,提供的是一种公共产品,不仅涉及当事人利益和第三方利益,同时涉及社会公共利益,具有社会属性。由于司法鉴定管理具有社会管理和公共服务相统一的特点,属于社会管理的范畴,因此,必须按照建设法治政府、责任政府和服务政府的总体要求,不断提高政府的公信力和服务能力。也正因如此,《决定》才将其纳入政府管理的范畴。

(3)行政许可管理。《决定》是以行为管理模式为基础设立的一种行政许可管理。依照《决定》的规定,鉴定机构和鉴定人必须事前到司法行政机关进行登记。而根据《行政许可法》的规定,登记是一种法律概念,登记管理是一种法律行为。登记是行政许可的五种形式之一,根据《行政许可法》的有关谁许可谁负责,谁登记谁管理的规定,司法鉴定登记管理既是一种行政许可的行为,也是一种行政管理的行为。

二、司法鉴定管理的依据[1]

(一)司法鉴定管理的法律依据

根据我国《立法法》的规定,法律、行政法规、地方法规以及部门规章均纳入法的范围,我国的司法鉴定管理的法律依据不在限于狭义的全国人大及其常委会制定的法律。有鉴于此,司法鉴定管理的法律依据存在四个层面,即法律、行政法规、地方法规以及部门规章。

1. 法律

2004年12月,中共中央21号文件转发了《中央司法体制改革领导小组关于司法体制和工作机制改革的初步意见》。该文件明确了司法鉴定制度的改革目标和要求,也为其改革提供了指导性的纲领,文件提出:司法鉴定体制改革的目标是建立统一的司法鉴定管理体制。根据侦查工作需要,公安机关、国家安全机关、检察机构可以保留必要的司法鉴定机构,为侦查工作提供鉴定服务,但不得面向社会提供鉴定服务。人民法院、司法行政部门不再保留司法鉴定机构。面向社会服务的司法鉴定机构,实现行政管理和行业管理相结合的制度。研究制定司法鉴定法律,规范司法鉴定活动。之后,全国人大常委会制定颁布了《决定》,它是专门调整司法鉴定管理的法律,目

---

〔1〕 郭华:"司法鉴定管理的法律依据和基本规定",载霍宪丹主编:《司法鉴定管理概论》,法律出版社2009年版,第12~15页。

前在司法鉴定管理法律体系中具有“基本法”地位。其他有关司法鉴定的规定散见于《刑事诉讼法》、《民事诉讼法》、《行政诉讼法》、《行政处罚法》、《行政许可法》以及《仲裁法》中,这些法律也是司法鉴定管理的法律依据。上述法律在全国范围均具有法律效力,行政法规、地方法规以及部门规章、司法机关的解释均不得与之相抵触,否则无效。

2. 行政法规

行政法规是指国务院制定的有关司法鉴定管理活动的规范性文件。国务院制定的有关司法鉴定管理活动的行政法规主要有国务院规定保留司法行政机关“司法鉴定人执业资格审批”和“司法鉴定机构审批”的权力。

3. 地方法规

地方法规是指省、自治区、直辖市的人民代表大会及其常务委员会,省、自治区人民政府所在地的市的人民代表大会及其常务委员会和经国务院批准的较大市、经济特区的人民代表大会及其常务委员会,根据本行政区的具体情况和实际需要制定的规范性文件。据统计,全国先后有14个省(区、市)的人大常委会先后制定了有关司法鉴定管理的地方法规。

4. 部门规章

部门规章,也称为行政规章,是指国务院所属的各部门制定的有关司法鉴定管理活动的规范性文件。

(二)司法鉴定管理的相关规定

司法鉴定管理的相关规定包括司法解释的规定以及其他规范性文件。司法解释的规定有1989年7月11日最高人民法院、最高人民检察院、公安部、司法部、卫生部《关于精神疾病司法鉴定暂行规定》,1998年1月19日最高人民法院、最高人民检察院、公安部、国家安全部、司法部、全国人大常委会法制工作委员会《关于刑事诉讼法实施中若干问题的规定》,2007年1月1日最高人民检察院《人民检察院鉴定人登记管理办法》和《人民检察院鉴定机构登记管理办法》,2007年最高人民法院《技术咨询、技术审核工作管理规定》和《对外委托、评估、拍卖等工作管理规定》。

另外,司法部颁布的《司法鉴定执业分类规定(试行)》、《司法鉴定人和司法鉴定机构名册管理办法》、《司法鉴定许可证和司法鉴定人执业证管理办法》等三十多项规范性文件以及部分地方配合地方立法实施出台的一大批规范性文件,如《吉林省司法医学鉴定委员会会议规则》、《上海市司法鉴定人职业道德规范》、《四川省司法鉴定机构名称管理办法(试行)》、《浙江省司法鉴定机构公示制度和司法鉴定执业行为规范》等。

(三)司法鉴定管理法律和相关规定的适用

1.《决定》与其他法律的适用问题

《决定》是司法鉴定管理的“基本法”,与其他基本法律规定的不相一致时,应当优先适用《决定》的规定。对2012年修改的《刑事诉讼法》和《民事诉讼法》没有规定的内容,仍应当适用《决定》的规定。如《决定》第9条规定的"在诉讼中,对本决定第2条所规定的鉴定事项发生争议,需要鉴定的,应当委托列入鉴定人名册的鉴定人进行鉴定"。

《决定》也对法律适用问题作出了规定。如《决定》第2条规定:"法律对前款规定的事项的鉴定人和鉴定机构的管理另有规定的,从其规定。""法律对前款规定的事项的鉴定人和鉴定机构的管理另有规定"的仅仅限于全国人大及其常务委员会制定的法律,如《刑事诉讼法》规定的"精神病的鉴定应当由省级人民政府指定的医院进行",[1]属于狭义的法律,不包括行政法规、地方法规和行政规章。在实践中,大多数地方符合登记条件的省政府指定医院均依照《决定》到省级司法行政机关进行登记,对于规定不一致的地方,均适用《决定》。

2. 司法鉴定管理范围的适用问题

司法鉴定管理过程中的行政规章与《决定》规定的不一致的,根据法的阶位等级,应当适用上位法;当下位法与上位法相抵触时,下位法无效。行政规章和司法机关的规定与《决定》的规定相抵触的,不具有效力。同时,行政规章和司法机关的规定虽然没有与法律相抵触,也不得超越职权对法律没有规定的司法鉴定管理问题作出补充。

3. 诉讼法与《司法鉴定程序通则》的适用

《司法鉴定程序通则》第2条第2款规定:"本通则适用于司法鉴定机构和司法鉴定人从事各类司法鉴定业务的活动。"该条依据《决定》明确规定了《司法鉴定程序通则》的适用范围,其效力及于一切司法鉴定机构和司法鉴定人。

第二节 司法鉴定管理体制构成

一、司法鉴定管理体制概述

司法鉴定管理体制是对特定时期、特定国家或地区司法鉴定管理活动基本特征的理论概括。具体而言,它是指以一国的司法鉴定机构、司法鉴定人员、司法鉴定程序、司法鉴定技术标准以及司法鉴定职业道德、执业纪律等内容为主的行政管理或者行业管理的体制以及司法鉴定活动的运作机制。司法鉴定管理体制的构成要素包

---

[1] 2012年修改的《刑事诉讼法》第145条已经删去原第120条第2款"对人身伤害的医学鉴定有争议需要重新鉴定或者对精神病的医学鉴定,由省级人民政府指定的医院进行。鉴定人进行鉴定后,应当写出鉴定结论,并且由鉴定人签名,医院加盖公章"的规定。

括:管理的主体、管理的客体以及管理主体与管理客体之间的管理机制、管理方法和手段。

司法鉴定管理体制的形成通常与一国的行政权力作用领域、司法组织体系、诉讼模式、社会组织和社会权力的发育程度、司法鉴定的业务范围等方面紧密相连。司法鉴定管理体制不仅反映了特定国家和地区特定时期司法鉴定活动的基本特征,也反映了特定国家或地区司法鉴定管理活动中的管理思想、管理的价值取向等内容。

司法鉴定管理体制是指国家对司法鉴定机构的组织形式、鉴定机构和鉴定人的司法鉴定活动以及其他与司法鉴定有关的社会资源进行管理的模式,它与一个国家的侦查、起诉、审判职能的划分相适应,与诉讼制度相联系,包括管理的法律依据、管理职能、管理机构、管理方法和手段,等等。司法鉴定管理体制改革是当前我国司法鉴定制度建设的重点与难点。从管理主体的集散程度来看,司法鉴定的管理体制大体上可以分为统一型管理体制、分散型管理体制以及统一与分散相结合的混合型体制;从管理主体的权力类型来看,司法鉴定的管理体制大体上可以分为行政权力管理型体制、社会权力指导型体制以及行政权力与社会权力相结合的管理体制。从资源配置效率、制度运行成本、社会信用价值、激励约束功能等角度来看,各种类型的司法鉴定管理体制都有其各自的利弊得失。

我国的司法鉴定管理体制在《决定》出台以前属于政策色彩浓厚的分散管理体制,鉴定人和鉴定机构无固定资格、无统一标准,司法鉴定的管理主体、管理对象和业务范围、司法鉴定实施程序、司法鉴定技术标准、资格准入等都比较混乱。这种政策性色彩浓厚的分散型管理体制导致实践中滋生了诸多严重的缺陷和弊端。

为了克服实践中的弊端,中央明确提出我国的司法鉴定体制的改革目标是建立统一的司法鉴定管理体制。《决定》进一步明确了司法鉴定的行业主管部门和适用范围,统一管理的基本内容和基本要求。这种统一的管理模式是将宏观管理与微观管理、直接管理与间接管理、行业协会自律管理与政府行政管理相结合、行业主管部门与业务主管部门相协助、相配合等各种管理方式统一起来,在统一的司法鉴定管理主体(司法行政部门)主导下,多层次参与实施的全行业、全过程、动态化的行业统一管理模式。在司法鉴定管理主体、司法鉴定管理客体和对象、司法鉴定业务范围、司法鉴定资格准入、司法鉴定技术标准、司法鉴定实施程序、司法鉴定机构资质评估、司法鉴定人诚信评估、司法鉴定执业行为规范等方面实现统一,能够保障司法鉴定的科学性、准确性,不断推动司法鉴定技术进步,从而更好地实现鉴定公正。

二、管理主体

司法鉴定管理的主体是指有权对司法鉴定活动进行管理的机构或组织。从国内外的情况来看,不同国家和地区由于司法制度、政治体制、诉讼模式等诸多方面的不同,导致司法鉴定的管理主体存在很大差异,存在各种不同的管理主体。一般而言大致包括以下几种情况:一是政府机关,如司法部或内政部(警察一般归司法部或内政部管理)、法院、工业部等政府其他部门。政府机关对于其设立的司法鉴定机构和司法鉴定人员进行管理,对于社会鉴定机构进行监督管理。二是各种行业协会。在西方法治国家,作为社会自我管理的重要组成部分的行业自治和行业自律组织相当发达,司法鉴定行业同样如此。不同类型的司法鉴定组成各种行业协会,如苏格兰的鉴定同盟会,英国1999年成立的司法鉴定人执业登记注册委员会(CRFP),澳新司法鉴定实验室高级管理者联合会(SMANZFL),澳新司法鉴定协会(ANZFSS),等等。三是其他机构对自己设立的鉴定机构和鉴定人员进行管理。如欧洲和日本很多大学设立的法医鉴定机构及其鉴定人员,主要由大学自己管理。

2005年以前我国司法鉴定机构的设置大致分为三类:一是设立在享有一定国家权力的诉讼职能部门,即公安机关、检察机关、国家安全机关、审判机关,这些职能部门根据自身的职能在其内部自设的职权鉴定机构。二是经司法行政机关审核登记的社会公共鉴定机构。三是社会其他部门、单位设立的司法鉴定机构。这种多头设置体系下的管理模式对司法鉴定质量和司法公正造成较为严重的负面影响。公安机关内部的鉴定机构设置在刑事侦查技术部门,实施鉴定的人除作为鉴定人外,另一身份是警察或公务员,即具有双重身份。检察机关内部的鉴定机构设置在检察技术部门,一方面对检察机关自侦案件中有关专门性问题进行技术鉴定,另一方面对公安机关移送刑事案件中作为证据的鉴定意见进行审查,必要时,可以进行重新鉴定。检察机关的鉴定人同时也是检察人员,具有双重身份。审判机关内部设置的鉴定机构,鉴定人兼有审判人员的身份,"导致审判受制于鉴定,'打官司'变成了'打鉴定',在诉讼中出现了不少问题"。[1]

《决定》第3条规定,"国务院司法行政部门主管全国鉴定人和鉴定机构的登记管理工作。省级人民政府司法行政部门依照本决定的规定,负责对鉴定人和鉴定机构的登记、名册编制和公告"。在确定司法行政部门作为统一的管理机构的同时,取消了检察机关和司法行政机构设置的鉴定机构。第7条规定:"人民法院和司法行政部门不得设立鉴定机构。"

对于其他行业中的技术鉴定活动,本身已有行业主管部门的,行业主管部门当然是其业务管理主体。但是,这些行业中的鉴定机构,如果进入诉讼活动中,从事《决定》第2条所规定的鉴定事项,那么经司法行政机关核准登记后,其进行的司法鉴定活动也属于统一管理的范围。

三、管理客体

《决定》第2条规定了司法鉴定活动的业务范围,同时也明确了司法鉴定管理涉及的业务范围。该条规定:"国家对从事下列司法鉴定业务的鉴定人和鉴定机构实

---

〔1〕 全国人大常委会法制工作委员会刑法室编著:《〈全国人民代表大会常务委员会关于司法鉴定管理问题的决定〉释义》,法律出版社2005年版,第3页。

行登记管理制度:(1)法医类鉴定;(2)物证类鉴定;(3)声像资料鉴定;(4)根据诉讼需要由国务院司法行政部门商最高人民法院、最高人民检察院确定的其他应当对鉴定人和鉴定机构实行登记管理的鉴定事项。法律对前款规定事项的鉴定人和鉴定机构的管理另有规定的,从其规定。"

对于"其他类"(即"三大类"以外的其他类鉴定事项)司法鉴定活动的具体范围,《决定》没有具体罗列,而是采用授权的形式予以规范,但目前这种由国务院司法行政部门依据"诉讼需要"商"两高"的授权机制较难运行。"其他类"鉴定活动目前的情况实际是,管理、使用混乱,相关部门都在争着管。但无论是依据《决定》的立法目的和宗旨,还是遵照司法权的基本性质及人民法院在诉讼中的中立地位,人民法院不应当再行使管理权。这在法学界早已成为共识。同样,人民检察院也不适宜行使管理权,检察机关作为法律监督机关其主要是职责是履行法律监督职能,而"其他类"鉴定中的鉴定事项大多适用于民事诉讼,显然不适宜由检察机关来管理。对于"其他类"鉴定事项的管理应当站在推进司法鉴定管理法制化、规范化、科学化建设的背景下,结合司法改革逐步推行。司法鉴定管理的客体包括对司法鉴定人员、司法鉴定机构、司法鉴定执业活动三个方面。

(1)司法鉴定人员的管理:司法鉴定人执业资格准入管理、司法鉴定人名册登记公告管理、司法鉴定人资格的审核登记与撤销登记管理、司法鉴定人执业行为管理、司法鉴定人岗位培训、继续教育管理、司法鉴定人诚信等级评估管理、司法鉴定人执业责任追究等。

(2)司法鉴定机构的管理:司法鉴定机构执业资格准入管理,司法鉴定机构名册登记、公告管理,司法鉴定机构资格的审查与撤销管理,司法鉴定机构资质等级评估管理,司法鉴定机构的认证、认可,国家级资质司法鉴定机构(重点实验室)的遴选、管理及责任追究,等等。

(3)司法鉴定执业活动的管理。司法鉴定执业活动管理是指对审核登记合格的司法鉴定机构和司法鉴定人员在开展司法鉴定业务活动过程中的监督和管理。对司法鉴定人员和司法鉴定机构的资格准入等管理主要是一种静态管理,是对司法鉴定主体的资格和资质的管理。但司法鉴定机构和司法鉴定人员审核登记合格以后要从事司法鉴定活动,整个执业活动属于监管对象和监管范围,这是一种全过程的动态化管理。司法鉴定执业活动管理主要内容包括:制定收费管理办法、出庭作证办法以及执业行为规范和执业责任等管理规章,制定司法鉴定程序、技术标准和技术操作规范,对相关规定和规范执行情况进行监督检查等。

四、管理机制

建立完善统一管理的工作机制包括四个方面的管理关系和与之相适应的工作机制。总体上讲,司法鉴定的管理关系可归纳为四类:(1)国家司法鉴定行政主管部门与行业协会的关系;(2)国家司法鉴定行政主管部门与技术鉴定业务主管部门的关系;(3)国家司法鉴定行政主管部门与侦查机关部门管理的关系;(4)国家司法鉴定行政主管部门与司法鉴定使用部门(主要指审判机关)的关系。

与此相对应的是,司法鉴定管理体制相适应的管理机制主要有:一是国家司法鉴定行政管理部门管理与行业协会自律管理的相结合管理机制;二是国家司法鉴定行政主管部门与其他业务主管部门相补充的双重管理机制;三是国家司法鉴定行政主管部门与各侦查机关部门管理相配合的管理机制;四是司法鉴定行政主管部门和审判机关之间相衔接的行政运行机制。

五、管理方法和手段

我国的司法鉴定管理必须以科学发展观为指导,积极推进政府管理创新,以规范权力运行为重点,逐步建立起结构合理、配置科学、程序严密、制约有效的公共权力运行机制。同时,还要建立、完善政府与社会组织的分工合作机制。具体而言,司法鉴定管理的方法和手段包括以下三个方面。

(一)法律层面的规范管理

《决定》从法律层面上确立了管理主体、管理客体以及主客体之间管理与被管理之基本关系,确立了司法行政机关作为国家司法鉴定主管部门的法律地位,明确了司法鉴定管理的对象和范围。"三大"诉讼法对司法鉴定人参与诉讼活动、出庭作证和对鉴定意见的举证、质证、认证和法庭审查采信程序进行了规范。

(二)行政层面的规范管理

行政层面的规范管理是对司法鉴定机构、司法鉴定人员以及司法鉴定执业活动的规范管理。

(1)制定统一、完善的司法鉴定机构和司法鉴定人员管理制度,明确司法鉴定机构和司法鉴定人员执业资格准入、司法鉴定机构和司法鉴定人员名册登记和公告、司法鉴定机构和司法鉴定人员的资格审查与撤销、司法鉴定人培训和继续教育管理、司法鉴定人员诚信等级评估、司法鉴定机构资质等级评估制度等。

(2)制定司法鉴定职业道德、执业纪律、执业行为规范和执业责任制度。司法鉴定职业道德、执业纪律、执业行为规范和执业责任是现代司法鉴定制度的重要组成部分,对于保障司法鉴定活动的科学规范、客观公正、高效有序具有重要作用。其内容主要包括司法鉴定活动中的职业道德、执业纪律、执业责任和执业保险等。

(3)建立、完善司法鉴定机构的认证、认可和能力验证(动态评估)和检查评估等质量管理制度。作为司法鉴定的实施载体,司法鉴定机构可以通过客观、中立的诉讼地位和社会公益性质,依法独立实施鉴定活动,保障鉴定结论的合法性和公正性。但是仅仅满足这些是远远不够的,司法鉴定机构还要保障和不断提高其鉴定的可靠性,司法鉴定机构的管理水平、技术能力是鉴定结论具有科学、权威的保障。

(三)技术层面的规范管理

技术层面的规范管理主要包括司法鉴定的实施程序、司法鉴定的技术标准和司法鉴定操作规范等内容。

1. 制定科学合理和统一规范的司法鉴定实施程序

司法鉴定实施程序是指按照司法鉴定活动的客观规律所制定的规范司法鉴定行为的具体步骤和环节的规章。司法鉴定程序的制定在于通过规范司法鉴定的具体工作,实现司法鉴定工作的公正和效率目标。由于大陆法系国家与英美法系国家的诉讼制度、证据制度存在较大差异,司法鉴定的程序也存在不小差异。司法鉴定程序的要素主要包括鉴定的申请、鉴定的决定、鉴定的委托、鉴定的受理、鉴定的实施、鉴定结论的出具、鉴定人出庭作证等环节。

2. 制定司法鉴定统一的技术标准规范体系

司法鉴定技术标准规范体系是由一系列涉及司法鉴定活动过程的、覆盖法医类、物证类、声像类等鉴定专业的标准按其内在联系形成的科学有机整体。它是行业标准化工作的指导性文件,是各鉴定专业科学合理地制定技术标准的基本依据。《决定》明确了全国司法鉴定实行统一管理,国务院司法行政部门为司法鉴定行业的主管部门,制定司法鉴定技术标准体系是建立完善统一的司法鉴定管理体制的核心内容之一,是司法鉴定行业规范、协调、可持续发展的技术支撑,它对于促进司法鉴定技术进步、司法鉴定技术创新和保障司法公正具有决定性意义。

司法鉴定技术标准规范体系总体包括基本体系和推行体系两大部分。基本体系是整个司法鉴定技术标准体系建设的主体,涉及司法鉴定活动的所有要素,覆盖法医类、物证类、声像类等所有鉴定专业,具体分为强制性标准体系和推荐性标准体系。推行体系涉及与法律法规的协调配套问题,与强制性技术规范体系的衔接问题,与推荐性标准体系的有机结合问题,以及推行体系内部的管理体制、运行体制、监督体制和保障体制等。

六、司法鉴定的行政管理体系

司法鉴定管理逐步建立与完善了司法部、省级司法厅(局)、地市级司法局三级管理体系的目标和要求。

司法部的法鉴定管理局的主要职责有:一是研究提出司法鉴定工作发展规划和有关政策建议;二是负责起草司法鉴定法律、法规和规章;三是研究拟定司法鉴定管理制度;四是研究拟定司法鉴定技术管理规范(程序规则、技术标准和技术规范);五是指导和监督地方司法鉴定登记管理工作;六是组织实施有关司法鉴定的宣传和理论研究;七是组织实施司法鉴定的技术交流合作;八是指导司法鉴定技术研发工作;九是指导司法鉴定人继续教育实施工作;十是承办指导司法鉴定协会的具体工作。

2008 年 7 月,国务院在进行机构改革时,在进一步明确司法部司法鉴定管理局管理职责的同时又赋予其一项新的职责,即负责国家级司法鉴定机构的遴选和管理工作。[1]《行政许可法》、《决定》和司法部颁发的两个登记管理办法已基本明确省级司法行政机关的管理职能。在此基础上,各地根据行政许可法等法律规定和工作需要,在进一步规范地市一级司法行政机关的管理职责和任务的基础上,最终建立起分级管理、分类指导的司法鉴定三级(部、省、地)管理体系。

第三节 司法鉴定统一管理体制

一、统一管理体制的基本内容

根据《决定》的规定,建立统一管理体制的基本内容主要有八个方面。

(1)统一的适用范围和主管部门方面的规范要求。司法鉴定管理是一项保障和服务于司法活动的行政工作,也是司法行政工作的重要组成部分。针对多头管理的弊端,《决定》明确规定:"国务院司法行政部门负责全国鉴定人和鉴定机构的登记管理工作。省级人民政府司法行政部门依照本决定的规定,负责对鉴定人和鉴定机构的登记,名册编制和公告。"根据规定,司法行政机关对司法鉴定的管理,是代表国家履行法定职责。按照《行政许可法》的有关规定和"谁许可、谁监管、谁负责"和"谁登记、谁管理"的原则要求,司法鉴定管理又是一种全行业、全过程和动态化的管理。除法律规定的例外情况外,凡是从事《决定》第1条规定的司法鉴定活动的,均属于调整的范围。

(2)统一的准入管理方面的规范要求。即司法鉴定机构和司法鉴定人实行统一的准入标准、准入条件、准入考核和准入程序。

(3)统一的名册管理方面的规范要求。主要包括审核登记、名册编制和统一公告制度,如编制和管理《国家司法鉴定人和司法鉴定机构名册》,供司法机关和公民、组织、法人选用。

(4)统一的执业活动监督管理方面的规范要求。主要包括司法鉴定人负责制度、司法鉴定人出庭作证制度、司法鉴定人回避制度、司法鉴定的收费办法等内容。

(5)统一的技术管理方面的规范要求,如实施程序、技术标准和操作规范等方面的内容。

(6)统一的权利、义务性方面的规范要求。如《决定》明确规定了鉴定人的权利、义务和法律责任,明确要求鉴定机构及鉴定人在执业活动中,应当遵守法律、法规,遵守职业道德和职业纪律,尊重科学,遵守技术操作规范四项法定义务。

---

[1] 参见《国务院办公厅关于印发司法部主要职责内设机构和人员编制规定的通知》(国办发〔2008〕64号文)。

(7)统一的违规处罚管理的规范要求。

(8)统一的管理方面的规范要求。

二、统一管理体制的基本要求

(一)基本规范

统一司法鉴定管理体制包含三大基本规范:一是法律规范。如统一的鉴定启动制度,鉴定举证责任分配制度,质证、认证、采信制度和鉴定人出庭作证制度等。二是行政规范。如统一的审核登记、名册编制和公告制度,统一的名册管理使用制度、执业类别管理制度,统一的收费管理制度、鉴定机构资质等级评估制度、鉴定质量监督检查制度和鉴定人诚信等级评估制度,统一的证书管理制度,鉴定人负责制度、鉴定机构管理制度以及违规处罚制度,等等。三是技术规范。如统一的司法鉴定程序规范、技术标准规范、技术操作规范以及统一的司法鉴定机构资质认定准则等。此外,还应当包括职业道德、执业纪律、执业行为规则等职业伦理规范。

(二)体制要求

从实践需要看,建立统一的司法鉴定管理体制的基本要求有:统一准入条件、统一鉴定名册、统一执业分类、统一实施程序、统一技术标准、统一出庭办法、统一权利义务、统一职业伦理、统一执业责任。在此基础上,逐步形成司法鉴定统一管理的制度体系。

(三)管理预期

建立统一管理体制的预期:一是通过准入管理、名册管理、执业管理和处罚管理,维护正常的鉴定秩序和执业环境;二是通过组织制定和颁布统一的职业伦理、行为规则和行业要求,规范管理行为和鉴定行为;三是通过统一规范鉴定程序、鉴定方法和鉴定标准,保障司法鉴定机构的中立地位、司法鉴定人的独立身份、司法鉴定程序的公开公平和司法鉴定行为的客观公正。

三、统一管理工作的目标要求

(一)管理目标

司法鉴定管理工作的基本目标:一是通过建立健全管理规范、执业规范和行为规范,推进司法鉴定的规范化、法制化和科学化建设。二是通过制定有效的政策措施和制度设计,规范执业行为、加强行业自律、提高免疫力,最大限度地阻隔或减轻“关系化、利益化”对司法鉴定行业的冲击。三是通过不懈努力,促使司法鉴定事业走上良性循环的运行轨道,最终实现可持续发展。

(二)管理要求

根据《决定》的规定,司法鉴定管理是以行为管理为基础,以行业管理为主线,直接管理与间接管理相结合,行政管理与行业协会自律管理相结合,法律手段、行政手段和技术手段相结合的。司法鉴定管理工作是司法行政工作的重要内容之一。一方面,司法行政部门不是诉讼机关,与各诉讼职能部门和当事人没有隶属关系和利害关系;另一方面,司法鉴定体制改革后,司法行政机关与管理对象也不存在人财物的隶属关系。因此,不能再像过去那样,主要依靠那种建立在所有制关系基础上的行政命令和直接管理的方法进行管理,必须更新观念,转变思路,不断创新管理理念、管理模式、管理方法手段:(1)在现代司法理念指导下,依法管理、依法办事和依法行政,要尽快转变传统管理观念,从直接管理向间接管理转变。(2)从单一的行政管理手段向多元(政策、制度、技术)管理手段转变,要在分工专业化和鉴定资源有效配置的背景下,充分发挥政府管理与社会管理和自律管理相结合、相配合的作用。(3)司法鉴定体制改革不仅涉及各政法部门的职能调整和体制改革,而且直接触及利益格局的变化和观念的更新。(4)司法行政机关在履行法定职能时,从系统观点出发,坚持局部利益服从整体利益,眼前利益服从长远利益的原则。一方面,不仅要善于从民主法治建设和司法体制改革的大局出发,推进司法鉴定体制改革,从政治体制改革的大局出发研究解决问题,而且要从实现社会公平正义、构建和谐社会的角度把握司法鉴定体制改革中遇到的困难和面临的问题。另一方面,还要严格遵循整体永远大于部分之和的基本原理,超越局部利益和部门观念,坚持局部服从全局、当前服从长远、整体高于部分的原则。

(三)管理职责

公共利益是社会最高的法律,政府最大的产出就是公共服务。公共服务是为社会各界大众服务,具有广泛的覆盖面,也是一种基本的和基础的非营利性活动。其服务所得不用于利益分配,而是主要用于公共事业发展。

在现代社会中,政府应当真正成为经济活动的调节者、市场秩序的维护者、社会管理的责任者和公共服务的提供者。这在客观上要求政府必须从人治型向法治型转变,从管理型向服务型转变,从全能型政府向公共服务型转变,说到底就是从经济增长型向科学发展型转变(即从以物为本向以人为本转变)。

司法鉴定提供的是一种公共产品,具有社会公共属性和非营利性的特点,属于安全性公共服务和社会性公共服务的结合。在社会主义制度下实行的是社会优先的原则,各种社会行为和个人行为都要受到公共理性和公共原则的控制。对司法鉴定而言:一要充分认识政府是提供司法鉴定服务的主体(要克服两个认识误区———是认为经济增长了就可以当然保障公共服务,二是认为市场可以自动调节公共服务,只要市场化就会有公共服务);二要打破部门、地区分割,优化整合资源,面向全社会组建一批具有规模效益和专业优势的国家级司法鉴定机构和重点实验室,提高公共服务的效率;三要动员社会各方面共同参与司法鉴定公共服务体系的建立和公共产品的提供;四要建立健全司法鉴定意见的科学评价机制和评估体系。

第四节　司法鉴定管理制度的方向

随着我国民主政治建设的推进、司法体制改革的深化以及行政管理体制和科技管理体制改革的加快，诉讼对司法鉴定提出了新的、更高的要求。司法鉴定作为保障和服务诉讼活动的工作直接关系到司法公正问题，管理的水平高低直接影响到司法鉴定行业的形象。因此，司法鉴定需要不断加强管理工作。

一、司法鉴定管理的制度化、科学化建设

（一）制度化建设

统一管理体制的框架包括以下主要制度：一是司法鉴定机构及司法鉴定人的准入制度；二是国家司法鉴定机构和司法鉴定人名册管理制度；三是司法鉴定执业类别规范管理制度；四是司法鉴定活动实施程序、技术标准和操作规范制度；五是司法鉴定执业活动监督、检查和评价制度；六是司法鉴定机构内部规范管理制度；七是司法鉴定收费管理制度；八是司法鉴定继续教育制度。

在加强上述基本制度建设外，还应当考虑尽快制定其他相关规章制度。如《司法鉴定机构内部规范管理规定》、《司法鉴定执业行为规则》、《司法鉴定机构资质等级评估办法》、《司法鉴定人诚信等级评估办法》、《司法鉴定质量监督检查办法》、《司法鉴定重大案件信息管理办法》、《司法鉴定人出庭作证办法》、《司法鉴定执业活动年度检查办法》、《司法鉴定机构执业资质定期考核办法》，等等。

（二）科学化建设

1. 司法鉴定必须不断地主动适应科学技术的新发展、新要求

20世纪中叶以来，随着知识社会、信息时代的到来，科学技术对社会的影响、科技发展的社会条件和社会需求都发生了根本性变化，尤其是随着技术科学、检测手段和实验室的发展，一大批技术先进、方法可靠和精密度高的检测、检验的技术方法涌现出来并被运用于公共管理和公共服务的领域。保证司法鉴定的科学性、权威性，充分有效地发挥司法鉴定的制度功能，一方面依赖于科技创新发展的牵引和支撑，另一方面也有赖于现有技术的充分运用。这需要认识现有技术的发展及潜力，注重技术发展及其综合集成的能力和潜力，以及在可预见程度上对技术开发利用的能力和潜力。

2. 司法鉴定行业与科技行业缺乏应有的制度联系

由于历史和体制的原因，我国司法鉴定实践中目前使用的技术方法大多都是从相关的学科专业领域中转换过来并在司法鉴定应用实践中逐步成型的，只有少量是专门根据司法鉴定的需求专门研制的。也就是说，我们未能从体制上形成科学技术

与司法鉴定的双向交流和双值交集的良性互动机制。因此,如何将先进成熟的技术方法及时有效地应用于司法鉴定领域,如何主动适应司法活动的急需,研发综合交叉和复合联用的鉴定专用技术方法,如何及时地淘汰过时、落后的技术方法等,都缺乏制度规定和相关机制。这直接影响到司法鉴定的科学性和权威性,关系到司法鉴定能否走上可持续发展轨道。

3. 构建司法鉴定科技支撑体系

司法鉴定科技支撑体系架构可简要概括为"一个架构、两个领域、六个系统"。

(1)"一个架构"。即建立司法鉴定科技支撑体系的系统工程架构。该架构将司法鉴定科技支撑体系的建设,视为一项基于广义的司法鉴定系统(包括司法鉴定管理系统)与其重要环境——广义的科学技术系统(包括科学技术管理系统)之间良性互动关系的系统工程,从系统工程中的"I(输入)→P(处理)→O(输出)过程模型"看待司法鉴定领域的科技要素"进入(准入)—适用—退出(淘汰)"机制。

(2)"两个领域"。指广义的司法鉴定系统所包括的两大领域:一是司法鉴定执业活动领域——由专业人员运用科学技术手段直接进行诉讼等领域的事实认定活动。二是司法鉴定管理活动领域——由司法鉴定主管部门对司法鉴定机构和司法鉴定人及其执业活动进行全行业、全过程和动态化管理。

(3)"六个系统"("2 +4")。在六个系统中,1 ~4 为专门应用系统,5 ~6 为综合应用系统:一是司法鉴定科技信息系统,由用于司法鉴定领域与科学技术领域间双向交流的司法鉴定科技要素供需信息系统及丰富的证据科技信息库构成。二是司法鉴定专家系统,由相关专业的科技专家(科技主体)资质评价管理系统及权威的司法鉴定专家库构成。三是司法鉴定技术装备系统,由司法鉴定技术装备(科技手段)评价管理系统及引入司法鉴定领域的先进、适用的司法鉴定科技装备构成。四是司法鉴定技术规范系统,由司法鉴定技术规范管理系统及完善的司法鉴定技术程序与技术标准库构成。五是司法鉴定业务信息系统(包括司法鉴定业务信息库),用于司法鉴定机构和司法鉴定人进行司法鉴定业务活动,具有综合调用其他相关信息系统的接口。六是司法鉴定管理信息系统(包括司法鉴定管理信息库),用于国家司法鉴定管理机关进行统一的司法鉴定管理活动,具有综合调用其他相关信息系统的接口。

4. 建立完善司法鉴定科技支撑体系的预期

发挥司法鉴定主管部门和科技团体行业主管部门的作用,在优势互补的基础上,从制度上不断促使先进成熟的科学技术运用于司法鉴定领域,同时及时淘汰落后和不适合的鉴定技术方法,以期保证司法鉴定的科学性、权威性和可靠性,最终实现司法鉴定的可持续发展。一是促使新的科学技术,能够持续不断地通过一定的机制及时进入司法鉴定以及司法证明的领域。二是能够不断过滤、淘汰过时的或可靠程度已不符合或达不到证明要求的技术方法。三是通过建立科技行业对司法鉴定行业的系统化支持的体制机制,可持续地提高科技对促进司法公正、提高司法效率、树立司法权威的贡献率，运用先进成熟的科技手段充分保证鉴定意见的可靠、可信和权威，得以有效发挥其保障司法、服务诉讼、化解矛盾纠纷的功能作用，以期最终建设一个奠基于事实真相之上的诚信而公正的和谐社会。

随着社会进步和时代发展，认证认可的适用领域不断拓展和延伸，逐步进入了公共管理和社会服务的领域，这一点与高度的专业化分工和广泛的社会协作相统一的社会发展规律的演变历程相适应。作为一种国际上广泛采用和公认的技术准入门槛和质量控制体系，在司法鉴定领域推动开展的认证认可是提高司法鉴定意见科学性、可靠性的重要保障和实现手段。认证认可最早主要是在生产领域中尤其是产品制造过程中得到广泛运用。

在司法鉴定领域开展认证认可旨在通过认证认可这一具有国际可比性的公认手段有效促进鉴定机构建立完善质量控制体系，以保证鉴定的科学性和可靠性，逐渐形成既符合国际标准，又符合司法鉴定行业特定要求，适应我国司法鉴定可持续发展需要的认证认可制度和评价机制，为司法鉴定登记管理、质量管理、资质管理、监督管理、分类管理、收费管理和检案管理提供技术支撑和可靠依据。

二、司法鉴定管理的平台建设

建立和完善司法鉴定的管理平台，主要包括以下三个方面。

（一）建立信息平台

建立全国性司法鉴定工作管理和检案管理数据库。将司法鉴定人和鉴定机构的资格、等级、执业情况、违法违纪的处理情况以及检案办理情况等信息通过互联网、新闻媒体等向社会公布，便于社会公众监督和利用。

（二）建立协调平台

建立与审判机关、侦查机关和相关业务主管部门的定期协商和信息反馈制度，及时发现问题、反映问题、解决问题，从鉴定活动的全过程，尤其是在各执业活动环节上加强对司法鉴定执业活动的监督和管理。

（三）建立支撑平台

为实施有效的管理，促进司法鉴定技术进步，需要设立三大支撑平台。

（1）建立司法鉴定行业自律管理的综合平台，即司法鉴定协会。符合司法鉴定管理要求的司法鉴定人员和司法鉴定机构组成全国性和地方性的司法鉴定协会，开展行业自律，加强内部监管；协助政府司法行政部门的监督管理；维护司法鉴定人和司法鉴定机构的合法权益；完善行业自律管理机制，对司法鉴定机构和司法鉴定人的职业道德和执业纪律进行监督检查以及行业处理；参与制定司法鉴定操作规程、技术规范和鉴定标准、司法鉴定机构资质评估标准以及司法鉴定质量、诚信考核办法；组织会员开展学术交流、理论研讨、疑难典型案例分析等活动；组织会员进行岗位培训和继续教育，沟通业务信息，编印司法鉴定资料、书籍等。

（2）建立司法鉴定技术支撑平台，即司法鉴定认证、认可和技术标准委员会。设立司法鉴定认证认可委员会,对司法鉴定机构的资质和能力展开认证、认可工作,对司法鉴定人员的诚信等级进行评估,有助于促进司法鉴定机构和司法鉴定人员的业务能力。设立司法鉴定技术标准委员会,由各行业顶尖专家组成,充分运用现有先进科技成果和理论,结合诉讼实践,制定不同类型司法鉴定的技术标准,实现司法鉴定技术标准的规范化、统一化,有助于推动司法鉴定技术进步,实现诉讼公正。

(3)司法鉴定理论与实务研究平台——证据科学与司法鉴定研究会。这一研究会主要集中司法鉴定技术专家、诉讼法学、司法制度、证据法学专家。司法鉴定本身是法律性和科学性的统一,这一研究会将法学专家和司法鉴定技术专家整合在一起,通过共同的交流与探讨,推动司法鉴定技术进步,实现司法鉴定活动和诉讼活动的无缝结合。

三、保障司法鉴定人依法独立执业

在诉讼活动中,中立性主要是指司法鉴定机构和司法鉴定人在诉讼双方当事人中应具有相对的独立性。鉴定人在实施鉴定活动时,既不是对当事人负责,也不是对司法机关负责,更不能办权力案、金钱案和人情案。司法鉴定活动只对法律负责、对科学负责、对所委托的鉴定事项负责,最终是对案件事实负责。在鉴定执业活动中绝不能因为与诉讼职能部门、委托要求及诉讼当事人存在隶属关系、利益关系和利害关系而受任何内部、外部的影响、干预或控制。

司法鉴定人的执业行为不是司法行为,也不是行政行为。因此,必须保证鉴定人能够以对事实负责的科学精神依法独立进行司法鉴定活动。只有鉴定人相对于鉴定结论有利害关系的控辩双方保持第三方中立地位和客观公正的立场,鉴定人才能排除任何非法律、非科学和各种人为因素的干扰或影响,从而作出符合实际的鉴定意见,这是实现鉴定公正的基本要求。

四、司法鉴定制度与其他相关制度的协调发展

(一)转变发展理念

以科学发展观为指导,要在发展理念上走出认识上的误区,并应当不断更新,以适应时代的要求。

1. 重职权鉴定机构轻社会鉴定机构

不论职权鉴定机构还是社会鉴定机构都属于《决定》调整的范围,都是国家、社会的宝贵资源,都是为了保证诉讼机关依法履行职能,保障当事人的诉讼权利,维护公民的合法权益,促进并实现鉴定公正,维护司法公正和社会公平正义;二者在诉讼中的地位是平等的,同样发挥着司法证明的功能作用,只是服务面向和分工不同(根据国家有关法律和政策,职权鉴定机构不得面向社会开展司法鉴定活动,也不得面向市场营业,开展有偿服务。而社会鉴定机构既可以为诉讼机关,也可以为社会、公民个人提供鉴定服务)。

那种认为职权鉴定机构出具的鉴定意见是可靠的,具有天然的正当性和正确性,而社会鉴定机构出具的鉴定意见与其不同的认识是完全不符合事实的。如果只就法医、物证而言,经过国家重点投入、财政保障和长期积累,职权鉴定机构目前占有较多的资源。但如果我们把目光投向经过近六十年建设的国家和社会拥有的科技资源,不难发现,从总体上和长远来看,其实力、水平、条件与职权鉴定机构是不能相提并论的。《决定》实施后,有一批依托高等院校、科研机构、质检机构、医疗机构等国有优质科技资源建立的社会鉴定机构不仅批量进入传统的法医、物证领域,而且在新兴的鉴定领域,更是占据主体地位。社会鉴定机构的实力正在不断增强,其同样发挥着主渠道作用。应该说,二者都是我国司法鉴定的重要组成部分,具有平等的诉讼地位,都有共同的追求,都是为了同一个目标,只是在诉讼中的分工和作用不同,两者既相互补充、相互促进又相互竞争、相互制衡。

对于一些有特殊执业限制或社会鉴定机构不允许做和不宜去做的鉴定,可以仍由职权鉴定机构去做,并依法通过一定程序和形式,在首先满足履行侦查职能需要的条件下,向全社会提供服务。同时,要坚持以质量管理为核心,以资质管理为基础,持续保障和不断提高司法鉴定的可靠性和可信性。

2. 重刑事案件轻民事案件

由于人们的目光大都集中于刑事诉讼中的司法鉴定的管理体制改革问题,往往忽略了民事诉讼中的司法鉴定更加广泛地关系到公民合法权益的保护的事实。据最高人民法院的统计,近5年法院审理的案件中,刑事案件为13%左右。按照法律和政策规定,侦查机关没有参与解决经济纠纷和民事案件的职能。从近几年发生的群体性事件看,有些地方侦查机关参与这类案件的效果并不好,不仅没有得到当事人认可,而且影响到群众对侦查机关的信任度。

(二)实现协调发展

以科学发展观为指导,努力实现全面协调发展,主要从以下几个方面考虑。

1.“三大类”与“其他类”的规范管理和协调发展

努力实现“三大类”与“其他类”总体上的规范管理和协调发展,不断满足诉讼活动,尤其是审判活动的迫切需要。《决定》第2条第4款确定的授权机制,是解决这一问题的法律依据,诉讼活动的需要则是统一管理的前提。然而在实践中商“两高”机制难以运作,直接导致“其他类”鉴定的管理混乱,诉讼需要与管理滞后的矛盾日益突出。这个问题的关键,并不在于该不该管(目前都在争着管),而是依据《决定》的立法目的和宗旨,该由谁来管和如何管。法律界和法学界在此问题上已达成普遍共识,即不论是“三大类”还是“其他类”的司法鉴定,法律均没有规定或授予法院司法鉴定的管理权,法院不宜行使管理权。这既是司法权的基本性质和法院在诉讼中的中立地位所决定的,也因为在刑事诉讼中,实行的是控辩式审判方式,控方负有举证责任,在民事诉讼中,则实行谁主张,谁举证的规则。如果法院超越职权承担举证责任,那么会出现两难局面:如果法庭未予采信,其后果得由法院承担;如果法院采信了,对于另一方当事人则存在程序上的不公正。

"三大类"鉴定主要与刑事诉讼有关,《决定》直接将其纳入规范管理的范围。而"其他类"的鉴定事项大多适用于民事诉讼,数量大,品种多,一时难以明确范围,但绝对不是将其排除在统一登记管理之外,而是通过确立授权机制,将其纳入规范化、法制化的发展轨道。司法鉴定管理体制改革与我国司法体制改革是相互适应、相互配合、协调发展的。因此,首要任务是要把"三大类"内的鉴定事项规范管理起来,然后再根据诉讼需要商"两高",逐步增加新的鉴定事项。这个问题解决必须放在积极推进司法鉴定法制化、规范化建设的大背景下来考虑。主要取决于三个因素:一是是否属于诉讼需要;二是符不符合法制化、规范化的发展方向,而且不得与《决定》的基本规定相冲突;三是是否符合发展规划和合理布局的要求,并且适应有利于统一管理体制的建立。

还应当说明的是,没必要也不可能将所有的鉴定活动和鉴定事项都纳入统一管理的范畴。一般来说,拟纳入登记管理范围的鉴定事项除应符合上述条件外,一般还需要具备四个相关因素:一是行业技术鉴定主管部门是否具有行业管理和指导的职能,是否提出纳入统一管理的要求;二是有无统一的技术鉴定机构准入和管理办法;三是有无统一的技术鉴定人的职业资格制度或审核管理认证认可办法;四是有无统一的技术标准和技术规范。

2. 实现职权鉴定机构与社会鉴定机构的总体平衡和协调发展

不论是职权鉴定机构还是社会鉴定机构都属于《决定》调整的范围,都是为了保证诉讼机关依法履行职能,保障当事人的诉讼权利,促进并实现鉴定公正,维护司法公正和社会公平正义等。二者在诉讼中同样发挥着司法证明的功能作用,只是服务面向和分工不同。在刑事诉讼活动中,实现职权鉴定机构(技术侦查手段和诉讼证据之间有明显区别)与社会鉴定机构的总体平衡和协调发展,既要保证诉讼职能的正确履行,又要保障当事人的诉讼权利,促进司法公正,维护国家和社会的安定。应当指出的是,二者的诉讼地位是平等的,目的是一致的。从这一点上讲,在刑事诉讼中,职权鉴定机构力量即使再强大也不应该、不可能取代社会鉴定机构。恰恰相反,二者应当既相互补充、相互促进,又相互竞争、相互制衡。因此,要根据建立统一司法鉴定管理体制的基本要求,进一步统一准入条件、统一鉴定名册、统一鉴定范围、统一实施程序、统一技术标准、统一出庭办法、统一处罚规定等。

3. 实现社会鉴定机构在刑事、民事和行政诉讼鉴定活动中的协调发展

在民事诉讼中,要不断满足人民群众和社会日益增长的鉴定需求,既保证司法机关及时裁判、公正司法,又维护公民的合法权益,维护公平正义、维护和谐稳定的社会秩序。这是因为,人民群众合法权益受到侵犯或损坏的情况大多发生在民事主体之间,而民事案件在近5年人民法院审结的案件中占到85%以上。

(三)探索新的发展模式

司法鉴定管理的发展模式主要有:

(1)国家专门建立的司法鉴定机构。如上海司鉴所、北京126所等。其特点是以司法鉴定为主业;具有国有事业单位的独立法人地位;自主承担法律责任;具有公益属性,能发挥国家队主渠道作用并得到同行公认等。

(2)依托国有事业机构设立的司法鉴定机构。如在国有高等院校、科研、质检和医疗等机构中设立的司法鉴定机构。其特点是依托国有资源,大多并不以司法鉴定为主业,但大多都与其主业相关联、相交叉,可共享资源;往往具有产、学、研或教、科、服一体化的优势;不一定具有独立法人的地位;往往接受双重管理等。如中国政法大学、西南政法大学、华东政法大学、西北政法大学和中南财经政法大学司法鉴定中心,四川大学、中山大学、南方医科大学等法医鉴定中心以及上海精神卫生中心司法精神病鉴定中心,北京安定医院司法精神病鉴定中心等。

(3)依托新型社会主体(既非国有,也非个人)设立的司法鉴定机构,这也是一种新的增长点和发展模式。如杭州迪安医学检验中心司法鉴定所、广东南天司法鉴定所等。以迪安所为例,其特点是:具有高度专业化;建立在细分业务和产业链统一布局的基础上;与国际大集团公司合作,共享其技术资源;往往采用先进、成熟的技术方法,其技术装备和技术水平能与国际同步接轨,不仅更新较快,而且可持续发展;充分利用市场的调节作用,往往采用高起点、高质量和高速度的发展战略等。

另外,还有设立在侦查机关中的承担特殊鉴定任务的职权鉴定机构。

从国际上看,司法鉴定机构的发展趋势,主要体现在五个方面:一是地位中立化(即在诉讼中具有独立于诉讼机关的中立第三方证明机构的社会地位);二是规模集约化(讲究规模效益,发挥高度专业化、职业化的优势);三是定位公共化(既要保证公权力运行,又要保障公民的诉讼权利,提供公共产品,具有公共属性、公益性质,由公共财政保障);四是技术高新化(技术方法、技术装备不断更新,有的甚至引起司法证明方法、制度的革命性变化);五是运营公司化(采用公司治理结构,讲究投入产出,打破“铁饭碗”)。

司法鉴定制度的改革是长期的工作,既需要诉讼制度、证据制度和行政管理制度的配合,又需要立法、司法以及其他社会活动的支持,更需要涉及司法鉴定的机关在法制统一和维护改革大局方面的努力。其改革成果应当不断满足人民群众日益增长的诉讼需求,维护公民的合法权益,维护公平正义、维护和谐稳定的社会秩序。

五、推进鉴定法治建设的方向和要求

司法鉴定制度是我国司法制度的重要组成部分,是国家实施法律的重要保障,是实现司法公正,提高司法效率,保证司法独立和树立司法权威的重要基础。司法鉴定制度的改革与发展,既是由我国的司法体制、诉讼制度和证据规则的改革发展所决定的,也是与我国社会所处时代的科学技术发展水平相联系、相适应的。同样,司法鉴定中存在的种种弊端,往往也是司法制度各种问题的反映。主要体现在五个方面:一是司法鉴定工作的统一性、整体性与多头管理体制之间的矛盾。二是司法鉴定工作的中立性与鉴定职能的从属性、依附性之间的矛盾。三是司法鉴定工作的高度专业性与鉴定人员缺乏统一的职业准入标准、鉴定机构行政化、半官方化之间的矛盾。四是司法鉴定的科学性(如追求真理的平等性,科学不承认绝对真理等)与克服重复鉴定、多头鉴定以及提高鉴定效率之间的矛盾。五是在市场经济条件下发挥市场优化配置社会资源的基础作用与低水平重复建设、各搞一套,自成体系之间的矛盾。因此,我国的司法改革必然包括司法鉴定改革。

诉讼制度改革,尤其是审判方式的改革,必然引起司法鉴定的改革,证据规则的建立和完善必将加强鉴定法治建设。具体来说,包括三个层面:(1)司法鉴定制度改革应与审判体制改革相适应,司法程序公正是保护诉讼参与者的平等正当权利和保护实现实体公正的重要手段。程序公正所包含的独立性、中立性、公开性和充分辩论等原则与司法鉴定直接相关,同样也是司法鉴定活动应遵循的原则。(2)司法鉴定制度改革应与证据法律制度相协调。我国证据制度改革的思路是以法定证明为主、以自由证明为辅,即在证据制度的大部分内容上采用法定证明模式,只在证据价值评断上采用自由证明模式。从鉴定意见的证据属性出发,以及从鉴定结论的主观性与客观性统一与矛盾的关系出发,既要赋予法官对鉴定意见的自由裁量权,又要对司法鉴定制度进行规范——任何鉴定意见都必须经过举证、质证、认证三个环节,方可采信。(3)司法鉴定制度改革应以提供“科学证据”为出发点。作为独立证据,鉴定意见的功能关键在于是否能客观真实地证明案件事实,其核心是科学性。而如何保证鉴定意见的科学性和提高鉴定意见的公信力是完善司法鉴定制度的宗旨所在。

司法鉴定制度改革的价值目标是实现鉴定公正。在诉讼活动中,鉴定职能往往从属或依附于侦查职能、起诉职能和审判职能,结果造成了中国司法鉴定制度的结构性失衡的问题。公检法机关在各自的诉讼阶段独立地指派或聘请鉴定人进行鉴定,容易导致在司法鉴定问题上的“暗箱操作”。公检法机关直接指派或聘请某一机构负责鉴定事项,而不对鉴定人进行审查,很难保证鉴定意见的可靠性(也难对鉴定人个人追究错鉴责任)。鉴定人绝大多数都是侦查机构的公务人员和法院下属鉴定部门的人员,带有较强的“官方”色彩,其专业技术水平难以得到社会或行业的审查鉴别和确认。不论是政法机关还是其他机关内部的鉴定人员,其作为鉴定人的资格都没经过专门的审查、考核和登记注册。这往往使鉴定人素质良莠不齐,进而导致鉴定意见的科学性和权威性难以得到保证。

由于司法鉴定的决定权和鉴定人委托权目前仍然垄断在公检法机关手里,当事人无权直接聘请自己所信任的鉴定人。这种带有超职权主义特征的制度,显然与已经进行的审判方式改革——无论是从立法精神还是从制度设计来看——大相径庭。在司法实践中,正是因为司法鉴定职能缺乏应有的独立性、中立性和客观性,实现鉴定公正的目标缺乏制度性保证。而鉴定不公正又可能造成审判不公，甚至导致司法腐败，这既不符合司法改革的基本要求，难以保证鉴定公正，也难以取信于民。

思考题

1. 如何理解司法鉴定改革的基本目标和法律底线？
2. 为什么说管理司法鉴定是一项社会管理职能？
3. 如何理解职权鉴定机构和社会鉴定机构在刑事诉讼中的地位、作用和相互关系？
4. 司法鉴定管理工作如何保障司法鉴定的可靠性和可信性？

阅读书目

1. 杜志淳、沈敏主编，方建新等编著：《司法鉴定机构质量体系文件》，法律出版社 2004 年版。
2. 张军主编：《中国司法鉴定制度改革与完善研究》，中国政法大学出版社 2008 年版。
3. 司法部司法鉴定管理局编：《两大法系司法鉴定制度的观察与借鉴》，中国政法大学出版社 2008 年版。
4. 霍宪丹、郭华著：《中国司法鉴定制度改革与发展规范研究》，法律出版社 2011 年版。
5. 霍宪丹主编：《司法鉴定学》，中国政法大学出版社 2010 年版。

第六章　司法鉴定实施制度

本章重点内容

司法鉴定实施制度的概念和具体内容，包括司法鉴定的申请、决定、委托、受理、实施、鉴定意见出具、鉴定人出庭等各项实施制度以及补充鉴定和重新鉴定制度。

本章学习要求

通过本章学习，掌握司法鉴定的启动程序、委托手续，熟悉司法鉴定实施的具体操作流程、技术方法及相关工作制度，掌握补充鉴定和重新鉴定的区别，了解鉴定人出庭作证制度。

第一节　司法鉴定的启动

司法鉴定实施制度主要包括鉴定的申请、决定、委托、受理、实施、鉴定的时限、鉴定人的回避、鉴定质量控制与保障等制度。司法鉴定实施制度是司法鉴定管理制度中重要的核心制度，它直接关系到司法鉴定工作的正常运行及其质量，关系到司法鉴定工作程序是否合法、规范，鉴定的技术方法、手段是否科学先进可靠，鉴定所适用的标准是否正确、有效，鉴定意见所依据的数据是否准确、客观、科学等。司法鉴定实施制度直接会影响到司法公正、司法权威。

司法鉴定的启动包括司法鉴定的申请、决定和委托三个环节。

一、司法鉴定的申请

司法鉴定的申请是指民事、行政案件的诉讼当事人，刑事案件的犯罪嫌疑人、受害人、原告以及其他诉讼参与人，为了保障自身的合法权益向侦查机关、检察机关、审判机关提出对案件中涉及的某些专门性问题进行司法鉴定的口头或书面的请求。按照申请鉴定的时间和所在诉讼程序不同阶段，司法鉴定的申请可以分为初次司法鉴定申请、补充司法鉴定申请、重新司法鉴定申请；按照案件性质不同又可以分为刑事诉讼案件司法鉴定申请、民事诉讼案件司法鉴定申请、行政诉讼案件司法鉴定申请。

（一）提出司法鉴定申请的法律依据

在刑事诉讼中，我国法律目前没有关于犯罪嫌疑人、被害人或其法定代理人、近亲属、诉讼代理人提出初次鉴定申请的详细规定，但在相关司法解释中有申请为犯罪嫌疑人进行精神疾病初次司法鉴定以及申请鉴定的规定。犯罪嫌疑人的辩护人或者近亲属以犯罪嫌疑人有患精神病可能为由申请对犯罪嫌疑人进行鉴定的，人民检察院也可以对犯罪嫌疑人进行鉴定。对于补充鉴定和重新鉴定的申请，我国刑事诉讼法明确规定，侦查机关应当将用作证据的鉴定意见告知犯罪嫌疑人、被害人。如果犯罪嫌疑人、被害人提出申请，可以补充鉴定或者重新鉴定。

在民事诉讼和行政诉讼中当事人及其代理人有权申请司法鉴定或申请补充鉴定、重新鉴定。在民事诉讼中，当事人有权申请鉴定，并协商确定具备资格的鉴定人。协商不成的，由人民法院指定。在行政诉讼中，原告或者第三人有证据或者有正当理由表明被告据以认定案件事实的鉴定意见可能有错误，在举证期限内书面申请重新鉴定的，人民法院应予准许。当事人对人民法院委托的鉴定部门作出的鉴定结论有异议并符合法定情形的，可申请重新鉴定。从上述要求我们可以看出，在民事诉讼和行政诉讼中，申请司法鉴定既是当事人的一项权利，又是当事人履行举证责任、证明自己诉讼主张的一项义务。

需要说明的是，这里所说的司法鉴定申请不包括司法机关内部办案人员根据其办案的经验和查明案情的实际需要向主管领导提出委托鉴定的内部审批或申请程序。这属于司法机关的内部工作程序，由相关机关自行制定其工作规范。

（二）提出司法鉴定申请的条件

在司法实践中，如果犯罪嫌疑人、被告人、被害人和代理人等提出鉴定申请时，一般应具备以下条件：案件已经进入侦查或诉讼阶段；提出鉴定申请的理由合理；要求鉴定的项目有助于查明案件事实真相；申请人具有完全行为能力（如果申请人没有完全行为能力，可以通过法定代理人代为申请等方式办理）；能如实提供鉴定所用相关资料和检材、样本；民事诉讼、行政诉讼中申请鉴定所需费用已经落实；所提出的鉴定申请事项属于目前司法鉴定领域可以解决的问题，或者说涉及的相关技术已经相对比较成熟，并获得行业内的普遍公认。对于民事诉讼中申请重新鉴定的申请条件有专门规定，当事人对人民法院委托的鉴定部门作出的鉴定意见有异议申请重新鉴定，提出证据证明存在下列情形之一的，人民法院应予准许：鉴定机构或鉴定人不具备相关的鉴定资格的；鉴定程序严重违法的；鉴定意见明显依据不足的；经过质证认定不能作为证据使用的其他情形。对于有缺陷的鉴定意见，可以通过补充鉴定、重新质证或者补充质证等方式解决的，不予重新鉴定。这些规定对于预防、控制不必要的重复鉴定有积极意义。

(三)提出司法鉴定申请的主体

在刑事诉讼中,根据《刑事诉讼法》第146条的规定,犯罪嫌疑人、被害人是补充鉴定或重新鉴定的申请主体。对于初次鉴定的申请主体目前法律还没有明确规定。在民事诉讼中,原、被告均可以提出司法鉴定申请,包括初次鉴定申请、补充鉴定申请和重新鉴定申请。对需要鉴定的事项负有举证责任的当事人,在人民法院指定的期限内无正当理由不提出鉴定申请或者不预交鉴定费用或者拒不提供相关材料,致使对案件争议的事实无法通过鉴定意见予以认定的,应当对该事实承担举证不能的法律后果。当事人在法庭上可以提出新的证据。当事人要求重新进行调查、鉴定或者勘验的,是否准许,由人民法院决定。行政诉讼中的情况与民事诉讼中基本相同。实践中,各地做法不尽相同,总体趋势是越来越多的司法人员认可诉讼当事人的鉴定申请,并给予充分重视。如在伤害案件的办理过程中,因受害人伤势程度不明,案件性质也不能确定,办案人员经常会告知或要求受害人书写一份书面的伤势法医鉴定申请,由办案人员再对外委托司法鉴定机构对其伤势进行鉴定。

(四)提出司法鉴定申请的程序

关于提出申请司法鉴定的程序,实践中申请人可以在案件整个诉讼阶段(包括二审、再审程序中)提出司法鉴定的申请。民事案件、刑事自诉案件在提出起诉前,当事人可以自行委托相关事项的鉴定。刑事诉讼、民事诉讼、行政诉讼中的当事人及其代理人可向法院口头或书面提出司法鉴定申请。

(五)提出司法鉴定申请的内容

按照司法鉴定的定义,司法鉴定解决的是诉讼过程中涉及的专门性问题。这里的专门性问题是指案件争议中的相关事实,而这个事实的确认仅靠生活常识和办案经验以及逻辑推理是无法解决的,必须以专门科学技术或专门知识或经验才能解决。同时这里的专门性问题也不是法律定性、法律适用方面的问题。

在通常情况下,申请司法鉴定的主要内容包括:申请鉴定的事项、申请鉴定的理由,有些申请人还提出要求拟委托的鉴定机构名称。在刑事、民事、行政诉讼的各类案件中涉及的常见的鉴定项目有:(1)对案件涉及的人身状况进行鉴定(如损伤程度鉴定、死亡原因鉴定、亲权关系、个体识别鉴定、毒物鉴定等);(2)对诉讼当事人或参与人的法律能力、法律关系鉴定;(3)对受理案件中涉及有关法律事实的文书资料的真实性进行鉴定;(4)对交通事故、工伤事故、医疗事故中涉及的伤残等级、因果关系、参与度等问题进行评定;(5)对案件中有关的物证、痕迹、毒物等进行检验;(6)案件中涉及的相关声像资料、计算机、知识产权、司法会计、物损、工程造价及质量等司法鉴定。

关于申请人对鉴定机构和鉴定人的选择,实践中常常有申请人要求委托到本行政区域以外的高等院校、科研院所的司法鉴定机构进行鉴定。对申请人的这种选择权,司法机关应予以充分重视,并依法予以支持。

（六）司法鉴定申请权的救济

我国现有法律、法规中还没有关于司法鉴定申请权救济的规定，因此诉讼当事人的司法鉴定申请权的实现还没有法律的保障。随着司法改革的不断深入，诉讼程序正义的理念逐步确立，当事人的鉴定申请权应得到法律保障，要在相关的法律中建立当事人申请司法鉴定权的救济制度，并应在条文中规定：司法机关对当事人提出鉴定申请应予以支持；如有正当理由不予以支持，应作附理由的决定，并允许申请人对决定提出复议。

二、司法鉴定的决定

（一）决定的主体

司法鉴定的决定主体是指在诉讼中对提出的司法鉴定申请有权作出是否准予鉴定决定的司法机关。根据我国有关法律规定，在实践中，刑事公诉案件是否进行鉴定在侦查阶段由公安或人民检察机关决定；在起诉阶段由人民检察院决定；在审判阶段由人民法院决定。刑事自诉、民事、行政、经济等案件的鉴定由人民法院决定。抗诉案件的鉴定由人民检察院或人民法院决定。

对非诉案件或准备起诉的案件，当事人及其代理人为了解决举证问题可以自行决定进行鉴定。

（二）决定的法律依据

对于司法鉴定的决定要符合我国法律规定。我国《刑事诉讼法》第144条规定，在刑事诉讼中，侦查机关为了查明案情，需要解决案件中某些专门性问题的时候，应当指派、聘请有专门知识的人进行鉴定。在民事和行政诉讼中，人民法院对专门性问题认为需要鉴定的，应当委托具备资格的鉴定人进行鉴定。

（三）决定的程序

对于诉讼案件中司法鉴定的申请，相关司法机关根据法律规定，对鉴定的要求进行审核后，有权作出是否鉴定的决定。

公安机关在办案过程中对当事人提出的申请鉴定请求，可以根据案件办理实际经一定的程序，作出是否同意鉴定的决定，如需要委托本系统以外的鉴定机构进行鉴定的，应当经县级以上公安机关负责人批准，制作《鉴定聘请书》，并送达被聘请人。[1] 检察机关、审判机关在办理案件中也可以根据案情需要经过一定的程序，决定是否准予进行司法鉴定。

司法机关的司法鉴定的决定既可以是基于犯罪嫌疑人、被害人、诉讼当事人或代理人提出司法鉴定的申请而作出，也可以根据办案需要直接作出。司法鉴定的申请不是司法机关作出司法鉴定决定的必经程序。

---

〔1〕 参见2006年2月1日《公安机关办理伤害案件规定》（公通字〔2005〕98号）第20条。

(四)决定的内容和形式

司法机关根据办案人员提出的鉴定要求或相关诉讼当事人提出的司法鉴定的申请经审查后作出是否进行司法鉴定的决定,如同意进行司法鉴定,其决定的内容主要包括:决定进行司法鉴定的依据、鉴定对象、鉴定项目、鉴定要求(鉴定需要解决的问题)、鉴定适用的标准、拟委托的鉴定机构、鉴定人、鉴定时间、地点。即根据什么作出鉴定决定,决定由谁在什么时间、地点对什么对象作何种鉴定,通过鉴定需要解决诉讼中的什么问题。

司法机关依法作出司法鉴定决定的形式主要是以内部批文的形式反映并记录司法机关内部工作流程与审批的情况及鉴定决定的具体内容。记载司法鉴定决定过程和内容的公文应存放于案件的卷宗内,随案移送。

(五)对不服决定的复议

我国目前还没有关于不服司法鉴定决定的复议程序。随着我国民主法治建设的不断完善,司法改革的逐步深化,诉讼当事人、参与人的诉讼权利必将得到更好的实现与保护。在这一方面可以制定司法鉴定申请的救济制度。如可以制定相关条文规定职权机关在作出不予司法鉴定的决定后,应向鉴定申请人出具附理由的书面裁定。申请人对裁定不服,可在一定期限内向原决定机关上级提出复议。复议机关应在一定期限内作出附理由的维持或撤销原裁定的决定。建立司法鉴定申请救济制度,有利于切实保障诉讼当事人的诉讼权利,有利实现程序正义与公正。

三、司法鉴定的委托

(一)委托的法律依据

司法鉴定委托是指司法鉴定的委托主体向司法鉴定的受理主体提出进行某项司法鉴定活动的要求。对司法鉴定委托这一重要环节,相关规定散见于不同的法律、法规、规章中。如《决定》规定侦查机关根据侦查工作的需要设立的鉴定机构,不得面向社会接受委托从事司法鉴定业务。鉴定机构接受委托从事司法鉴定业务,不受地域范围的限制。在诉讼中,对法医类、物证类、声像资料类三大类鉴定事项发生争议,需要鉴定的,应当委托列入鉴定人名册的鉴定人进行鉴定。鉴定人从事司法鉴定业务,由所在的鉴定机构统一接受委托。

最高人民法院在《关于贯彻落实〈全国人民代表大会常务委员会关于司法鉴定管理问题的决定〉做好过渡期相关工作的通知》中规定:"《决定》明确国家对从事法医类、物证类、声像资料类鉴定业务的鉴定人和鉴定机构由省级人民政府司法行政部门实行登记管理制度,解决了上述人员和机构资格的统一管理问题。《决定》实施后,各级人民法院在进行对外委托鉴定工作时要严格按照《决定》的上述规定,委托省级人民政府司法行政部门登记和公告的鉴定人和鉴定机构进行鉴定,以促进司法鉴定管理制度的完善。"

为了规范人民法院对外委托和组织司法鉴定的工作,最高人民法院规定,人民法院司法鉴定机构负责统一对外委托和组织司法鉴定。未设司法鉴定机构的人民法院,可在司法行政管理部门配备专职司法鉴定人员,并由司法行政管理部门代行对外委托司法鉴定的职责。人民法院司法鉴定机构依据尊重当事人选择和人民法院指定相结合的原则,组织诉讼双方当事人进行司法鉴定的对外委托。诉讼双方当事人协商不一致的,由人民法院司法鉴定机构在列入名册的、符合鉴定要求的鉴定人中,选择有资格的鉴定人。人民法院司法鉴定机构对外委托鉴定的,应当指派专人负责协调,主动了解鉴定的有关情况,及时处理可能影响鉴定的问题。

检察机关的鉴定机构不得面向社会接受委托从事鉴定业务,鉴定人员不得参与面向社会服务的司法鉴定机构组织的司法鉴定活动。同时对检察机关鉴定机构可以受理的鉴定案件类型作出规定,包括检察机关业务工作所需的鉴定、有关部门交办的鉴定、其他司法机关委托的鉴定。

最高人民检察院对于检察系统的司法鉴定工作作了如下规定:鉴定机构可以受理人民检察院、人民法院和公安机关以及其他侦查机关委托的鉴定。人民检察院内部委托的鉴定实行逐级受理制度,对其他机关委托的鉴定实行同级受理制度。人民检察院各业务部门向上级人民检察院或者对外委托鉴定时,应当通过本院或者上级人民检察院检察技术部门统一协助办理。委托鉴定应当以书面委托为依据,客观反映案件基本情况、送检材料和鉴定要求等内容。鉴定机构受理鉴定时,应当制作委托受理登记表。

司法鉴定机构应当统一受理司法鉴定的委托。司法鉴定机构接受鉴定委托,应当要求委托人出具鉴定委托书,提供委托人的身份证明,并提供委托鉴定事项所需的鉴定材料。委托人委托他人代理的,应当要求出具委托书。鉴定委托书应当载明委托人的名称或者姓名、拟委托的司法鉴定机构名称、委托鉴定的事项、鉴定事项的用途以及鉴定要求等内容。委托鉴定事项属于重新鉴定的,应当在委托书中注明。委托人应当向司法鉴定机构提供真实、完整、充分的鉴定材料,并对鉴定材料的真实性、合法性负责。委托人不得要求或者暗示司法鉴定机构和司法鉴定人按其意图或者特定目的提供鉴定意见。

(二)委托的条件

委托司法鉴定需要具备的基本条件为:(1)诉讼当事人提出鉴定申请或者承办案件的司法机关根据办案实际需要;(2)案件解决过程中涉及认定事实中存在专门性问题;(3)有明确的鉴定事项;(4)具备鉴定所需的检材和条件;(5)进行该项鉴定的鉴定技术已经比较成熟,获得公认,鉴定意见能对诉讼涉及的专门性问题作出鉴别和判断。

根据法律和相关规章的规定,办理司法鉴定委托手续需提供下列有关材料:(1)鉴定委托书。(2)检材及样本资料清单。在委托时,必须准备符合鉴定数量、质量要求的检材和样本,并列出清单,对检材、样本及附送资料逐一登记,注明其名称、数量、性状、来源、收取及保全方法以及应予鉴定的确切要求等。在送往鉴定部门的过程中，应根据检材与样本的条件、性状以及运送可能出现的破坏因素，采取科学的方法进行包装、保存，并选择和准备好运送方式。(3)案情介绍资料。(4)被鉴定人的基本情况。应注明被鉴定人的姓名、性别、年龄、职业等。(5)供鉴定使用的补充文书资料，如现场勘查记录、物证检验记录、侦查实验记录等文书副本。有些鉴定还要求有其他类别的补充文书资料，如轻重伤鉴定所需的原始门诊或住院病历记录、检查所摄取的X光片、CT片、心脑电图等，精神疾病司法鉴定所需的被鉴定人及其家庭情况、工作单位和知情人提供的有关被鉴定人精神状态的证言材料、医疗记录和相关检查结果等。(6)如果是重新鉴定或复核鉴定，除送交上述资料外，还必须送交前一次或前几次的鉴定书及其附件。

(三)委托的主体

一般来说，司法鉴定的决定主体大多数也承担了司法鉴定的委托职能，成为司法鉴定的委托主体。司法鉴定的委托主体与受理主体(司法鉴定机构)通过委托司法鉴定而建立法律关系。

一般情况下，司法鉴定机构依法接受司法机关、行政机关、企事业单位、社会团体和个人的委托开展司法鉴定。但对某些专业的部分鉴定项目(例如精神疾病的司法鉴定、法医病理学鉴定中的尸体解剖、医疗纠纷司法鉴定、毒品鉴定、枪弹痕迹鉴定等)，司法鉴定机构暂时仅受理司法机关的委托。

(四)委托的程序与形式、范围

1. 司法鉴定的委托程序

根据有关规定，司法鉴定委托的程序通常是司法鉴定的委托人携带鉴定所需的材料(如果是法医类鉴定，通常还需要带着被鉴定人)以及委托机关出具的司法鉴定委托书到鉴定机构当面委托。在有些特定情况下，也可以通过函件方式进行委托。如委托人与拟委托的司法鉴定机构之间相隔遥远，交通不便，被鉴定人身体条件或经济条件不允许等。但如果委托中涉及重要的鉴定资料等，一般要求通过机要方式邮寄。通过函件方式委托的，司法鉴定机构经过审查后认为具备鉴定条件的，可视情况再行现场检验或出诊检验。

2. 司法鉴定的委托形式

根据有关规定，司法鉴定的委托形式一般都要求通过书面形式委托。具体可以通过委托书、委托合同、鉴定聘请书等方式进行委托。司法机关的委托鉴定书常有多种格式，但一般都应包括鉴定委托机关的名称、鉴定事由、提供参考的卷宗资料、送检文书资料和检材的名称和数量、具体委托承办人的联系方式、委托日期、鉴定委托机关公章、备注(注明抽血、检查等是否有公证人员、律师等陪同)。并且要与鉴定受理机构签订鉴定委托合同。如系个人委托的，当事人还应按鉴定机构的要求，填写委托鉴定登记表。该表除了上述一般内容以外，还要填写当事人的身份证号码，委托人还应亲笔签名等。

实践中也有使用介绍信进行委托鉴定的做法。

3. 司法鉴定的委托范围

目前纳入登记管理的鉴定类别主要是三大类鉴定，即法医类、物证类、声像资料类鉴定。法医类鉴定包括法医病理鉴定、法医临床鉴定、法医精神病鉴定、法医物证鉴定和法医毒物鉴定。物证类鉴定包括文书鉴定、痕迹鉴定和微量鉴定。声像资料类鉴定包括对录音带、录像带、磁盘、光盘、图片等载体上记录的声音、图像信息的真实性、完整性及其所反映的情况过程进行的鉴定和对记录的声音、图像中的语言、人体、物体作出种类或者同一认定。另根据司法部对于司法鉴定执业分类的专门规定，诉讼中常见的司法鉴定主要包括以下类别：法医病理鉴定、法医临床鉴定、法医精神病鉴定、法医物证鉴定、法医毒物鉴定、司法会计鉴定、文书司法鉴定、痕迹司法鉴定、微量物证司法鉴定、计算机司法鉴定、建筑工程司法鉴定、声像资料司法鉴定、知识产权司法鉴定。

除《决定》和司法部的规章中的鉴定类别范围外，在司法实践中时常会有一些案件涉及上述规定范围以外的专门性问题（属于事实方面的非以专门科学技术不能发现或查明的问题）。从审判工作目标看，只要现有技术可以解决的，仍然可以委托鉴定。所以司法鉴定的委托范围应该是：只要诉讼涉及的专门性问题，且现有科技能解决的都可以考虑作为司法鉴定委托范围。

（五）委托的内容

委托的内容至少应当包括以下信息：委托人的基本信息（名称、住所、联系人、联系方式），被鉴定人（或物品）的基本信息（姓名、名称、住所、联系方式、物品编号、外观描述、数量、清单），委托鉴定的具体项目，案情基本信息（案件的性质、所处的诉讼阶段、案件发生时间、地点），委托鉴定的用途、鉴定时间要求，以前有无经过鉴定及鉴定形成的意见（特别应告知诉讼当事人的争议焦点）。如果是司法精神医学鉴定则需要提供其他更多的有关被鉴定人的个人成长史、家族史等生活背景资料和既往病史资料。

（六）补充鉴定、重新鉴定的委托

补充鉴定是原鉴定的延续，是在原有鉴定的基础上，根据新补充的鉴定材料或变化了的伤情、病情等对原鉴定的事项进行修正，或因诉讼需要对原鉴定遗漏的事项进行补充。所以补充鉴定的委托通常是委托原鉴定机构。由原鉴定机构安排原鉴定人完成补充鉴定。

重新鉴定的委托主体可以与原鉴定的委托主体不同。如原鉴定是在公安侦查阶段进行的，到了审查起诉阶段或者庭审阶段，可以由检察机关或人民法院委托重新鉴定。委托重新鉴定时，在选择鉴定机构时一般不选择原鉴定机构，应当选择原鉴定机构以外的其他鉴定机构。通常选择原鉴定机构以外的其他鉴定机构更为妥当，更容易获得诉讼当事人的认可。特殊情况下可以选择委托原鉴定机构,同时要求受理重新鉴定的原鉴定机构指派除原鉴定人之外的其他鉴定人完成重新鉴定。

(七)鉴定委托的变更与撤销

司法鉴定决定主体(通常也是委托主体)根据案件的实际情况可变更与撤销鉴定的委托;无鉴定决定权的诉讼当事人可向鉴定决定主体提出申请,请求鉴定委托的变更与撤销,但无权自主变更、撤销鉴定的委托。司法鉴定机构和鉴定人也不可直接采纳诉讼当事人对于司法鉴定委托的任何变更要求和撤销的请求。鉴定实践中有时也会发生一些情况:鉴定机构或鉴定人认为原鉴定委托事项难以得出明确鉴定意见,或按原鉴定要求鉴定难以继续实施,但可以通过变更鉴定委托事项,继续进行鉴定解决案件中涉及的专门性问题。此时,司法鉴定机构、司法鉴定人在变更前必须先与原委托人进行沟通并征得其书面同意。在更改原委托合同的相关事项后再行鉴定。

第二节　司法鉴定的受理

司法鉴定受理是指司法鉴定机构或鉴定人对侦查机关、人民检察院、人民法院以及诉讼当事人的鉴定委托事项经审查,对符合鉴定条件的委托予以接受并由双方签订鉴定委托协议的过程。司法鉴定受理是司法鉴定实施的前提。了解司法鉴定的受理范围、程序和条件有助于司法鉴定实施的合法、准确进行。

一、司法鉴定受理的范围

我国法律对于司法鉴定的受理范围作出了具体的规定,包括受理的依据、受理的主体和受理的形式。

(一)受理的依据

对于司法鉴定受理这一重要环节《决定》和《司法鉴定程序通则》都作了规定,特别是《司法鉴定程序通则》用了专门篇幅进行明确规定。如《决定》第8条规定"鉴定机构接受委托从事司法鉴定业务,不受地域范围的限制"。这是因为司法鉴定是一种科学技术活动,是鉴定人运用科学技术或者专门知识对诉讼涉及的专门性问题进行鉴别和判断并提供鉴定意见的活动。司法鉴定实行的是鉴定人负责制,鉴定人应当独立进行鉴定。因此,鉴定人与鉴定机构在进行司法鉴定提供鉴定意见时只服从科学,各鉴定人在科学面前是平等的,各鉴定机构之间也是平等的,不能有任何隶属关系。

同时,鉴定机构接受委托从事司法鉴定业务不受地域范围的限制,任何司法机关或者诉讼当事人,在各类诉讼中遇到专门性问题需要进行鉴定的,都可以依法委托在我国境内任何地方的鉴定机构进行鉴定并提供鉴定意见。同样,任何鉴定机构在其业务范围内，都可以依法接受位于我国境内的任何地方的司法机关或者诉讼当事人的委托从事司法鉴定业务。任何鉴定机构的鉴定人都可在全国任何人民法院出庭作证。任何单位或者个人无权限制任何鉴定机构从事司法鉴定业务的地域范围。此外，《司法鉴定程序通则》第二章专门对司法鉴定受理进行了规定，具体内容包括司法鉴定受理的程序、司法鉴定受理委托的条件、受理司法鉴定委托的法律文件签署等。

（二）受理的主体

在我国，司法鉴定的受理主体必须是按照《司法鉴定机构登记管理办法》的规定，依法取得司法鉴定许可证的司法鉴定机构。司法鉴定机构应当统一受理司法鉴定的委托。《决定》第9条规定："鉴定人从事司法鉴定业务，由所在的鉴定机构统一接受委托。"鉴定人不得私下直接接受委托。司法机关或者诉讼当事人无论出于何种原因希望确定某个鉴定人提供鉴定意见的，都必须通过该鉴定人所在的鉴定机构办理委托手续。鉴定机构受理鉴定业务的范围应符合从业登记许可要求，在管理机关核定的业务范围内，且应公示许可证、鉴定项目和收费标准。

（三）受理的形式

司法鉴定机构决定受理鉴定委托的，应当与委托人在协商一致的基础上签订司法鉴定协议书。司法鉴定协议书应当载明下列事项：(1)委托人和司法鉴定机构的基本情况；(2)委托鉴定的事项及用途；(3)委托鉴定的要求；(4)委托鉴定事项涉及的案件的简要情况；(5)委托人提供的鉴定材料的目录和数量；(6)鉴定过程中双方的权利、义务；(7)鉴定费用及收取方式；(8)其他需要载明的事项。因鉴定需要耗尽或者可能损坏检材的，或者在鉴定完成后无法完整退还检材的，应当事先向委托人讲明，征得其同意或者认可，并在协议书中载明。在进行司法鉴定过程中需要变更协议书内容的，应当由协议双方协商确定。

二、司法鉴定受理的条件

司法鉴定机构收到鉴定委托后，应当对委托的鉴定事项进行审查。对属于本机构司法鉴定业务范围，委托鉴定事项的用途及鉴定要求合法，提供的鉴定材料真实、完整、充分的鉴定委托，应当予以受理。对委托方提供的鉴定材料不完整、不充分的，司法鉴定机构可以要求委托人补充；委托人补充齐全的，可以受理。

对具有下列情形之一的鉴定委托，司法鉴定机构不得受理：(1)委托事项超出本机构司法鉴定业务范围的；(2)鉴定材料不真实、不完整、不充分或者取得方式不合法的；(3)鉴定事项的用途不合法或者违背社会公德的；(4)鉴定要求不符合司法鉴定执业规则或者相关鉴定技术规范的；(5)鉴定要求超出本机构技术条件和鉴定能力的；(6)不符合《司法鉴定程序通则》第29条（关于重新鉴定受理）规定的；(7)其他不符合法律、法规、规章规定情形的。对不予受理的鉴定委托，鉴定机构应当向委托人说明理由，退还其提供的鉴定材料。

三、司法鉴定受理的程序

司法鉴定机构在接受委托,受理鉴定过程中,必须履行一定的手续。主要有:查验鉴定委托书;收取委托机关制作的案情介绍和鉴定要求的书面材料;查验检材和样本的名称、数量等;经审查视情况可要求委托机关修改鉴定要求或者补充检材和样本等并办理收案手续。

司法鉴定机构在接受委托受理鉴定时应审查委托机关的鉴定委托资格,严格按照法律规定接受侦查机关、检察机关、审判机关和其他机关的鉴定委托,同时要审核鉴定所解决的问题是否属诉讼中的专门性问题。对属于本机构司法鉴定业务范围,委托事项的用途及鉴定要求合法,提供的鉴定材料真实、完整、充分的鉴定委托,应当予以受理。同时还应审核所提供的文书资料是否完整,查验检材名称和数量,确定有无鉴定条件,并根据本鉴定机构的技术力量最后决定受理与否。

司法鉴定机构对符合受理条件的鉴定委托,应当即时作出受理的决定,并与委托方签订《司法鉴定协议书》,办理登记,收费等手续;对不能即时决定受理的,应当向委托人出具《司法鉴定委托材料收领单》,在受领委托材料之日起7个工作日内作出是否受理的决定,并通知委托人;对通过信函提出鉴定委托的,应当在10个工作日内作出是否受理的决定,并通知委托人;对疑难、复杂或者特殊鉴定事项的委托,可以与委托人协商确定受理的时间。

按照质量管理体系的要求,在司法鉴定受理过程中应进行司法鉴定委托合同评审。主要要求是:(1)对委托方的鉴定要求及鉴定委托合同的有效性进行评审,确保鉴定机构能够完全理解并确认拥有满足委托方的期望和需求的能力和资源;(2)司法鉴定机构如需要利用委托方提供的外部信息资料时,应对其完整性和可采用性进行核查。适当时,应对有重要影响的外部信息资料进行复检、验证或在报告中注明。

第三节 司法鉴定的实施

司法鉴定的实施,是指司法鉴定人具体进行司法鉴定的活动。司法鉴定的实施是司法鉴定程序的核心环节,是确保鉴定工作质量的关键。

一、司法鉴定实施的基本条件

(一)鉴定主体要求

我国相关法律、规章对司法鉴定的实施主体的委任程序、资质、人数和回避等均有明确的规定。可以通过指定或选择这两种方式进行确定某个案件的鉴定人。司法鉴定机构统一受理委托人的委托后,在鉴定实施前,首先需要确定案件的鉴定人。司法鉴定机构受理鉴定委托后,应当指定本机构中具有该鉴定事项执业资格的司法鉴定人进行鉴定。委托人有特殊要求的,经双方协商一致,也可以从本机构中选择符合条件的司法鉴定人进行鉴定。一般以鉴定机构指定为主。司法鉴定机构对同一鉴定事项,应当指定或者选择二名鉴定人共同进行鉴定;对疑难、复杂或者特殊的鉴定事项,可以指定或者选择多名司法鉴定人进行鉴定。

司法鉴定实施过程中其主体应严格遵循回避制度。鉴定人本人或者其近亲属与委托人、委托的鉴定事项或者与鉴定事项涉及的案件有利害关系,可能影响其独立、客观、公正进行鉴定的,应当回避。在执行回避制度时,司法鉴定人自行提出回避的,由其所属的司法鉴定机构决定;如由委托人要求司法鉴定人回避的,委托人应当向该鉴定人所属的司法鉴定机构提出,由司法鉴定机构决定。委托人对司法鉴定机构是否实行回避的决定有异议的,可以申请复议;对复议决定还有异议的,可以撤销鉴定委托。

(二)鉴定对象要求

司法鉴定对象是司法鉴定检验、检测、分析等实施活动所指向的目标。司法鉴定对象在种类、质量、数量上需要满足鉴定实施的要求。在种类方面,送检的鉴定对象必须是经过法律确认的人体、物体、事件过程、功能状态等,如人的身体、人体组织、各种体液、分泌物、排泄物、各种合同、文件、磁带、磁盘、光盘等。但气味等物到现在为止仍然还没有被法律确认作为司法鉴定的对象而进行鉴定。司法实践中对气味的检测结果往往只能作为提供侦查方向的参考依据,不能作为法定证据使用。在鉴定对象的质量方面,对在不同鉴定种类上有不同要求。在鉴定质量与鉴定数量上其要求一般也存在相关性。鉴定对象的质量高的,其数量要求可以相对低些。随着鉴定科学技术进步,对鉴定对象的数量的要求也会相应地有所下降。一般而言在现有技术条件下,笔迹鉴定、印章、印文鉴定等文书类鉴定需要委托人提供鉴定检材原件和足够质量、数量的比对样本原件。法医类鉴定中涉及人体某些功能状态鉴定的,通常需要对被鉴定人进行直接检验。对鉴定对象是否能够达到鉴定所需要的审查、判断工作从鉴定受理时便已经开始。必要时需要先行接受部分或全部检材,做一些前期检测,以判断鉴定对象是否具备鉴定条件。所以对鉴定对象是否符合鉴定要求这一问题的判断是需要由具备专门知识和经验的鉴定人来掌握的,开始于审查受理程序,延续到实施环节。对鉴定对象鉴定条件的判断直接决定案件能否受理,是否需要补充材料以及受理后能否进行鉴定,是否需要补充材料以及是否需要终止鉴定。这些工作都应由具备鉴定资格的鉴定人独立进行。

二、司法鉴定实施的基本程序

(一)司法鉴定实施的步骤

司法鉴定实施步骤包含以下环节:

(1)指派鉴定人。这环节很多时候是在受理案件时已经完成,司法鉴定机构通常规定谁代表鉴定机构受理案件,该人自然就担任了该案的鉴定人。但有些情况受理案件的鉴定人不一定就是实施该案鉴定的鉴定人。有些司法鉴定机构成立了专门的案件受理部门,如检案处、检案科、登记受理科等,在这种情况下鉴定案件受理人就不一定是案件的鉴定人。另外,还有一些疑难、复杂、重大的案件需要多人参加鉴定的,也需要司法鉴定机构的业务负责人选派适当鉴定人担任鉴定工作。

(2)制定鉴定方案。鉴定方案是鉴定人实施鉴定的步骤和方法。鉴定人应在熟悉案情、鉴定资料条件,明确鉴定要求的情况下,根据每个案件的实际情况制定相应的鉴定步骤和方法。鉴定方案的技术路线一般要求采用经典的、成熟的方法。如果国家(或行业)有执行标准规定的,应按其规定操作。有时,为了解决某些特殊问题,如果需要引用国内外最新科技手段,其资料来源必须要有出处,必要时应附有参考文献。制定鉴定方案应以有利于保全证据,充分利用检材,确保鉴定方法科学,保证鉴定意见客观、准确为出发点。司法鉴定对象为案内物证或书证时,鉴定时则应尽可能首先采用无损鉴定方案,保持检材原状,鉴定完毕后交委托方。如确需破坏检材的,鉴定实施前须告知委托人并应获得其同意。

(3)提取、保存检材并对检材进行前期处理。司法鉴定机构和司法鉴定人应当妥善保管检验材料。司法鉴定的对象为物质性检材时,鉴定机构对检材的管理应实行统一收样、统一保存、统一处理的制度。

(4)准备合格的鉴定仪器、试剂、材料、用品等。这些工作可以由实验室专门人员完成。

(5)分别检验。分别检验的任务是发现和确定供鉴定客体各自的特征,为比较检验提供条件。未知客体称为检材,是唯一的,不可变的;已知客体称为样本,可能有一个或数个,可以变更或变换。分别检验是采用直接观察法、显微观察法、理化显现法、模拟实验法等的技术手段,分别对检材和样本进行检验、检测,从而发现、确定两客体特征的形状、数量、性质和客体有无变化及变化原因、程度等,正确认定两客体物的一般特征和细节特征及其特征间内在特定联系,从而认定两客体物本质属性的异同。

(6)比较检验。比较检验是在分别检验的基础上,对检材和样本的细节特征或物质结构特征进行相互比较对照,从而确定两者本质属性异同的检验方法。比较方法主要有目力观察比较法、数学分析比较法、物理学比较法、化学比较法、生物学比较法以及物理化学比较法等。比较程序通常从一般特征开始,逐渐发展到向客体细节特征及其间的联系的比较和对照,从而达到认识事物、掌握事物的发展规律的地步。

(7)综合评断。综合评断是对比较检验发现的相同点和差异点及其在同一认定中的作用进行全面的、综合的分析、研究和判断。在标准执行方面司法鉴定应首先采用国家或行业标准;无国家或行业标准的,应采用法律认可的其他标准,如地方标准等。对鉴定机构自行制定的标准和规范,须经过专家论证并经应用检验后由鉴定机构以内部文件形式颁布执行。

(8)鉴定的记录与复核。鉴定方法、鉴定过程、鉴定结果均应用文字、照片、图谱、绘图、录像、计算机等方式客观、真实地记录与固定。具体要求为:①鉴定人应及时填写原始记录,不得事后补记。原始记录一律用钢笔逐项填写,要求字迹端正、数据真实、计算过程完整准确。记录完毕后鉴定人应签名。②原始记录不得涂改与擦改,需更改的应用双线画去,在上方填写正确数据,同时加盖鉴定人章。一页原始记录中不能多次更改。③因检测偶然失误或检测结果超差或更改多于三次而作废的原始记录页,应写明作废原因并加盖作废章。④复核人必须认真复核检测数据,复核完毕后应在原始记录上签名。

(二)司法鉴定实施的原则与工作制度

《决定》第15条规定"鉴定人和鉴定机构从事司法鉴定业务,应当遵守法律、法规,遵守职业道德和职业纪律,尊重科学,遵守技术操作规范"。根据我国有关司法鉴定的法律、法规的规定,结合司法鉴定行业的内在特点,归纳形成了司法鉴定活动所要遵循的若干原则。关于司法鉴定实施原则的内容在本书第三章进行论述。

为保证司法鉴定的质量,司法鉴定实行以下基本工作制度:

(1)实行鉴定人、复核人或签发人二级审核制度。司法鉴定应由2名以上(含2名)鉴定人实施,疑难、复杂或者特殊的鉴定事项,可以由多名鉴定人进行鉴定。司法鉴定实行第一鉴定人负责制,第一鉴定人对鉴定意见承担主要责任,其他鉴定人承担次要责任;司法鉴定意见通常应由具有本专业高级专业技术职务任职资格的鉴定人复核或签发,复核人或签发人对鉴定意见承担连带责任;司法鉴定文书由本机构内主管业务的负责人或由其指定人员签发。已经建立并实施司法鉴定质量管理体系,获得认可的司法鉴定机构的授权签发人同时需要获得国家认可委的审核备案,才能行使签发权。

(2)实行疑难案例会鉴制度。鉴定中如遇复杂、疑难、特殊的技术问题或对鉴定意见有重大分歧意见时,应由司法鉴定机构主管业务的负责人主持会检,或在听取有关专家意见后再作出鉴定意见,不同意见应当记录在案。鉴定意见应由本机构的司法鉴定人出具。

(3)实行专家聘请制度。对于复杂的、涉及多学科知识和技术手段的专门性问题的检验、鉴定,如果受主观或客观条件限制不能单独作出检验、鉴定的,鉴定机构可以聘请外单位有关专家协助鉴定,外聘专家鉴定实行一案一聘制度。专家如与本案鉴定有利害关系的,应当回避。鉴定人应充分听取专家意见,对专家的意见鉴定人有最终采纳与否的决定权。专家意见应详细记录在案,有鉴定人资格的专家应当在司法鉴定文书上签名。

另外,在实施司法鉴定检查过程中针对特殊事项的检查需要遵循专门规定。如进行精神状态的检查时应当有2名以上的鉴定人参加;进行体格状况的检查时应当有2名以上的鉴定人参加;在进行妇科检查时必须由女性鉴定人进行,无女性鉴定人时需有女性工作人员在场。现场勘验、尸体解剖时,应通知司法机关派人到场,并要在勘验、解剖记录上签名或盖章;通知后不到场的,不影响现场勘验和尸体解剖的正常进行,但需把此情况记录在案。

(三)司法鉴定实施的技术标准

我国现有的与司法鉴定有关的技术标准主要是刑事技术标准,归口于公共安全行业。20 世纪 90 年代初期,由公安部牵头筹备,组建了由公、检、法、司及部分高校专家参加的全国刑事技术标准化委员会。以后根据需要又相应地成立了各专业的分技术委员会。到目前为止,经批准实施的公共安全行业标准大多数是推荐性标准。2002 年颁布的《道路交通事故受伤人员伤残评定》属于国家强制性标准。

现有的与相关类别司法鉴定有关的技术标准主要有:

GB 18667 - 2002 《道路交通事故受伤人员伤残评定》;

GA/T 101 - 1995 《中毒检材中有机磷农药的定性定量分析方法》;

GA/T 102 - 1995 《中毒检材中巴比妥类药物的定性定量分析方法》;

GA/T 103 - 1995 《中毒检材中拟除虫菊酯类农药的定性定量分析方法》;

GA/T 104 - 1995 《鸦片毒品中吗啡、可待因、蒂巴因、罂粟碱、那可汀的定性分析及吗啡、可待因的定量分析方法》;

GA/T 105 - 1995 《血、尿中乙醇、甲醇、正丙醇、乙醛、丙酮、异丙醇、正丁醇、异戊醇的定性分析及乙醇、甲醇、正丙醇的定量分析方法》;

GA/T 116 - 1995 《刑事照相、录像标准体系表》;

GA/T 117 - 1995 《刑事照相、录像标要求规则》;

GA/T 118 - 1995 《刑事照相制卷质量的技术条件》;

GA/T 119 - 1995 《刑事照相相负正片后期制作质量要求》;

GA/T 120 - 1995 《刑事照相、录像词汇》;

GA/T 121 - 1995 《中毒检材中斑蝥素的定性定量分析方法》;

GA/T 122 - 1995 《毒物分析名词术语》;

GA/T 146 - 1996 《人体轻微伤的鉴定》;

GA/T 147 - 1996 《法医学尸体解剖》;

GA/T 148 - 1996 《法医病理学检材的提取、固定、包装及送检方法》;

GA/T 149 - 1996 《法医学尸表检验》;

GA/T 150 - 1996 《机械性窒息尸体检验》;

GA/T 151 - 1996 《新生儿尸体检验》;

GA/T 167 - 1997 《中毒尸体检验规范》;

GA/T 168 - 1997 《机械性损伤尸体检验》;

GA/T 169 - 1997 《法医学物证检材的提取、保存与送检》;

GA/T 170 - 1997 《猝死尸体的检验》;

GA/T 187－1998　《中毒检材中敌敌畏、敌百虫的定性及定量分析方法》；

GA/T 188－1998　《中毒检材中安定、利眠宁的定性及定量分析方法》；

GA/T 189－1998　《中毒检材中氯丙嗪、异丙嗪、奋乃静的定性及定量分析方法》；

GA/T 190－1998　《中毒检材中苯唑卡因、利多卡因、普鲁卡因、丁卡因、布比卡因的 GC/NPD 定性及定量分析方法》；

GA/T 191－1998　《毒物分析鉴定书编写规程》；

GA/T 192－1998　《毒物分析检验记录内容及格式》；

GA/T 193－1998　《中毒案件采取检材规则》；

GA/T 194－1998　《中毒案件检材包装、贮存、运送及送检规则》；

GA/T 195－1998　《中毒检材中甲胺磷的定性及定量分析方法》；

GA/T 196－1998　《涉毒案件检材中海洛因的定性及定量分析方法》；

GA/T 197－1998　《涉毒案件检材中可卡因的定性及定量分析方法》；

GA/T 198－1998　《中毒检材中氯喹的定性及定量分析方法》；

GA/T 199－1998　《中毒检材中阿米替林、多虑平、三甲丙咪嗪、氯丙咪嗪、丙咪嗪的定性及定量分析方法》；

GA/T 200－1998　《中毒检材中士的宁、马钱子生物碱的定性及定量分析方法》；

GA/T 203－1999　《中毒案件检材中磷胺、久效磷的定性及定量分析方法》；

GA/T 204－1999　《血、尿中的苯、甲苯、乙苯、二甲苯的定性及定量分析方法》；

GA/T 205－1999　《中毒案件检材中毒鼠强的气相色谱定性及定量分析方法》；

GA/T 206－1999　《涉毒案件检材中大麻的定性及定量分析方法》；

GA/T 207－1999　《中毒案件检材中可卡因及其主要代谢物苯甲酰爱冈宁的 HPLC 和 GC 定性及定量分析方法》；

GA/T 208－1999　《中毒案件检材中磷化物的定性及定量分析方法》；

GA 268－2001　《道路交通事故尸体检验》；

GA/T 521－2004　《人身损害受伤人员误工损失日评定准则》。

法医鉴定行业标准有：

《人体重伤鉴定标准》(1990 年 7 月 1 日起施行)；

《人体轻伤鉴定标准(试行)》(1990 年 7 月 1 日起试行)。[1]

为了提高司法鉴定质量管理水平，保障不同地区、不同机构之间的鉴定意见具有可比性、可重复性，司法部大力推进了标准化体系建设工作。如司法部颁布了下列技术标准，供全国司法鉴定机构参照执行。

---

〔1〕　宁锦主编，中国法医学会编：《人体伤亡伤残鉴定及赔偿标准选编》，中国标准出版社 2007 年版；公安部科技局编：《社会公共安全标准汇编(刑事技术类型毒物、毒品检验篇)》，中国标准出版社 2002 年版。

司法部颁司法鉴定技术规范一览表

序号	名称	编号	生效日期
第一批(共25种)			
1	文书鉴定通用规范	SF/Z JD0201001－2010	2010年4月7日
2	笔迹鉴定规范	SF/Z JD0201002－2010	2010年4月7日
3	印章印文鉴定规范	SF/Z JD0201003－2010	2010年4月7日
4	印刷文件鉴定规范	SF/Z JD0201004－2010	2010年4月7日
5	篡改(污损)文件鉴定规范	SF/Z JD0201005－2010	2010年4月7日
6	特种文件鉴定规范	SF/Z JD0201006－2010	2010年4月7日
7	朱墨时序鉴定规范	SF/Z JD0201007－2010	2010年4月7日
8	文件材料鉴定规范	SF/Z JD0201008－2010	2010年4月7日
9	油漆鉴定规范	SF/Z JD0203001－2010	2010年4月7日
10	声像资料鉴定通用规范	SF/Z JD0300001－2010	2010年4月7日
11	录音资料鉴定规范	SF/Z JD0301001－2010	2010年4月7日
12	录像资料鉴定规范	SF/Z JD0304001－2010	2010年4月7日
13	亲权鉴定技术规范	SF/Z JD0105001－2010	2010年4月7日
14	男子性功能障碍法医学鉴定规范	SF/Z JD0103002－2010	2010年4月7日
15	听力障碍法医学鉴定规范	SF/Z JD0103001－2010	2010年4月7日
16	道路交通事故涉案者交通行为方式鉴定	SF/Z JD0101001－2010	2010年4月7日
17	血液中乙醇的测定　顶空气相色谱法	SF/Z JD0107001－2010	2010年4月7日
18	血液中氰化物的测定 气相色谱法	SF/Z JD0107002－2010	2010年4月7日
19	血液、尿液中毒鼠强测定 气相色谱法	SF/Z JD0107003－2010	2010年4月7日
20	生物检材中苯丙胺类兴奋剂、度冷丁和氯胺酮的测定	SF/Z JD0107004－2010	2010年4月7日
21	血液、尿液中154种毒(药)物的检测　液相色谱—串联质谱法	SF/Z JD0107005－2010	2010年4月7日
22	生物检材中单乙酰吗啡、吗啡、可待因的测定	SF/Z JD0107006－2010	2010年4月7日
23	尿液中Δ9－四氢大麻酸的测定	SF/Z JD0107007－2010	2010年4月7日
24	生物检材中巴比妥类药物的测定液相色谱—串联质谱法	SF/Z JD0107008－2010	2010年4月7日

续表

序号	名称	编号	生效日期
25	生物检材中乌头碱、新乌头碱和次乌头碱的 LCMSMS 测定　液相色谱—串联质谱法	SF/Z JD0107009－2010	2010 年 4 月 7 日
第二批(共 8 种)			
1	法医临床检验规范	SF/Z JD0103003－2011	2011 年 3 月 17 日
2	视觉功能障碍法医鉴定指南	SF/Z JD0103004－2011	2011 年 3 月 17 日
3	精神障碍者司法鉴定精神检查规范	SF/Z JD0104001－2011	2011 年 3 月 17 日
4	精神障碍者刑事责任能力评定指南	SF/Z JD0104002－2011	2011 年 3 月 17 日
5	精神障碍者服刑能力评定指南	SF/Z JD0104003－2011	2011 年 3 月 17 日
6	血液中碳氧血红蛋白饱和度的测定　分光光度法	SF/Z JD0107010－2011	2011 年 3 月 17 日
7	生物检材中河豚毒素的测定　液相色谱—串联质谱法	SF/Z JD0107011－2011	2011 年 3 月 17 日
8	血液中铬、镉、砷、铊和铅的测定　电感耦合等离子体质谱法	SF/Z JD0107012－2011	2011 年 3 月 17 日

以上这些鉴定技术标准对相关类别的司法鉴定实践具有重要应用价值,对在全国范围内保证司法鉴定质量和鉴定意见的可比性有不可替代的作用。但从法治建设角度看,司法鉴定工作目前标准化建设的水平、现状以及我国的司法鉴定标准体系仍存在不少问题,主要表现在:我国目前尚未建立完善的国家层面的司法鉴定标准体系。司法鉴定各专业在鉴定技术标准化方面发展也很不平衡,其中毒物分析分技术委员会的工作相对来说是做得比较好的,而有些专业的分技术委员会工作尚未起步。上述标准中方法标准与结论标准的发展也不平衡。

司法鉴定技术标准体系的建立是一项需长期努力的系统工程,新的鉴定标准需要建立,老的鉴定标准又需要不断修订、完善。因此,必须加强对司法鉴定技术标准化工作的领导和政策扶持。针对司法鉴定各分支学科的不同情况,可以区别对待,相互借鉴。有条件的可先行制定地方标准、行业标准、推荐性标准,待条件成熟后再制定国家标准、强制性标准。

(四)司法鉴定的技术方法

司法鉴定科学是由多学科组成的学科群,其各分支学科涉及医学、生物学、化学、物理学、会计学等基础学科的原理、方法和技术,在具体的鉴定中往往是通过多学科、多技术的综合应用来完成专门性问题的检验和鉴定的。

1. 医学方法

医学方法主要包括:尸体检验、临床医学检查、精神医学检查、动物实验等。

(1)尸体检验

尸体剖验是法医鉴定的一项基本方法。通过尸体剖验,以查明死因、判断死亡性质、推断死亡时间和地点、分析及认定致伤工具。尸体剖验有三项基本步骤:尸表检查、尸体解剖、组织病理学检查。

(2)临床医学检查

法医学对活体的损伤鉴定,主要应用临床医学的检查方法,包括临床常规检查和影像学、电生理学及实验诊断学等医学检测技术的检查。医学仪器检查包括:超声检查、X 线检查、CT 检查、磁共振成像(MRI)检查、肌电图检查、脑电图、诱发电位。

(3)精神医学检查

精神检查是精神医学司法鉴定的主要方法。通过精神检查,才能了解被鉴定人的精神状态,获得鉴定意见的依据。另外,必要时可进行脑 CT、脑电图、智力测验等检查。

(4)动物实验

动物实验也是常用的医学技术方法之一。常见的有诱发性疾病模型、急性毒性试验、毒效试验、实验毒理学研究。

2. 生物学方法

生物学方法包括免疫学方法、遗传学方法、生物化学技术、分子生物学技术。

免疫学方法是法医物证鉴定中应用最广的一种方法。血型血清学就是用免疫学的理论和方法来研究血型的。

遗传学的理论和技术是判断可疑的父母和子女之间是否存在亲权关系的基本依据和方法,在法医物证学中占有特殊的地位。

在司法鉴定中最常用的生物化学方法是各种电泳技术。电泳技术是分离生物大分子的一种手段。它的原理是带电粒子在电场中向自身所带电荷的相反电极方向移动,如将两个静电荷不同的分子置于电场内同一起点上,它们将因迁移速度不同而被分开。

DNA 分析在司法鉴定中的应用使以往只能检测基因编码的酶或蛋白质水平飞跃到直接检测基因的分子水平。DNA 分析方法有 DNA 分子杂交(DNA 指纹)技术、DNA 多聚酶链反应(PCR)技术、DNA 序列测定技术三大类。其中 PCR 技术在司法鉴定中的应用非常广泛。

3. 化学方法

科学技术的发展使化学和物理学密切结合,形成了新的方法和技术。仪器分析就是利用光学原理和物理化学原理建立的新的分析技术。化学分析方法领域也从原有狭隘的化学反应分析方法扩充到包含经典的化学反应分析方法和仪器分析方法的范围。

化学分析本质上是一种化学反应分析。它运用无机化学、分析化学、有机化学、物理化学里的理论成果和各种实验手段,使化学试剂与被检验物质发生化学反应,通过观察现象分析检材的种类、组成、结构、性质及其含量等。化学分析法常用的化学反应有显色反应、沉淀反应、显微结晶试验、焰色反应。

仪器分析法是指利用能反映物质某些固有理化性质的仪器对被检物的成分和结构进行分析的方法。化学分析仪器的类别很多,各有不同用途。在司法鉴定中应用得比较多的是利用光学原理检测的光谱分析法、利用物理化学原理分离后检测的色谱分析法和反映物质结构的质谱法、X 射线法等。

常用用于司法鉴定中仪器分析法主要有紫外吸收光谱法、红外吸收光谱法、荧光分析法、原子吸收分光光度法(AAS)、等离子发射光谱、薄层色谱法(TLC)、气相色谱法(GC)、高效液相色谱法(HPLC)、质谱法及其联用技术(MS,GC/MS,LC/MS)、X 射线法、中子活化分析法。

4. 物理学方法

物理学方法包括摄影技术、显微技术、声纹技术等。

摄影技术指利用摄影装置将物体在光线照射下反映出的现象记录在感光材料上的方法。采用摄影技术可以客观迅速地记录客体的形象,借助不同的光源和使用不同的感光器材,还可观察和记录肉眼不能见的客体形象。司法鉴定对摄影技术的基本要求是客观地、真实地反映被摄客体的本来面貌,不允许进行任何艺术加工、修饰或夸张。如在取景、构图、配光上要求主题突出、画面完整、内容简练、对称均匀、物体清晰、不变形态、层次分明、制作规范等。司法摄影按其任务可分为现场摄影、检验摄影、辨认摄影。按其使用的技术可分为常规摄影技术和非常规摄影技术(红外线摄影、紫外线摄影、显微摄影、激光摄影等)。

显微镜可扩大人们的视觉能力,是司法鉴定中进行观察的主要工具。利用显微镜对物体在各种光线照射下放大反映出的形态及结构等特征进行观察、比较,确定被检物体的异同和属性。显微镜主要有普通显微镜、体视显微镜、比较显微镜、偏振显微镜、金相显微镜、荧光显微镜、电子显微镜等。

司法鉴定中的声像技术是基于摄影、录音、录像技术上的用于声音和图像鉴定的一种技术方法。声纹是指借助声谱仪(语图仪)记录下来的人的声音的频谱。声纹能客观地反映出表征人的声音声学特征的物理量,如频率分布、振幅、时长等。这些表征语声声学特征的物理量是声纹鉴定的依据。语图仪是一种动态的音频频谱分析仪,主要由三部分构成:信号记录器、频谱分析器、频谱显示器。它能把人的声音信号转变为可视图谱——声纹,通过图谱来观察分析声音信号的频率、幅度、时间等物理参量及相互间的动态关系,从而了解被检测声音信号的声学特征。声纹鉴定就是通过将案件事实有关的声音资料反映的语音特征(声纹特征)同供认定客体的语音特征(声纹特征)进行比较识别,从而确定是否为同一人的声音。

5. 会计学方法

司法会计鉴定是指司法机关在诉讼过程中为了查明案情,依法定程序,指派或聘请具有专门知识的人,运用审计学原理和会计学知识,对与案情有关的财务事实进行的审核、检查和验证。而司法会计鉴定技术是以会计学和审计学的一般原理、会计核算和审计的技术与方法为基础的,在司法会计鉴定过程中所形成和发展起来的一整套理论与业务体系、鉴定技术。因此,司法会计鉴定技术是与司法会计鉴定相互依存的,并共同构成为司法会计鉴定学的基本内容。

6. 其他技术方法

以上列举了司法鉴定实施过程中的常用的几种技术方法。随着司法鉴定的领域不断拓宽,其所应用的技术方法门类也将不断增多。如在司法鉴定的新兴领域中,计算机司法鉴定、声像资料鉴定、法医人类学鉴定中的许多鉴定项目需要依赖计算机技术和网络技术进行鉴定。

三、司法鉴定文书的制作

(一)司法鉴定文书的概念

司法鉴定文书是司法鉴定机构和司法鉴定人依照法定条件和程序,运用科学技术或者专门知识对诉讼中涉及的专门性问题进行分析、鉴别和判断后出具的记录和反映司法鉴定过程和司法鉴定意见的书面载体。

(二)司法鉴定文书的特征

按照诉讼法的规定,鉴定人完成司法鉴定后,必须以书面形式出具鉴定结果。司法鉴定文书即是反映鉴定委托、鉴定过程、鉴定方法和鉴定结果的一种具有法律意义的文书。司法鉴定文书具有下列特征:

(1)制作主体的特定性。司法鉴定文书应当由进行鉴定的司法鉴定人按照法律法规的要求制作。制作人应当具有相应执业资格。

(2)制作程序的合法性。司法鉴定文书的产生过程必须符合法律和司法鉴定程序规范要求。

(3)文书内容的科学性。司法鉴定文书阐明的是自然科学现象,是对客观事实的真实记载。

(4)文书形式的规范性。司法鉴定文书必须按照统一规定的格式等规范制作。

(三)司法鉴定文书的制作要求

1. 内容要求

司法鉴定文书一般由封面、正文和附件组成。这三部分的具体规范化要求在《司法鉴定文书规范》中都有明确的规定。如司法鉴定文书的封面应当写明司法鉴定机构的名称、司法鉴定文书的类别和司法鉴定许可证号;封二应当写明声明、司法鉴定机构的地址和联系电话。

司法鉴定文书正文应当符合下列规范和要求:(1)标题:写明司法鉴定机构的名称和委托鉴定事项。(2)编号:写明司法鉴定机构缩略名、年份、专业缩略语、文书性质缩略语及序号。(3)基本情况:写明委托人、委托鉴定事项、受理日期、鉴定材料、鉴定日期、鉴定地点、在场人员、被鉴定人等内容。鉴定材料应当客观写明委托人提供的与委托鉴定事项有关的检材和鉴定资料的简要情况,并注明鉴定材料的出处。(4)检案摘要:写明委托鉴定事项涉及案件的简要情况。(5)检验过程:写明鉴定的实施过程和科学依据,包括检材处理、鉴定程序、所用技术方法、技术标准和技术规范等内容。(6)检验结果:写明对委托人提供的鉴定材料进行检验后得出的客观结果。(7)分析说明:分析说明是司法鉴定文书的关键部分,也是检验司法鉴定文书质量好坏的标志之一。分析说明是根据上述资料摘要以及检查和检验结果,通过阐述因果关系,解答鉴定(检验、咨询、文证审查)事由中涉及的有关问题,必要时应指明被引用资料的出处。(8)鉴定意见:应当明确、具体、规范,具有针对性和可适用性。(9)落款:由司法鉴定人签名或者盖章,并写明司法鉴定人的执业证号,同时加盖司法鉴定机构的司法鉴定专用章,并注明文书制作日期等。(10)附注:对司法鉴定文书中需要解释的内容,可以在附注中作出说明。司法鉴定文书正文可以根据不同鉴定类别和专业特点作相应调整。

司法鉴定文书附件应当包括与鉴定意见、检验报告有关的关键图表、照片以及有关音像资料、参考文献等的目录。附件是司法鉴定文书的组成部分,应当附在司法鉴定文书的正文之后。

司法鉴定文书的内容要系统全面,实事求是,分析说明应逻辑性强,文体结构应层次分明,论据要可靠充分,鉴定意见是分析论证的结果,应客观、科学。

2. 格式、数量、签章要求

司法鉴定文书的制作应当符合下列格式要求:(1)使用A4规格纸张,打印制作;(2)在正文每页页眉的右上角注明正文共几页,同时注明本页是第几页;(3)落款应当与正文同页,不得使用“此页无正文”字样;(4)不得有涂改。

在司法鉴定文书的制作数量上也有统一要求,司法鉴定机构出具的司法鉴定文书一般应当一式三份,两份交委托人收执,一份由鉴定机构存档。在实践中,经常也会遇到委托人,或者人民法院因审理过程中涉及的诉讼当事人、参与人比较多,可能会向司法鉴定机构提出需要增加司法鉴定文书的副本数的情况。鉴定机构一般会应要求增加制作副本数量。但司法鉴定文书正本只能有一份。

对于司法鉴定文书的签章相关规章也有专门的规定。如《司法鉴定文书规范》规定:“司法鉴定人应当在司法鉴定文书上签名或者盖章;多人参加司法鉴定,对鉴定意见有不同意见的,应当注明。司法鉴定文书经过复核的,复核人应当在司法鉴定机构内部复核单上签名。”“司法鉴定文书应当同时加盖司法鉴定机构的司法鉴定专用章红印和钢印两种印模。司法鉴定文书正文标题下方编号处应当加盖司法鉴定机构的司法鉴定专用章钢印;司法鉴定文书各页之间应当加盖司法鉴定机构的司法鉴定专用章红印,作为骑缝章;司法鉴定文书制作日期处应当加盖司法鉴定机构的司法鉴定专用章红印。""司法鉴定机构的司法鉴定专用章红印和钢印为圆形,制作规格应当为直径4厘米,中央刊五角星,五角星上方刊司法鉴定机构名称,自左而右环行;五角星下方刊司法鉴定专用章字样,自左而右横排。司法鉴定机构的司法鉴定专用章红印和钢印印文中的汉字,应当使用国务院公布的简化字,字体为宋体。民族自治地方的司法鉴定机构的司法鉴定专用章红印和钢印印文应当并列刊汉字和当地通用的少数民族文字,自左而右环行。"

3. 文字要求

司法鉴定文书的语言表述应当符合下列规范和要求:(1)使用符合国家通用语言文字规范、通用专业术语规范和法律规范的用语;(2)使用国家标准计量单位和符号;(3)使用少数民族语言文字的,应当符合少数民族语言文字规范;(4)文字精练,用词准确,语句通顺,描述客观、清晰。

司法鉴定文书中应用的基本概念应当清楚,使用统一的专业术语。不允许使用有歧义的字、词、句。

4. 程序要求

司法鉴定文书的制作应实行鉴定人、复核人和(或)签发人各司其责的内部审核制度。所有的鉴定文书(底稿及打印件)上均应有鉴定人签名,存档的鉴定文书稿上应有复核人或签发人签名。

四、司法鉴定文书的出具

在《司法鉴定程序通则》第四章和《司法鉴定文书规范》中专门规定了司法鉴定文书出具的有关内容,主要包括鉴定文书的种类、出具份数、签章要求、出具方式以及文书出具后的解释说明义务。相关的制度规定有:司法鉴定机构和鉴定人在完成鉴定工作后有义务向委托人出具司法鉴定文书;明确司法鉴定文书分为司法鉴定意见书和司法鉴定检验报告书两类。在《司法鉴定文书规范》第3条中则进一步规定这两类鉴定文书含义和使用情形:"司法鉴定意见书是司法鉴定机构和司法鉴定人对委托人提供的鉴定材料进行检验、鉴别后出具的记录司法鉴定人专业判断意见的文书,一般包括标题、编号、基本情况、检案摘要、检验过程、分析说明、鉴定意见、落款、附件及附注等内容。""司法鉴定检验报告书是司法鉴定机构和司法鉴定人对委托人提供的鉴定材料进行检验后出具的客观反映司法鉴定人的检验过程和检验结果的文书,一般包括标题、编号、基本情况、检案摘要、检验过程、检验结果、落款、附件及附注等内容。"

司法鉴定文书的发送可以按照约定或者规定的方式。实践中司法鉴定文书的发送方式主要有委托人或代理人领取或函件发送两种方式。但对于有重要的鉴定原件材料需要一并退还的案件,为防止重要唯一的鉴定材料遗失,鉴定机构一般要求委托人或其代理人亲自领取。如果委托人对司法鉴定机构的鉴定过程或者所出具的鉴定意见提出询问的,司法鉴定人应当给予解释和说明。鉴定人负有对出具的鉴定文书进行解释、说明的义务。

因司法鉴定意见在案件审理过程中占有重要作用,有些案件甚至到结案后数年、数十年,仍然需要查询鉴定当时的有关情况,如鉴定意见的依据、鉴定时取得的原始数据、鉴定文书的原始底稿、内部审核、签发过程等均是经常要查询的信息。因此司法部规定,司法鉴定机构完成委托的鉴定事项后,应当按照规定将司法鉴定文书以及在鉴定过程中形成的有关材料整理立卷,归档保管。另外,结合司法鉴定实践,还非常有必要将司法鉴定过程中形成影像资料、电子数据等应及时归档管理,长期保存,以备核查。与此同时,司法鉴定文书档案资料对于开展司法鉴定相关问题研究也有很高的学术价值。

五、司法鉴定时限制度与终止鉴定

(一)司法鉴定时限制度

司法鉴定时限,是指从受理鉴定之日起,到实施,完成鉴定,出具司法鉴定意见所限定的时间范围。规定鉴定时限,是实现鉴定活动高效和确保诉讼时效的重要措施。

司法鉴定发生于诉讼过程中,司法鉴定需要适当的时间来完成,但这个时间受到诉讼法律、法规的制约。根据《司法鉴定程序通则》第26条的规定,司法鉴定机构应当在与委托人签订司法鉴定协议书之日起30个工作日内完成委托事项的鉴定。鉴定事项涉及复杂、疑难、特殊的技术问题或者检验过程需要较长时间的,经本机构负责人批准,完成鉴定的时间可以延长,延长时间一般不得超过30个工作日。司法鉴定机构与委托人对完成鉴定的时限另有约定的,从其约定。在鉴定过程中补充或者重新提取鉴定材料所需的时间,不计入鉴定时限。

在实践中,即使是对涉及精神疾病司法鉴定等需要做走访调查工作的案件,30个工作日一般也能够满足鉴定需要。所以实践中需要延长鉴定时间的案件一般并不是很多,偶见于医疗纠纷司法鉴定等事项。如果鉴定案件本身比较复杂、疑难或需要使用特殊技术,或邀请专家会诊的,在办理委托受理合同手续时,司法鉴定机构的受理人员可以及时告知并与委托人协商约定鉴定时限。鉴定实践中司法鉴定机构和司法鉴定人遇到的关于鉴定时限的主要问题是不少刑事案件鉴定的委托人无法接受30个工作日的鉴定时限。我国《刑事诉讼法》以及相关规定等对公安机关、检察机关、审判机关的办案期限、对犯罪嫌疑人的羁押期限都有明确规定,无合法理由不能超期办案、更不能超期羁押。现行的法律、法规中规定的办案期限几乎都没有考虑扣除司法鉴定的期限。只有我国《刑事诉讼法》规定了对犯罪嫌疑人进行精神疾病司法鉴定的期限不纳入办案期限。这些问题只能在法律、法规修订时一并考虑,做出调整。

(二)终止司法鉴定

在实践中,由于各种原因司法鉴定机构、鉴定人常会遇到不得不终止鉴定的情况。根据《司法鉴定程序通则》规定,有以下情形之一的,司法鉴定机构可以终止鉴定:(1)发现委托鉴定事项的用途不合法或者违背社会公德的;(2)委托人提供的鉴定材料不真实或者取得方式不合法的;(3)因鉴定材料不完整、不充分或者因鉴定材料耗尽、损坏,委托人不能或者拒绝补充提供符合要求的鉴定材料的;(4)委托人的鉴定要求或者完成鉴定所需的技术要求超出本机构技术条件和鉴定能力的;(5)委托人不履行司法鉴定协议书规定的义务或者被鉴定人不予配合,致使鉴定无法继续进行的;(6)因不可抗力致使鉴定无法继续进行的;(7)委托人撤销鉴定委托或者主动要求终止鉴定的;(8)委托人拒绝支付鉴定费用的;(9)司法鉴定协议书约定的其他终止鉴定的情形。

对委托案件实行终止鉴定的,司法鉴定机构应当书面通知委托人,说明理由,并退还鉴定材料。与此同时,司法鉴定机构应当根据终止的原因、责任以及鉴定的进程,酌情退还部分鉴定费用。

第四节 补充鉴定和重新鉴定

一、补充鉴定

补充鉴定是指在原鉴定的基础上对其中的个别问题进行复查、修正、补充或解释,以使原鉴定意见更加完备而进行的鉴定。根据《司法鉴定程序通则》第28条的规定,出现有下列情形之一的,司法鉴定机构可以根据委托人的委托进行补充鉴定:(1)委托人增加新的鉴定要求的;(2)委托人发现委托的鉴定事项有遗漏的;(3)委托人在鉴定过程中又提供或者补充了新的鉴定材料的;(4)其他需要补充鉴定的情形。前文已经述及,我国法律规定诉讼当事人有提出补充鉴定申请的权利,司法机关可以根据申请人的补充鉴定申请决定进行补充鉴定。当然,补充鉴定申请本身不是补充鉴定决定和委托的必经程序。司法机关可以根据办理案件的实际需要直接启动补充鉴定。一般情况下,补充鉴定应委托原鉴定机构的原鉴定人完成。但是委托人可以不必是初次鉴定的委托人。如侦查阶段进行过损伤程度鉴定,到了法院审理阶段,诉讼当事人提出补充鉴定申请的,人民法院经审核同意后也可以委托原鉴定机构的原鉴定人对案件涉及的某些问题进行补充鉴定。补充鉴定是原委托鉴定的组成部分。所以在审查应用鉴定意见时应把原鉴定意见书和补充鉴定意见书结合使用。

二、重新鉴定

重新鉴定是指委托人对初次鉴定的鉴定意见经审查后认为鉴定意见不可靠而委

托原鉴定机构或其他鉴定机构就同一鉴定事项再次进行的鉴定。需要重新鉴定的主要情形为：(1)原司法鉴定人不具有从事原委托事项鉴定执业资格的；(2)原司法鉴定机构超出登记的业务范围组织鉴定的；(3)原司法鉴定人按规定应当回避没有回避的；(4)委托人或者其他诉讼当事人对原鉴定意见有异议，并能提出合法依据和合理理由的；(5)法律规定或者人民法院认为需要重新鉴定的其他情形。

在重新鉴定所委托的司法鉴定机构、司法鉴定人的选择上，需要注意以下几方面的情况：第一，接受重新鉴定委托的司法鉴定机构的资质条件，一般应当高于原委托的司法鉴定机构。第二，重新鉴定，应当委托原鉴定机构以外的列入司法鉴定机构名册的其他司法鉴定机构进行；委托人同意的，也可以委托原司法鉴定机构，并由其指定原司法鉴定人以外的其他符合条件的司法鉴定人进行。第三，进行重新鉴定时同样需要适用鉴定人回避的原则。根据《司法鉴定程序通则》规定，有下列情形之一的，司法鉴定人应当回避：(1)司法鉴定人本人或者其近亲属与委托人、委托的鉴定事项或者鉴定事项涉及的案件有利害关系，可能影响其独立、客观、公正进行鉴定的；(2)参加过同一鉴定事项的初次鉴定的；(3)在同一鉴定事项的初次鉴定过程中作为专家提供过咨询意见的。

值得一提的是，在比较和评价初次鉴定和重新鉴定意见的科学性、客观性、规范性、合法性等证明能力要素时，需要有一个基准点，这个基准点就是两次鉴定所依据的材料相同、鉴定项目相同。只有这样，比较才有价值。如果鉴定意见所依据的材料已经发生变化，鉴定项目也有所不同，机械地去比较两次鉴定意见，说哪一个科学或不科学都显得不够严谨，因为那已经不属于真正意义上的重新鉴定了。

补充鉴定、重新鉴定的其他事项与初次鉴定相同。

三、补充鉴定与重新鉴定的联系与区别

补充鉴定与重新鉴定都是在进行了初次鉴定，原鉴定机构的司法鉴定人已出具了鉴定意见之后进行的鉴定。补充鉴定和重新鉴定本身都属于司法鉴定，只是两者在适用情形、委托对象选择、鉴定意见前后之间的关系等方面存在明显区别。我国相关法律规定，在经过初次鉴定后，如果有证据证明原鉴定意见有瑕疵或遗漏，但主要内容科学、客观，可以通过补充鉴定解决问题的，一般不批准当事人的重新鉴定申请。考虑到原鉴定机构的原鉴定已经进行过初次鉴定，对案件本身情况比较熟悉，所以补充鉴定一般通过委托原鉴定机构的原鉴定人进行。而重新鉴定是诉讼当事人对原鉴定意见持否定的态度，向享有司法鉴定决定权的机关提出申请获得批准并由其委托而进行的鉴定。或者在诉讼程序中相关司法机关通过对初次鉴定的程序和实体进行审查发现原鉴定程序严重违法、鉴定方法存在严重错误、鉴定意见与案内其他证据明显不符等情形，也可以直接决定委托重新鉴定。

第五节　鉴定人出庭作证制度

一、鉴定人出庭作证的意义

在诉讼中,诉讼当事人对鉴定意见有异议的,经人民法院依法通知,鉴定人应当出庭作证。如《民事诉讼法》第78条规定:"当事人对鉴定意见有异议或者人民法院认为鉴定人有必要出庭的,鉴定人应当出庭作证。经人民法院通知,鉴定人拒不出庭作证的,鉴定意见不得作为认定事实的根据;支付鉴定费用的当事人可以要求返还鉴定费用。"鉴定人出庭作证是我国法律规定的鉴定人应当履行的义务。经人民法院依法通知,鉴定人没有合法理由拒绝出庭作证的,可能面临省级人民政府司法行政部门的行政处罚。因此,鉴定人出庭作证制度已经是我国的司法鉴定制度的重要内容之一。鉴定人出庭作证,是鉴定人实施鉴定活动的重要环节。鉴定人出庭作证的意义在于:(1)是控辩式庭审方式的必然要求。控辩式庭审方式是指控辩双方在法庭上平等对抗,法庭居中裁判,与此相适应的直接言词原则要求鉴定人到场,接受控辩双方的质证和询问。(2)是保障鉴定意见真实合法得根本措施。鉴定意见因主客观原因也有发生错误的可能,而鉴定人接受质证和询问的过程也是论证其意见是否正确、合理的过程。(3)是解决鉴定意见争议的有效途径。鉴定人出庭不仅可以论证自己意见的科学性可靠性,还可以揭示其他意见的错误所在,从而保障鉴定意见的最终合理性。

鉴定人出庭作证的主要内容包括:(1)陈述本次鉴定的意见;(2)根据庭审需要,回答与鉴定有关的提问。

二、鉴定人出庭作证的保障

对于鉴定人出庭作证的保障,在新《刑事诉讼法》中新增了不少重要的措施,其中包括积极措施和消极措施。

积极的保障措施是从人身安全保障,经济保障等方面着手,借助各种技术措施保护鉴定人的个人身份信息,打击各种危及鉴定人及其亲属人身、财产安全的非法行为,对于鉴定人出庭导致的交通、住宿、就餐、误工等给予财政经费保障。如2012年修改的《刑事诉讼法》第62条规定:"对于危害国家安全犯罪、恐怖活动犯罪、黑社会性质的组织犯罪、毒品犯罪等案件,证人、鉴定人、被害人因在诉讼中作证,本人或者其近亲属的人身安全面临危险的,人民法院、人民检察院和公安机关应当采取以下一项或者多项保护措施:(一)不公开真实姓名、住址和工作单位等个人信息;(二)采取不暴露外貌、真实声音等出庭作证措施;(三)禁止特定的人员接触证人、鉴定人、被害人及其近亲属;(四)对人身和住宅采取专门性保护措施;(五)其他必要的保护措施。证人、鉴定人、被害人认为因在诉讼中作证，本人或者其近亲属的人身安全面临危险的，可以向人民法院、人民检察院、公安机关请求予以保护。人民法院、人民检察院、公安机关依法采取保护措施，有关单位和个人应当配合。”第 63 条同时规定，证人因履行作证义务而支出的交通、住宿、就餐等费用，应当给予补助。证人作证的补助列入司法机关业务经费，由同级政府财政予以保障。有工作单位的证人作证，所在单位不得克扣或者变相克扣其工资、奖金及其他福利待遇。

消极的保障措施主要是，2012 年修改的《刑事诉讼法》规定的鉴定人应当出庭而不出庭的法律后果。如该法第 187 条第 3 款规定，公诉人、当事人或者辩护人、诉讼代理人对鉴定意见有异议，人民法院认为鉴定人有必要出庭的，鉴定人应当出庭作证。经人民法院通知，鉴定人拒不出庭作证的，鉴定意见不得作为定案的根据。这样一来，鉴定人没有合法理由拒不出庭，也没有征得法庭同意采取其他替代措施，就将直接导致鉴定意见不能被采信。根据现行法律，鉴定人虽然不承担刑事法律责任，但却可能因此面临民事赔偿责任和行政处罚。

有了上述两方面的措施，鉴定人出庭作证的现状应该能够获得明显的改观。

关于鉴定人出庭作证制度的其他内容，将在本书第七章叙述。

思考题

1. 简述我国刑事诉讼中司法鉴定启动程序的现状与存在的问题。
2. 司法鉴定回避制度主要有哪些规定？
3. 司法鉴定文书制作有哪些要求？
4. 鉴定机构在哪些情况下可以终止鉴定？
5. 简述重新鉴定与补充鉴定的联系与区别。
6. 司法鉴定人出庭作证的保障措施有哪些？

阅读书目

1. 杜志淳等著：《司法鉴定质量监控研究》，法律法制出版社 2012 年版。
2. 杜志淳等著：《司法鉴定法立法研究》，法律出版社 2011 年版。
3. 司法部司法鉴定管理局编：《〈司法鉴定程序通则〉导读》，法律出版社 2007 年版。
4. 郭华著：《鉴定意见证明论》，人民法院出版社 2008 年版。
5. 全国人大常委会法制工作委员会刑法室编：《〈中华人民共和国刑事诉讼法〉释义及实用指南》，中国民主法制出版社 2012 年版。
6. 霍宪丹、郭华著：《中国司法鉴定制度改革与发展范式研究》，法律出版社 2011 年版。
7. 谢军、霍宪丹主编：《司法鉴定机构资质认定工作指南》，中国计量出版社 2009 年版。

第七章　鉴定意见适用制度

本章重点内容

鉴定意见作为我国法定证据的种类之一,具有证据能力和证明力的属性。当事人根据法律配置的举证责任来履行提供鉴定意见证明自己主张的责任,并在法庭上对鉴定意见进行质证。鉴定人经人民法院通知出庭作证,应当出庭接受当事人或者专家辅助人的询问,并对涉及的鉴定事项作出解释、说明。鉴定意见只有经过法定程序查证属实法庭认证后,才能被采信作为认定案件事实的根据。

本章学习要求

学习本章内容,应当理解司法鉴定意见的证据能力和证明力的含义,掌握鉴定人、有专门知识的人出庭的条件和程序,掌握鉴定意见质证、认证和采信程序有关要求及鉴定意见审查判断的基本方法。

第一节　鉴定意见的证据性质

鉴定意见因涉及科学技术或者特别经验问题曾与勘验、检查笔录相混合,又因其属于言词证据与证人证言相似,被英美法系国家称为专家证言。因其他证据种类无法替代其在证明案件事实中的特殊功能,多数国家和地区将其作为独立的证据种类,如法国、德国、俄罗斯、日本等国家以及我国台湾地区、澳门特别行政区。我国诉讼法将其规定“鉴定意见”,并作为 8 种法定证据种类之一,在司法实践中发挥着重要的作用。

一、鉴定意见的证据能力

(一)鉴定意见的证据能力概念与特点

鉴定意见的证据能力,也称为鉴定意见的证据资格,是指其能够作为证据进行法庭调查的资格。证据能力属于大陆法系国家的概念,英美法系国家称为“可采性”。

鉴定意见作为证据证明案件诉争事实应具有适格性,具有用于严格证明的能力。证据能力与严格证明有密切联系,并相互依存。一般来说,只有经严格证明的证据才涉及证据能力问题。如量刑事实的认定无须经严格证明,对于定罪事实没有证据能力的证据可以作为证明量刑事实的证据。

鉴定意见的证据能力具有以下特点:

(1)鉴定意见的证据能力是其作为证据的资格。从证据的本质来看,鉴定意见的证据能力不是其本身具有的品性,而是法律为满足某种价值观念的需要从外部强加于鉴定意见的法律资格。鉴定意见的证据能力一般由法律明确规定。法律对鉴定意见的证据能力一般采用消极的形式予以规定——仅仅规定哪些鉴定意见不具有证据能力或证据能力受限,如鉴定违反回避的鉴定意见。这种鉴定意见即使是可靠或者科学的,因其违反法律的强制性规定也不具有证据资格。测谎结论在我国也没有证据能力。最高人民检察院1999年9月10日发布的《关于CPS多道测试鉴定结论能否作为诉讼证据使用问题的批复》认为,关于CPS多道测试(俗称测谎)鉴定结论与刑事诉讼法规定的鉴定结论不同,不属于刑事诉讼法规定的证据种类。人民检察院办理案件,可以使用CPS多道测试鉴定结论帮助审查、判断证据,但不能将CPS多道测试鉴定结论作为证据使用。

(2)鉴定意见的证据能力与严格证明紧密相连。在证明的程度上,任何证明要求有相应的标准,但对是否需要严格遵守法定的调查方式则存在差异。不同的调查方式对证据的要求不同,严格证明对证据的要求高于自由证明,它要求证据具有证明案件事实的证明力,而且还应当符合法律的基本要求,具有作为证据的资格。所以,有的学者把证据能力称为证据具有作为严格证明之用之资格,或能够作为证据进行证据调查。如《刑事诉讼法》第297条规定:"经人民法院通知,鉴定人拒不出庭作证的,鉴定意见不得作为定案的根据。"《民事诉讼法》第78条规定:"当事人对鉴定意见有异议或者人民法院认为鉴定人有必要出庭的,鉴定人应当出庭作证。经人民法院通知,鉴定人拒不出庭作证的,鉴定意见不得作为认定事实的根据;支付鉴定费用的当事人可以要求返还鉴定费用。"鉴定人不出庭的,不仅其鉴定意见失去作为证据的资格,而且他还承担鉴定费用被要求返还的风险。

(3)鉴定意见的证据能力受多重科学条件的限制。鉴定意见的证据能力不仅仅受制于科学技术以及知识经验的成熟、稳定以及可靠程度。鉴定活动应当遵循严格的科学程序,鉴定所使用的仪器设备应当符合科学的要求,鉴定的原理应当属于科学的原理,并且鉴定人也应当符合"专家"的科学要求,应当具备科学的基本条件并经过法定程序登记,获得的鉴定人资格。如果鉴定人不具备法定资格,即使提供的意见是准确的、可靠的,其意见也不具有证据能力,不能被采纳作为证据。

(二)鉴定意见的证据能力要件

鉴定意见的证据能力由一系列要件组成,这些要件包括实体要件、程序要件和形式要件。这些要件旨在解决鉴定意见的可信性问题。

1. 鉴定意见证据能力的实体要件

根据鉴定意见作为独立证据类型的特点和诉讼的要求,其证据能力的实体要件主要包括必要性要件、关联性要件和政策性要件。

必要性要件要求鉴定事项属于专门性问题且有鉴定之必要。对于专门性问题需要专门知识来判断,普通知识或者一般经验常识难以解决,在案件事实认定中确有必要,否则,无须鉴定。如最高人民法院《关于审理建设工程施工合同纠纷适用法律问题的解释》法释〔2004〕14 号第 22 条规定:“当事人约定按照固定价结算工程价款,一方当事人请求对建设工程造价进行鉴定的,不予支持。”在此种情况下,一方当事人提供工程造价鉴定意见的,法院应以无必要性为由,否定其证据能力。

关联性要件要求指鉴定意见与所证明的案件事实之间存在内在联系,并能对案件事实起到证明的作用。政策性要件要求鉴定意见符合道德伦理的基本要求,违反社会公德的鉴定意见,即使其能够证明案件事实,也不能作为证据使用。

2. 鉴定意见证据能力的程序要件

鉴定意见证据能力的程序要件主要包括鉴定人具结程序、回避程序和鉴定人出庭程序等。

鉴定人在出庭作证时应当签订保证书,拒绝签订保证书的,所提供的鉴定意见不具有证据能力;鉴定人在鉴定时应当回避而没有回避的,其鉴定意见不具有证据能力;对当事人存在异议的鉴定意见,法院传唤鉴定人出庭作证,鉴定人无正当理由拒绝出庭的,鉴定意见不具有证据能力,法律另有规定除外。

3. 鉴定意见证据能力的形式要件

鉴定意见证据能力的形式要件应限定在鉴定机构和鉴定人资格要件以及鉴定意见形式要件上。

鉴定机构和鉴定人资格要件包括初次鉴定的鉴定机构和鉴定人的法定资格以及重新鉴定的鉴定机构和鉴定人的法定资格。前者一般为法律或行政法规、部门规章授予的固定资格要件;后者不仅包括法律或行政法规、部门规章授予的固定资格要件,而且还包括法律法规规定的程序性资格要件。如《决定》第 9 条规定:“在诉讼中,对本决定第 2 条所规定的鉴定事项发生争议,需要鉴定的,应当委托列入鉴定人名册的鉴定人进行鉴定。”对侦查机关设立的鉴定机构和鉴定人如果没有到司法行政部门备案登记的,仅具有初次鉴定的权限,其出具的鉴定意见具有证据能力,但重新鉴定的鉴定意见则没有证据能力。

鉴定意见应当符合制作的形式要求,鉴定意见书应当符合一定格式标准。这些要求主要包括以下内容:(1)委托人的姓名或者名称、委托鉴定的内容;(2)委托鉴定的材料;(3)鉴定的依据及使用的科学手段;(4)对鉴定过程的说明;(5)明确的鉴定结论;(6)对鉴定人资格的说明;(7)鉴定人员及鉴定机构的签名盖章。对于不符合形式要件的鉴定意见,可以进行补正,补正仍不能满足形式要求或者不能补正的,不具有证据资格。

由于科学的不确定性以及人们认识专门性问题能力的有限性,在鉴定实践中不仅存在确定结论的鉴定意见(肯定性结论或者否定性结论),而且还存在一些倾向性的结论或者“可能”、“不排除”等不确定性结论。人民法院司法辅助工作部门制作的审核意见书或者专家委员会对鉴定意见的文证审查意见不是鉴定意见,对法官仅仅起参考作用,不具有约束力,没有证据能力,也不能作为案件事实肯定认定的根据。但是,不能排除其作为辩护的证据的能力,可以作为否定案件事实的认定依据。

二、鉴定意见的证明力

(一)鉴定意见证明力的概念

鉴定意见的证明力,是指具备证据能力的鉴定意见对案件事实的存在或不存在所具有的证明效果。

证明力是鉴定意见本身固有的属性,它通过借助鉴定人专门知识的判断对案件的事实真伪或与案件事实之间是否存在联系产生证明力,是鉴定意见作为证据的本质属性。因鉴定意见种类以及与案件事实之间关系的不同,它对案件事实起到不同程度的证明作用。

法律对鉴定意见的证明力一般不作规定,允许法官在审理案件中自由的判断。由于鉴定意见的科学性和可靠性越来越需要由法庭审判程序来加以制约和限制,它日渐成为防止司法鉴定出问题的更加有效的机制。由于鉴定意见是超出一般人认识能力而提供的鉴别和判断结果,避免鉴定人替代法官成为“穿白衣的法官”,法律一般规定鉴定意见对法官没有预定的效力,防止鉴定人超越证据方法界限而代行法官认定证据的权力。

(二)鉴定意见证明力的要件

鉴定意见的证明力可分为鉴定意见实质内容在何种程度上得以信赖的凭信力和对案件事实认定具有何种程度效用的证明价值。[1]

鉴定意见的证明力要件主要包括以下内容:

(1)鉴定意见的科学性。鉴定意见属于裹挟科技含量的科学证据,实施鉴定活动的鉴定人应当是具有科学技术或者专门知识的专家;鉴定所使用的专门知识必须具有科学性;鉴定过程应当按照符合科学的要求。也就是说,无论是鉴定人还是鉴定活动,均需要符合科学的基本要求并且按照科学规律进行。

(2)鉴定意见的可靠性。可靠性以鉴定意见本身的证明效力要件作为基础,主要包括:鉴定人具有技术能力程度或积累经验程度的可靠性;技术自身的可靠性或经验本身的可靠性;利用技术得出结果的可验证性或利用经验得出结论的可重复性,如

---

〔1〕 郭华著:《鉴定结论论》,中国人民公安大学出版社2007年版,第152页。

人身同一认定的鉴定意见,采用 ABO 血型得出的鉴定意见作为否定性事实认定是可靠的,作为肯定性认定则需要更高要求的 DNA 鉴定意见。

(3)鉴定意见的有效性。有效性以鉴定意见与案件事实之间的关系为证明价值,它是通过自身作为联系证据与案件事实之间桥梁发挥效用的,主要包括自身内在逻辑的有效性、科学上的有效性、统计学上的高度盖然率和因果关系推理的有效性。

第二节　鉴定意见的质证制度

一、司法鉴定人出庭制度

鉴定人出庭作证是当事人(控辩)质证权的基本要求,鉴定人只有出庭作证才能保障当事人的质证权利的实现,才能真正发挥证明案件事实的作用。鉴定意见是一种言词证据,依照审判程序的直接言词原则,鉴定人应当出庭作证,否则其鉴定意见属于传闻证据,适用排除法则,不能作为证据使用,如《法国刑事诉讼法典》第 168 条规定:"如有必要,鉴定人在法庭上先进行宣誓,本着自己的良心与名誉为司法提供协助后,介绍其进行的技术性鉴定活动的结果"。2012 年我国修改的《刑事诉讼法》第 297 条规定:"经人民法院通知,鉴定人拒不出庭作证的,鉴定意见不得作为定案的根据。"《民事诉讼法》第 78 条规定:"当事人对鉴定意见有异议或者人民法院认为鉴定人有必要出庭的,鉴定人应当出庭作证。"鉴定意见携带一定科技含量或者专门性知识,也需要鉴定人出庭作证予以说明、解释。如果当事人对鉴定意见存在异议,其涉及专门性问题无法澄清,鉴定人不出庭作证,其异议就不能得到很好的解决,极易引发重新鉴定。这样既浪费鉴定资源,也会影响诉讼效率。因此,鉴定人出庭作证是鉴定意见适用的一项重要制度。

(一)鉴定人出庭的法律要求

证据作为案件事实认定的根据应当经过法定程序查证属实,在法庭上接受当事人的质证,否则不得作为定案的根据。鉴定意见是一种涉及专门知识的科学证据,鉴定人出庭对涉及鉴定事项有关的问题接受质证并予以解答是必要的。因此,法律一般将出庭作证规定为鉴定人的法定义务。

1. 鉴定人出庭的必要性

法官因自己缺乏专门知识难以对专门性问题作出判断,因而聘请或者委托鉴定人进行鉴定,往往将鉴定人视为"科学的法官",并认为鉴定意见是专家依据专门知识对案件中的专门性问题作出的科学分析、鉴别和判断,其结论不可能有错误。即使存在错误,自己也难以发现,法院不愿意通知鉴定人出庭,致使法庭大量使用书面的鉴定意见,因此出现作为言词证据的鉴定意见"书证化"的现象。然而,鉴定意见不是科学的判决,其作为意见本身也存在错误的可能性,未经质证难以判断真伪,将其直接作为定案根据会给案件事实的准确认定带来风险。

由于我国诉讼法对司法鉴定人出庭与不出庭没有法定的界线标准,鉴定人可以出庭也可以不出庭,导致实践中鉴定人不出庭为常态。为此,《决定》和其他有关鉴定人的规章、规范性文件等均明确规定鉴定人出庭接受质证,并将其作为鉴定人的一项法定义务。《决定》第11条规定:“在诉讼中,当事人对鉴定意见有异议的,经人民法院依法通知,鉴定人应当出庭作证。”《刑事诉讼法》第187条规定:“公诉人、当事人或者辩护人、诉讼代理人对鉴定意见有异议,人民法院认为鉴定人有必要出庭的,鉴定人应当出庭作证。”《民事诉讼法》第78条规定:“当事人对鉴定意见有异议或者人民法院认为鉴定人有必要出庭的,鉴定人应当出庭作证。”有关司法鉴定管理性质的规范性文件对鉴定人无正当理由不出庭作证规定了责任。如《公安机关鉴定人登记管理办法》第18条规定:“……鉴定人有下列情形之一的,应当主动向登记管理部门申请注销资格,登记管理部门也可以直接注销其鉴定资格:……(4)经人民法院依法通知,无正当理由拒绝出庭作证的……”《人民检察院鉴定人登记管理办法》第27条规定:“……鉴定人具有下列情形之一的,登记管理部门应当给予警告、通报批评。必要时,注销其鉴定资格;情节严重的,取消其鉴定资格:……(6)经人民法院依法通知,无正当理由拒绝出庭的……”因此,鉴定人应出庭作证。对存在争议的或者法官存在疑问的鉴定意见,鉴定人应当到庭予以解释、说明,并接受控辩双方质证,以此消除当事人(控辩)双方或者法官的疑虑,使法官在公开的程序中采信鉴定意见,增强判决的公正性和权威性。

2. 鉴定人出庭作证的条件

鉴定意见往往对案件事实起关键性的作用,本身是否科学、可靠,普通人一般难以判断,这就需要鉴定人出庭予以说明,接受当事人(控辩)双方的质疑。鉴定人对鉴定的案件一律出庭虽然能够满足法庭审查证据的需要,却不经济,在实践中往往也没有必要。《刑事诉讼法》第187条规定:“公诉人、当事人或者辩护人、诉讼代理人对鉴定意见有异议,人民法院认为鉴定人有必要出庭的,鉴定人应当出庭作证。”对此可作以下理解:

(1)当事人(控辩)双方或者当事人一方对作为证据的鉴定意见存在异议,认为鉴定意见存在错误、鉴定方法不科学、鉴定程序或者鉴定人需要回避等存在问题,鉴定人在此种情形下应当出庭作证,在法庭上对自己作出的鉴定意见从科学依据、鉴定步骤、鉴定方法、鉴定程序以及提供意见的可靠性等方面予以解释和说明,并在法庭上接受质疑,当面回答质询和提问。这样,可以使法官更好地审查鉴定意见的可信度,或者对几个不同鉴定意见进行比较分析,或者将鉴定意见与其他证据综合判断,从中采信合理的鉴定意见或者排除适用。需要重新鉴定的,进行重新鉴定。同时,这也有利于控辩双方进一步了解鉴定意见,消除疑虑,排除错误的观念,服从判决。

(2)当事人申请或公诉人提请鉴定人出庭的,即使当事人没有申请或人民检察院没有提出,人民法院根据案件情况认为鉴定人有必要出庭的,特别是存在多个不同的鉴定意见时,法庭也有权通知鉴定人出庭,要求鉴定人对鉴定的科学依据、鉴定步骤、鉴定方法、鉴定程序等方面进行说明,以免法院采信鉴定意见存在“暗箱操作”的嫌疑,损害判决的公正性。人民法院对于必要性判断仅仅属于程序上判断,只要当事人对鉴定意见存在异议,其异议具有合理的理由,就应当认为有必要性,不应以其对鉴定意见存在错误提出合理的理由为必要。

(3)鉴定人出庭作证属于一项法定义务,经人民法院通知出庭鉴定人的,应当出庭作证。《决定》将鉴定人出庭作证提升到一项诉讼程序制度的高度,这对于规范鉴定人出庭作证具有重要的意义。因为鉴定意见作为证据涉及其本身的科学性。另外,即使是DNA鉴定,其鉴定意见也不是完全客观的,它只是鉴定人对这些客观事实的认识,是从科学技术或者经验知识方面对客观事物的认识,带有一定的主观性,同时还牵扯到当事人质证程序权利的实现。只有鉴定人应当出庭作证,才能保障鉴定意见的质量和当事人质证权。

我国“三大”诉讼法没有对鉴定人可以不出庭的情形作出明确的规定,是因为我国鉴定人不出庭还相当普遍,我国需要解决的主要问题是鉴定人出庭问题。最高人民法院《关于民事诉讼证据的若干规定》第59条仅仅规定了“特殊原因”,没有具体细化。最高人民法院《关于适用〈中华人民共和国刑事诉讼法〉的解释》第86条规定:“鉴定由于不能抗拒的原因或者有其他正当理由无法出庭的,人民法院可以根据情况延期审理或者重新鉴定。”最高人民法院《关于行政诉讼证据若干问题的规定》第47条对鉴定人不出庭的“正当事由”作了明确规定。鉴定人不出庭的情况包括:(1)当事人在行政程序或者庭前证据交换中对证人证言无异议的;(2)证人因年迈体弱或者行动不便无法出庭的;(3)证人因路途遥远、交通不便无法出庭的;(4)证人因自然灾害等不可抗力或者其他意外事故无法出庭的;(5)证人因其他特殊原因确实无法出庭的。

鉴定人经人民法院依法通知,应当按时出庭作证。鉴定人无正当理由,未经人民法院许可,不得拒绝出庭作证。有下列情形之一的,鉴定人可以不出庭作证:(1)庭前当事人(控辩)双方对鉴定意见没有争议的;(2)鉴定意见对案件不起直接决定作用的;(3)有权机关已经决定补充鉴定或者重新鉴定的。

对于无正当理由拒绝出庭作证的鉴定人,法庭可以通过不采纳所提供的鉴定意见的方式处理,无须像对普通证人那样采用强制性措施强制鉴定人出庭。因为鉴定人作为特殊的证人不同于普通的证人,他具有可替代性,不具有唯一性,可以多次取得。即使鉴定人不出庭作证,法庭可以另外进行鉴定,通过其他鉴定人实施鉴定并出庭提供鉴定意见来达到目的。

（二）鉴定人出庭作证的程序

司法鉴定人出庭作证是鉴定工作的继续和延伸，是鉴定人以诉讼参与人的身份参加案件审理的活动的需要，也是法庭质证、认证以及当事人（控辩）双方行使质证权的必然要求。

《司法鉴定程序通则》第7条规定："司法鉴定人经人民法院依法通知，应当出庭作证，回答与鉴定事项有关的问题。"鉴定人是否出庭应当以人民法院的出庭通知书为依据。人民法院的通知书是鉴定人出庭作证的法律凭证，也是衍生鉴定人出庭作证义务的法律文书。委托人或者当事人的要求不是鉴定人出庭的依据。人民法院根据案件情况的需要应当依法履行通知鉴定人出庭作证的职责。

1. 人民法院通知鉴定人出庭的程序

当事人（控辩）双方对鉴定人出庭作证提出申请或者人民法院根据案件情况认为需要鉴定人出庭作证的——如法官在对鉴定意见进行审查时，发现了疑点或瑕疵，或者对某个专门性问题存在多份鉴定意见，或者鉴定人的意见互相矛盾的——法官可以直接向司法辅助工作部门的司法技术人员提出咨询或者技术审核，并参考司法辅助工作部门的意见决定是否通知鉴定人出庭作证。

法院决定通知鉴定人出庭的，应当依法通知鉴定人。通知书至迟在开庭3日以前送达。人民法院按照普通程序审理的案件，如果鉴定人在外地的，应当考虑必要的在途时间。出庭通知应当采用书面形式，并注明开庭的时间、地点以及应注意的事项。

2. 鉴定人接受人民法院出庭通知程序

鉴定人接到人民法院通知出庭的通知书时，应当在出庭通知书的送达回证上签字。对于逾期送达的，鉴定人可在送达回证上说明，也可以要求人民法院变更开庭日期。鉴定人签收送达回证后，应当积极准备出庭，按照人民法院通知要求的时间、地点等按时出庭作证，不得迟到或者拖延。

鉴定人认为符合不出庭作证情形的，应当写出书面申请，及时提交人民法院，由人民法院决定是否出庭；人民法院准许不出庭的，鉴定人可以书面的形式答复当事人的质询。但是，鉴定人不得无故不出庭，否则应当承担相应的法律责任。

鉴定人有正当理由无法出庭作证的，可以通过远程视频、声音传送等方式进行作证；人民法院也可以到鉴定人所在的场所进行询问，但是人民法院应当在合理的期间内通知人民检察院、当事人及其辩护人、诉讼代理人到场。

3. 鉴定人出庭后的身份核实程序

鉴定人到庭后，审判人员应当先核实鉴定人的身份、与当事人及本案的关系，告知鉴定人应当如实地提供鉴定意见和有意作虚假鉴定要负的法律责任。一般来说，核实出庭的鉴定人的身份包括以下几个方面的内容：一是鉴定人的自然身份，包括姓名、民族、出生年月日、文化程度、职业、住址等；二是出庭鉴定人是否是该鉴定意见的鉴定人;三是鉴定人的资格,查明鉴定人是否具有该专业所涉及问题的鉴定能力,是否取得了该专业鉴定的执业证书以及是否在司法行政管理部门所核定的鉴定人名册中;四是鉴定人与案件当事人之间是否具有亲属、朋友关系或者其他特殊关系;五是鉴定人与案件是否有其他利害关系。

鉴定人出庭作证时,审判长在核实其身份、鉴定资格、鉴定的业务范围、所在的鉴定机构以及与当事人、案件之间的关系后,告知其负有如实作证的义务。作证前,应当在如实作证的保证书上签名。

核实鉴定人身份的程序具有以下作用:一是核实鉴定人的身份,以确定鉴定人是否是法庭通知的应当出庭的鉴定人,以避免出庭作证的鉴定人名实不符;二是核实鉴定人的身份对于确定鉴定意见的证据能力和证明力具有决定的意义;三是核实鉴定人的身份是国际上通行的做法,也是程序公正的必然要求。

二、鉴定意见的质证制度

质证是指在法庭审判中,当事人对其提供的证据以及法院调取的证据通过出示、辨认、询问和回答、说明等方法查明证据效力的诉讼活动。鉴定意见的质证是指当事人(控辩)及其辩护人、诉讼代理人对鉴定意见向鉴定人询问、质疑以及专家辅助人(专门知识的人员或专业人员)对鉴定人的询问和鉴定人针对鉴定意见作出回答、说明等诉讼活动。

质证包括“对质”和“诘问”两个方面的内容。“对质”是指两个人同时在场,面对面互为质问;“诘问”是指在主询问鉴定人以后,对方对其反询问,以求发现疑点或澄清真实的反询问。质证程序中“对质”和“诘问”的功能在于因当事人对案件事实认定的结果存在利害关系,由当事人自己来推敲证据、质问专家证人,则会尽其所能,尽力而为,这对于发现事实真相起到重要的作用。

(一)鉴定意见的质证程序

我国继承了大陆法系国家的立法传统。《刑事诉讼法》第189条规定,“公诉人、当事人和辩护人、诉讼代理人经审判长许可,可以对证人、鉴定人发问”。“审判人员可以询问证人、鉴定人。”《民事诉讼法》第139条规定:“当事人经法庭许可,可以向证人、鉴定人、勘验人发问。”对未到庭的鉴定人的鉴定意见应当庭宣读,审判人员应当听取公诉人、当事人和辩护人、诉讼代理人的意见。向鉴定人发问,应当先由要求传唤的一方进行;发问完毕后,对方经审判长准许,也可以发问,发问的内容应当与案件事实有关,不得以诱导方式发问,不得威胁鉴定人,不得损害鉴定人的人格尊严。

询问的启动程序规则一般涉及三种情形:第一种是鉴定人是一方申请的;第二种是鉴定人是双方当事人协商申请的;第三种是鉴定人是法院指定的。对于第一种情形,根据主询问的一般规则,应当由提供鉴定意见证明自己有利事实的当事人询问其作出鉴定意见的鉴定人。第二种情形,鉴定人是双方当事人协商申请的,不存在谁先谁后的顺序问题,但也不能同时询问。对此种情形法官应征求双方当事人的意见,或由双方当事人协商何方先询问,协商一致的。按协议确定的询问次序进行;对于协商不成的,或达不成协议的,应当由审判长决定。审判长一般应当根据鉴定意见与当事人的利益关系,决定由对其有利的一方当事人先询问,保持主询问的本质。第三种情形,鉴定人是法院指定的,审判长对鉴定人应当证明的事项最清楚,应当先由审判长询问。审判人员询问后双方当事人的询问次序应当由审判长决定,不应由当事人协商。

多人参加的鉴定,鉴定人的鉴定意见不一致的,询问应当分别进行。必要时,可以由不同鉴定意见的鉴定人对不同的意见分别说明或者解释。

(二)鉴定意见的质证内容

当事人及其辩护人、诉讼代理人和审判人员询问对鉴定人询问应主要围绕鉴定人的资格、鉴定意见的科学依据、鉴定意见的可信程度、鉴定方法的可靠性以及鉴定活动的程序性等方面进行。询问的具体内容包括:有关鉴定资料的内容,包括检材、鉴定文书资料来源的可靠性和真实性;提供鉴定资料的人(如医生、证人等)的情况;检材的数量、质量、保有时间、保存条件和方法以及提取和处理的方法;鉴定的方法、步骤和过程;对鉴定方法有国家或行业标准的,其鉴定的检验方法、实验程序、步骤是否符合国家标准或行业标准;对无国家标准也无行业标准的,应当分析鉴定方法、步骤的可靠程度;鉴定结论的数据、理由和根据;科学检验、实验过程中变化以及得出的数据;其提供的意见的理由和根据等。

对于一般案件的鉴定意见应当重点围绕以下内容进行询问:(1)鉴定机构和鉴定人是否具有法定资质以及鉴定人是否违反回避规定;(2)鉴定材料是否来源不明或者被污染以及和鉴定对象是否符合鉴定要求,是否具备鉴定条件;(3)鉴定手段、方法是否科学,鉴定过程是否符合专业规范,鉴定程序是否违反规定;(4)鉴定意见及其分析所依据的事实是否客观全面,特征的解释是否合理,适用的标准是否准确,分析说明是否符合逻辑,鉴定结论的推论是否符合科学规范;(5)其他应当需要询问的内容。

反询问的内容可以采用反向思维。一般来说,符合重新鉴定情形的均是反询问的重点,因此反询问可以围绕重新鉴定的条件进行。《司法鉴定程序通则》第 29 条、28 条规定:"有下列情形之一的,司法鉴定机构可以接受委托进行重新鉴定:(一)原司法鉴定人不具有从事原委托事项鉴定执业资格的;(二)原司法鉴定机构超出登记的业务范围组织鉴定的;(三)原司法鉴定人按规定应当回避没有回避的;(四)委托人或者其他诉讼当事人对原鉴定意见有异议,并能提出合法依据和合理理由的;(五)法律规定或者人民法院认为需要重新鉴定的其他情形。""有下列情形之一的,司法鉴定机构可以根据委托人的请求进行补充鉴定:(一)委托人增加新的鉴定要求的;(二)委托人发现委托的鉴定事项有遗漏的;(三)委托人在鉴定过程中又提供或者补充了新的鉴定材料的;(四)其他需要补充鉴定的情形。补充鉴定是原委托鉴定的组成部分。"

《司法鉴定人登记管理办法》第21条规定:“司法鉴定人享有下列权利:……(五)拒绝解决、回答与鉴定无关的问题……”从规章的规定来分析,鉴定人不予回答的问题对鉴定人的拒绝权。询问证人、鉴定人、勘验人不得使用威胁、侮辱及不适当引导证人的言语和方式。一般情况下,具有以下情形之一的,鉴定人有权拒绝回答:(1)发问内容与鉴定无关的;(2)发问内容重复的;(3)发问内容威胁鉴定人的;(4)发问内容损害鉴定人人格尊严的;(5)发问内容有损鉴定人合法利益的其他情形。因此,凡是与鉴定无关的询问无须回答,鉴定人也有权拒绝回答;对于在询问程序中侵犯其人身权、人格权的行为,有权要求法官予以制止;对于不符合条件的询问,法官也应当及时制止,以保证鉴定人询问程序顺利进行。

(三)鉴定意见的质证方式

鉴定意见的质证方式是指质证的形式或者方法。我国法律没有明确规定对鉴定意见的质证方式。根据司法解释的规定,我国鉴定意见的质证方式具有交叉询问的性质,这种方式已得到司法实践的普遍认同。

当事人(控辩)双方对鉴定人进行质证时,应当按照以下方式进行:一是请求传唤鉴定人的一方进行主询问;二是对方对鉴定人进行反询问;三是请求传唤的一方对鉴定人进行再主询问;四是对方对鉴定人进行再反询问。

在交叉询问中,如果一方当事人有不当询问,另一方当事人享有提出异议的权利。异议权的范围仅限于不当询问和不当回答。异议权人应当及时提出并简单说明理由,由法院决定。在法院决定前,鉴定人应当停止陈述,等待决定。对于法院的决定,当事人和鉴定人不得申请复议或作为上诉的理由。同时,在询问过程中,法官应掌握询问内容与保密之间的界限,凡是询问涉及国家秘密、鉴定人或其他个人隐私、侦查秘密的,法官应当及时予以制止,鉴定人应当不予回答或拒绝回答。在询问过程中,当事人应尊重鉴定人的人格尊严,不得故意通过询问来刁难鉴定人或拖延诉讼,更不能侮辱、故意刁难鉴定人。

另外,在法庭质证程序中,审判长认为必要时,可以在当事人(控辩)双方询问后或者询问过程中对鉴定人进行询问。法官的这种询问仅仅具有补充性质,旨在弥补当事人发问以及质疑的不足。但是,审判人员这种询问不属于质证的范畴。

(四)有专门知识的人协助质证

法官因受专门知识的限制难以辨别鉴定意见的真伪,常常高度信任和依赖鉴定人,而当事人及其辩护人、诉讼代理人因缺乏专业知识难以对鉴定意见进行有效的质疑。在鉴定人接受质证程序中有必要引入具有专门知识的人利用其专门知识协助当事人对鉴定人进行询问。为了保障“公诉人、当事人和辩护人、诉讼代理人”在法庭上质疑鉴定意见的有效性,解决法官调查及评价鉴定证据面临许多问题,2012年修改的《刑事诉讼法》在借鉴《意大利刑事诉讼法典》“公诉人和当事人有权任命自己的技术顾问”的基础上,在审判程序中增加了第192条的原则性规定,即“公诉人、当事人和辩护人、诉讼代理人可以申请法庭通知有专门知识的人出庭，就鉴定人作出的鉴定意见提出意见”。“法庭对于上述申请，应当做出是否同意的决定。”“本条第2款规定的有专门知识的人出庭，适用鉴定人的有关规定。”《民事诉讼法》第79条规定：“当事人可以申请人民法院通知有专门知识的人出庭，就鉴定人作出的鉴定意见或者专业问题提出意见。”这种新制度不仅有助于当事人诉讼权利的充分保障以及弥补质疑鉴定意见能力的不足，而且也有利于法官兼听则明并根据法庭质证的情况理性地选择作为定案根据的鉴定意见，从而减少重复鉴定现象。[1]

1. 专门知识的人出庭的启动条件

鉴定意见作为证据携带科学的因子，而对科学问题应当持有健康的怀疑态度，使其接受正当的审视和理性的批评。对鉴定意见提出质疑，作为鉴定人同行的有专门知识的人无疑是最为适当的，建立此项制度也符合保障当事人诉讼权利的国际公约以及正当法律程序理念的基本要求。

我国《刑事诉讼法》新增加的“专门知识的人”出庭带有强烈的职权主义成分——法庭在此方面具有决定权，公诉人、当事人和辩护人、诉讼代理人仅仅享有申请权。在这一制度中，公诉人、当事人和辩护人、诉讼代理人无权像在英美法系国家中那样直接委托有专门知识的人出庭提供专家意见，法庭也无权像对待鉴定人那样可以根据案件情况不经过公诉人、当事人和辩护人、诉讼代理人的申请直接决定有专门知识的人出庭，其制度设计体现了公诉人、当事人和辩护人、诉讼代理人与法庭之间权力制约与权利选择之间的合作关系。这一程序设计不仅不同于英美法系国家的专家证人，而且与2012年修改的《民事诉讼法》第79条规定的当事人申请出庭的“专门知识的人”在适用范围上也存在差别，也不同于2002年最高人民法院《关于行政诉讼证据若干问题的规定》第47条规定的对涉及的专门性问题“法庭也可以通知专业人员出庭说明”的规定。刑事诉讼中专门知识的人出庭仅限于“就鉴定人作出的鉴定意见提出意见”，而不是宽泛地“就案件的专门性问题进行说明，”或者“对案件中的某些专业问题发表意见”。其适用范围、条件与程序相对严格。同时，这一制度中的“有专门知识的人”还不同于《俄罗斯联邦刑事诉讼法典》中的“专家”，法庭对专门知识的人不存在专家“应进行具结保证”的制度约束。《刑事诉讼法》设置的“有专门知识的人”出庭的基本功能是协助控辩双方对鉴定意见进行质疑，解决公诉人、当事人和辩护人、诉讼代理人对鉴定意见异议的能力不足的问题，侧重于从证伪的方面对鉴定意见提出意见，具有破坏作为证据的鉴定意见证明力的功能，而非为法庭解决专门性问题或者弥补法官在专业上的不足设置，否则会因专门知识的人出庭过于宽泛冲击我国正在完善的鉴定制度。不可否认，这种制度在客观上会给法庭审判带来一些积极的效果，不仅给法庭全面理解有异议鉴定意见提供环境，而且还能保

---

〔1〕 郭华：“切实保障刑事诉讼法中司法鉴定条款的实施”，载《法学》2012年第6期。

证采纳的鉴定意见更具有可靠性、可信性并获得可接受性,甚至存在消除职权主义鉴定制度下带来的不利影响以及加强鉴定人的责任意识从而对其鉴定意见产生正面的促进作用,增强鉴定意见的科学性等功能。这些功能有的是新制度本身蕴含的,有的是其制度运行过程中衍生的。

一是存在有异议的鉴定意见。也就是说,无论是公诉人还是当事人及其辩护人、诉讼代理人只有对鉴定意见提出异议,申请有专门知识的人出庭才具有意义。这一条件既是有专门知识的人出庭启动的条件,也是鉴定人出庭作证的条件,两者存在共同的基础。因为鉴定人出庭是以公诉人、当事人和辩护人、诉讼代理人对鉴定意见有异议作为启动条件的,而有专门知识的人协助当事人质疑鉴定意见以及对鉴定意见提出意见,也应当是建立在对鉴定意见存在异议基础上。如果他们对于鉴定意见没有异议,申请有专门知识的人出庭也就没有意义。从"公诉人、当事人和辩护人、诉讼代理人可以申请法庭通知有专门知识的人出庭,就鉴定人作出的鉴定意见提出意见"的逻辑来看,有专门知识的人出庭应当以存在鉴定意见为条件。如果没有鉴定意见存在,有专门知识的人出庭就无法履行"就鉴定人作出的鉴定意见提出意见"的职责,其出庭也就失去了目标。

二是公诉人、当事人和辩护人、诉讼代理人提出申请。这是有专门知识的人出庭启动的程序性条件。"公诉人、当事人和辩护人、诉讼代理人"之所以申请有专门知识的人出庭,可以说源于其对鉴定意见的异议,是基于自己的利益而为之,否则,申请有专门知识的人出庭就失去动机。公诉人、当事人和辩护人、诉讼代理人提出申请时应当附有理由或者说明。

三是申请有专门知识的人出庭,不得超过 2 人。有多种类鉴定意见的,可以相应增加人数。

2. 有专门知识的人出庭的决定程序

"公诉人、当事人和辩护人、诉讼代理人"仅享有申请法庭通知有专门知识的人出庭的权利,有专门知识的人究竟能否出庭取决于法庭是否同意。那么,法庭对"公诉人、当事人和辩护人、诉讼代理人"的申请如何判断也就成为实际启动这一程序的关键性环节。法庭对"公诉人、当事人和辩护人、诉讼代理人"的申请是否同意,不仅应以鉴定意见存在为基础,而其还应以"公诉人、当事人和辩护人、诉讼代理人"申请由专门知识的人出庭的理由作为条件。也就是说,法官在决定是否同意时,应当以申请人对鉴定意见存在异议及专门知识的人出庭理由的合理性作为有无必要性的判断标准,而不能以与查清案件事实没有关系以及案件不需要等实体性条件作为判断的依据。其必要性应当依据公诉人、当事人和辩护人、诉讼代理人对鉴定意见的异议这一程序问题来衡量——只要其异议存在理由或者鉴定意见存在疑问,就应当准许其申请的有专门知识的人出庭,不得以案件的实体要求来判断,更不应以申请出庭的有专门知识的人出庭能否提出正确的意见等问题作出判断为标准。

对专门知识的人出庭应当由合议庭作出决定。对于决定有专门知识的人出庭的，应当在开庭前3日通知其出庭；对于不同意出庭的决定，应当开庭前3日内告知申请人，允许申请人复议。但一般不允许公诉人、当事人和辩护人、诉讼代理人当庭申请，以免其以此作为借口故意拖延诉讼。

法庭对"公诉人、当事人和辩护人、诉讼代理人"申请的有专门知识的人仅享有同意与否的决定权，不享有自行选择专门知识的人的权力，更不能抛弃申请的有专门知识的人而另外指定其他有专门知识的人。否则，法庭难以保持必要的超然性，还会因介入鉴定意见的争议影响其中立性。

3. 专门知识的人的出庭程序

由于"就鉴定人作出的鉴定意见提出意见"或者"就专业问题提出的意见"不属于证据，更不是重新鉴定，仅是一种质疑或者解释意见，"作为法官甄别证据（鉴定意见）的参考"，[1]因此，有专门知识的人不需要具有鉴定人的资格，只要对质疑的鉴定事项具有专业知识即可，没有必要再对其资格作出明确的规定或者要求。但这并不妨碍法庭在庭审中对其是否具有专门知识进行审查，对有无专业能力进行询问。一般来说，公诉人、当事人和辩护人、诉讼代理人聘请出庭的"有专门知识的人"在法律地位上不完全同于中立性的鉴定人，其出庭也不应当完全适用鉴定人回避规定，提出的意见仅是质疑鉴定意见的依据或者理由。从形式上看，具有公诉人、当事人和辩护人、诉讼代理人申请由有专门知识的人出庭带有专家证人的意蕴，其出庭质疑鉴定意见提出意见虽然需要尊重科学，而出庭质疑鉴定意见不可能提出不利于申请人的意见，也不可能具有鉴定人的中立地位，不应适用回避制度。

4. 有专门知识的人提出意见的效力

有专门知识的人出庭对鉴定意见提出的意见不是证据，更不能作为定案的根据，但不能因此否定其意见对鉴定意见能否作为证据所发挥的作用。有专门知识的人提出的意见如被采纳，则可能带来相关的鉴定意见不能采信的后果。一旦鉴定人对有专门知识的人提出的意见不能给予合理解释，结合其他证据又不能确定鉴定意见的证明力，法庭必然会否定鉴定意见的证明效力，根据案件情况决定是否进行重新鉴定。当无法进行重新鉴定或者重新鉴定仍存在一些不能合理解释的问题时，法庭应当按照"有利于被告原则"对存在异议的鉴定意见做出选择。但是，有专门知识的人提出的意见不足以否定鉴定意见，也并不代表鉴定意见一定能够作为定案根据。对鉴定意见能否作为定案根据还应结合全案的其他证据进行综合考虑，不能仅仅依靠有专门知识的人提出的意见作为判断的唯一依据。

5. 有专门知识的人出庭的救济程序

我国修改的《刑事诉讼法》、《民事诉讼法》没有完全移植《意大利刑事诉讼法

---

〔1〕 郭华："司法鉴定制度与专家证人制度交叉共存论之质疑"，载《法商研究》2012年第4期。

典》的相关规定,仅赋予了公诉人、当事人和辩护人、诉讼代理人申请有专门知识的人出庭的权利,对法庭不同意的决定,没有规定相应的救济程序。公诉人、当事人和辩护人、诉讼代理人对法庭决定不通知有专门知识的人出庭的复议制度。法庭对复议申请应当做出决定,并说明理由。在二审中,上级法院对于法庭不通知的决定认为不合理而需要通知专门知识人出庭的,可以"限制当事人法定诉讼权利,可能影响公正审判"为由发回重审,以此保障这一新增制度的有效实施。

如何解决法官与当事人对鉴定意见判断与质证产生的窘态?鉴定人在法庭上如何摆脱非专门性知识质疑所处的尴尬?专家协助人与鉴定人对专门性问题进行质疑引发屏蔽法官的困境,即避免"外行"对"内行"质疑使鉴定人作为专门知识的人的无奈或者"内行"对"内行"的争议使法官陷入困惑又如何解决?法院在重大案件涉及疑难鉴定意见的采纳问题时,可以聘请具有中立地位的专家陪审员,通过专家陪审员、专家辅助人和鉴定人三维构造的庭审质证模式来提高或者保证司法鉴定意见的质量。专家陪审员、专家辅助人和鉴定人从专业方面相互沟通,通过法官在法律上指导,保障鉴定意见的客观性与科学性,共同协助法官认定涉及专门性问题的案件事实,达到发现事实真相的目的;鉴定人出庭提供自己的鉴定意见,并承担接受当事人询问的义务;专家辅助人协助当事人对鉴定人进行询问。这样做,一方面有利于提高法庭询问鉴定人的质量,另一方面也有利于提高法庭询问鉴定人的效率,促进鉴定质量的提升。

第三节　鉴定意见的认证制度

鉴定意见能够作为定案的根据,其基本前提是能具有证据能力,其关键则是被采纳为证据。因为诉讼中所要解决的与证明有关的问题说到底主要是对证据的采纳或排除问题。认证程序作为质证程序的后续程序,是决定鉴定意见能否发挥证明作用的最关键的程序。

一、国外专家证言的认证制度

国外专家证言的认证主要涉及可采性问题。美国是专家证言可采性规则最为发达或者典型性国家。美国的专家证言制度秉承英国的遗风,其专家证言的可采性大致经历了弗赖伊判例的"普遍接受标准"、《联邦证据规则》的关联性以及达伯特判例的"综合观察标准"三个阶段。

(1)弗赖伊判例的"普遍接受标准"。1923 年,美国华盛顿哥伦比亚特区(D. C)联邦法院审理的弗赖伊诉合众国(Frye v. United States)案,是美国第一个涉及科学技术的专家证言可采性判断的经典判例。这一判例形成了专家证言的"普遍接受标准”。“普遍接受标准”包括两方面的含义：一是该专家证言应当来自科技领域，通过初步界分后，进一步确认该专家证言的科学性原理、领域和范围；二是该专家证言所赖以建立的科学原理以及技术方法已经获得该领域中的专家同僚的普遍接纳或者认同。

（2）《美国联邦证据规则》的关联性。这一规则涉及《美国联邦证据规则》第702条。专家证言的可采性判断的标准主要基于两个层面：一是专家证言有助于事实审判者理解或确定争议事实；二是提供证言的人应当具有专家的资格。2000年美国对《美国联邦证据规则》第702条进行修正，在原条文的基础上，增加了三个限定性条件，对可采性的判断标准作出了相应的限缩，并将“如果科学、技术或其他专业知识将有助于事实审判者理解或确定争议事实，凭其知识、技能、经验、训练或教育够格为专家的证人可以用意见或其他方式作证”修改为“如果科学、技术或其他专业知识将有助于事实审判者理解或确定争议事实，凭其知识、技能、经验、训练或教育够格为专家的证人可以用意见或其他方式作证。2011年对其第702条进行了调整。如：①证言是基于足够的事实或数据，②证言是应用可信赖的原则及方法而产生，且③证人援引的原则及方法对案件事实是可信赖的”。[1]

（3）达伯特判例的“综合观察标准”。1993年在达伯特诉麦热里·杜制药公司（Daubert v. Merrell Dow Pharmaceuticals, Inc.）案件中，美国联邦最高法院推翻了第九巡回地区法院根据弗赖伊判例“普遍接受标准”所作的判决，从此确立了达伯特判例的“综合观察标准”或达伯特法则（Daubert Rule）。法庭认为，应采用以下四种方法来检验专家证言是否具有可采性：一是该科学理论是否得到了实验检验（the known can and has been tested）；二是作为专家证言基础的理论或技术是否已发表且经受同行严格复查的检验（the science has been subjected to peer review and publication）；三是作为专家证言基础的研究方法或技术的出错概率有多大（the known or potential error rate of the science）；四是就专家证言基础的技术、方法和理论而言，在某个特定的科学领域中有多少学者能加以认同和接受（the general acceptance of the science in relevant scientific community）。[2]

由于英美法系国家对专家证言的证明力实行自由心证，采用这些规则主要是为了限制裁判者滥用认证权力，一般对专家证言的证明力的判断不存在标准。

二、我国鉴定意见的认证规则

鉴定意见认证既包括对鉴定意见单一证据的认定，也包括对鉴定意见与整个案件其他证据的综合认定。其认证规则既包括对鉴定意见证据能力的认证规则，也包

[1] “if:...(b) the testimony is based upon sufficient facts or data, (c) the testimony is the product of reliable principles and methods; and (d) the expert has reliably applied the principles and methods to the facts of the case.”

[2] United States v. Scheffer, 523U. S. 303 (1998).

括对鉴定意见证明力的认证规则。

(一)鉴定意见证据能力的认证规则

鉴定意见证据能力的认证规则是指法院判断鉴定意见是否具有证据资格应当遵循的准则。

鉴定意见证据能力的认证是对鉴定意见作为证据资格的认定,也是鉴定意见能否作为证据的准入条件,它涉及鉴定意见价值衡量与政策考虑等问题,具有排除性的功能。鉴定意见证据能力的认证规则主要是对鉴定意见的关联性规则和合法性的判断规则。

鉴定意见的关联性规则是指鉴定意见与待证案件事实之间的联系,这种联系既有直接联系——包括肯定和否定两种形式,如DNA鉴定对亲子关系确认或否认,也有间接联系——必须与其他证据一起来才能证明案件事实。对鉴定意见关联性的认证规则主要体现在鉴定意见与案件事实形式上的关联性。

鉴定意见的合法性包括鉴定机构和鉴定人具有合法的资格,鉴定程序启动与鉴定人选任程序符合法律的规定,鉴定实施的程序、采用技术标准等不违反法律的规定以及鉴定人不属于回避人员。鉴定机构和鉴定人依法获得鉴定的资格,其出具的鉴定意见具有证据能力。鉴定机构应当具有法定的鉴定资格,其设置符合法律的规定或经过有权部门批准,并经过合法登记和公告。根据《决定》第2条的规定,鉴定机构和鉴定人的名单应当经省级人民政府司法行政部门登记、名册编制和公告。如果没有得到省级人民政府司法行政部门登记、纳入国家名册并公告的,鉴定机构和鉴定人则没有鉴定资格,其作出的"鉴定意见"没有证据能力。但法律另有规定的例外。

我国司法鉴定程序的启动权属于诉讼职能部门的职权,对鉴定机构和鉴定人的选任采用了法定主义,由法律统一规定。一般情况下,鉴定程序启动不符合法律要求的,提供的鉴定意见也不具有证据能力。对于当事人未申请法院而自行委托鉴定的,如果该鉴定意见经对方当事人认同或对方不提出异议的,具有证据能力。鉴定结论应当符合科学与法律的要求。

另外,鉴定意见是建立在应当予以排除的非法证据的基础之上,应当作为"毒树之果"予以排除,不允许通过鉴定的方式来"漂白"非法证据。因为"法治国家对于犯罪事实的发生,国家须透过合法取证方式,就与犯罪有高度期待可能性证据收集后加以调查,以作出正确判决。鉴定须为合法取得之证据,认为与犯罪构成要件有关事实,由鉴定单位及人员以其专业加以鉴定,以说明犯罪事实。对于违法取得证据本不须送鉴定,因为违法取得证据本须加以排除,何来鉴定其证据能力"。[1]

2012年修改的《刑事诉讼法》对采用刑讯逼供或者暴力、威胁等非法获取的言词

---

〔1〕 方文宗:"论鉴定",载《刑事法杂志》2004年第1期。

证据已经明确规定予以排除，对于以非法搜查、非法扣押或者其他非法方法获取的实物证据，如物证、书证可能严重影响司法公正不能补正或者作出合理解释的也予以排除，但对由非法证据所衍生的证据是否具有证据能力，没有明确的规定。司法实践倾向于对以非法方式获得的实物证据根据案件情况和利益的大小来考虑，决定证据能力的有无。非法证据排除规则是程序正义与保护人权的基本要求，“毒树之果”规则作为非法证据排除规则的必然要求，对于基于此形成的鉴定意见也应当通过对基础材料的违法程度考虑排除与否，来决定鉴定意见的证据能力。对民事诉讼中当事人采用不正当方式取得的证据，需要鉴定的，其鉴定意见一般具有证据能力。

（二）鉴定意见证明力的认证规则

鉴定意见证明力的认证规则是指鉴定意见被法院认定有证据能力后，确认其有无证明效力及其证明效力大小或强弱的应当遵循的准则。

鉴定意见证明力的认证规则主要体现在证明力有无和证明力强弱的确定规则上。鉴定意见证明力有无包括两个层面：一是鉴定意见证明力为无，也就是说，鉴定意见的证明力为零或甚至接近于零的程度，其存在与否对案件事实认定几乎没有任何影响；二是鉴定意见证明力为有，是指在排除其他情况下，推定鉴定意见有证明力。

鉴定意见证明力强弱的认证，也称为鉴定意见的采信，是指通过鉴定意见之间以及与其他证据种类的比较而作出的证明效用或价值判断。鉴定意见证明力强弱的判断具有一定的相对性，既包括多种鉴定意见证明力比较的采信，也包括鉴定意见与其他种类证据证明力比较的采信。

对鉴定意见证明力强弱的比较，特别对于反复进行同种鉴定，形成的一种定型性的结论可分为：一是鉴定的手段已经确立，本身具有高度的客观性，如DNA鉴定等可以重复性检验的鉴定意见；二是有可能掺杂主观因素，在这个意义上只能达到某种盖然性的程度，如笔迹、声纹等一些经验性较强的鉴定意见。在第一种的情况下，一般来说，可信性较高，在第二种情况下，存在盖然性的程度问题，法院必须确认可信性程度的强弱。鉴定意见与其他对于同一事项进行鉴定得出的鉴定意见之间的法律地位是相等。在存在多个鉴定意见的情况下，即使重新鉴定的鉴定意见与初次鉴定的鉴定意见不同，只要每个鉴定意见都具有证据能力，各个鉴定意见的法律地位就是相同的，不存在预定的证明力等级，也不存在证明力高低的区别。

通过鉴定意见证明力与其他种类证据证明力的比较确定证明力的大小。鉴定意见生成的基础性资料或客体，一般涉及实物证据以及言词证据（如测谎鉴定意见）的种类，在此基础上生成的鉴定意见揭示了这些证据与案件事实之间证明力的同向性，这些作为鉴定基础的证据就会与在此基础上生成的鉴定意见一起对案件事实发生证明效力，从而产生证明力的竞合问题。就证明力方面可优先选择鉴定意见，鉴定意见的证明力先于其依据客体证明力采信。当鉴定意见与其他种类证据证明力方向相反时，在刑事诉讼中鉴定意见所达到的证明标准应高于民事诉讼，刑事诉讼涉及犯罪嫌疑人、被告人的生命、自由,因而孤立的鉴定意见后于其他证据的证明力,仅作为其他证据证明力的补充。如以 DNA 的鉴定意见为例,日本判例一直坚持要求有其他证据,并且只将 DNA 鉴定意见作为辅助证据。[1] 由于民事诉讼主要涉及诉讼当事人的财产利益和较轻微的人身利益,只要鉴定意见对待证事实的证明程度达到高度盖然性标准就可以优先予以考虑或采信。

三、鉴定意见争端的解决机制

鉴定意见作为鉴定人的鉴别和判断意见,不仅受鉴定人科技水平、业务能力和实践经验高低的影响,也会受到其使用的仪器设备、鉴定方法以及所处的环境条件等实验室条件的制约,对于同一专门性问题出现的不同的鉴定意见是必然的现象。这些针对同一专门性问题出现的几个不同鉴定意见,常因提供给的法庭主体不同而发生鉴定意见的争议,甚至组织一些专家进行文证审查后仍然存在分歧。在侦查、检察、审判程序中,特别是审判的环节,通过何种机制来评断这些不同鉴定意见,解决鉴定意见的争端,成为鉴定意见适用制度的重要问题。

(一)鉴定意见争端的质证程序机制

对于同一专门性问题的不同鉴定意见,当事人(控辩)双方或者一方存在争议的,首先应当通过法庭质证程序来解决。法院应当通知鉴定人到庭,接受当事人(控辩)双方通过对争议鉴定意见的质疑、反问,并借助于专家辅助人制度来促进质证的有效性。法院通过程序权利行使的最大化来解决鉴定意见的争端。

(二)鉴定意见争端的重新鉴定机制

对鉴定意见争端通过质证程序仍存在疑问,法院不能作出采纳或者排除的,如果这种分歧不是因现有鉴定技术不足造成的,则可以委托鉴定能力较强、技术力量雄厚等资质条件高的司法鉴定机构进行重新鉴定。但对重新鉴定意见仍应当进行审查,查证属实的可以作为认定事实的根据。

(三)鉴定意见争议的专家委员会审查机制

对通过重新鉴定或者鉴定技术存在争议的,法院应当委托鉴定协会组织有关专家进行审查讨论。由鉴定协会组织涉及鉴定事项的专家,对争议的鉴定意见进行审查,并提出审查建议。审查建议不是鉴定意见,仅供法院采信鉴定意见时参考。

对鉴定协会组织有关专家审查讨论后仍然存在分歧的,法院根据案件的性质可以通过证明责任的承担,决定鉴定意见的采纳或者排除适应。

另外,在鉴定意见争议的解决中,不应采用复核鉴定、鉴定协会或者有职权部门组织专家进行终局鉴定的方式,也不应当无理由地限定鉴定的次数或者实施其他违反科学技术本质规律的行为。

---

[1] [日]田口守一著:《刑事诉讼法》,张凌等译,法律出版社 2000 年版,第 241 页。

思考题

1. 鉴定人出庭作证应当遵循哪些程序?

2. 鉴定人在接受质证应当注意哪些问题?

3. 有专门知识的人出庭应当遵循何种程序?

4. 法官如何对鉴定意见进行认证?

5. 鉴定意见争议有哪些解决机制?

阅读书目

1. [美]肯尼斯·R. 福斯特、彼得·W. 休伯著:《对科学证据的认定——科学知识与联邦法院》,王增森译,法律出版社2001年版。

2. 郭华著:《鉴定意见证明论》,人民法院出版社2008年版。

3. 王敏远、郭华著:《司法鉴定与司法公正研究》,知识产权出版社2009年版。

4. 郭华著:《鉴定意见争议解决机制研究》,经济科学出版社2013年版。

第八章　司法鉴定责任制度

本章重点内容

司法鉴定责任是指涉及司法鉴定的有关人员和鉴定机构在实施和管理司法鉴定活动中违反有关法律、道德和纪律规范应承担的不利后果。它主要包括法律责任、道德责任和执业纪律责任。这些责任构成了层级不同的司法责任体系，其中，道德责任和纪律责任属于职业责任，司法鉴定的法律责任是司法鉴定责任的主要内容。司法鉴定法律责任的形式为民事责任、行政责任和刑事责任以及国家赔偿责任。

本章学习要求

学习本章内容，应当了解司法鉴定责任的含义和意义，理解法鉴定法律责任的分类，掌握司法鉴定人、司法鉴定机构和司法鉴定管理机关工作人员的责任形式和承担方式。

第一节　司法鉴定责任概述

司法鉴定责任是司法鉴定制度的重要内容之一，是维护司法鉴定公正的重要保障，也是维护涉及司法鉴定有关人员和鉴定机构自律性的重要措施，对于纯洁司法鉴定行为和树立司法鉴定权威均具有重要意义。

一、司法鉴定责任的概念

责任的基本语义为特指对“分内应做的事”或者“特定事项的发生、发展、变化变及其成果负有积极的助长义务”，因未做好分内的事或者未履行助长义务应当承担的不利后果或者强制性义务。现实中的责任具有多种意义和形式，而司法鉴定责任主要限定在司法鉴定领域，其领域内又存在鉴定的实施活动和司法鉴定管理等活动，并因其负有不同义务或者应当履行职责形成了不同的责任形式。由于司法鉴定责任涉及的责任主体不同，而不同主体受不同的规范约束，从而形成了司法鉴定责任的形式。

司法鉴定责任有广义和狭义之分。广义司法鉴定责任是指涉及司法鉴定的有关人员和鉴定机构在实施司法鉴定活动或者管理司法鉴定活动中违反有关法律、道德和纪律规范所应承担的不利后果。狭义司法鉴定责任,专指司法鉴定的法律责任,是指涉及司法鉴定的有关人员和鉴定机构在实施和管理司法鉴定活动中违反有关法律、法规、规章的规定所应承担的不利法律后果。司法鉴定的法律责任包括司法鉴定的民事责任、行政责任和刑事责任。为了与司法鉴定法律责任相区分,本章将司法鉴定的道德、纪律责任称为司法鉴定的职业责任。司法鉴定责任不同于司法鉴定的法律责任,其外延大于司法鉴定的法律责任,除司法鉴定法律责任外,还包括司法鉴定道德责任、纪律责任等职业责任。本章所说的司法鉴定责任属于广义上司法鉴定责任。

司法鉴定责任具有以下特征:

1. 司法鉴定责任的主体是实施司法鉴定活动或者管理司法鉴定的有关人员和机构。其主体主要包括实施司法鉴定行为的鉴定人和开展司法鉴定业务活动的司法鉴定机构以及从事司法鉴定管理活动的司法鉴定管理机关的工作人员。在特定情况下,也包括其他涉及司法鉴定的其他人员和组织。如《决定》规定的其他人员、法人或者其他组织未经登记,从事《决定》规定的司法鉴定业务承担行政责任。这些主体虽然不是司法鉴定机构或者不具有鉴定人资格,但在承担处罚责任时,也是司法鉴定责任的承担主体。从严格意义上讲,这些主体与我们强调的司法责任主体仍存在不同。

2. 司法鉴定责任的承担以存在司法鉴定的法律规范、纪律规则和道德规范为依据,也以聘请、指派的有关机关或者鉴定委托当事人与鉴定机构之间的合同约定为依据。鉴定人、司法鉴定机构和管理司法鉴定的人员承担责任的前提是存在有关的义务性或者禁止性规定,因其未履行义务、履行义务不符合约定或者怠于行使职权、滥用职权而根据有关规定应当承担的责任。尽管承担责任的原因可能是多种多样的,其责任承担必须有依据。承担责任的范围也应当在规定的范围之内,不得超出规定范围"法外"制裁。

3. 司法鉴定责任是以存在违反有关司法鉴定法律、法规、规章、道德和纪律规范行为以及合同约定作为责任产生的基础。因为责任产生取决于行为及其后果符合责任构成要件,责任构成要件又是以法律法规规章以及相关规定作为基础的。司法鉴定责任的主体的复杂性,既有管理司法鉴定主体,也有实施鉴定主体;责任主体的成分既包括管理司法鉴定的司法行政部门、侦查机关等国家机关和国家工作人员,也有司法鉴定机构以及具体实施司法鉴定活动的司法鉴定人。司法鉴定责任主体的复杂性带来了责任形式的多样性,既有职业道德、执业纪律上的要求,也有法律对此的专门性规定。无论司法鉴定责任如何多样,责任的产生均应当有根据,其根据具有正当性和合理性。

4. 司法鉴定责任是在从事和管理司法鉴定活动中产生的责任。有关司法鉴定的法律、法规、规章、规范性文件以及相关规定所规定的法律责任、道德和纪律责任等，仅仅是责任产生的基础或者前提，只有在从事和管理司法鉴定活动中出现违反规定的行为，这些责任的规定才能发生实效。鉴定人、司法鉴定机构和登记管理司法鉴定的人员在从事和管理司法鉴定活动时，并非存在违反这些相关规定就应当承担责任，其行为还应当存在行为的可责性。也就是说，只有当他们在司法鉴定活动中存在故意或者重大过失，才承担责任。他们的行为超出司法鉴定活动特定领域违反了其他法律、法规、规章的，所承担的责任则不属于司法鉴定责任，即司法鉴定人员、司法鉴定机构和司法鉴定管理机关工作人员在非执业或者管理活动所承担的责任，不属于司法鉴定责任的范围。

5. 司法鉴定责任是严格依照程序进行追究的责任。司法鉴定责任导致鉴定人、司法鉴定机构和登记管理司法鉴定的人员承担某种不利的后果，使其受到一定的制裁或者不名誉的指责。这种责任的承担会影响到他们的良好声誉和行为的效果，因此对其的责任追究应严格依法进行，体现为责任追究的法定性与程序性。责任的追究应由适格的主体严格按照程序和规定的种类进行，不得超越法律、法规、规章的允许范围擅自设立责任形式，也不得违反程序进行责任追究，否则，追究责任的行为无效。

二、司法鉴定责任的意义

司法鉴定责任是司法鉴定制度与规范的重要组成部分，是保障司法鉴定活动依法实施和司法鉴定的管理依法、有序进行的重要保障，旨在保证司法鉴定管理主体正确地履行职责，保障司法鉴定具有良好的秩序，从而促进鉴定人、司法鉴定机构公正地、客观地、准确地依照鉴定程序实施鉴定行为，保障鉴定的质量，实现司法鉴定公正的目标，为案件事实认定提供坚实的证据基础。建立和完善司法鉴定责任制度具有以下意义：

(一)有利于保障和提高鉴定的质量

现代社会涉及专门性问题的诉讼案件不断增多，鉴定人“在现代诉讼中扮演着无可比拟的角色。伤害案件运用医生与经济学家；产品责任案件运用设计和安全专家；建筑案件运用结构工程师与建筑师；刑事案件运用指纹与 DNA 专家……”[1]但在鉴定实践中，有的鉴定人实施鉴定不负责任，因利益关系提供虚假鉴定意见，导致案件事实认定出现错误，影响了司法公正。“鉴定错了，裁判就会发生错误，这是肯定无疑的。”[2]有的鉴定人借科学技术的有限性，故意偏袒一方当事人，甚至在鉴定中收受贿赂，作出不公正的鉴定；有的鉴定机构管理混乱，导致鉴定人不能独立、客观

---

[1] [美]汤玛斯·摩伊特著：《诉讼技巧》，蔡秋明、方佳俊译，台湾商周出版社 2002 年版，第 396 页。

[2] [法]勒内·弗洛里奥著：《错案》，赵淑美等译，法律出版社 1984 年版，第 177 页。

地提出鉴定意见，影响了司法鉴定的质量。促进鉴定人客观、公正和科学地依法进行鉴定，需要完善的司法鉴定责任制度和责任体系，并通过严格追究违反法定义务、道德规范和执业纪律司法鉴定管理人员、鉴定机构和鉴定人的责任，强化他们的工作责任心和道德责任感，借助于道义、良心谴责和法律制裁的威慑力减少违法、违纪现象，从而保障鉴定的质量，维护司法公正。

（二）有助于促进司法鉴定秩序健康地发展

司法鉴定制度作为司法制度的重要组成部分，与诉讼制度、证据制度密切关联，只有建立科学、合理的司法鉴定管理人员、鉴定机构和鉴定人的责任制度，依靠责任的承担和责任追究的威慑力，才能保障司法鉴定制度在整个司法制度中健康地发展，促使鉴定活动正常有序地进行。司法法律责任制度的核心在于建立一个体系完善的责任追究机制，以此确保司法鉴定的各个环节能够依法有序进行；同时，通过司法鉴定责任的确立使司法鉴定管理人员、鉴定机构和鉴定人明确是否要承担责任、承担何种责任以及如何承担责任，从而保证职责分明和权利义务明确。特别是通过建立司法鉴定管理人员的责任制度，强化鉴定的监管力度，从而为司法鉴定活动创造一个良好的外部环境，避免司法鉴定出现不正当的竞争。可以说，司法鉴定责任制度对维护正常的司法鉴定秩序，促进统一司法鉴定体制形成，具有特别重要的意义。

（三）有利于当事人对因错误鉴定造成的损害获得有效救济

司法鉴定责任不仅可以促进司法鉴定实施客观、公正地进行，保障司法鉴定的质量，同时也为因错误鉴定受到损害的当事人获得赔偿提供了依据。在实践中，由于鉴定机构和鉴定人虚假鉴定、错误鉴定造成当事人的人身和财产损失的赔偿和救济问题一般很难得到落实。根据“谁管理，谁负责”，“谁鉴定，谁负责”的司法鉴定责任原则进行责任认定，有利于使司法鉴定管理人员、鉴定机构和鉴定人对自己的不当或者违法行为根据过错的大小承担相应的法律责任。因此，建立科学、合理的司法鉴定管理人员、鉴定机构和鉴定人责任制度，通过鉴定责任的追究机制，能够及时地使当事人的权利救济得到实现，合法权益得到有效的维护，同时，也为司法鉴定责任主体及时承担责任提供了依据，从而可以避免在承担责任上相互推诿，影响司法鉴定的权威性和公信力。

第二节 司法鉴定职业责任

司法鉴定作为一项为诉讼提供证据和维护司法公正的法律制度，其实施主体属于一种特殊的职业群体，由于实施专门性活动的特殊性，这一特殊职业群体更需要尊重科学，遵守技术操作规范，具有高于一般职业群体的良好职业道德、职业操守以及对鉴定事业的笃诚。这一特殊职业要求司法鉴定具有严格的职业道德、执业纪律,特别需要司法鉴定职业责任予以维护。司法鉴定的道德责任和纪律责任主要发生在鉴定职业领域,所以本章称其为司法鉴定的职业责任。

一、司法鉴定的道德责任

(一)司法鉴定道德责任的概念

司法鉴定道德责任是指从事司法鉴定的人员在进行司法鉴定业务活动过程中违反应当遵守的道德要求或者道德操守所应承担的道义责任。

司法鉴定道德责任主要有三个特点:

(1)司法鉴定道德责任具有自觉性。司法鉴定道德责任需要鉴定人的自觉意识,并通过内心驱动对其应负的责任自觉、自愿承担。

(2)司法鉴定道德责任的广泛性。司法鉴定道德责任与其他责任相比其范围更为广泛。它不仅表现为鉴定人外在行为的可谴性,而且包括内在良知的可责性,主要表现为一种道义责任。

(3)司法鉴定道德责任特别的预防性。司法鉴定道德责任不仅具有自律的性质,而且对于形成特定的动机、意图、目的等一些主观性问题具有一定内在约束力,在一定程度上能够促使鉴定人在将来的司法鉴定活动中更加模范地遵守职业道德规范。

道德责任是伦理学中的一个非常重要的范畴,它涉及道德领域中的许多带根本性的理论问题。它是人们对自己行为的过失及其所产生的不良后果在道义上应承担的责任。在社会生活中,这种责任基于人们对自己的行为具有一定的选择自由而产生。道德责任有时与"道德义务"在同一个意义上使用。因此,道德责任也是人们在一定的社会关系中所应该选择的道德行为和对社会或他人所承担的道德义务。但司法鉴定道德责任不同于司法鉴定道德义务。司法鉴定职业道德责任偏重鉴定人的外在道德担当,而司法鉴定道德义务强调鉴定人内在道德的要求。司法鉴定人自觉遵守和履行在鉴定活动中所承担的道德责任,是每个鉴定人应具有的良好品质。这种道德责任的履行需要鉴定人内心信念和高度的道德责任感。这种道德责任感需要鉴定人具有道德责任意识,并使其超越"他律性质的责任感"逐渐成为更高一级"自律性质的责任感",进而成为促使司法鉴定人自觉履行其应当履行的道德责任的原动力。

司法鉴定是运用专门性知识为诉讼活动提供证据的活动,是一种特殊的"专家"执业活动,承担着维护司法公正的特殊任务,其活动本身具有不同于其他职业的道德要求。一方面,司法鉴定是保障和服务诉讼的一项活动,鉴定人作出的鉴定意见对于案件事实认定起到关键性的作用,有些鉴定意见关系到诉讼成败,甚至决定被告人的生死,如司法精神疾病的鉴定意见,其活动本身具有严肃性和高标准性。这就要求从事司法鉴定活动的鉴定人员尊重科学,实施鉴定活动应当客观、公正,鉴定人具有良知。另一方面,鉴定人又属于某一专门性领域内的专家,人们对此具有较大的信赖性,本身的权威性对其提出了高于其他职业群体的道德标准。所以,法律对鉴定人和鉴定机构均存在有关道德的规定,强调鉴定人应当"遵守职业道德",鉴定人具有较好的善知。

(二)司法鉴定道德责任承担的形式

鉴定人在实施鉴定活动过程中应当严格遵守职业道德,积极履行司法鉴定职责,为诉讼活动提供可靠的鉴定意见,从而维护司法公正,保证法律的正确实施。司法鉴定道德责任是进行道德评价的前提,它以道德规范为基础。道德规范是调整司法鉴定执业关系的一种行为规范,是以非规范形式反映出来的一种道义责任,属于一种抽象意义上的责任形式。司法鉴定的道德责任反映了司法鉴定发展客观规律和道德原则规范。

1. 司法鉴定道德规范的内容

根据司法鉴定的职业特点和司法鉴定活动的本质要求,司法鉴定道德规范主要包括以下内容:(1)司法鉴定人应当忠于宪法和法律,忠于职守,坚持客观、科学、独立的鉴定原则,严格按照司法鉴定程序,开展鉴定业务工作,不受其他任何单位、组织和个人的干预,维护国家法制和社会公平正义;(2)司法鉴定人应当热情勤勉、诚实守信,尽职尽责地为委托人提供鉴定服务,客观、科学、独立、公正地出具鉴定报告;(3)司法鉴定人应当敬业勤业,努力钻研业务,掌握执业所应具备的专业知识、法律知识和服务技能,注重陶冶品德和职业修养,自觉维护司法鉴定人的职业声誉;(4)司法鉴定人应当严守国家秘密,保守委托人的商业秘密及委托人的隐私;(5)司法鉴定人应当尊重同行,同业互助,公平竞争,共同提高执业水平;(6)司法鉴定人应当注重社会效益,积极参加社会公益活动,积极为确有经济困难的当事人提供减免费用的鉴定服务。

2. 司法鉴定道德责任承担的形式

鉴定人违反司法鉴定道德规范应当承担相应的道义责任,这种责任表现为不同形式的不利后果。这种不利后果又通过具体的责任形式体现出来。

(1)司法鉴定道德责任的构成。司法鉴定人承担司法鉴定道德责任应当符合其构成要件。其要件为:

第一,司法鉴定道德责任应当是鉴定人职业范围内的事情,鉴定人应当履行的法定或者约定义务而没有履行、未能完全履行或者履行不符合要求。

第二,在客观上具有期待可能性。鉴定人须有履行能力,并在当时的条件和环境中能够履行;对于客观上鉴定人根本不可能履行或者无法履行的,不能要求鉴定人承担道德责任。

第三,司法鉴定人具有主观上过错。鉴定人有过错才能承担道德责任,一般不适用严格责任原则。

(2)司法鉴定道德责任承担的形式。司法鉴定道德责任承担的形式主要有:教育警示、劝告批评等道德谴责。

(3)司法鉴定道德责任承担的程序。鉴定人违反司法鉴定道德规范的,一般由司法鉴定协会根据情况给予道德谴责。对于情节较轻微的,给予教育警示;情节较重的,给予劝告批评。司法鉴定人违反司法鉴定道德规范,情节严重的,由省级司法行政部门根据法律、法规、规章,追究相应的法律责任。

鉴定人对给予的司法鉴定道德责任有异议的,有权向司法鉴定协会或者省级司法行政部门申诉;司法鉴定协会或者省级司法行政部门对于申诉应当及时予以答复,并说明理由。

二、司法鉴定的纪律责任

(一)司法鉴定纪律责任的概念

司法鉴定纪律责任是司法鉴定主体违反法律、法规、规章以及协会的规范而应当承担的执业责任。其责任范围相对比较广泛,既包括违反法律、法规、规章以及一般规范性文件应当承担的责任,也包括违反道德规范以及行业协会的有关规定应当承担的责任。前者我们在本章的第二节作为法律责任专门论述;后者属于司法鉴定的职业责任,包括道德责任和纪律责任。司法鉴定的纪律责任是对特定职业群体鉴定人作出的执业要求,它与司法鉴定的道德责任常常同时规定,但两者之间仍具有内在与外化等方面的不同。

司法鉴定纪律责任是指鉴定人和鉴定机构在实施和管理司法鉴定活动中违反执业纪律应当承担的不利后果。司法鉴定纪律责任具有以下特点:

(1)司法鉴定纪律责任基于鉴定人和鉴定机构违反执业内部纪律规范而产生。这些内部的纪律规范既有司法行政部门制定的规范司法鉴定的纪律规范,也包括司法鉴定协会制定的内部纪律规范。追究纪律责任的主体一般为司法鉴定的管理机关和司法鉴定协会,特殊条件下还包括司法鉴定机构;责任承担主体主要为司法鉴定机构和鉴定人,特殊情况下还包括司法鉴定管理人员。

(2)司法鉴定纪律责任具有一定强制性。有些司法鉴定纪律规范虽然是由司法鉴定协会制定的进行自我管理、自主管理的自律性规范,但它对于从事司法鉴定执业的人或者机构仍有一定强制性。

(3)司法鉴定纪律责任体现了惩戒的制裁性。司法鉴定纪律责任具有一定的强制性,鉴定人或者鉴定机构一旦违反,纪律责任则会外化为一种强制力,由司法行政部门、司法鉴定协会或者司法鉴定机构给其相应的纪律处分。

司法鉴定纪律规范是司法鉴定主体在管理和从事司法鉴定活动中应当遵循的执业规范,它是司法鉴定道德基本内容与要求的外在体现,是司法鉴定管理的部门以及行业协会等管理组织依照司法鉴定的特殊要求而制定的执业规范,旨在通过纪律惩戒促使司法鉴定道德的有效落实。

（二）司法鉴定纪律规范的内容

司法鉴定纪律主要涉及司法鉴定登记管理的纪律、从事鉴定活动过程中的纪律、处理与委托人之间关系的纪律、处理与其他司法鉴定人之间关系的纪律、鉴定人出庭作证等方面的纪律、司法鉴定管理人员与被管理人员之间的纪律。

司法鉴定纪律规范主要调整的对象主要是鉴定人。鉴定人的纪律规范要求主要包括：

1. 从事鉴定活动过程中的纪律

(1)鉴定人在司法鉴定业务活动中应当忠于事实、尊重科学,积极探求事实真相;(2)坚持独立原则,司法鉴定人应当依法独立开展鉴定活动,不受任何单位和个人的干预;(3)鉴定人在执业活动中应当自觉回避;(4)鉴定人在鉴定活动中应当严格遵守司法鉴定程序和相关行业的技术标准和规范。

2. 鉴定人与其他鉴定人之间的纪律

鉴定人和司法鉴定机构在鉴定执业活动中应当相互尊重,公开、公平竞争原则,开展同业互助,共同提高执业水平。鉴定人不得采取不正当手段损害其他鉴定人的威信和名誉。

3. 处理与委托人之间关系的纪律

(1)鉴定人在执业活动中应当诚实信用,勤勉尽责地为委托机关和当事人服务,按时、按质的完成委托的鉴定业务;(2)严守执业过程中获知的国家秘密、商业秘密、个人隐私以及其他委托人不愿公开的事项;(3)不得与对方当事人或对方当事人委托的鉴定人合谋从事损害当事人的活动等。

4. 出庭作证等方面的纪律

鉴定人应当遵守诉讼活动和仲裁活动中的相关规定。如不得损害司法机关和仲裁机关的威信,不得违反审判庭和仲裁庭的纪律。

5. 在监督管理活动中的纪律

司法鉴定人在执业活动中应当自觉接受和服从国家司法行政主管机关和司法鉴定人协会的检查、监督和管理。不得以隐瞒事实、弄虚作假、消极抵制等手段妨碍司法行政机关和司法鉴定人协会的执业监管活动。

6. 受理案件和业务收费方面的纪律

鉴定人在业务活动中应当廉洁自律,严格遵守各项财务管理规定。鉴定人不得私自接受当事人的委托,应按照规定收取和使用鉴定费用,不得私自截留、非法挪用、私分和侵占鉴定费用,不得以任何理由和方式向当事人或其他利害关系人索要或收受财物。

另外,还有在司法鉴定登记管理方面以及司法鉴定管理与被管理人之间的纪律等。

(三)司法鉴定纪律责任的承担方式

司法鉴定纪律责任的承担应当依照有关规定进行。这些规定主要有:《决定》、司法部的规章和规范性文件以及省级司法行政部门、司法鉴定协会制定的鉴定人执业纪律规范,如2009年12月23日《司法鉴定职业道德基本规范》等。

1. 司法鉴定纪律责任的追究主体

司法鉴定纪律责任的追究主体主要为司法鉴定管理部门、司法鉴定协会以及司法鉴定机构。

我国目前的司法鉴定制度的改革尚未完成,司法鉴定仍处于初级阶段。由于鉴定人准入的门槛不高,在实践中常常出现鉴定人员素质参差不齐的现象;司法鉴定机构发展不平衡,鉴定人自律自治的行业协会尚未充分发挥作用。因此,司法行政部门应加强对司法鉴定执业纪律的监督。随着司法鉴定的发展与成熟,司法鉴定行政管理应逐步弱化,实行司法鉴定的行业管理,这种管理主要是执业纪律的监督,应当由司法鉴定协会负责。司法鉴定行业实行自律、自治,对违反鉴定纪律的惩戒也应由其进行惩戒。

2. 司法鉴定纪律责任的追究程序

司法鉴定管理部门、司法鉴定协会以及司法鉴定机构对于违反司法鉴定纪律的主体,根据有关司法鉴定纪律规范,结合违反纪律情况的实际情况,依照程序分别给予通报批评、公布不良记录等纪律处分或者惩戒。

(1)司法鉴定纪律责任的形式。司法鉴定纪律的责任形式主要有通报批评、公布不良记录等。

通报批评是由"通报"与"批评"形成的复合概念,是指将"对缺点和错误提出意见"并公布于众。这种责任形式主要不在于"批评",而在于"通报"。它是通过影响鉴定人、鉴定机构的声誉或者名誉的方式得到惩戒,是以社会影响和社会压力来达到制裁目的的。对于鉴定人、鉴定机构的通报批评不仅应当直接向违反者提出,而且还应在一定范围内公开,必要时应当向社会公开。

公布不良记录是指对于存在公布不良记录的司法鉴定机构或者鉴定人又违反司法鉴定纪律而对社会公布其不名誉记录的惩戒。

(2)司法鉴定纪律责任的追究程序。通报批评、公布不良记录涉及司法鉴定机构和鉴定人的声誉,且是通过社会评价体现的,其适用一旦出现错误,负面影响难以挽回。因此,司法鉴定管理部门、司法鉴定协会以及司法鉴定机构适用此种纪律责任应当严格程序,慎重适用。其主要程序为:

对拟作出纪律惩戒的,司法鉴定管理部门、司法鉴定协会以及司法鉴定机构应当先告知被追究纪律责任的主体。被追究纪律责任的主体接到告知书后,有申请听证的权利。司法鉴定管理部门、司法鉴定协会以及司法鉴定机构应当组织听证;听证后,认为被追究纪律责任的主体提出的理由不足的,应当制作纪律处分决定书,待送达被追究纪律责任的主体后,再向社会公布。

第三节　司法鉴定法律责任

"法律责任(responsibility,liability)是与法律义务相关的概念。一个人在法律上要对一定行为负责任,或者他为此承担法律责任,意思是说,他作相反行为时,他应受制裁。"[1]司法鉴定的法律责任是维护司法鉴定秩序,提高鉴定质量,促进司法公正的重要保障手段。

一、司法鉴定法律责任的概述

(一)司法鉴定的法律责任的概念

司法鉴定法律责任主要是指司法鉴定机构、鉴定人员和司法鉴定管理机关工作人员在执业或者管理司法鉴定活动中,违反有关司法鉴定法律、法规、规章的禁止性规定或者不履行法定义务所应承担的不利法律后果。

对司法鉴定法律责任可以从以下几个方面进行理解:

(1)司法鉴定法律责任承担主体具有多元化。司法鉴定法律责任承担主体既包括司法鉴定机构、鉴定人员和司法鉴定管理机关工作人员,也包括没有鉴定人、鉴定机构法定资格而从事司法鉴定活动的人。如《司法鉴定人登记管理办法》第28条规定:"未经登记的人员,从事已纳入本办法调整范围司法鉴定业务的,省级司法行政机关应当责令其停止司法鉴定活动,并处以违法所得1至3倍的罚款……"所以,我们在司法鉴定责任概念中将主体设定为主要是司法鉴定机构、鉴定人员和司法鉴定管理机关工作人员。

(2)司法鉴定法律责任承担的依据分属于不同的法律部门。其法律依据既有专门调整司法鉴定活动的法律、法规、规章等特别法,如《决定》、《司法鉴定人登记管理办法》,也有一些有关涉及司法鉴定活动的普通法,如《刑法》、《民法通则》、《侵权责任法》等。

(3)司法鉴定法律责任是以违法法定义务或者约定义务为基础,责任形式具有多样性。其责任的形式既有公法上的责任,也有私法上的责任。公法上的责任是指刑法责任、行政法责任,也存在国家赔偿责任;即使同是私法上的责任也有侵权责任和违约责任之分。

(4)司法鉴定法律责任主要为过错责任。因鉴定涉及科学技术的不确定性,其过错责任主要是以故意或重大过失作为承担责任的要件,对于轻过失一般不承担责

[1] [奥]凯尔森著:《法与国家的一般理论》,沈宗灵译,中国大百科全书出版社1996年版,第73页。

任,也不承担公平责任。

(5)司法鉴定法律责任形式具有体系性。司法鉴定法律责任不仅有民事责任、行政责任,而且还存在严厉的刑事责任。但是,司法鉴定协会的有关规定不得设立有关法律责任的内容。

(二)司法鉴定的法律责任的类型

依据不同的标准,司法鉴定法律责任具有不同的类型。司法鉴定法律责任主要类型有以下几种:

(1)根据法调整的利益不同,司法鉴定法律责任可分为公法上的责任和私法上的责任。公法是指规范国家和公民个人之间关系的法律,适用法律一方的主体是公权力主体。司法鉴定的法律责任在公法上的责任主要表现为行政法律责任、诉讼法责任、刑事法律责任和国家赔偿责任。

私法是指调整平等的民事主体之间的法律规范。司法鉴定的法律责任在私法上主要为司法鉴定人、司法鉴定机构与当事人之间的民事侵权或者违约责任。

(2)根据承担责任的主体不同,司法鉴定的法律责任可分为单位法律责任和个人法律责任。单位责任主要是指司法鉴定机构的法律责任。这种责任是指鉴定机构作为一个整体,违反法定义务后所承担的法律责任。

个人法律责任包括鉴定人个人的法律责任和司法鉴定登记管理部门工作人员的法律责任。鉴定人个人的法律责任是指鉴定人个人在鉴定活动中违反法定义务所承担的法律责任;司法鉴定登记管理部门工作人员的法律责任是指违反登记管理规范应承担的责任。

(3)根据法律责任的性质不同,司法鉴定法律责任可以分为刑事责任、民事责任、行政责任以及国家赔偿责任。

刑事责任是指司法鉴定人和司法鉴定登记管理人员依据刑法规定所承担的责任。这种责任主要包括我国《刑法》规定的伪证、渎职等刑事法律责任。

民事责任是指司法鉴定机构和鉴定人在鉴定活动中或者鉴定结果给当事人造成损失而承担的民事赔偿责任。

行政责任则是指主管司法鉴定活动的行政机关对违规的鉴定机构和鉴定人实施的行政处罚以及司法鉴定登记管理人员违反登记管理规定承担的行政处分。

另外,司法鉴定人在诉讼活动中作为诉讼参与人参与诉讼活动时,不履行诉讼法所规定的义务,如不出庭、不按时出庭等妨碍法庭审判活动顺利进行的,法庭应当依法给予一定制裁。这种责任属于司法责任,是诉讼法上的责任。

二、司法鉴定法律责任的承担

司法鉴定法律责任的承担是指责任主体依法承受的不利法律后果的方式。承受这些不同法律后果的责任主体包括鉴定人、司法鉴定机构和司法行政部门管理人员。根据承担司法鉴定责任主体的不同,本节将司法鉴定法律责任的承担分为鉴定人的法律责任、司法鉴定机构的法律责任、司法行政部门管理人员的法律责任以及国家赔偿责任。

（一）司法鉴定人的法律责任

司法鉴定人的法律责任是指鉴定人在鉴定执业活动中因为故意或重大过失，违反有关司法鉴定的法律法规规章的规定和约定的义务，应当承担的不利法律后果。

司法鉴定人作为具有专门知识的专家是经过司法行政部门许可或者授权取得鉴定人资格的，其从事的司法鉴定活动不同于一般的科学研究意义上的鉴别活动，是为诉讼提供证据和认定案件事实提供依据的活动。这种活动的结果涉及公民、法人或者其他组织的合法权益，甚至决定当事人的生死存亡，其责任重大。因此，法律要求司法鉴定人应当科学、客观、独立、公正地从事司法鉴定活动，严格遵守法律、法规的规定，遵守职业道德和职业纪律，遵守司法鉴定管理规范，并对自己作出的鉴定意见负责。同时，由于当事人和公众对鉴定人"专家身份"的信赖，司法鉴定人也应当承担高于一般人的客观关照的注意义务。对在执业活动中违反《司法鉴定人登记管理办法》、《公安机关鉴定人登记管理办法》、《人民检察院鉴定人登记管理办法》或者《国家安全机关司法鉴定管理办法》等规定的应当承担相应的法律责任；对司法鉴定人违反法庭规则的，由人民法院按照《人民法院法庭规则》处理。

司法鉴定人的法律责任属于最完整的责任体系，包括民事责任、行政责任和刑事责任。

1. 司法鉴定人的民事责任

司法鉴定人在执业活动中，因故意或者重大过失给当事人造成损失的，应由其所在的鉴定机构直接向当事人承担责任。司法鉴定人不向当事人承担民事赔偿责任，其承担的是司法鉴定机构追偿的民事责任。2012 年修订的《民事诉讼法》第 78 条规定："经人民法院通知，鉴定人拒不出庭作证的……支付鉴定费用的当事人可以要求返回鉴定费用。"对司法鉴定人作虚假鉴定，无故不出庭作证或者出庭作证不如实回答质询，造成委托其鉴定机构的当事人损害的，司法鉴定机构在承担损害责任后，对司法鉴定人进行追偿的，司法鉴定人应当承担相应的民事责任。

2. 司法鉴定人的行政责任

司法鉴定人的行政责任是指司法鉴定人违反有关其行政管理的法律规定或者不履行行政法义务所承担的法律责任。

司法鉴定属于行政许可的范畴，对于违反司法鉴定有关行政法律、法规、规章的司法鉴定人，省级司法行政机关有权依法给予行政处罚。根据《决定》和《司法鉴定人登记管理办法》的规定，司法鉴定人承担行政责任的形式主要包括：

（1）警告。警告是司法行政机关对司法鉴定人最经常、最普遍适用的行政处罚形式。

根据《司法鉴定人登记管理办法》的规定，司法鉴定人有下列情形之一的，由省级司法行政机关依法给予警告,并责令其改正:①同时在两个以上司法鉴定机构执业的;②超出登记的执业类别执业的;③私自接受司法鉴定委托的;④违反保密和回避规定的;⑤拒绝接受司法行政机关监督、检查或者向其提供虚假材料的;⑥法律、法规和规章规定的其他情形。

(2)停止执业。停止执业是直接限制司法鉴定人鉴定活动的一种处罚形式。这种处罚形式要求司法鉴定人不得行使司法鉴定权利。在停止执业期间,司法鉴定人仍具有从事司法鉴定活动的资格,但不得具有从事司法鉴定活动的行为。

根据《司法鉴定人登记管理办法》的规定,司法鉴定人有下列情形之一的,由省级司法行政机关给予停止执业3个月以上1年以下的处罚:①因严重不负责任给当事人合法权益造成重大损失的;②同时在两个以上司法鉴定机构执业的,超出登记的执业类别执业的,私自接受司法鉴定委托的,违反保密和回避规定的,拒绝接受司法行政机关监督、检查或者向其提供虚假材料等法律、法规和规章规定的其他情形,并造成严重后果的;③提供虚假证明文件或者采取其他欺诈手段,骗取登记的;④经人民法院依法通知,非法定事由拒绝出庭作证的;⑤故意做虚假鉴定的;⑥法律、法规规定的其他情形。

(3)撤销登记。撤销登记是指授权司法鉴定人资格的司法行政机关撤销司法鉴定人所申请的司法鉴定执业资格,并使其不再享有司法鉴定权利的处罚形式。

根据《司法鉴定人登记管理办法》的规定,司法鉴定人有下列情形之一,情节严重的,由省级司法行政机关给予撤销登记:①因严重不负责任给当事人合法权益造成重大损失的;②同时在两个以上司法鉴定机构执业的,超出登记的执业类别执业的,私自接受司法鉴定委托的,违反保密和回避规定的,拒绝接受司法行政机关监督、检查或者向其提供虚假材料等法律、法规和规章规定的其他情形,并造成严重后果的;③提供虚假证明文件或者采取其他欺诈手段,骗取登记的;④经人民法院依法通知,非法定事由拒绝出庭作证的;⑤故意作虚假鉴定的;⑥法律、法规规定的其他情形。

司法鉴定人的行政责任应当由授予司法鉴定人执业资格的司法行政机关予以追究。司法行政机关追究司法鉴定人的行政责任时,应以书面形式作出,并向当事人宣布及送达。被行政处罚的司法鉴定人对承担行政责任不服的,有权依法申请复议。

3. 司法鉴定人的刑事责任

我国存在职能部门的鉴定人和社会鉴定机构的鉴定人,这两种鉴定人由于基于不同的职责来实施鉴定活动,在刑法上承担的刑事责任有所不同。

(1)社会鉴定机构的鉴定人的伪证罪。鉴定人在刑事诉讼中故意作虚假鉴定,意图陷害他人或者隐匿罪证且虚假鉴定意见属于证明案件的关键性证据或者与案件有重要关系的,构成伪证罪。该罪侵犯的客体是国家审判的安全,它属于抽象的危险犯,既不要求现实上发生侵害国家审判作用的结果,也不要求有发生这种结果的具体的危险。鉴定人在刑事诉讼活动中故意做虚假鉴定构成犯罪的,应当依法按照《刑法》规定的伪证罪追究刑事责任。我国《刑法》第 305 条规定,在刑事诉讼中,证人、鉴定人、记录人、翻译人对与案件有重要关系的情节,故意作虚假证明、鉴定、记录、翻译,意图陷害他人或者隐匿罪证的,处 3 年以下有期徒刑或者拘役;情节严重的,处 3 年以上 7 年以下有期徒刑。在刑事诉讼中,鉴定人故意作虚假鉴定,意图陷害他人或者隐匿罪证的且虚假鉴定意见属于证明案件的关键性证据或者与案件有重要关系的,应当负相应的刑事责任。

在民事诉讼、行政诉讼中作虚假鉴定的,司法鉴定人则不负刑事责任,一般通过侵权责任或者行政制裁予以惩罚。《刑法》在修改时可以考虑适当扩大伪证罪的适用主体范围。

(2)侦查机关鉴定的玩忽职守罪。侦查机关的鉴定人员故意作虚假鉴定构成犯罪的,应当依照《刑法》规定的玩忽职守罪追究刑事责任。《刑法》第 397 条规定,国家机关工作人员滥用职权或者玩忽职守,致使公共财产、国家和人民利益遭受重大损失,处以 3 年以下有期徒刑或者拘役;情节特别严重的,处以 3 年以上 7 年以下有期徒刑。

侦查机关的鉴定人与社会鉴定机构的鉴定人在刑事诉讼中故意做虚假鉴定的,虽然所承担的罪名不同,其法定刑相同。在实践中,侦查机关的鉴定人因履行国家追诉职能,其承担的社会责任应当高于社会鉴定机构的鉴定人,同为虚假鉴定,其承担的刑事责任应当重于社会鉴定机构的社会鉴定人,因此在刑期上应当略高于伪证罪的法定刑。

(二)司法鉴定机构的法律责任

1. 司法鉴定机构的民事责任

司法鉴定机构的民事责任是指司法鉴定机构违反约定义务或者法定义务而引起的应当承担的民事赔偿责任。司法鉴定机构在实施鉴定活动中应当遵守法律、法规、规章,自觉履行与委托人签订的委托合同;违反法律、法规、规章规定、未按约定内容履行约定义务或者在履行义务中侵犯他人合法权益的,应当承担相应的不利法律后果。这种不利的法律后果主要表现为民事赔偿责任的承担。

对司法鉴定机构的民事责任包括以下含义:

(1)司法鉴定机构的民事责任的双重性。司法鉴定机构的民事责任既包括因隶属于本机构的司法鉴定人故意或重大过失行为带来的民事赔偿的先行支付责任,也包括司法鉴定机构因其违反法定义务或者委托合同义务而单独承担的民事责任。《司法鉴定机构登记管理办法》第 41 条规定,司法鉴定机构在开展司法鉴定活动中因违法和过错行为应当承担民事责任的,按照民事法律的有关规定执行。司法鉴定机构的民事责任既包括隶属于本机构的司法鉴定人因故意或重大过失而导致的司法鉴定机构先行支付的赔偿责任,也包括司法鉴定机构因其他违法活动和过错行为而单独承担的民事责任。如司法鉴定机构保管不善,将委托人的重要送鉴材料损坏或丢失等,应当承担的赔偿责任。

(2)司法鉴定机构承担民事责任行为要件的双重性。司法鉴定机构的民事责任既有司法鉴定机构的违法行为或者过错行为,也有因隶属于自己的鉴定人在鉴定活动中的违法行为或者重大过错行为。只要司法鉴定机构或者鉴定人的违法或者过错行为给当事人的合法权益造成了损害,就应当承担赔偿责任。司法鉴定机构承担的责任既具有违约责任的性质,又具有侵权责任性质,甚至会出现责任的竞合。

(3)司法鉴定机构承担民事责任形式的单一性。司法鉴定赔偿责任是司法鉴定机构以及隶属于其的司法鉴定人在司法鉴定过程中由于违法或者过错行为所引起的不利法律后果。这种法律后果仅仅表现为民事赔偿责任。

(4)司法鉴定机构承担民事赔偿责任的优先性。鉴定人进行执业必须由司法鉴定机构统一接受委托,以司法鉴定机构的名义同当事人签订委托合同和收取费用。司法鉴定机构与当事人签订委托合同之后,才能根据案件的情况或当事人的要求,委派某1个或2个鉴定人具体实施鉴定活动。司法鉴定机构对隶属于自己的鉴定人在鉴定活动中因故意或者重大过失行为给当事人造成损失的,应当先行承担赔偿责任。如《民事诉讼法》第78条规定:“经人民法院通知,鉴定人拒不出庭作证的,鉴定意见不得作为认定事实的根据;支付鉴定费用的当事人可以要求返还鉴定费用。”鉴定机构依法承担赔偿责任后,可以向有过错行为的鉴定人追偿。

这种赔偿责任的优先性规定有利于督促司法鉴定机构加强对本机构的鉴定人的管理和教育,最大限度地减少因为鉴定人在执业过程中的违法行为而引发的民事赔偿责任。

2. 司法鉴定机构的行政责任

根据《司法鉴定机构登记管理办法》的规定,司法鉴定机构承担的行政性责任主要包括:

(1)警告。根据《司法鉴定机构登记管理办法》的有关规定,司法鉴定机构有下列情形之一的,由省级司法行政机关依法给予警告,并责令其改正:①超出登记的司法鉴定业务范围开展司法鉴定活动的;②未经依法登记擅自设立分支机构的;③未依法办理变更登记的;④出借《司法鉴定许可证》的;⑤组织未取得《司法鉴定人执业证》的人员从事司法鉴定业务的;⑥无正当理由拒绝接受司法鉴定委托的;⑦违反司法鉴定收费管理办法的;⑧支付回扣、介绍费,进行虚假宣传等不正当行为的;⑨拒绝接受司法行政机关监督、检查或者向其提供虚假材料的;⑩法律、法规和规章的其他情形。

(2)停止从事司法鉴定业务。根据《司法鉴定机构登记管理办法》的有关规定,司法鉴定机构有下列情形之一的,由省级司法行政机关依法给予停止从事司法鉴定业务3个月以上1年以下的处罚;情节严重的,撤销登记:因严重不负责任给当事人合法权益造成重大损失的;具有该办法第39条规定的情形之一,并造成严重后果的;

提供虚假证明文件或采取其他欺诈手段,骗取登记的;法律、法规规定的其他情形。

(3)撤销登记。根据《司法鉴定机构登记管理办法》的有关规定,司法鉴定机构有下列情形之一,情节严重的,由省级司法行政机关依法给予撤销登记:①因严重不负责任给当事人合法权益造成重大损失的;②具有该办法第 39 条规定的情形之一,并造成严重后果的;③提供虚假证明文件或采取其他欺诈手段,骗取登记的;④法律、法规规定的其他情形。

司法鉴定机构的行政责任应当由授权司法鉴定机构许可证的司法行政机关予以追究。司法行政机关追究司法鉴定机构的行政责任时,应以书面形式做出,并向司法鉴定机构宣布及送达。被行政处罚的司法鉴定机构对于行政责任不服的,有权依法申请复议。

(三)司法鉴定登记管理的法律责任

1. 司法鉴定登记管理法律责任的概念

司法鉴定登记管理法律责任是指司法鉴定管理部门及其工作人员违反管理规范应当承担的法律责任。这种法律责任包括司法鉴定登记管理部门的行政责任及其工作人员的行政责任和刑事责任。

司法鉴定登记管理部门法律责任承担主体一般为司法行政机关的从事司法鉴定登记管理的人员。从事司法鉴定具体管理工作的主体为省级司法行政机关,其中,地市司法行政部门也在协助管理司法鉴定工作,其性质属于行政委托,在行使委托职权违反司法鉴定管理法律规定的,也应当承担法律责任;国务院司法行政部门主管司法鉴定登记管理工作,主要通过制定规范性文件实现管理活动,一般不存在法律责任问题,但是也可能因滥用职权承担相应的法律责任。

司法鉴定登记管理部门的法律责任主要体现在司法鉴定管理工作人员的行政责任和刑事责任上。

司法鉴定是为诉讼正确认定案件事实提供证据支持的专门性活动。其作为一项司法制度既需要司法鉴定的实施与适用,也需要对此进行必要的登记管理。为此,国家成立专门机构司法鉴定的登记进行分级管理。这就要求司法行政机关及其工作人员在司法鉴定的管理工作中,积极推进司法鉴定规范化、法制化,严格依法履行职责,通过科学有效的登记管理活动来保障鉴定意见的公正性、客观性、可靠性和可信性,为诉讼活动提供优质服务。在履行职责过程中怠于管理、玩忽职守或者违反规定滥用职权,应当承担相应的法律责任。

2. 司法鉴定登记管理人员的行政责任

司法鉴定管理人员的行政责任是指司法行政机关的工作人员在司法鉴定的管理工作中滥用职权、玩忽职守造成的严重后果,尚未构成犯罪而应当承担的行政法上的责任。

司法鉴定管理机关的行政责任主要由直接责任人来承担。在司法鉴定的管理工作中滥用职权、玩忽职守造成严重后果,这种严重后果存在程度上的差异——未使公共财产、国家和人民利益造成重大损失的,后果没有达到《刑法》规定的条件,应当根据情节的轻重、后果的严重程度分别承担行政处分。

司法鉴定管理工作中的滥用职权、玩忽职守行为表现为:①违反规定对不具备法定条件的鉴定机构和鉴定人进行登记管理,对于具备法定条件的,不予登记管理等滥用职权的行为;②违反司法鉴定监管规定,疏于管理或者应当给予司法鉴定机构和鉴定人处罚而没有处罚造成严重的行为;③违反规定进行的非法收费或者超出收费标准收费以及实施摊派的行为;④在司法鉴定的管理工作中利用职务上便利、本人职权或者地位形成的便利条件,索取或者收受司法鉴定机构或者鉴定人财物,情节较轻的;⑤其他违反规定应当受到行政处分的行为。

司法行政部门及其工作人员在司法鉴定的管理工作中有上述情形之一的,根据情节的轻重,直接责任人应当承担警告、记过、记大过、降级处分、撤职和开除的处分。

3. 司法行政部门工作人员的刑事责任

司法行政机关的工作人员的刑事责任是指在在司法鉴定的管理工作中滥用职权、玩忽职守导致错误鉴定、虚假鉴定,致使公共财产、国家和人民利益遭受重大损失,依照《刑法》规定应当承担的刑事责任。

(1)司法行政机关工作人员在司法鉴定的管理工作中违反法律规定的权限和程序,滥用职权或者超越职权,致使公共财产、国家和人民利益遭受重大损失,构成滥用职权罪的,处3年以下有期徒刑或者拘役;情节特别严重的,处3年以上7年以下有期徒刑。采用徇私舞弊的手段滥用职权构成犯罪的,处5年以下有期徒刑;情节特别严重的,处5年以上10年以下有期徒刑。

(2)司法行政机关工作人员在司法鉴定的管理工作中不履行、不正确履行或者放弃履行登记管理职责,致使公共财产、国家和人民利益遭受重大损失,构成玩忽职守罪的,处3年以下有期徒刑或者拘役;情节特别严重的,处3年以上7年以下有期徒刑。徇私舞弊的手段滥用职权构成犯罪的,处5年以下有期徒刑;情节特别严重的,处5年以上10年以下有期徒刑。

(3)司法行政机关工作人员在司法鉴定的管理工作中利用职务上便利、本人职权或者地位形成的便利条件,索取或者收受司法鉴定机构或者鉴定人财物的,构成受贿罪的,根据受贿的数额和情节,处拘役或1年以上有期徒刑直至死刑,并没收财产。

另外,司法鉴定的法律责任还包括司法鉴定的国家赔偿责任。侦查机关的鉴定人因滥用职权或者玩忽职守提供错误鉴定意见,导致错拘、错捕和错判的,根据《国家赔偿法》的规定,应当由国家进行赔偿。国家赔偿后,有权向存在重大过错的鉴定人追偿。因国家赔偿与社会鉴定机构的民事赔偿的性质不同;同为鉴定人的故意或者重大过失因其隶属的鉴定机构不同,承担责任的轻重程度可能存在不同,受害人收到的赔偿数额也会不同。这种差异会导致法律上的不公平问题,以后法律修改应当予以考虑。

思考题

1. 简述司法鉴定责任的概念和特点。
2. 司法鉴定人道德纪律责任包括哪些方面?
3. 司法鉴定机构和鉴定人的民事责任如何分担?
4. 侦查机关的鉴定人与社会鉴定机构的鉴定人在责任承担上有什么不同?

阅读书目

1. 张军主编:《中国司法鉴定制度的改革与完善研究》,中国政法大学出版社 2008 年版。

2. 郭华著:《鉴定意见证明论》,人民法院出版社 2008 年版。

3. 全国人大常务委员法制工作委员会刑法室编著:《全国人民代表大会常务委员会关于司法鉴定管理问题的决定释义》,法律出版社 2005 年版。

4. [日]谷口安平著:《程序正义与诉讼》,王亚新、刘荣军译,中国政法大学出版社 1996 年版。

5. [日]上野正吉著:《刑事鉴定的理论和实践》,徐益初、肖贤富译,群众出版社 1986 年版。

分　论

第九章　法医临床司法鉴定

本章重点内容

法医临床司法鉴定涉及的基本概念，主要任务，主要内容；法医临床司法鉴定的基本程序和基本方法；法医临床司法鉴定文书制作和鉴定文书的评价等内容。

本章学习要求

通过本章学习，掌握临床医学、法医学和其他学科的理论、知识、技术和经验。重点要求学员能够熟练掌握法医临床司法鉴定的基本方法，从证据的角度理解法医临床司法鉴定文书制作的基本要求。

第一节　法医临床司法鉴定概述

法医临床司法鉴定是根据司法机关、公民个人提出需要解决的问题，运用临床医学、法医学和其他学科的理论、知识和技术，对被鉴定人因外界暴力致伤后果或结局，结合对被鉴定人人身检查，全面分析、综合判断后提出鉴定意见，作为司法机关处理案情的医学证据。因此，法医临床鉴定和法医学其他领域的鉴定一样，在整个工作中要具备合法性、相关性和可信性，确保鉴定结论的科学性和合法性。

一、法医临床司法鉴定的主要任务

（一）为侦查机关揭露犯罪提供线索

通过对活体损伤的检验，根据损伤的形态及部位等特征，结合一些必要的医学检测手段，推断损伤原因（机械性、物理性、化学性、生物性等）、损伤性质（他伤、自伤、诈伤、意外伤等）、致伤物及致伤方式等，为侦查机关提供侦查线索。例如在可疑强奸案件中，通过对受害人的活体检查，判断其是否被强奸，有无性犯罪证据；对女性受害者，应注意其处女膜是否破裂、是否为新鲜破裂，为案件侦破提供线索。

(二)为刑事审判"定罪量刑"提供证据

在司法实践中,人身伤害的程度分为重伤、轻伤和轻微伤三种。致他人重伤或轻伤者,均属犯罪,而致他人轻微伤则不属犯罪。法医临床鉴定的主要任务之一就是要对刑事案件中的受害人人身伤害的程度进行鉴定,为对犯罪嫌疑人的"定罪量刑"提供依据。

(三)为民事审判提供依据

在各类民事纠纷中,法医临床司法鉴定是法医鉴定人在客观检查的基础上,利用医学知识,根据民事赔偿要求或保险赔付需求作出鉴定结论,为法院合理判决和调解民事纠纷提供科学依据。鉴定的主要内容包括:各种类型损伤如人身伤害、交通事故伤、职工工伤或职业病损伤等伤者在临床治疗终结后遗留的伤残等级鉴定、医疗纠纷鉴定、医疗损害赔偿鉴定等。

二、法医临床司法鉴定的主要程序

(一)鉴定的委托与受理

根据现行法律法规,司法机关、公民个人都可以委托司法鉴定机构进行司法鉴定,但在受理公民个人委托鉴定时,应该特别注意委托人提供的鉴定材料的真实性和合法性,以及鉴定要求的正当性。

根据《司法鉴定程序通则》的要求,司法鉴定的委托由司法鉴定机构统一受理。这样做,一是有利于司法机构根据案件的技术要求指定有相应资质的鉴定人具体完成鉴定任务,二是有利于司法鉴定机构对鉴定的过程进行管理和监督。

(二)鉴定的实施

按照《司法鉴定程序通则》的要求,对同一鉴定事项,应当指定或者选择 2 名司法鉴定人共同进行鉴定;对疑难、复杂或者特殊鉴定事项,可以指定或者选择多名司法鉴定人进行鉴定。委托的鉴定事项完成后,司法鉴定机构可以指定专人对该项鉴定的实施是否符合规定的程序,是否采用符合规定的技术标准和技术规范等情况进行复核。

(三)鉴定文书的制作

法医临床司法鉴定文书分为"司法鉴定意见书"和"司法鉴定检验报告书"。司法鉴定意见书是司法鉴定人运用科学技术或者专门知识对诉讼所涉及的专门性问题进行鉴别和判断所提供的书面意见。司法鉴定检验报告书是司法鉴定人运用科学技术手段对所委托的对象(人或物)进行检验后就检验结果所出具的书面报告。

司法鉴定文书制作应当符合司法部颁发的《司法鉴定文书规范》要求。

第二节　法医临床司法鉴定的方法

法医临床司法鉴定的方法包括案情调查、伤情调查、活体检验、实验室检查等。

一、案情调查

案情调查的内容主要包括损伤或伤害事件发生的时间、地点、原因、涉及的人物、致伤工具或致伤物等。案情调查的主要目的在于明确损伤的性质(如他伤,抑或自伤)和致伤方式(如直接暴力损伤,抑或间接暴力损伤)。这对于明确鉴定事项以及鉴定事项的用途的正当性至关重要。例如,损伤程度鉴定是为刑事诉讼服务的,所以损伤程度鉴定的对象只能是刑事案件中的受害人。个人(或通过律师事务所)委托要求进行损伤程度鉴定时,对于损伤性质的确认应有充分的把握。

二、伤(病)史调查

伤(病)史的调查主要目的在于明确外界暴力造成的原发性损伤、与原发性损伤有关系的并发症和后遗症等,因为这些损伤直接关系到损伤程度的鉴定和伤残等级的评定。伤(病)史调查的重点是病史中有关伤者的临床症状和体征的描述(如体格检查结果)和实验室检查结果等(如X线片、CT片及MRI片等),即所谓的"客观病史",而非医师的"诊断意见"、"专家会诊意见"、"实验室检测报告"(如医疗机构的"诊断证明"和"影像学报告")等所谓的"主观病史"。只有"客观病史"才是鉴定的依据,"主观病史"只能作为分析问题时的参考。

三、活体检验

活体检验的主要目的在于对在案情调查或伤(病)史调查过程中所获取的有关被鉴定人伤情进行核实,对被鉴定人损伤后的医疗是否终结进行评价,并对被鉴定人因损伤而遗留的组织器官功能障碍进行检查和评定。例如,通过对被鉴定人创口形态的检验可以进一步明确致伤物是锐器,还是钝器。通过对被鉴定人肢体功能的检查和评定,可以进一步明确被鉴定人肢体功能障碍及其程度。

与临床病人不同,被鉴定人出于报复或索赔的心理,往往会有意地夸大伤情或伪装肢体、器官功能障碍。这就要求鉴定人不但要有丰富的经验能够辨别真伪,还要在必要时通过特殊检测技术识别真伪。

四、实验室检查

实验室检查是活体检查的重要组成部分,是在活体检验过程中需要通过一些特殊的仪器设备或技术手段对被鉴定人器官功能进行检测和评定。法医临床学常见的实验室检查包括放射影像学检查(如X线、CT和MRI等)、超声影像学检查(如B超、彩超等)和神经诱发电位肌电图检查(听觉诱发电位、视觉诱发电位、体感神经诱发电位和运动神经诱发电位等)。法医临床学特殊功能检查包括视觉功能检查、听觉功能检查、性功能检查、肢体功能检查和平衡功能检查等。

由于听觉功能、视觉功能和性功能检查结果的可靠性依赖于检测者的技术熟练程度以及被鉴定人的主动配合程度,鉴定人应熟悉检测技术的原理、方法以及影响因素,并对检测结果进行正确评价。在利用医疗机构提供的检测报告时应该特别慎重,应尽量选择技术水平较高的医疗机构。必要时,可适当增加重复检测的次数,以确保检测结果的准确性和可靠性。

第三节　法医临床司法鉴定的主要内容

法医临床司法鉴定的对象是有生命的人体。鉴定的内容涉及人体生命存续期间所有与法律有关的医学问题。具体内容包括以下几个方面:

一、损伤程度

损伤程度鉴定是为刑事诉讼服务的。损伤程度的鉴定包括重伤鉴定、轻伤鉴定和轻微伤鉴定。重伤是指使人肢体残废、容貌毁损、丧失听觉、丧失视觉、丧失其他器官功能或者其他对于人身健康有重大伤害的损伤,如严重颅脑损伤、大血管破裂出血、血气胸伴呼吸困难等。其依据的标准是《人体重伤鉴定标准》。轻伤是指不论在受伤当时或伤后其程度都不危及生命的损伤,可伴有一定程度的结构损伤或功能障碍,如四肢长骨骨折、伤及感觉神经、血管、肌腱影响功能等。其依据的标准是《人体轻伤鉴定标准(试行)》。轻微伤是指损伤造成组织器官的轻微损害,经一般处理后恢复而不遗留功能障碍,如小面积软组织挫伤、躯干皮肤小的锐器创等。其依据的标准是《人体轻微伤的鉴定》。

二、伤残程度

伤残程度鉴定是为民事诉讼或民事调解服务的。法医临床学鉴定中最为常见的是道路交通事故受伤人员伤残评定、职工工伤致残程度鉴定、人身伤害致残程度鉴定等。道路交通事故受伤人员伤残程度鉴定依据的《道路交通事故受伤人员伤残评定》标准。职工工伤致残程度鉴定依据的是《劳动能力鉴定——职工工伤与职业病致残等级分级》。人身伤害致残程度鉴定尚无专门的标准,在实际鉴定中大多以委托机关指定的标准作为参考依据。

三、致伤物和致伤方式推定

不同的致伤物作用于人体表面可以形成不同类型的损伤,如擦伤、挫伤、划伤、创伤(挫裂创、切创、砍创、刺创、枪弹创)、电流伤、烧烫伤等。人体表面不同的损伤类型有助于推断引起损伤的致伤物。如皮肤软组织挫伤、挫裂创多由钝器打击所致,而皮肤软组织切口多由锐器切割所致。

人体骨折可因外力作用的方式不同而有不同的表现形态,法医临床鉴定中常根据骨折的形态推断外界暴力的作用方式。如四肢长骨横形骨折多为直接暴力造成所致,斜形骨折多由间接暴力所致,螺旋形骨折多由扭转暴力所致,粉碎性骨折多由直接暴力作用所致,椎体压缩性骨折多由垂直性间接暴力所致,而颅骨凹陷性骨折则多由直接暴力作用所致。

四、损伤时间推定

法医临床司法鉴定中常根据皮肤软组织创面的愈合过程、皮肤的颜色、骨折后骨痂形成的特征推断皮肤软组织损伤或骨折的时间。如新形成的皮肤擦伤,伤面低于周围皮肤且较湿润,则大约未超过2小时。如伤面干燥结痂,在伤后3~5小时。如伤面已与周围皮肤一样高,在12~48小时之间。如痂皮周边开始翘起,在伤后3~7日。结痂完全脱落,在伤后7~12日。

伤后1~3日出血灶内的氧合血红蛋白逐渐变为还原血红蛋白、正铁血红蛋白而呈红色或紫红色。3~6日因还原血红蛋白、正红血红蛋白转变为含铁血黄素及胆红素,而呈青、绿色。1周以后因胆红素氧化为胆绿素而呈绿色。12日左右黄色逐渐消退,恢复到正常。

新鲜骨折,骨折线清晰,骨折端锐利;骨折线模糊,骨折处已有密度较淡的纤维性骨痂影像时,骨折的发生已有2周以上;当骨折处已形成骨性骨痂的影像时,骨折的发生已在3个月左右——此两类为非新鲜性骨折。骨折处已骨痂愈合并重新塑型者,骨折的发生一般在6个月左右,此为陈旧性骨折。

五、损伤与疾病因果关系分析

在损伤程度鉴定与伤残程度鉴定时,通常要求对损伤与疾病之间的因果关系进行分析,实际上是对外界致伤因素在损害后果中原因力大小的分析。按照《国际功能与疾病分类》,法医临床鉴定中习惯上将外界致伤因素在损害后果中的原因力大小分为没有作用、轻微作用、次要作用、同等作用、主要作用和完全作用6种情况,并以参与度加以量化。具体划分方法为:(1)没有作用。外界致伤因素与损害后果之间不存在因果关系,参与度拟为0%~4%;参考均值:0%。(2)轻微作用。外界致伤因素与损害后果之间存在间接因果关系(诱因形式),参与度拟为5%~15%;参考均值:12.5%。(3)次要作用。外界致伤因素与损害后果之间存在间接因果关系(辅因形式),参与度拟为16%~44%;参考均值:25%。(4)同等作用。外界致伤因素与损害后果之间存在"临界型"因果关系,参与度拟为45%~55%;参考均值:50%。(5)主要作用。外界致伤因素与损害后果之间存在直接因果关系(主因形式),参与度拟为56%~95%;参考均值:75%。(6)完全作用。外界致伤因素与损害后果之间存在直接因果关系,参与度拟为96%~100%;参考均值:100%。

六、生理状态及功能评定

生理状态及功能评定主要包括青少年发育程度鉴定、活体年龄鉴定、生育能力鉴定、听觉功能评定、视觉功能评定和性功能评定等。青少年发育程度的鉴定，常见于强奸案件受害人的鉴定，主要根据牙齿萌出、骨骼发育及第二性征发育情况来确定的。活体年龄鉴定，常见于刑事案件中犯罪嫌疑人或被害人的年龄推断，主要是依据骨龄鉴定结果来确定的。生育能力评定，常见于人身伤害损伤程度鉴定和各类伤残评定，主要依据精子的数量和质量来确定的。听觉功能、视觉功能和性功能评定也都有特定的检测程序和评价标准。

七、劳动能力鉴定

根据国家劳动和社会保障部、人事部、卫生部、中华全国总工会和中国企业联合会《关于劳动能力鉴定有关问题的通知》(劳社部发〔2003〕25 号)的规定，劳动能力的鉴定是由各省(市)劳动能力鉴定委员会组织实施的。依据的标准是《劳动能力鉴定 职工工伤与职业病伤残等级》(GB/T 16180－2006)和《职工非因工伤残或因病丧失劳动能力程度鉴定标准》(2002 年 4 月 5 日劳动和社会保障部发布)。国内也有的司法鉴定机构接受当地相关部门的授权，从事劳动能力鉴定。

法医临床学劳动能力鉴定主要见于人身伤害案件中受害人劳动能力丧失程度鉴定。由于国家没有专门的鉴定标准，目前多由人民法院根据审理案件的具体要求，指定鉴定机构参照相关鉴定标准。目前较为普遍的做法是：依据是劳动部、卫生部、中华全国总工会《关于颁发〈职工工伤与职业病致残程度鉴定标准〉(试行)》的通知(劳险字〔1992〕6 号)规定，按《职工工伤与职业病伤残等级分级》(GB/T 16180－1996)标准对受害人进行伤残等级鉴定，并根据伤残等级鉴定结果，将一、二、三、四级鉴定为完全丧失劳动能力，五、六级鉴定为大部分丧失劳动能力，七、八、九、十级为鉴定为部分丧失劳动能力。

八、诈伤及造作伤鉴定

常见的诈伤有：诈瘫、诈聋、诈盲、伪装抽搐、伪装失语、伪装血尿等。

常见的造作伤有：外伤性鼓膜穿孔、创口延长等。

诈病(伤)的特征为：过分夸大症状缺乏相应体征；缺乏病理基础；主诉症状不符合疾病发生、发展和转归的一般规律。造作伤的特点为：发生在自己可以打击的部位；无生命之危；一般不致毁容；数量多而大小一致；创伤集中而密度较大；排列一致且程度均匀；创口随体表生理弧度弯曲而弯曲且深度均匀；常有试刀痕。

九、医疗损害司法鉴定

医疗损害司法鉴定是法医临床鉴定的重要内容。医疗损害司法鉴定的主要任务是帮助法官审查医疗机构在对病员提供诊疗护理服务的过程中是否存在医疗过错，是否造成病员不良的医疗损害后果，即医疗过错与不良的医疗损害后果之间是否存在因果关系等，为法庭审理医疗侵权损害赔偿提供证据。

十、其他损害赔偿鉴定

相关损害赔偿主要包括被鉴定人受伤后医疗期限(即误工期)、护理期限及营养期限的鉴定。此外,还可能涉及被鉴定人在接受损伤程度鉴定或伤残程度评定后是否需要继续治疗(包括康复治疗)及其相关费用等。

第四节　法医临床司法鉴定文书制作

法医临床司法鉴定文书是法医临床司法鉴定机构和法医临床鉴定人依照法定条件和程序,运用科学技术或者专门知识对诉讼中涉及的专门性问题进行分析、鉴别和判断后出具的记录和反映法医临床学鉴定过程和法医临床鉴定意见的书面载体。鉴定文书的制作要符合法律法规的基本要求,在形式上要符合《司法鉴定文书规范》的具体要求,在内容上要符合最高人民法院《关于民事诉讼证据的若干规定》第 29 条的具体要求。除此之外,鉴定文书的制作也要符合科学证据和诉讼证据的基本要求。下面根据法医临床鉴定文书格式和内容的具体要求,简要介绍法医临床鉴定文书制作方法及相关注意事项。

一、基本情况

基本情况包括:委托人、委托鉴定事项、受理日期、鉴定材料、鉴定日期、鉴定地点、在场人员及被鉴定人等基本项目。需要注意的是:(1)委托鉴定事项要与《司法鉴定协议书》所载的委托鉴定事项相一致,且要具有正当性。(2)鉴定材料要以清单的形式详细列出,必要时要注明鉴定材料的来源、形式、数量、原件或复制品,且要具有合法性。(3)在场人员是指对被鉴定人进行身体检查时按法律规定需要在场的人员,如对女性、未成年人或精神病人进行身体检查时应注明在场人员。男性鉴定人对女性进行身体检查,要有其他女性工作人员或成年家属在场。鉴定人对未成年人或精神病人进行身体检查,要有监护人在场。(4)被鉴定人一项应说明被鉴定人的基本情况,如性别、出生年月、住址等,视委托鉴定事项的不同可增加必要的内容,如鉴定性功能或生育能力时应增加是否结婚、有无子女等内容。如鉴定劳动能力或损害赔偿时应增加职业、就业情况等内容。

二、检案摘要

检案摘要可分为案情摘要和伤(病)情摘要。

案情摘要主要是介绍基本案情的,其内容主要包括被鉴定人,何时、何地、如何受伤,损伤情况及损伤的原因等。案情是主要是来自委托方介绍的,如果摘自委托方提供的鉴定材料,则应注明出处。

伤(病)情摘要是病史材料的摘抄,主要是介绍损伤(或疾病)发生、发展、演变及转归。既不能过于简单,又不必照抄病史,应掌握"简明扼要、全面完整"的基本原则。应该按照损伤(或疾病),包括并发症或后遗症的发生、发展、演变及转归按照时间顺序交代清楚。在医疗纠纷鉴定时,还应详细介绍医疗处置情况。在摘录病史时应注意:(1)摘录的内容要注明出处;(2)病史摘录的重点是"客观病史"而非"主观病史"。

所谓的"客观病史",是指伤者入院后的临床症状和体征、实验室检查和其他特殊检查。如伤者的血压、脉搏、体温、呼吸频率、神经肌电图检查、X 线成像、CT 和 MRI 等有关异常征象描述等。这些信息是损伤程度或伤残程度鉴定的直接依据,是不由医师的主观意志转移而发生变化的。所谓的"主观病史",是指医师对病情的分析和诊断意见,包括神经肌电图、X 线、CT 或 MRI 检查报告中的诊断意见等。这些信息是会因医师的专业水平和实践经验不同而发生变化的,所以它不能作为鉴定的直接依据,而是要经过鉴定人在对客观病史进行再分析的基础上予以确认或修正的。

三、检验过程

检验过程包括检验方法和检验结果。检验方法要有效,检验结果要可靠。

对于那些有明确检验规范或检验规程的检验项目,要说明检验所依据规范或规程。对于那些尚无统一规范和要求的检验项目以及新开展的检验项目,也要说明检验的方法和过程,如仪器供应商提供的检测方法或实验室自制方法等。

检验结果的记录要求准确、规范,如根据创口推定致伤物,应该详细描述创缘、创角、创壁、创腔的形态特征,包括创腔内有无组织间桥及污染物等。对于瘢痕应详细描述瘢痕的长度、宽度、颜色、质地、隆起或凹陷等。对于关节活动度的测量应注明是主动活动还是被动活动等。

四、分析说明

分析说明是鉴定意见的论证过程,是鉴定人根据委托方提供案情、被鉴定人的伤(病)情以及法医学检验结果,利用自己的学识和经验对专门性问题进行分析和判断,并提出鉴定意见的过程。要求论点明确、论据充分、层次清晰、符合逻辑性,语言表达要通俗易懂、准确规范、避免引起歧义。

分析说明时要注意:(1)充分利用反映争议事实的客观材料,如伤(病)情材料、法医学检验结果。如前所述,尽量避免使用主观材料,如"临床诊断意见","疾病诊断证明","实验室检查报告"等。(2)对于损伤(包括并发症和后遗症)的认定,不能简单地依据临床诊断,而是要在鉴定人对被鉴定人的病史记录、法医学检验结果等进行全面分析、详细论证后予以确认。(3)分析说明中所引用的事实资料只能是案情摘要、伤(病)情摘要及法医学检查过程中所获得的客观记录。即分析说明中引用的有关被鉴定人伤(病)情资料应该是在案情摘要、伤(病)情摘要及法医学检验中出现过的资料。(4)在引用某个理论或方法时,要充分考察该理论或方法的科学性,包括理论的适用性、错误的可证实性、方法的有效性和结果的可靠性等。(5)在引用专家的重要观点或意见时,要充分考察该观点或意见所依据的理论和技术或研究的方法是否科学。如果对于某一问题存在不同的观点或意见,应该引用在相应领域被"普遍接受"的观点。(6)推理、判断要符合逻辑性。

五、鉴定意见(或结论)

鉴定意见是鉴定人对委托鉴定事项所作的直接回答,因此鉴定意见的内容取决于鉴定委托事项,对于没有委托鉴定的事项鉴定人不能发表意见。

对鉴定意见结论如何表述,没有明确规定,《司法鉴定文书规范》提出了原则性要求,即应当"明确、具体、规范"。试举一例说明,这是一个鉴定意见的两种不同表述方法。一种表述为:"被鉴定人因遭他人拳击致鼻骨粉碎性骨折,参照《人体轻伤鉴定标准(试行)》第10条第1项,应评定为轻伤。"另一种表述为:"被鉴定人鼻骨骨折,应评定为轻伤。"显然,第一种表述方法符合"明确、具体、规范"的要求,姑且称为"三要素法",即包括损伤的性质(他伤或自伤)、损伤的诊断和援引的标准条款。损伤程度鉴定及伤残程度鉴定的鉴定意见大都可以采用此种表述方法。

第五节　法医临床司法鉴定意见的评价

法医临床司法鉴定意见的评价实际上是对特定的法医临床司法鉴定文书能否作为诉讼证据进行评价。其评价的重点应该是鉴定意见的关联性、合法性、真实性、正当性和科学性,以及鉴定意见的证明能力和证明力等。

一、鉴定意见的关联性

所谓鉴定意见关联性是指由某一证据所决定的与待证事实之间具有产生某种内心倾向性的感知状态。鉴定意见是否具有关联性取决于鉴定意见是否能够帮助庭审法庭理解和判断争议中的事实。

庭审法官面对提供给自己的专家证言,首先必须确定专家意见是否是能够帮助法官理解或确定待裁决事实的科学知识,断定这个证言寓含的逻辑和方法在科学上是否有效,以及这个逻辑和方法能否被适当地运用于待裁决的事实。

一般说来,司法鉴定是围绕诉讼中争议的专门性问题展开的,鉴定的对象都是与诉讼直接相关系的,鉴定意见的关联性似乎并不存在问题。比较容易被忽略却十分重要的,与鉴定意见关联性有关的是鉴定人在提出鉴定意见时所依据的理论或方法是否能够帮助法官理解争议中的事实,并对事实作出裁决。例如,在法医临床学鉴定中,鉴定人常被要求对某种药物、化学物质或环境污染物与胎儿发育缺陷、自然流产、癌症之间的因果关系进行鉴定。但是由于胎儿发育缺陷、自然流产及癌症之类的病因尚不十分清楚,鉴定人通常会依据有限的动物实验研究的结果提出自己的鉴定意见。这里就存在一个关联性的问题,因为在动物实验的过程中,动物所接触到的药物或化学物质是大剂量的,而人类所接触到的药物或化学物质往往是非常有限的。尤其是在环境污染所引发的诉讼中,人所接触到的化学物质往往是微量的,远低于实验条件下动物所接触到化学物质。此外,动物的生理结构和对药物或化学物质的反应与人类反应也存在明显的差异。所以,美国法庭规定,动物实验研究所获得的结果不能简单地应用于人类。

二、鉴定意见的合法性

所谓鉴定意见的合法性,主要包括鉴定程序的合法性和鉴定材料的合法性。

(1)鉴定程序合法性,是指司法鉴定的委托、受理、实施、鉴定文书的制作等要符合《司法鉴定程序通则》和《司法鉴定文书规范》的规定。例如,鉴定过程中需要对女性作妇科检查的,是否按照《司法鉴定程序通则》要求,由女性司法鉴定人进行;如无女性司法鉴定人的,是否有女性工作人员在场。需要对未成年人的身体进行检查的,是否依法通知其监护人到场。对被鉴定人进行法医精神病鉴定的,是否通知委托人或者被鉴定人的近亲属或者监护人到场。对需要到现场提取检材的,是否由不少于2名司法鉴定人提取,并通知委托人到场见证。对需要进行尸体解剖的,是否通知委托人或者死者的近亲属或者监护人到场见证等。所有这些问题都是鉴定意见评价中应该注意的问题。

(2)鉴定材料的合法性。主要是指鉴定材料的形成、收集、出示、保存和使用等均要符合法律法规、规章制度、技术标准和技术规范等要求。例如,根据《刑事诉讼法》的规定,生理上、精神上有缺陷,或者年幼不能辨别是非、不能正确表达的人,或不能正确表达自己意志的人所提供的证明材料,以及鉴定人未经人民法院同意向辩护人收集的材料等都属于违法证据材料,都不能作为鉴定材料。

三、鉴定意见的真实性问题

鉴定意见真实性(又称客观性),是指鉴定所依据材料是客观真实的,是伴随着案件的发生、发展的过程而遗留下来的,不以人们的主观意志为转移而存在的事实。例如,伤者颅脑损伤后所表现出来的昏迷、抽搐、肢体瘫痪等症状和体征,影像学检查表现出来的脑挫伤、脑出血、脑水肿征象等,都是伤者损伤后存在的客观事实,是人体损伤程度鉴定或伤残程度鉴定的重要依据。而"临床诊断"只是临床医师依据病人病史、发病时的临床表现及相关实验室检查结果,结合自己的临床经验所作的疾病诊断,其准确性取决于医师的学识水平和临床经验,带有相当的主观性,有时还带有相当的随意性。如临床常见的"脑震荡"、"呼吸困难"、"休克"等诊断,往往带有很大的不确定性,因而不能直接以"临床诊断"作为鉴定的依据。即使是仪器检查,其结果的准确性和可靠性也会受到操作人员的学识和经验的影响。在法医临床鉴定中,因直接采用放射科医师不准确的"影像学检查报告"而导致鉴定意见错误的案例并不少见。这类案例的出现充分说明,鉴定人不能简单地把临床医师的"诊断意见"或

"检查报告"作为鉴定的依据,而应该根据被鉴定人伤后的临床症状和体征,结合实验室检查及法医学检验结果进行认真分析和论证,在对"临床诊断"或"检查报告"进行再确认后,才能将其作为鉴定的依据。

四、司法鉴定意见的正当性

正当性是诉讼证据的又一基本属性。法医临床鉴定意见作为诉讼中的证据,首先必须具有正当性。而要满足正当性要求必须具备两个基本条件:一是委托鉴定的事项必须是事实问题;二是该事实问题只有借助于专门知识和技能才能认定。

第一个条件,即委托鉴定的事项必须是事实问题,是指鉴定意见所要证明的必须是事实问题,不是法律问题。换言之,鉴定人只能对事实问题发表意见,而不能对法律问题发表意见。否则,就构成了对裁判者固有权力的侵犯,当然也就不具证据能力。例如,有关犯罪嫌疑人的主观恶性问题,无论是故意还是过失都是一种法律上的评价,是一种以一定心理过程为特征的刑法学上的概念。尽管犯罪嫌疑人的主观恶性在形式上表现为一定的事实,但其性质仍属法律问题,应由裁判者认定,而不是由鉴定人评论。对主观恶性发表意见的"鉴定结论"被认为不具有证据能力。因此,鉴定文书中应避免出现"被鉴定人因他人故意伤害"或"加害人行为恶劣、手段残忍"等有关犯罪嫌疑人主观恶性程度的表述。又如,关于责任程度的问题也应该是一个非常明确的法律问题,应该由裁判者裁定,而不应由鉴定决定。但在司法鉴定实践中鉴定人对此问题妄加评论的情况也屡见不鲜。如在有关医疗纠纷司法鉴定文书中,经常会见到"由于医务人员的严重不负责任、救治不力导致病人死亡"或"经治医院对病人的死亡负有不可推卸的责任"等表述。显然,这种法律责任的认定已经超越了法医鉴定人的职责范畴。这样的鉴定文书会因为不具正当性而丧失证据能力。

第二个条件,即鉴定意见所针对的必须是借助于专门知识和技能才能认定的事实问题。之所以如此规定,主要是基于两方面的原因:其一,普通经验层面上的事实的认定属于事实裁判者判断、认定案件事实的职权范围,鉴定结论不能侵犯事实裁判者的权力;其二,对于专门性问题之外的其他事实问题则属于控辩双方有权举证证明的范围。因此,对一个本属于普通经验层面的问题进行鉴定,则构成对当事人举证权的侵犯。当然,所谓"专门性问题"也不是一个拥有固定范围的概念,它与普通问题之间往往难以区别。在英美法系国家,一般认为,只有在由非专业人士组成的陪审团无法作出结论或很难作出结论时,提出专家证人才是必要的。

五、鉴定意见的科学性问题

鉴定意见的关联性、合法性和真实性问题决定了鉴定意见能否作为证据的资格问题,即证明能力问题。而鉴定意见的科学性问题则决定了鉴定意见作为证据的证明价值问题,即证明力问题。

鉴定意见的科学性问题涉及鉴定过程中鉴定人所引用的理论的适用性问题、所使用的方法的有效性问题以及鉴定意见的可靠性问题等。对鉴定意见是否具有科学性的评价主要关注的是以下几个问题。

(1)理论的适用性。实际上也是鉴定意见的关联性问题。20世纪80年代的多伯特规则给予我们有益的启示。法庭认为动物实验研究结果不能简单地引用于人类,不以流行病学证据为基础的专家意见不可采信,不能用以确立因果关系。在毒物侵权案件中,美国法庭一般坚持要求相对风险值超过2的流行病学数据,尤其是当仅有的其他可资利用的证据是对于人类的适用性尚有疑问的动物毒理学数据时就更是如此。如果专家所提供的证言不是建立在独立研究的基础上,则必须提供其他证据证明他们的证言是基于有效的科学原理。即专家必须准确地解释他们是如何得出结论的,并且指出一些客观来源——学术论文、专业团体的政策声明、著名期刊上发表的文章等,以此表明他们采用的科学理论或方法最起码为一少部分科学家在各自的领域里运用。

(2)方法的有效性。主要是指司法鉴定过程中所使用的方法是否能够满足鉴定的要求。它涉及被鉴定人的病史调查、体格检查及实验室检查等诸多方面。就临床而言,病史调查、体格检查及实验室检查是疾病诊断的重要方法,但这些方法对法医临床鉴定来说往往并不适用。因为被鉴定人出于诉讼的目的会隐瞒真实的病史,伪装或夸大伤情。实验室检查过程中会由于鉴定人的不配合而导致检查困难或结果失真。例如,对于主诉伤后肢体感觉或运动功能障碍的被鉴定人,肌力检查和关节活动度的检查结果往往是不可靠的,必须要结合神经肌电图检查或影像学检查结果加以判断。又如,在听觉功能障碍鉴定中,不但要通过纯音听阈测定技术测定被鉴定人的行为听阈外,还要通过伪聋测试,必要时还要通过听觉脑干诱发电位检测技术对纯音听阈测定结果进行复核。再如,对于视觉功能障碍法医学鉴定而言,不但要采用常规方法对被鉴定人的视力进行测试,还要对被鉴定人进行伪盲试验,必要时还要通过视觉诱发电位对常规视力测试结果进行复核。

(3)结果的可靠性。主要是指临床实验室诊断的预测价值。它取决于诊断方法的灵敏度、准确性和被预测的特定疾病在普通人群中的发病率(即基率)。以艾滋病免疫学诊断方法为例,该诊断方法灵敏度为98%,准确性为99.8%。然而在美国,随机抽出一人进行测试,即使测试结果为阳性,其感染艾滋病的可能性也只有15%。因为美国人总体感染艾滋病的基率很低,大约为1/3000。类似的问题在法医临床学鉴定中也很常见,如在输血后感染艾滋病或病毒性肝炎的诉讼,以及是否因宫内感染引起胎儿畸形或新生儿脑瘫等诉讼中,都会涉及免疫性诊断的问题。尽管已知的测试方法的灵敏度和准确性都非常高,但这些疾病在普通人群中的感染率(基率)是多少,测试结果的诊断价值到底有多高,即检测结果呈现为阳性的受试者感染疾病的可能性到底有多大,都是评价鉴定意见所关注的重点。

(4)技术标准适用性。主要是指司法鉴定意见所依据的技术标准和技术规范的适用性,主要涉及两个方面的问题:一是技术标准和技术规范的适用范围,即是否适用于解决争议中的问题；二是技术标准和技术规范的权威性问题，即在同类技术标准和技术规范中，什么样的技术标准和技术规范更具有权威性。

关于技术标准和技术规范问题，一般来说，任何技术标准和技术规范都有特定的适用范围。例如，《道路交通事故受伤人员伤残评定》标准只适用于道路交通事故中受伤人员的伤残评定，不适用于人身伤害致残程度评定。如应用此标准对人身伤害案件中受害人进行伤残程度评定，则必须作出特别说明。

关于技术标准和技术规范的权威性问题，《司法鉴定程序通则》第22条规定了技术标准和技术规范的使用顺序：有本专业领域的国家标准或技术规范的，应当优先选用国家标准和技术规范；无国家标准或技术规范的，可以选择司法鉴定主管部门、司法鉴定行业组织或者相关行业主管部门制定的行业标准和技术规范。采用相关主管部门或行业主管部门制定的行业标准和技术规范，一般应经过司法鉴定主管部门或行业组织的确认；无国家、行业标准或技术规范的，可选择该专业领域多数专家认可的技术方法。多数专家认可的技术方法包括知名技术组织或科学书籍、学术期刊公布的方法、仪器设备制造商指定的方法以及其他机构使用的成熟方法。在不具备上述技术标准和技术规范的情况下，可以采用所属司法鉴定机构自行制定的有关技术规范。但自行制定的技术规范必须要有充分科学依据，应当经过同行专家的审查论证，并经过主管部门确认。

总之，对如何评价鉴定意见，不同的专家可能有不同的观点和方法，但无论如何都应该围绕鉴定意见的证明能力和证明力而展开。

思考题

1. 如何提高法医临床鉴定文书的科学性？
2. 如何提高法医临床鉴定文书的证明能力和证明力？
3. 如何科学评价法医临床鉴定文书的水平和质量？

阅读书目

1. 宋嗣荣主编：《临床法医学》，人民出版社1999年版。
2. 邓振华、陈国弟主编：《法医临床学理论与实践》，四川大学出版社2004年版。
3. 司法部司法鉴定管理局编：《司法鉴定程序通则导读》，法律出版社2007年版。
4. [美]肯尼斯·R. 福斯特、彼得·W. 休伯著：《对科学证据的认定——科学知识与联邦法院》，王增森译，法律出版社2001年版。

第十章　法医病理司法鉴定

本章重点内容

本章介绍法医病理司法鉴定，主要包括法医病理司法鉴定的任务、检验对象、鉴定工作程序和鉴定方法，法医病理司法鉴定的主要事项，法医病理司法鉴定意见书的制作要求以及法医病理司法鉴定意见的表述方法和评价要求。

本章学习要求

学习本章内容，应当了解法医病理的概念和研究范围，熟悉法医病理司法鉴定的检验对象和主要工作任务，掌握法医病理司法鉴定实施程序、鉴定方法和鉴定的主要内容，了解法医病理检材送检及保存要求，了解法医病理司法鉴定文书的格式内容和制作要求，熟悉法医病理司法鉴定意见的表述方法。

第一节　法医病理司法鉴定概述

一、法医病理司法鉴定的概念

法医病理学(forensic pathology)是应用病理学及其他医学、自然科学等理论与技术，研究与法律有关的人身死亡原因、方式和发展规律及其检验鉴定的一门应用科学。其研究范围包括：(1)死亡与死亡学说；(2)尸体变化及现象；(3)各种暴力因素(机械性、物理性、化学性及某些生物因素等)引起的死亡；(4)非暴力性死亡尸体(猝死及其发生机制)；(5)涉及医疗纠纷死亡的尸体；(6)工、农业事故造成的中毒、伤亡或危害公众的烈性传染病死亡的尸体；(7)吸毒死亡的尸体；(8)实施人工流产或非法堕胎死亡的尸体；(9)其他可能涉及法律问题的伤亡人群。

法医病理司法鉴定即是法医病理学工作者运用上述理论和技术对诉讼过程中有关伤亡的专门性问题进行检验、分析并作出科学结论的过程，其目的是运用相关的医学专业知识解决有关暴力性和非暴力性死亡的死亡征象、死亡原因、死亡方式、死亡时间、死亡地点、个人识别以及致伤物的推断和确定，最终为暴力性案件的侦查或审判提供医学证据。在实际工作中，法医病理司法鉴定人除了应用医学知识和理论来解释和论证个案中的死亡过程和机制，有时还需要用法律知识分析与死亡有关的法律责任问题。因此，法医病理工作者必须熟悉和掌握有关的法律，在受到法律规定保障的同时，服务于法律，并为某些法律的立法提供理论依据。

二、法医病理司法鉴定的任务

在实践中，法医病理司法鉴定的任务主要是通过确定死亡原因、死亡方式，推断死亡时间和个人识别等，阐明死亡是否涉及违法事件或帮助分清导致死亡的责任。同时，还应证实或揭露隐藏在“正常死亡”中的犯罪行为，区别暴力性死亡或非暴力性死亡，研究各种暴力所引起的损伤或窒息的形态学改变及其特征，推断和认定致伤工具，判明不同的凶器致伤的程度，鉴别死前或死后伤，区分损伤与疾病、损伤与中毒、中毒与疾病等之间的关系，区分自然因素或人为因素对尸体的破坏，研究在不同环境下尸体组织器官结构的改变和体液中化学成分的变化等。上述问题的鉴定不仅涉及刑事责任的法律诉讼和裁定，还关系到民事赔偿、劳保待遇以及医源性损伤和医疗纠纷等问题的处理。

由于法医病理司法鉴定服务于各类诉讼活动，有时根据委托要求，法医病理学鉴定人需要对致伤方式、损伤经历时间等问题进行鉴定，甚至由于案件的需要，根据尸检所见结合现场勘察和调查，重建死亡当时的情况，即案件重建。

三、法医病理司法鉴定的检验对象

法医病理司法鉴定的检验对象主要是尸体，通过对尸体的研究获取医学证据，让无言的尸体“说出”事情的真相。有时亦须对离体的器官组织进行检验。

对尸体进行法医病理司法鉴定必须依据我国法律。《刑事诉讼法》第 126 条规定：“侦查人员对于与犯罪有关的场所、物品、人身、尸体应当进行勘验或者检查。”第 129 条规定：“对于死因不明的尸体，公安机关有权决定解剖，并通知死者家属到场。”公安部《刑事案件现场勘查规则》规定：“勘查有尸体的现场，必须有法医参加。解剖尸体应按卫生部《解剖尸体规则》执行。”为了确定死因，经县以上公安机关负责人批准，可以解剖尸体或者开棺检验，并且通知死者家属到场，并让其在《解剖尸体通知书》上签名或者盖章。死者家属无正当理由拒不到场或者拒绝签名、盖章的，不影响解剖或者开棺检验，但是应当在《解剖尸体通知书》上注明。对于身份不明的尸体，无法通知死者家属的应当在笔录中注明。

四、法医病理司法鉴定的程序

不同类型的案件、不同诉讼阶段决定委托鉴定的主体。根据诉讼的不同阶段（如侦查、起诉、审判阶段），法医病理司法鉴定分别是接受公安、检察院、法院、司法机关的委托进行的。凡符合下列条件之一者应进行法医病理司法鉴定：暴力性死亡尸体；各种灾害和交通事故死亡的尸体；自杀死亡的尸体；猝死或死因不明的尸体；无名或无合法死亡证明书的尸体;狱中死亡的尸体;司法机关监护下死亡的尸体;电流、高温或低温引起死亡的尸体;非法流产引起死亡的尸体;断离尸体(碎尸);恶劣工作环境引起的中毒或疾病死亡的尸体;涉及医疗纠纷或事故死亡的尸体;烈性传染病死亡的尸体;毒品滥用引起死亡的尸体。

在诉讼案件中,犯罪嫌疑人、被告人、被害人有权向司法机关提出鉴定或重新鉴定的申请。但必须具备以下几项条件:案件已经进入侦查或诉讼程序;提出鉴定申请的理由合理;要求鉴定的项目有助于弄清事实的真相;申请人具有刑事责任能力和民事行为能力;能如实提供鉴定所需要的有关资料和检材等。对于诉讼案件,司法机关根据法律规定,对鉴定的要求进行审核后,有权对申请人的申请作出是否同意的答复,通常包括决定机关、决定方式、决定时间、决定理由等;对于非诉讼案件或诉前案件的鉴定,由当事人自行决定。

法医病理司法鉴定的委托,是法医病理司法鉴定的必经程序。不同案件类型、不同诉讼阶段决定委托鉴定的主体。诉讼案件的鉴定接受司法机关的委托,非诉讼案件的鉴定接受行政机关、企事业单位、社会团体和个人的委托;诉讼案件根据诉讼的不同阶段(如侦查、起诉、审判阶段),分别接受公安机关、检察院和法院的委托。鉴定委托书要说明委托事项,明确鉴定要求,并介绍案情概况,提供客观、详细的鉴定文书资料以及与鉴定有关的检材等,委托书中不能要求鉴定人对案件的事实作出法律评价。凡提出鉴定委托的司法机关应当出具鉴定委托书,填写鉴定机构提供的委托受理合同或委托鉴定登记表。委托受理合同或委托鉴定登记表的内容应包括委托机关名称、鉴定事由、提供的被鉴定材料的名称、数量和状态、提供参考的卷宗资料和送检文书资料数量、具体委托承办人的联系方式、委托日期、鉴定委托机关公章、鉴定实施后检材的保留方式、其他双方需要约定的事项等。

鉴定人在受理鉴定委托时,首先应明确委托要求和鉴定目的,认真、及时地了解案情,审核所提供的文书资料是否真实、完整,检材是否符合鉴定要求,鉴定项目是否需要增加,并根据本鉴定部门的技术力量决定受理与否。对于决定受理的鉴定委托,鉴定人应到鉴定机构内部的管理部门进行登记、编号,办理收费等有关手续;对于决定不予受理的鉴定委托,应向鉴定委托机关说明理由。对于函件鉴定委托的(需附有关鉴定文书资料和检材),鉴定机构应在收到函件之日起10日内作出是否受理的明确答复。

鉴定的实施是鉴定程序的核心环节,直接影响鉴定工作的整体水平。其中,确定鉴定方案是鉴定实施的关键。鉴定方案的技术路线一般要求采用经典的、成熟的方法,如果国家(或行业)有技术标准规定的,应按其标准或规定操作。有时,为了解决某些特殊问题,如果需要引用国内外最新科技手段的话,资料来源必须要有出处,必要时应附有参考文献。初次鉴定、复核鉴定、重新鉴定从受理之日起至出具鉴定文书一般在30个工作日内完成,如因技术原因需要延长时日的,经征得鉴定委托机关的同意后,可适当延长。因需要补充鉴定资料(或检材)的,或需要聘请专家会鉴而发生的延时,不计入鉴定时限。法医病理现场勘验、尸体解剖时,应通知司法机关派人到场并要在勘验、解剖记录上签名或盖章;通知后不到场的,可根据委托要求在不影响现场勘验和尸体解剖的条件下进行,但需把此情况记录在案。鉴定人在作各项检验、鉴定时,应全面、严格、细致地进行技术操作,对鉴定过程中的每一项检验结果均应认真做好记录(必要时拍照备案)。检查记录、实验记录等不能代替鉴定文书,鉴定或检验过程的有关记录应随档案存档。

五、法医病理学档案及标本管理

法医病理学的档案包括委托书、现场勘验记录、尸体解剖记录、法医病理鉴定书、照片、底片、声像材料等,必要时应附上案情调查记录、预审笔录、病史及其他有关材料。随着科学技术的发展,现今法医病理学档案管理已应用电子计算机将资料建成数据库,并利用摄像机、照相机或扫描仪,将照片和病理切片图像等输入电子计算机保存。

法医病理学的标本包括器官大体标本、石蜡组织块、组织切片、电子显微镜标本等。《解剖尸体规则》第7条规定:"凡病理解剖或法医解剖的尸体,可以留取部分组织或器官作为诊断及研究之用。但应以尽量保持外形完整为原则。如有损坏外形的必要时,应征得家属或死者生前所在单位的同意。"法医尸体解剖后应保留必要的标本,以备有要求时出示或供重新鉴定。大体标本由于体积较大,除某些特殊案例必须留作证据外,多在解剖后放回尸体体腔内,与尸体一起处理。组织块在一些国家规定每个器官保留一小块,用福尔马林固定,保存到案例诉讼结束或保留5年。组织切片体积较小,可以大量长期保存。作为证据的标本必须妥善保管,不能毁坏或丢失。尸体解剖后不得将其他尸体的器官放入此次解剖尸体体内,这在嫌疑为他杀者或存在纠纷的案件中尤为重要。

第二节　法医病理司法鉴定的方法

一、现场勘查

现场勘查是为了正确判明案件性质,揭露犯罪事实而在现场进行的一项重要工作。法医病理学鉴定人现场勘查(scene investigation)的任务是了解案件的发生经过,观察发现尸体的现场情况及尸体与周围环境的关系,收集包括血痕、呕吐物、服剩的药物或毒物以及其他与死亡有关的物证,进行尸体外表检查和记录。现场勘查记录应包括下列内容:

(1)发案时间,地点。参加现场勘查的人员、在场人及旁证人等。

(2)案情经过。应记录提供案情者的姓名、性别、年龄、职业、地址、与死者的关系;目击者叙述的案件经过情况;死者临终前的情况及可能与死亡有关的因素;发现尸体的经过及尸体位置等。

(3)现场情况。包括尸体所在环境情况的描述(注明是否原始现场),尸体在现场的状态、位置及其与周围物体的关系(应有准确的距离测量),尸体周围能说明案情的物品情况(可疑的致伤物、电源、热源、痕迹、呕吐物、药瓶、注射器、饮料或食物容器等)。现场除尸体以外的有关物品,如药瓶、饮料或食物容器、衣袋内容物、尸体佩戴的装饰物等,均应由法医与侦查人员或家属共同清点列单,并共同签名,注明由何部门负责保管。

现场必须从各个不同的角度和距离拍照,以显示尸体的情况及尸体与周围物品的关系。

二、法医尸表检验

在脱去衣服检查尸体之前,应仔细检查尸体的衣着情况。确定衣服上的撕裂口或其他破孔与尸体的损伤是否相符并记录所见。若衣服上留有血迹、油漆等污物,则应规范提取备检。初验后即可解开衣扣、拉链及衣钩,脱去衣服,不能将衣服撕扯或绞断,记录并标记每一件衣服。为进一步检查,应将标记好的衣服妥善保存。

尸体外表检查应记录尸体的死后变化(即尸体现象)、尸体的特殊体位及形态变化、体表个人特征、体表附着物、体表血痕及损伤情况。对头、颈、胸、腹、生殖器及四肢均需按顺序全面描述。如有多个损伤时应用文字逐个说明其大小、方向、与解剖学标志的关系以及损伤种类或程度。尸体在死后不同时间进行检查,应分别记录,分别照相。各次检验可能结果不同。一些冷藏的尸体,经数次解冻检查,由于红细胞崩解,会出现血液浸润改变。如某些挫伤痕初次检验时不易发现,经冷冻后再次检验则易见,甚至有时范围可逐渐增大,对此应予以注意。

尸表检查的具体操作应按照中华人民共和国公共安全行业标准《法医学尸表检验》GA/T 149 - 1996 的规定进行。

三、法医尸体解剖

尸体解剖是法医病理检验鉴定的基础。尸体解剖不仅包括系统的大体解剖,还应对器官进行组织病理检查。如需要,还应进行毒物分析、法医生物学、微生物学、尸体化学等检验。尸体解剖一定要全面、系统,不能因为找到一种可以解释死因的病变,而不再进行系统的检查,以致可能遗留真正的死因。肉眼检查是法医学尸检成败的关键,任何细微的变化都要仔细观察,防止漏检。尸体解剖的具体操作应按照中华人民共和国公共安全行业标准《法医学尸体解剖》GA/T 147 - 1996 的规定进行。

法医尸体解剖时应按操作程序进行规范化尸解。但因不同案例的要求不同,其操作程序可有区别。常用的解剖术式包括:直线切法、T 字弧形切法、Y 字形切开法、倒 Y 字形切开法等；尸体解剖程序主要分为：腹腔—盆腔—颈部—胸腔—颅腔，腹腔—盆腔—胸腔—颅腔—颈部，颈部—胸腔—腹腔—盆腔—颅腔等。上述几种不同解剖术式和程序，在特殊情况下，尸解者可以灵活应用，以不破坏损伤和病变，有利于寻找致死原因和死亡机制、确定致死方式为原则。

尸体解剖记录是编写法医学鉴定书的依据。除体表检查所见外应注明解剖的时间、地点、在场人。解剖的步骤及所见体内情况可用事先拟定的备有空格的已成文的记录纸，按解剖所见逐项填入。解剖记录中除阳性所见外，对有些重要的阴性情况也应注明。例如头皮无损伤，颅骨无骨折，脑无出血等。如作了检查，即使未见病理改变，亦均应叙述。尸体外表检查及尸体解剖均应拍照或录像（包括全身情况、各处损伤以及损伤的特写照）。所有相片均应逐一贴到纸上，并逐张写出说明。从尸体中提取了哪些器官保留标本或做组织学检查，均应记录。如作了组织切片检查，应根据各组织片具体描述其组织学改变。

四、特殊类型尸体检查

（一）无名尸体检查

无名尸体检查与法医学一般尸体检查方法基本相同，但检查应着重以下几点：（1）根据尸体现象推测死亡经过时间。（2）根据身长、发色、面部皱纹，牙齿萌出，生长情况及牙齿磨耗度，骨骼发育生长情况等推测死者年龄。（3）根据人体穿戴衣物，随身物品，手足、皮肤状态，指甲磨损情况，甲缝、甲沟及皮肤皱壁中污垢残留物的性状和特点，局部肌肉的发育状态，有无职业病特征等推测生前职业。（4）根据人外貌、五官特征，发式衣着特点，佩戴的装饰品的差异等特征推测生前居住地区。如南方农民常赤脚、足底皮肤厚、粗糙；风沙大的地区，面色黑；少数民族穿着打扮有民族特色；高氟地区有氟齿。（5）其他个人特征。检查死者容貌特征，如面颅、五官形状，皮肤特征，发型，胡须特征、牙齿情况，有无口腔疾病。全身有无痣、疤痕、纹身色素沉着、瘢痕、肿瘤及其特征及分布，有无畸形、生理缺陷，体内有无异物，取血液进行 DNA 分型，捺印死者指纹等，备做个人识别用。

（二）碎尸检查

法医学碎尸检验有几种情况：（1）罪犯杀人毁证将尸体离断或粉碎，隐藏丢弃，即所谓碎尸案。（2）意外灾害致肢体断离，如交通事故、飞机失事、爆炸、高层建筑灾害等。（3）动物对尸体的毁坏。（4）丢弃的手术截肢和解剖器官。碎尸检查有意义的是碎尸案和意外灾害造成的支离断碎尸体。碎尸一般为无名尸体，检查除按无名尸检查进行外，还要注意以下几点：

（1）详细调查案情及现场情况，注意排除非犯罪原因所致的肢体断离，对碎尸现场特点仔细检查，重点是包装物或容器，查记有无标记，号码、绳索、结扎及特征，进行拍照。

（2）碎尸的个体识别除按无名尸体检查方法进行外，还应根据碎尸块形态特征及断端间的吻合程度,确定其部位;尸块是否属同一个体,应进行DNA鉴定,并判断身长、体重、发育营养、性别、年龄、血型、职业、个人特征等。

(3)根据碎尸断端创面特点、性状、附着物、遗留物推测碎尸的方法、手段、作案工具等。

(4)检查方法按一般法医学尸体检查常规,对碎尸各部进行检查,必要时进行组织学检查,以确定死亡原因。

(5)根据尸体现象及其他检验,还要判明生前伤与死后伤。各尸块发现时间可能不同,各弃尸现场自然条件可能差别较大,尸块死后变化差别也较大。故推测死亡和碎尸经过时要考虑上述因素的影响。

(三)尸体发掘(开棺检验)

尸体未经检查或检查不完全或对原鉴定有怀疑时,将已埋葬的尸体挖出进行检查,称为尸体发掘(cadaver exhumation)或称开棺验尸。尸体发掘及检验应按法律程序进行并注意:(1)了解案情死者生前健康状态、病史、死亡经过、尸体当时情况、埋葬时情况,衣着、装饰、时间、地点、深度,棺材质料、形状、厚度,周围环境情况。根据具体情况确定检验重点及取材部位和数量。(2)请参加埋葬人员及死者亲属参加,以确认埋葬地点和死者。(3)尸体检查一般就地进行。怀疑外伤者着重检查头部、内部器官有无损伤、穿孔、破裂、出血、骨折;疑为窒息者详查颈部软组织、舌骨、甲状软骨和环状软骨;怀疑溺死者应检查硅藻;疑为中毒者除提取材器官、组织进行毒物检验并提取棺周泥土作对照检查;尸体软组织腐败消失时,查骨骼、牙齿、毛发有无损伤,并取材检验。(4)从开始到结束每一过程均应照相并记录,如墓穴方位、外貌、墓碑、棺及尸体外貌、尸解发现等。(5)结束工作前复查有无遗漏检查部位、检材、清点工具。

(四)死胎及新生儿尸体检验

死胎及新生儿体征具有特异性,有些检验方法与成人不同。应注意:

(1)案情调查及现场尸体检查了解婴母健康状态、婚姻、生育史、妊娠、分娩情况,出生时及生后情况,病史及死亡经过,查尸体包裹物及衣着情况。

(2)根据肺和胃肠浮沉试验和肺组织学检查判定死、活产,死胎应查皮肤有无浸软表现,检查成熟度,判定月龄、确定性别。

(3)根据肺扩张程度、新生儿黄疸程度、脐带变化等判断婴儿存活时间;根据尸体现象及其他检查判定死亡经过时间,尸体现象有时有助于死因分析。

(4)注意调查和检查母体是否存在疾病、中毒、外伤等;若分娩时死亡应注意检查形成宫内胎儿窒息的因素和征象,产程中有无产伤;分娩后死亡者应检查有无疾病、损伤、窒息,注意区别暴力死和非暴力死。

(五)传染病尸体检查

由于传染病的传染特点及其对人类的危害性,故应引起法医工作者的高度重视——既要做好自身防护工作,也要防止传染他人。尸体解剖时,除应按常规进行检验外,要做好劳动防护。

(1)了解案情时要关注临床病史和个人生活史,分析是否可能患有他传染病。

(2)对任何疑为传染病死亡的尸体进行法医学检验时,一定要做好有关防护准备工作:①准备消毒器具和药品。②应有良好的工作环境和检案条件,如面罩、防护衣等。③尸检工作人员要戴面具、口罩、双层手套,穿长袖衣服并加穿一次性塑料或尼龙工作服。④尸检期间禁止其他非工作人员进入检验场所或解剖室。⑤尸检后,尸检工作人员要彻底洗手,消毒;对所有用过解剖工具、解剖台及地面等要进行彻底清洗消毒;对尸体处理应用一次性塑料尸体袋包装,防止血液、体液污染地面和运尸工具。

(3)尸检者应精通业务、技术熟练、操作准确、动作轻柔,勿使液体、组织外溅、减少地面和空气污染,避免自身损伤;应尽量使用器械操作,减少不必要的接触;取出病变器官组织时要小心谨慎,取出后很快进行称重、测量大小、作外表观察,检验后,可不切开,立即放入缸或桶内固定。若急等检验结果,可将标本放在盛有固定液的大缸或大桶内数分钟再切取小块组织检材固定、制片、镜检。

(六)群体性事故的尸体检验

群体性的重大事故,由于情况复杂、伤亡人员多,给法医学尸体检验增加了检验难度和工作强度,应引起注意。检验时应注意:

(1)群体性事故因伤亡人数多,工作量大,法医检验时要统一组织安排、分工合作。

(2)尸检时,除按常规方法对各个尸体进行检验并进行个人识别外,还要将所收集的不同尸块按照解剖部位拼拢查对。若死亡人数多、尸块较小难以合拼时,应将不同尸块分别包装、编号存放,并绘简图标明发现地点,这对于飞机失事案例尤为重要。

(3)采取检材、物证时除应注意收集与查明死因、死亡方式有关的检材、物证外,还应注意发现和收集与事故的性质有关的检材和物证。

五、法医病理学的组织取材、固定、送检及证据保存

一个完整系统的尸体解剖除了肉眼检查外,组织病理学检查也应是其中一个重要的组成部分。原则上,对每一例尸检的各个器官和重要组织,无论大体检查有无病变,都应取材备查。

组织病理学检材取材过程由两个步骤组成:尸体解剖时从器官上可能有病变或外伤处切下小的组织块,放入福尔马林中固定;从固定后的组织块上再提取制片用的组织块,以适合于制片、染色的要求。取材时应注意:组织标本的选择;检材包括各器官的不同组织;取材的部位应根据实际需要选择;切取的组织块的大小一般为 2cm × 2cm、厚度以 0.2 ~0.3cm 为宜;组织器官的切面可根据器官不同选择横切或纵切。

器官、组织固定提倡用甲醛作为固定剂。组织块固定液最好能新鲜配制,放置过久的固定液由于受光线等方面的作用,其固定效果会逐渐下降。其配法是取市售37% ~40%甲醛溶液10mL与90mL蒸馏水混合即可。实际工作中,可按标本体积的大小与固定液量的比例酌情将加水的比例调整到1:5 ~1:8。组织固定时应注意:(1)固定液足量,一般不少于器官组织总体积的10倍,次日应换新鲜固定液继续固定数日,以得到较好的效果;容器勿太小,组织宜用广口磨砂玻璃瓶盛装,切忌将较大的组织块紧塞在小口的小瓶中,这样做必然使组织变形且固定不良;勿使组织贴于瓶底或瓶壁,以免影响固定剂的渗入。在固定较精细的检材或用纯酒精作为固定剂时,标本瓶底可垫以棉花,使固定剂能均匀渗入组织内。(2)脑的固定应注意避免压迫而致变形,可用细线穿过基底动脉,单独放入一带盖的容器内,用容器盖压住细线两端,使脑呈悬浮状固定。对有空气的组织如肺等,可用线缚住重物使其下沉,避免其上浮而影响固定效果,也可将浸有固定剂的毛巾或棉花覆盖在肺上面,以利固定,或可从气管内以压力灌进固定液,使到良好的固定。对细薄的组织如胃肠、皮肤等,为防止其弯曲扭转,应先展平于稍厚的纸片上,黏着后,再放入固定液中。(3)对有蛛网膜下腔出血的脑,应注意在固定前用流水冲洗,除去凝血后仔细检查脑底动脉环及邻近脑动脉,同时注意检查椎动脉有无破裂,送检材时一定要送带有脑底动脉的全脑。(4)固定前心脏需剪开;大脑如不用浮悬法则需在正中切开胼胝体;肝、脾、肾等实质器官均应切开后再固定,以防组织自溶。

在一些尚不具备病理切片和染色实验条件的单位和地方,或某些需要将器官送外地鉴定的案件,在送检时应注意:(1)附较详细而准确的案情材料,包括案件经过、受伤情况、死亡发生的经过和死亡时间等。(2)同时送原尸体检验的记录或记录摘要及有关照片。(3)送检的器官、组织应全面。一般提倡送所有器官的标本,包括全心和全脑标本(包括大小脑、脑干及脑底动脉)、肺各叶、肝、脾、肾、胰腺、肾上腺、甲状腺、胃、肠等组织块,一个器官可同时送几个组织块。(4)送检已固定好的标本时,可将固定液倒去,用浸湿福尔马林液的药棉包裹,再以双层塑料袋包装(路途较近或亲自送检者,可不用药棉而直接装塑料袋送检,以减少送检时的麻烦)。(5)组织器官在解剖取材后应立即加固定液,如曾采取冰冻保存或先用冰冻保存后再用固定剂固定的组织,一定要向送检的有关单位说明。(6)如组织标本须寄送有关部门,可用石蜡将标本瓶口封住,外用棉花及油纸等包好,再放入木盒中,木盒空隙均用软物塞紧再邮寄。寄送标本时,要同时写一份法医学尸体解剖记录单,记录单内须详细写明死者姓名、性别、年龄、职业、案情经过、尸体剖验所见、送检组织块数目及固定液种类(尤其不是用甲醛溶液固定者)等,供有关检验部门参考。

第三节 法医病理司法鉴定的主要内容

一、死因鉴定与死亡时间推断

死因是指直接或间接促进死亡的疾病或损伤，即导致死亡发生的疾病、暴力或衰老等因素。死因分析、鉴定是法医病理学的核心，关系到当事人（死者或嫌疑人）的名誉，甚至罪与非罪。

死因可分为根本死因（underlying cause of death）、直接死因（direct cause of death）、辅助死因（contributory cause of death）、诱因（inducing cause of death）、联合死因（combined cause of death）等。根本死因是指引起死亡的原发性自然性疾病或暴力性损伤，如晚期恶性肿瘤致死、冠心病心肌梗死致死等。直接死因是指直接引起死亡的原因。如果根本死因不经过中间环节直接引起死亡，则此死因既是根本死因，又是直接死因，也是唯一死因；若根本死因没有立即致死，而是由其继发的后果或合并症致死，则后者为直接死因。在法医学中常见的直接死因主要有感染、出血、栓塞、中毒、全身衰竭等。辅助死因是根本死因以外的自然性疾病或暴力性损伤。这些疾病或损伤本身不足以致命，但在死亡过程中起到辅助作用，例如严重脂肪肝患者因酒精中毒死亡，则酒精中毒为根本死因而脂肪肝为辅助死因。诱因，即诱发身体原有潜在疾病恶化而引起死亡的因素，包括各种精神情绪因素、劳累过度、吸烟、外伤、大量饮酒、性交、过度饱食、饥饿、寒冷等，这些因素对健康人一般不会致命，但对某些重要器官有潜在性病变的人，却能诱发疾病恶化而引起死亡。联合死因，又称合并死因，是两种或两种以上原因在同一案例中联合在一起共同引起死亡的因素，包括病与病联合致死、病与暴力联合致死、暴力与暴力联合致死等。

暴力死如何得以实现，称为死亡方式。死亡方式的鉴定是法医病理学工作者的重要任务之一，是制定刑事侦查方向、司法审判定罪与非罪的重要依据，对民事调解、灾害赔偿同样也具有重要意义。通常可分为以下几种：自杀死（suicide）、他杀死（homicide）、意外死（accident）、不能确定的死亡方式（undetermined manner of death）、安乐死（euthanasia）等。

死亡时间推断也是法医病理司法鉴定实际工作中常遇到的重要问题，对划定侦查范围、确定凶犯和排除嫌疑人有非常重要的意义。法医学上往往根据死后尸体变化发生的规律推断死亡时间。依据尸体变化发生的先后及法医学实践的需求，将死亡时间推断按时候划分为早期死亡时间推断、晚期（腐败）尸体死亡时间推断及白骨化尸体死亡时间推断三个阶段。早期死亡时间推断主要有根据尸温及其他各种死后变化综合推断死亡时间，以及根据超生反应、离子浓度、酶的测定、DNA 检测、胃内容物消化程度、膀胱尿量及死亡时间推断综合参数法等。晚期死亡时间推断,主要根据各种晚期时候变化、尸体昆虫数据分析、植物生长规律、现场遗留物等。白骨化尸体死亡时间推断,常根据形态学改变、荧光反应、血清蛋白沉淀反应、骨蛋白与甘油三酯含量测定等进行。

二、损伤时间推断

损伤时间推断(dating of wound)是法医病理学检验中的重要内容之一,是运用形态学或其他检测技术推测损伤形成的时间,主要包括生前伤与死后伤的鉴别、伤后存活时间的推断。

机体受暴力作用后在损伤局部及全身均可出现一系列的生活反应。这些生活反应通过肉眼、显微镜或其他实验室检查方法可窥见,是诊断生前伤的基础。生前伤的肉眼观察主要包括:出血、组织收缩、肿胀、痂皮形成、创口感染、异物移动等。生前伤组织学改变包括:局部淋巴结被膜下淋巴窦红细胞聚集,血栓形成,(空气、脂肪、羊水、血栓及其他)栓塞,炎症反应(变质、渗出、增生),创口愈合等。若生前损伤后存活时间较短,上述损伤形态学的改变不明显,生前伤的诊断则难以确定。因此,法医学者长期以来致力于寻找损伤后短时间内出现的各种能作为生前伤证据的指标,主要包括炎症介质的检测、血液生物化学指标的检测等。

伤后存活时间的推断,同样是根据损伤局部和全身的生活反应进行估计。测定损伤局部的几种炎性介质含量的改变,可用于估计伤后存活1小时以内者;检测损伤局部一些酶的活性改变,可用于估计存活1小时以上者;根据损伤局部病理组织学改变,可用于伤后存活8~10小时以上者。虽然炎性介质等化学物质的检查和酶活性变化检查对于估计伤后存活时间有重要价值,但获得的数据均来源于动物实验结果,难以直接应用于实际案件。

三、机械性损伤

机械性损伤(mechanical injury),是指机体受到机械性暴力作用后使组织和器官的结构破坏或功能障碍,诸如打、踢、咬、刺、切、砍、射击、爆炸和交通损伤等。机械性损伤常可涉及违法犯罪活动或疑有违法犯罪行为,其发生率和死亡率皆高,是法医病理司法鉴定最基本和最重要的内容之一。机械性损伤的致伤物种类繁多、形态各异,加之机械运动形式不同,机械力的变化和人体组织结构生物力学性质和反应性的差异,使机械性损伤的鉴定成为法医病理学鉴定中最困难、最复杂的问题之一。机械性损伤的基本形态包括擦伤(abrasion)、挫伤(contusion)、创(wound)、骨或关节损伤(fracture、dislocation)、内部器官破裂(rupture of visceral organ)、肢体离断(dismemberment)等。根据法医学的特点,机械性损伤按以下几个方面分类:(1)按致伤物的种类,可将其分为钝器伤、锐器伤、火器伤。(2)按死亡方式,可将其分为自杀死、他杀死、意外死等。(3)按损伤发生时间,可将其分为生前伤、濒死伤和死后伤。

钝器伤(blunt instrument injury),是由钝器作用于人体造成的机械性损伤,包括棍棒、斧锤、砖石打击伤,以及徒手伤、高坠伤、挤压伤等,损伤表现为擦伤、挫伤、挫裂创、骨折、内部器官破裂或肢体断离等形态,其中以擦伤、挫伤和挫裂创最多见。

锐器伤(sharp instrument injury)指利用致伤物的锐利刃口或(和)锋利尖端作用于人体上所形成的损伤。锐器可以是金属的,也可为玻璃片、破玻璃瓶、骨刺、木刺等。按作用方式不同,一般将锐器分为刺创、砍创、切创、剪创等几种基本类型。锐器创一般都有以下共同特点:创角尖锐、创缘整齐、创壁平滑、两创缘或创壁之间无组织间桥、创腔较深、创底平坦、创缘不伴或仅有很轻的擦伤,创口出血明显等,创缘不伴有表皮剥脱。大多数锐器创的创口形状呈梭形或长梭形。

火器伤(firearm injury)包括枪弹损伤和爆炸损伤,现正逐渐成为法医学和刑事技术的重要研究内容之一。枪弹伤(gunshot injury)是由枪支发射的弹头或其他投射物所致的身体损伤。典型的枪弹伤由弹头射入人体形成的射入口、弹头在体内运行所形成的射创管以及弹头穿出人体组织所形成的射出口组成。枪创的形态特征随发射枪支、弹头特性、射击距离、击中部位等的不同而不同,主要特征改变有创口中心部位皮肤缺损、擦拭轮、挫伤轮、射击残留物、烟晕等。爆炸伤(explosion injury),是指可爆物质爆炸时,释放能量所造成的人体损伤。按爆炸产物直接或间接作用于人体造成的损伤,前者可分为炸碎伤、炸裂伤、烧伤,后者可分为弹片伤、冲击波伤、烧伤。人体组织粉碎、缺损、撕裂,残存躯体皮肤呈向内卷缩皮瓣状、多锯齿状,符合爆炸伤特征。

交通伤(injury in transportation)指在交通运输过程中发生的各种损伤总称,主要发生于碰撞、碾压、刮擦和拖拉、翻车、坠车、失火、爆炸、跳车等不同的交通事故现象中,并造成碰撞伤、碾压伤、刮擦或拖擦伤、抛掷或摔跌伤、挤压伤、砸压伤、烧伤和爆炸伤;另外还有一些典型性损伤,如车内驾驶员的方向盘损伤、安全带损伤、挥鞭样损伤,行人的保险杠损伤,自行车骑车人的骑跨伤等。在受理交通事故损伤的法医学鉴定应回答以下问题,完成以下工作:(1)死亡原因是由交通工具造成的致命伤,还是由其他暴力因素、疾病猝发、醉酒或中毒致死;(2)死亡方式是交通事故意外造成还是自杀或他杀;(3)是生前或是死后碾压,是单轮碾压或双轮碾压,碾压次数;(4)根据损伤特征和交通事故痕迹物证检验结果,进行事故经过的重建;(5)收集各种法医物证,根据交通事故物证检验结果和损伤特点,提供肇事车辆的特征或认定,为逃逸车辆的侦查提示方向;(6)区分死者为驾驶员、乘客、行人或骑还是推车;(7)无名尸身源的确定。

四、机械性损伤的致伤物推断和认定

致伤物的推断(estimation of the instrument caused the trauma),是指根据损伤的形态特征,结合现场情况,对致伤物的类型、大小、质地、重量及作用面形状等特点进行分析推断的过程。损伤的形态特征是法医推断致伤物的重要根据,在各种条件相

类似的情况下,用同一致伤物或有多种形态特点的物体的某一部分打击所造成的损伤,具有相类似的形态学特征,此即相同类型损伤的可重现性。但由于解剖学和组织学结构、致伤物打击面或者打击的方式、力量和速度等不同,同一致伤物可以形成不同形态的损伤,不同的致伤物也可形成形态特征酷似的损伤。

一般来说,根据损伤形态特点,可以区分锐器伤、钝器伤或火器伤。如擦伤、挫伤、挫裂创、闭合性骨折和闭合性内脏损伤,是钝器所致的特征性损伤;砍创、切创、刺创,开放性骨折伴切痕或砍痕,是锐器所致的特征性损伤;损伤部位(创缘、创腔)有火药作用的痕迹,是火器形成的特征;内轻外重,一侧性分布,一次性形成,损伤程度非一般人力打击所能形成的损伤,符合高坠的特点;多条条形损伤平行排列、创腔中间深两端渐表浅,骨折缘有磨损痕迹,为船舶螺旋桨所致损伤等。但要特别注意挫裂创与切砍创,刺创与枪弹创的鉴别。尤其要注意一些特殊的致伤物,如用玻璃瓶等打击头部,瓶子可能随之破裂,瓶未破前可以形成挫裂创,破后又能形成切砍创。

致伤物的认定是指根据损伤的形态特点与嫌疑致伤物进行比较,从而对嫌疑致伤物是否即为该损伤的致伤物进行分析推断和认定的过程。如根据损伤的形态特征与嫌疑致伤物的相关特征直接进行比对,观察是否完全吻合,包括致伤物的一般性状(种类、大小、形状、锐利程度、硬度和重量)、某些结构特征(如锐器的卷口与缺口、汽车散热器花纹、轮胎花纹、腰带铁扣)等。还可根据创口中的异物(如木屑、漆片、铁锈、油泥)、嫌疑致伤物上的附着物检测、衣着上损伤的检验认定。认定致伤物一般比较困难,必须认真勘验现场,检查损伤,仔细记录和绘图、拍照,以及将伤口与致伤物作对比,有时还要作模拟试验对比。除根据嫌疑人致伤物的形状、结构特征与损伤形态进行比对外,还应采用物理学、化学或生物学检查方法,包括应用X线检查、光谱分析、化学分析、痕迹对比和血型检验等结果综合分析,才能下结论,确证送检的嫌疑致伤物就是造成该损伤的致伤物。

五、机械性窒息

呼吸过程受阻或异常,将会导致全身各器官组织缺氧、二氧化碳潴留,从而引起组织细胞代谢障碍、功能紊乱和形态结构损害,上述整个过程称为窒息(asphyxia)。根据窒息的发生原因、机制和病理过程,一般分为机械性窒息、电性窒息、中毒性窒息、空气中缺氧性窒息和病理性窒息。其中,以机械性窒息在法医实践中最常见和重要,它是指因机械性暴力作用引起的呼吸障碍所致的窒息。根据暴力作用的方式和部位不同,可分为压迫颈部、压迫胸腹部、闭塞呼吸道口、异物阻塞呼吸道内部、液体吸入呼吸道等所致的窒息,主要包括缢死、勒死、扼死、压迫胸腹部所致窒息、捂死和闷死、哽死、性窒息、体位性窒息、溺死等。

机械性窒息死亡者的尸体体表和内部征象大多较为显著。一般尸体体表征象包括:颜面部淤血发绀、肿胀;颜面部和眼睑结膜近穹隆部、球结膜的内外眦部淤点性出血;尸斑出现较早、显著,分布较广泛;尸冷缓慢;牙齿出血(玫瑰齿);大小便失禁、眼球突出、舌咬痕等其他改变。尸体内部征象包括:内部器官淤血;器官被膜下、黏膜淤点性出血(tardieu 斑);肺气肿、肺水肿等。另外,内部器官的组织细胞主要表现为缺氧性改变,其中以脑、心、肺及肝等的变化较为明显。

除上述共有的征象表现外,因窒息形成的类型不同可表现出各自的特殊改变,其改变程度可受个体差异、窒息方式、持续时间等因素的影响。如缢死的缢沟,能反映缢索的性质、缢索和缢套的形态、颈部受力的部位和缢型种类;扼死在扼压颈部时,凶手的手指、指甲、虎口、手掌、肘部以及前臂压迫被害人颈部形成的扼痕;捂死,常可在口鼻部形成局部表皮剥脱、皮下出血伴有指甲的抓痕或口鼻歪斜或压扁的迹象,口唇及口腔黏膜、牙龈处可有挫伤出血,严重者可伴有牙齿松动或脱落;性窒息者,在部分现场中可发现各种与性活动或刺激性欲的物品;体位性窒息,因较长时间被固定在某一特定体位,被捆绑者尸体上多留有相应的印痕或损伤;溺死鉴定时应区分是生前溺死还是死后抛尸,由于是水中尸体,早期常出现尸表温度较低,皮肤苍白,尸斑浅淡、出现慢,尸僵出现早,口、鼻腔蕈样泡沫,鸡皮样改变,手及指甲内异物,洗衣妇手等尸表征象,晚期腐败尸体还可出现溺死手套、腐败巨人观;内部器官表现为上呼吸道内有溺液、泡沫或异物,水性肺气肿,胃及十二指肠内有溺液与异物,内部器官中有浮游生物(硅藻),左、右心腔内血液成分的差异,颞骨锥体内出血,脾贫血等,晚期腐败尸体还可出现腐败泡沫脏器,部分器官尸蜡化等改变。

六、高温与低温损伤

高温与低温所致的损伤与死亡属于特殊的外因性损伤和死亡,常被怀疑可能与其他死因合并存在,因此鉴定时需特别注意。一般高温损伤,包括中暑(heat stroke)和中暑死、烧伤(burn)和烧死、烫伤(scalding)和烫死;低温所致损伤主要是冻伤(frostbite)与冻死。

通常所说的烧伤与烧死都是指火焰与躯体直接接触后导致的损伤和死亡。烧伤的严重程度以烧伤面积、深度来表示,可分为Ⅰ度烧伤(红斑性烧伤),Ⅱ度烧伤(水疱性烧伤),Ⅲ度烧伤(焦痂性烧伤),Ⅳ度烧伤(炭化)。Ⅱ度烧伤占1/2体表面积或Ⅲ度烧伤达1/3体表面积时,即可引起死亡。烧死的形态学改变主要包括尸斑鲜红、尸表油腻,红斑、水疱、焦痂、炭化等皮肤烧伤,外眼角皱褶、睫毛症候等眼部改变,尸体重量减轻,身长缩短,拳斗姿势,皮肤干燥变脆、凝固收缩裂口形成假裂创等体表改变,以及热作用呼吸道综合征,硬脑膜外热血肿,食道、胃内可见炭末等改变。在法医学鉴定中,烧死应与死后焚尸进行鉴别。

中暑,是由于高温(或伴有高湿)环境引起的,以体温调节中枢功能衰竭、汗腺功能衰竭和水、电解质丢失过多为特点的疾病,按发生机制和临床表现可分为日射病(sun stroke)、热射病(heat stroke)、热痉挛(heat cramp)和热衰竭(heat exhaustion)等。中暑死者,尸检多无特异性发现,过高热、皮肤干燥无汗及中枢神经系统症状是诊断中暑的最有价值临床表现。因此,鉴定时应详细调查现场的环境条件,结合临床表现和尸体改变,进行毒物检测,排除其他死亡原因(如机械性损伤、机械性窒息、中毒、猝死等)后才能确定。

冻伤是低温所致体表局部损伤,可分为Ⅰ度冻伤(红斑)、Ⅱ度冻伤(水疱)、Ⅲ度冻伤(坏死),冻伤和地理及环境、机体因素等有关。在寒冷环境中,个体保暖不足,散热量远超过了产热,越过体温调节的生理限度,严重影响物质代谢和生理功能所引起的死亡,称为冻死。冻死的形态学改变主要包括反常的脱衣现象,苦笑面容,全身皮肤苍白或粉红,外露肢体部分由于立毛肌收缩呈鸡皮状,阴茎、阴囊、乳头明显缩小,尸斑呈鲜红色或淡红色尸僵发生迟、消失慢、强硬,体表轻微损伤等体表改变;脑和脑膜充血水肿,心外膜下点状出血,食管黏膜糜烂或坏死脱落,髂腰肌出血等内部器官改变。

七、电流损伤

电流通过人体引起可感知的物理效应,称为电击。电流通过人体所引起皮肤及其他组织器官的损伤称为电损伤(electric injury)。因电流作用导致人体死亡称电击死(electric death)。

电击伤与电击死者的形态学改变分体表和体内两部分,体表皮肤电流损伤可有电流入口(表现为电流斑)及出口、皮肤金属化、电烧伤、电击纹等病变。典型电流斑一般呈圆形或椭圆形,色灰白或灰黄,质坚硬、干燥,中央凹陷,周围稍隆起,边缘钝圆,形似火山口,外周可有充血环,与周围组织分界清晰。光镜下较具特征的是电击处表皮细胞发生极性化改变,以基底细胞层最明显;特别是损伤中心基底层细胞及细胞核纵向伸长,或扭曲变形,染色较深,排列紧密,呈栅栏状、漩涡状、螺旋状或圆圈状,或伸长似钉样插入真皮中。内部器官改变主要表现为组织缺氧,常显示为窒息死亡的一般征象,如颜面发绀,指甲青紫,尸斑呈紫红色,尸僵出现早,皮下、浆膜下和黏膜下点状出血,心血不凝固、暗红色、流动性,内部器官淤血及肺水肿。法医病理司法鉴定中,如果发现明确的电流斑,全身有窒息征象,并排除了其他种类的暴力死、中毒死和疾病死,结合详细的案情调查和明确的触电现场,一般不难鉴定死因。必要时,进一步通过金属的检出、组织化学及扫描电镜等检查,综合分析判断。

雷电属超高压直流电,故雷击损伤也属于电流损伤。受雷击而造成的死亡,称为雷击死(death from lightning)。雷击所造成机体的损伤差异很大,体表可以有很广泛的损伤,也可以没有任何损伤征象。多数雷击死者可发现烧伤,如毛发灼伤乃至炭化;也可以有电流入口及出口,表现为表皮破裂、穿孔。接触金属物体处的皮肤可发生电流斑,出口常见于手足,尤以足部最为常见。雷击死者最有特征性的体表改变为雷电击纹,即皮肤上遗留下红色或蔷薇色树枝状或燕尾状斑纹,但并非每例都出现,而且出现的也容易消失。因此,对雷击死者的鉴定应及时在现场检查尸体并拍照。

八、杀婴及虐待儿童死亡

杀婴(infanticide)是指非法用暴力手段,加害分娩过程中或娩出后不久的已具有生活能力的新生儿生命的犯罪。胎儿或新生儿因其本身的疾病或母亲的疾病或在分娩过程中遭受损伤而死亡属于自然死亡,不属于杀婴的范围。新生儿尸体的法医学鉴定,必须确定该婴尸是否新生儿、有无生活能力(包括胎生月数)、活产还是死产、分娩后存活时间以及死亡原因。其中以有无生活能力和死亡原因最为重要。

鉴定时,根据分娩后存活婴儿的各种特征的出现或消失,可以确定为新生儿,并可推定其存活的时间,包括皮肤上黏附羊水和血液,肛门周围及大腿部有胎便;脐带湿润柔软,有光泽,呈灰白色、蜡样,在脐带根部无明显分界线;产瘤、胎头血肿、胎便形成;胃肠内容物是否有乳汁或血液或粪便等以及新生儿循环系统的变化。确定新生儿有无生活能力,关键在于胎儿的发育程度,即成熟程度。作为生活能力界限的7月为成熟儿的特征,在法医学上具有重要意义。在鉴定婴儿成熟程度时主要测量新生儿的身长、体重和胎头径线,另外,股骨化骨核形成常作为确定新生儿成熟程度最可靠的重要标志。判断新生儿是活产或死产的标志,主要根据胎儿出生后在母体外是否进行过呼吸,已呼吸过的为活产,未呼吸过的为死产。确定新生儿曾有无呼吸,最常用的方法是肺沉浮试验和胃肠沉浮试验。同时,也应作肺的组织学检查——它不仅可以确定有无肺泡扩张及扩张的程度,以此证实有无呼吸,而且有时还可以查见病理改变以及肺内异物(如羊水成分或外界溺液成分)以助确定死因。新生儿的死亡鉴定关系到是杀婴或非法堕胎或自然死亡。新生儿的死因可分为非暴力死亡及暴力死亡两类,前者包括分娩前、分娩中、分娩后胎儿死亡,后者包括故意杀婴、意外灾害等。

虐待儿童(child abuse)是指对儿童有义务抚养、监管及有操纵权的人作出的足以对儿童的健康、生存、生长发育及尊严造成实际的或潜在的伤害行为,包括各种形式的躯体和(或)情感虐待、性虐待、忽视以及对其进行经济性剥削。受虐待儿童的临床表现以暴力损伤多见,躯体损伤部位多,新旧损伤并存,常伴营养不良、发育障碍、情感或心理异常。性虐待儿童以情感或心理异常表现突出,躯体损伤常不明显。对虐待致死案例的鉴定,应详细调查案情,全面检验各种伤痕,分清损伤的次数、时间、损伤种类和程度,判断虐待手段及死亡原因。同时要与意外事故造成死亡相鉴别。

九、猝死

猝死(sudden unexpected natural death)是指貌似健康的人,由于机体潜在的疾病或重要器官急性功能障碍导致的意外的突然死亡。猝死最根本的属性就是它的自然性(非暴力性)。判定猝死,必须排除暴力因素,因为猝死的根本原因在于潜在的、能致人死亡的、器质性的病理改变和生命器官的急性功能性障碍。同时猝死应具有死亡的急骤性、意外性和潜在性等特点。猝死常见的诱因有精神因素、外伤、冷热刺激、过度疲劳、暴饮暴食等。猝死的病因广泛,几乎所有系统的疾病均有引发猝死的可能性,其中主要是心血管疾病猝死,如冠状动脉粥样硬化性心脏病、冠状动脉口狭窄、主动脉瘤、病毒性心肌炎、心肌病等;其次是呼吸系统疾病猝死,如急性喉阻塞、肺气肿和气胸、支气管哮喘、肺炎等和中枢神经系统疾病猝死,如脑血管疾病、颅内肿瘤、癫痫、病毒性脑炎等;消化、泌尿生殖、内分泌系统疾病较少见,其他还有青壮年猝死综合征(sudden manhood death syndrome)、婴幼儿猝死综合征(sudden infant death syndrome)等。

猝死者因死亡突然且出人意外,易被疑为中毒或其他暴力性死亡,特别是案情复杂或疑有他杀嫌疑时,查明死亡原因显得尤为重要。鉴定时,应详细了解死者的既往史、家族史、死前的状态和死亡时间等;必须进行详细的现场勘查,寻找有无他人遗留的痕迹,有无挣扎、搏斗迹象,有无血迹,有无嫌疑的中毒遗留物(包括药品、食物、呕吐物)等。

尸体解剖是判断猝死、查明死因的关键。大部分猝死通过解剖均可查获病变作为鉴定依据。因此必须全面、细致、系统地进行尸体解剖工作,并取材进行组织学检查。在有怀疑时,还需提取胃肠道内容物、尿、血、脑脊液等标本以及相关内部器官组织进行生物化学、药物或毒物检验,以排除中毒或其他暴力性死亡。当猝死与损伤、中毒并存时,要权衡各方面因素进行综合分析。值得注意的是:猝死尸体的自溶和腐败有时进展较快,所以应尽早进行全面的尸体解剖。

十、医疗损害鉴定

为维护医患双方的合法权益,常要求法医鉴定患者在诊疗过程中是否受到损害,医疗机构和医务人员是否存在过错,并分析过错与人体损害、人体死亡之间是否存在因果关系。

医疗纠纷(medical tangle)是指患方因对诊疗护理过程中发生的不良医疗后果及其产生的原因与医方认识不一致而发生纠纷和争议,要求追求医方责任和赔偿,而向卫生行政管理部门提出处理或向司法机关提请司法诉讼的案件。医疗事故(medical negligence)是指医疗机构及其医务人员在医疗活动中,违反医疗卫生管理法律、行政法规、部门规章和诊疗护理规范、常规,过失造成患者人身损害的事故。非法行医(illegal medical practice)是指为谋取非法利益,在没有取得当地医疗卫生行政主管部门颁发的医生执业资格和营业许可证(执照)的情况下,擅自从事医疗活动。

医患纠纷的法医学鉴定有别于医学会主持下的医学技术鉴定,主要体现在:(1)法医学鉴定主要接受司法机关委托、为司法审判服务的司法技术鉴定,负责鉴定的法医介于医疗纠纷或医疗事故争议之外,与纠纷双方没有利害关系,因而其鉴定意见容易做到客观、公正,也容易受到纠纷双方,尤其是患方的信任;(2)法医学鉴定人是自然人,采取的是鉴定人个人负责制,实行鉴定的法医个人独立鉴定,对鉴定结论的真实、科学和公证性负责,并对可能出现的违法和差错承担应负的责任;(3)实行鉴定的法医既懂医又知法,鉴定结论容易符合司法审判机关的要求,并且能出庭对其鉴定结论接受法庭和当事双方质证;(4)受理鉴定的范围比医学技术鉴定要宽,对司法机关委托的所有关系到医疗伤害赔偿纠纷的技术问题进行鉴定，而不只限定于是否医疗事故的分析判断。

医患纠纷法医病理司法鉴定时，应注意：(1)尸体解剖前应向医患双方了解有关情况，同时听取双方对纠纷中提出问题的陈述，以明了尸体解剖的重点；(2)尸体解剖前要获得有关病历资料，查阅主要材料，核对双方的陈述及审查病历材料的可靠性，并复印其中重点部分以备查；(3)尸体解剖时要求双方代表见证尸体解剖全过程，以示公平、公开、公正；(4)尸体解剖时注意正确提取有鉴定价值的检材，并进行病理组织学、细菌学、免疫学、理化检验或毒物分析，必要时还应注意做相关的特殊检查，如空气栓塞、肺动脉栓塞、气胸等。

第四节　法医病理司法鉴定文书的制作

法医病理司法鉴定文书是经过检验结合分析判断作出的专门性结论，是司法机关对案件进行审理的重要依据之一，具有法律效力。编制法医病理司法鉴定文书必须坚持以下基本原则：(1)实事求是的原则。法医鉴定是一种科学鉴定，它对事物的鉴定是一种求实求真的过程。在鉴定文书上的记载应该完全是客观事物的真实反映，鉴定人作出的鉴定结论应该完全服从于客观事物的真实性，不受任何因素的干扰。(2)系统全面的原则。法医鉴定要求鉴定人在鉴定过程的每一个环节上，考虑问题周到，检查（检验）仔细，实验设计严密，技术先进，记录详尽，分析说明系统性和逻辑性强，结论明确无误。(3)准确无误的原则。法医鉴定书由于具有科学性和法律性相结合的特点，因而，它从形式和内容上都要求必须准确无误。即引用的资料无误，使用的技术方法和标准无误，语言表达无误，用字（词、句、符号）无误，专业术语无误，以充分体现法医鉴定文书作为证据的严肃性和权威性。

目前，法医病理专业鉴定文书的类型主要有：(1)法医病理鉴定意见书。鉴定意见书是必须对具体死因（事件）得出明确结论而出具的一种文书。(2)法医病理学检验报告书。检验报告书是对特定的物和人进行检验后出具的客观检验结果。在形成鉴定文书过程中，要求符合司法鉴定程序，鉴定委托明确，鉴定目的清楚，提供的资料系统、完整，案情明晰，送检材料齐全，技术方法和设备完备，鉴定人具有职业和执业资格，检验结果真实，鉴定结论可靠。

（一）法医病理司法鉴定意见书的制作

法医病理司法鉴定意见书应包括绪言（前言）、案情摘要、检验记录、分析说明、鉴定结论、结尾、附件等部分，其要求如下：

1. 绪言（前言）。有委托时间、委托单位、委托人、案件或事件性质、送检客体的种类和数量及一般情况、委托鉴定事项、检验的时间和地点、检验的方法、检验者的姓名和职务以及在场人员和见证人。

2. 案情摘要。包括发案(或事发)时间和地点、概要经过、事件参与者及其彼此关系、致伤或致死的部位、致伤物、死前的表现与发病和死亡的经过以及医治抢救的情况等。如有病历和抢救的记录应摘抄。

3. 检验记录。检查记录应全面、客观、真实、可靠、详细、准确地反映客观事实,不能添加任何的主观推测、分析意见。避免使用可能、或许、估计、推测、大概、大约、原则上、基本上等不确定的词汇。检查记录,可分肉眼检查记录、病理组织学检查记录、辅助检验记录。原始笔录、草稿、录音和录像等材料的记录人或录制人应签名和记载制作时间,并妥善保存。"检验"部分应按现场勘验、体表检查、各体腔检查、各器官检查、组织学检查、组织化学或免疫组织化学检查、细菌学检查、毒物化验及其他特殊检验等,逐项书写。

(1)肉眼检查记录。记录要系统、有序、条目清楚,由表及里,由上而下进行描述。如有尸体现场勘验,则这一部分内容应放在最前面。对有暴力痕迹或病变的部位更应详细记载,对具有鉴别或证明意义的阴性所见也应记载注明。

(2)病理组织学检查记录。以切片的组织、器官分类,客观地记录各自的病理变化。

(3)其他检验记录。常见的检验如毒物分析、微生物学检验、物证学检验、生化学检验等。

4. 法医病理学诊断。法医病理学诊断是经过尸体检验后,鉴定人对检验所见的重要变化进行专业判断并应用医学和法医学的术语加以概括的过程。

5. 分析说明。分析说明是根据鉴定材料和检验结果并结合案情,应用科学原理进行分析、鉴别和判断的过程。分析说明应紧紧围绕委托鉴定的事项来进行,根据客观的检验所见和提供的鉴定材料,通过逻辑推理和科学分析,为最终的鉴定意见提供充分的依据。分析说明的书写质量反映了鉴定人的业务水平、分析归纳能力、文字表达能力及是否认真负责的态度。分析说明的书写方式可以是分点论述,也可以概括综合论述。在法医病理鉴定中,分析说明应注意以下几个问题:概括全部解剖和检验所见、根据所见组成的诊断、具体分析死亡原因中各因素的主次关系及因果关系、尸检发现的某些慢性病或终局状态、阐明一些必须说明的问题等。

6. 鉴定意见。应针对委托事由,根据经验结果和分析说明的理由,准确地作出有科学依据的鉴定意见。切忌答非所问。鉴定意见应简明扼要地分条列出。尽可能作出确定性判断(肯定或否定),或至少作出倾向性结论,而不能做模棱两可的结论。

7. 结尾。法医病理鉴定书的末尾,按我国《刑事诉讼法》应由鉴定人签名。《刑事诉讼法》并未规定是否需要单位盖公章。但按我国惯例,均由鉴定人所在单位盖法医鉴定专用章。《民事诉讼法》第76条则规定:"鉴定人应当提出书面鉴定意见,在鉴定书上签名或者盖章。”

8. 附件。法医病理司法鉴定书既然是用作证据的，就必须有充分的客观材料，附件包括照片（大体照片、显微照片）、影像学资料、参考文献等。

（二）法医病理学检验报告书的制作

法医病理学检验报告书，仅对委托单位送检的检材作如实的客观观察、检验、记录并作出报告，所以说检验报告仅对送检的检材负责。对送检的个别器官或组织，如条件具备也可作出法医病理学诊断。检验报告除没有论证和结论这两部分内容外，其他部分的内容和要求与鉴定书相同。

第五节　法医病理司法鉴定意见的评价

一、对最终结果与鉴定要求的符合度评价

法医病理司法鉴定意见，是法医病理学工作者在客观检验后，结合委托材料和案情，应用科学原理，通过逻辑推理和科学论证得出的一个分析判别并形成的鉴定意见的过程，其中包含了鉴定人员的主观判断。法医病理学鉴定文书的最终结果应紧紧围绕委托鉴定的要求进行，最终结果与鉴定要求的符合度主要体现在以下方面：

（1）“法医病理学诊断”部分应详细列出被鉴定人存在的损伤、中毒、疾病等情况，其方式可以按对鉴定结论的证明力大小不同进行排序，也可以按身体各部位检验顺序进行排序。诊断应予以科学合理地分类和归纳，此能力能充分反映鉴定人对病变的发生、发展及其结果的认知水平，不应对检验过程中发现的异常情况用描述性表述作为法医病理学诊断方式列出。如“心肌炎症细胞浸润”是对心肌中出现异常粒细胞的描述，不应在诊断中表述，若其严重程度和炎症细胞浸润范围足够达到诊断“心肌炎”时，则应以“心肌炎”作为诊断列出。

（2）“分析说明”部分应针对委托事由，叙述作出结论的依据，或不能作出结论的原因。这一部分是鉴定书的核心，既要表达出鉴定意见是否有充分的材料依据，也要表达出鉴定人的思维逻辑依据。所用文字还要求做到少而精。此部分应明确：①死亡原因和机制。阐明根本死因（主要死因）、直接死因、辅助死因、死亡的诱因以及死亡机制；叙述确认某种死因及排除其他死因的依据，如不能确定死因，也必须说明不能确定的原因。②死亡方式。阐明自杀死、他杀死、意外死等。有时法医必须与侦查人员共同分析，才能作出死亡方式的结论。法医只能根据自己的观察所见，提出自己的倾向性意见，或说明不能提出倾向性意见的理由。③死亡时间。应提出计算的依据和可能的波动范围，用不同方法推断可能得到的不同结果以及鉴定人选择的倾向性。④致伤物推断。应着重说明致伤物与身体接触部分的可能形状、大小、质地等。

⑤损伤时间推断。主要是区分生前伤与死后伤,推测从损伤到死亡所经过的时间。由于人体受环境因素影响很大,还有个体差异,推断必须慎重。

针对鉴定要求作出分析说明时,应注意:①特征的运用与分析。鉴定人在检验的过程中会竭尽全力去发现和查找特征,以便作出确定性判断,为得出肯定性结论提供证据。任何一个特征或征象都必须是在主客观条件都具备的情况下,才能构成并发挥其作用。例如,皮肤电流斑应是电击伤的特征,但是,当电击时人体皮肤潮湿或者人体处于水中时,却查找不到电流斑。②特征不明确的死因鉴定。鉴定中发现机体存在一定形态学改变,但就其严重程度而言尚缺乏明确可以认定致死的判断依据。此时需运用排除法(如排除机械性损伤、机械性窒息、中毒等暴力因素)进行演绎推理,如抑制死、青壮年猝死综合征等。③因果关系的分析认定。因果关系是客观存在的,鉴定时应准确分清原因和结果的主次关系、直接或间接关系。

二、对鉴定实施程序的评价

实行鉴定技术规范化并进行鉴定质量控制,是法医病理鉴定程序完善的重要标志,也是现代科技发展的必然趋势和要求。通过对法医病理鉴定过程的建章立法,规范鉴定程序,统一鉴定技术标准,才能保证鉴定意见的科学、客观、公正、合法,最终走向规范化、程序化、制度化。

法医病理司法鉴定实施程序的控制和评价,除了在质量控制上实行鉴定人、复核人、签发人三级审核责任制,对重大、复杂、疑难等案件可实行专家会鉴制度。

(一)合同评审的规范化

受理合同时,应详细了解案件的发现时间、地点、发病和死亡的经过,事件参与者及其彼此之间的关系,以及与案件有关的其他情况,并做好案情摘要。若委托机关提供有其他书证材料,则案情摘要应摘录对鉴定或检验结果判断有辅助价值的书证材料,如病史、案件调查资料、现场勘查结果等。同时应根据检材条件明确是死因鉴定还是法医病理学检验、书证审查等,并对于鉴定材料、鉴定时间、鉴定收费等进行约定。

(二)检验记录的完整化

检验记录是鉴定书的基础,是体现鉴定人观察能力及其检验是否客观、完整的主要组成部分。一般要求记录要系统、有序,按照由表及里、从上至下的顺序进行;异常发现及主要病变应重点记录,若对异常发现及主要病变周边部位进行分层局部解剖或按系统进行解剖检验,则记录应反映出检验的全过程,某些阴性结果的记录是判断某种事件是否存在的关键证据,不能遗漏。尸体、器官、组织、细胞病变的描述记录应与现代基础医学、临床医学和法医学专门规范性用词一致,以保证鉴定文书的科学性。如“心包填塞”应表述为心脏压塞,“紫绀”应表述为发绀,“皮肤裂伤”应表述为皮肤裂创,肝细胞“浑浊肿胀”应表述为肝细胞水变性等。

三、对鉴定方法、技术和标准的适应性、可靠性评价

目前,法医病理鉴定相关的标准主要包括:GA/T 147 - 1996 法医学尸体解剖;GA/T 148 - 1996 法医病理学检材的提取、固定、包装及送检方法;GA/T 149 - 1996 法医学尸表检验;GA/T 150 - 1996 机械性窒息尸体检验;GA/T 151 - 1996 新生儿尸体检验;GA/T 167 - 1997 中毒尸体检验规范;GA/T 168 - 1997 机械性损伤尸体检验;GA/T 170 - 1996 猝死尸体的检验;GA/T 268 - 2009 交通事故尸体检验;GA/T 223 - 1998 尸体辨认照相、录像方法规则。按照上述标准进行法医病理学检验、鉴定工作,其鉴定结果可在不同的检验、鉴定机构(实验室)间进行比对,从而最大限度地保证同一案例在不同的鉴定机构间得出基本一致的鉴定结论。只有通过鉴定技术标准来规范鉴定活动,鉴定机构方可进行质量控制或申请达到各类检查机构能力的通用要求。

四、对鉴定意见表述方式的规范性评价

法医病理鉴定意见,是司法机关对案件进行审理的重要依据之一。"鉴定意见"应针对委托事由,根据经验结果和分析说明的理由,准确地作出有科学依据的结论性意见,切忌答非所问。鉴定意见应简明扼要地分条列出,尽可能作出确定性判断(肯定或否定),或至少作出倾向性意见,而不能做模棱两可的意见。鉴定意见中常用的表述形式有:(1)肯定性与否定性判断。前者可以断定个别事物具有某种特征的判断,如"某人因心脏刺创死亡";后者则断定其不具备某种特征,如"某人之死与其下肢的皮下出血无关"。(2)可能性判断与不可能性判断。有时鉴定人在鉴定时,受限于主客观条件的限制(如有的客观事实没有出现或发现,有的检验客体缺失或不具备检验条件等,或是鉴定人在当时不认知事实),在编写鉴定书时,不能确切判断事件或事物的性质或彼此的关系是否存在,此时可以使用可能性判断。如"肋骨骨折拳击胸部可以形成"[鉴定人虽确信拳击能引起肋骨骨折,但并未肯定本例肋骨骨折就是拳击所致,也就是说,肋骨骨折尚可能有其他原因和(或)因素形成];"不排除该损伤由委托机关提供的砍刀形成",言外之意是其他砍刀也有可能形成。当鉴定人确信某事件的发生必须遵循某些条件参与时,鉴定意见的表述可采用条件性判断形式。例如,"如果被害人当时能接受及时、有效的救治,可能避免死亡"。若要确定检查对象与两个以上现象或事件中的一个有关联,但又不能准确的知道与哪一个有关联时,应采用分释性判断来表述。例如"根据衣服上垂直流注的血痕判断,某人在受伤当时应处于站立位或坐位"。但在某些情况下,由于条件不具备,鉴定人只能实事求是地做出盖然性判断的鉴定意见。例如,"甲、乙尸体上的损伤符合人体与机动车车厢内部件碰撞形成,就甲、乙双方损伤的形态特征和分布部位分析,甲受伤时处于驾驶位的可能性大"。

思考题

1. 何为法医病理司法鉴定?
2. 法医病理司法鉴定标准化和规范化有何意义?
3. 按程序受理法医病理司法鉴定案例有何意义?
4. 保证法医病理司法鉴定质量的措施有哪些?
5. 法医病理司法鉴定意见表述应遵循的原则有哪些?

阅读书目

1. Froede R C, et al, *Handbook of forensic pathology* (second edition), College of American Pathologists, 2003.

2. Spitz W U, et al, *Spitz and Fisher's medicolegal investigation of death: guidelines for the application of pathology to crime investigation* (*third edition*), Thomas Books, USA, 1993.

3. 黄光照、麻永昌主编:《中国刑事科学技术大全·法医病理学》,中国人民公安大学出版社2002年版。

4. 陈忆九主编:《法医病理鉴定实务》,法律出版社2009年版。

5. 赵子琴主编:《法医病理学》(第4版),人民卫生出版社2009年版。

第十一章　法医物证司法鉴定

本章重点内容

本章概述了法医物证司法鉴定的任务、检材特征，重点描述了法医物证司法鉴定的程序、方法和内容，介绍了法医物证司法鉴定结果的评价方法和证据价值。

本章学习要求

通过本章学习，应了解法医物证的鉴定过程和基本方法；掌握个体识别案件中DNA检测结果的评估规则、个体识别鉴定意见的证据价值，亲权鉴定意见出具原则、亲权鉴定意见的证据价值，了解法医物证鉴定文书的格式和内容。

第一节　法医物证司法鉴定概述

一、法医物证司法鉴定的概念

对案件的真实情况有证明作用的物品和痕迹，称为物证。由法医物证专业人员针对血痕、精斑、毛发、牙齿、骨骼、尿斑、组织脏器等生物学检材进行的检验，称为法医物证学检验。其目的是：(1)确定该生物学检材的种类、种属，主要确定其是人类性来源或动物性来源。(2)通过遗传学标记系统的分型对人源性或动物来源的生物学检材进行检验，对其个体来源作出肯定或否定的判断，即个体识别；或对生物学个体之间是否存在亲缘或血缘关系作出判断，即亲权鉴定。

由此可见，个体识别是法医物证学检验的主要内容，它用于判明生物学检材的个体来源。个体识别的对象可能是现场勘验时提取的血痕、精斑、尿斑、唾液斑、牙齿、毛发、组织脏器碎片等。这类个体识别一般用于刑事案件的侦破和交通事故的调查，以明确无名尸、碎尸和斑痕的身源。除此以外，个体识别的对象也可能是活体。对活体的个体识别一般用于冒名顶替者、男扮女装者、女扮男装者、因年幼失散或精神异常者。

二、法医物证司法鉴定的任务

法医物证司法鉴定的目的在于解决检材的种属、身源或者判定个体之间的生物学关系。对于凶杀类案件,法医物证鉴定旨在明确犯罪现场或可疑凶器上所留的血迹是否为人血、是被害人还是作案人所留。对于强奸类案件,法医物证鉴定的目的是明确现场可疑斑迹是否为精斑、是否犯罪嫌疑人所遗留。对于碎尸类案件,法医物证鉴定的目的是明确尸块是否为同一人。对于婴儿调错案、移民案、拐卖儿童案等,鉴定的目的在于判定被检个体之间是否存在亲生血缘关系。

三、法医物证司法鉴定的检材

法医物证司法鉴定的对象是与人体有关的生物物证,如血液(斑)、精液(斑)、唾液(斑)、羊水、毛发、阴道分泌物、骨骼、牙齿、组织器官等。它们的血清学特征和(或)DNA 特征证明案件的真实情况,被称为法医物证检材,而用于比照分析的犯罪嫌疑人、被告人或被害人的材料为样本。这些检验材料是案件重建的主要依据,可查明案件事实,为刑事案件的侦查和民事案件的调查提供线索,也能通过它来鉴别证人证言、当事人陈述是否与客观事实相符。

四、法医物证司法鉴定的程序

1. 了解案情和委托要求

为了拟订严谨的鉴定分析方案,必须掌握案情,并充分了解委托方的鉴定要求。案情主要包括案件发生的时间、地点、过程,现场遗留物证,涉案人员的性别、身份、相互关系等。委托方的鉴定要求一般为个体识别或亲权鉴定。

2. 采取检材

检材是进行身源鉴定和证明生物学关系是否存在的原始证据,应当根据其种类采取相应的采集方式。提取含载体的斑痕时,必须同时采集空白对照。

(1) 血样

对于血样,可制成血痕或保存于抗凝剂中备检。对于活体,可以采集指尖血或耳垂血数滴于消毒纱布或 FTA 卡上,室温下晾干,装入纸袋内保存。亦可采集静脉血约 1mL,保存于枸橼酸钠抗凝管或 EDTA 抗凝管中。对于新鲜尸体,可提取心血,滴于消毒纱布或 FTA 卡上,室温下晾干,装入纸袋内保存。

(2) 现场血痕

对于案发现场的血痕,最好将其与基质一起提取。血痕附着在较大物体上时,若物体能切割,可沿斑痕的周边切下可疑斑迹(包括周围无斑痕基质),晾干后装入样本袋;若物体无法切割,可用水湿润棉签或纱布后擦拭血痕,使血痕转移到棉签或纱布上,亦可用小刀直接刮取斑痕于纸片上,装入样本袋。

(3) 口腔上皮细胞

若当事人不愿提供血样,或因疾病不宜提取血样(如接受造血干细胞移植后的病人,其血样基因型可能与供体基因型相同),可提取口腔黏膜上皮细胞作为样本:

让受检者先以冷开水漱口,然后用干净的消毒棉签或专用口腔拭子擦拭受检者的口腔颌部和牙龈处,将拭子于室温下晾干,装入样本袋,置于冰箱保存。亦可提取受检者唾液于消毒纱布或滤纸上,晾干后置于冰箱保存。

(4)精液(斑)

对于精液检材,应冰箱冷藏保存,尽快送检。不能立即送检的,应冰冻保存或滴在消毒纱布上制成精斑,装入纸袋内置于冰箱保存。

(5)羊水

对于强奸致孕案,有时需要采集羊水进行鉴定,通常情况下在受害人怀孕3~6月时由妇产科医生抽取羊水1~2mL用于检验。羊水装入消毒试管内,尽快送检或冰箱冷冻保存。

(6)组织

对于较新鲜的尸体组织,可提取其肌肉,一般取腿部深层肌肉组织块1g即可。对于腐败的尸体,可提取肋软骨、牙、指甲等用于检验。

(7)毛发

提取毛发时应尽量采用拔取的方式,一次拔取3~5根带毛囊的毛发,放入纸袋,或者放入洁净的离心管或试管内。对于案件现场的毛发,要用镊子收集,注意提取的毛发是否带有毛囊,每根毛发分别包装后装入纸袋或离心管内。提取的毛发尽快送检,不能立即送检的,应冷藏保存。

3. 物证鉴定过程

(1)制定分析方案。分析方案包括取用哪些检材,如何处理检材,是否需要进行血液(斑)、精液(斑)预试验和确证试验,选择什么方法抽提DNA,选用何种类型的遗传学标记进行分型等。

(2)生物检材处理。在检材类型明确或检验要求明确的情况下,可直接依据鉴定目的和检材类型的不同,对检材进行DNA抽提。常用的抽提方法有:有机溶剂法、Chelex-100法和过柱法等。如果检材类型可疑,在检材量足够用于分析的情形下,应先行预试验和确证试验。确认血液(斑)、精液(斑)、唾液(斑)、毛发的类型后再进行DNA检验。

对于疑为血斑的检材,一般需先进行血斑预试验,如果得到阴性结果,可以否定血痕的存在;如果结果呈阳性,再进行确证试验,证实为血痕后进行种属测定。如果为人血,可接着进行ABH血型物质的测定和其他遗传学标志的检测。

联苯胺试验是目前运用广泛的一种预试验方法,其原理为:血红蛋白或正铁血红素的过氧化物酶活性使过氧化氢释放新生态氧,将无色联苯胺氧化成蓝色的联苯胺蓝。但需要说明的是,植物氧化酶(如大蒜、马铃薯、胡萝卜及其他植物叶汁)、化学氧化剂(如重铬酸钾、高锰酸钾、硫酸铜、甲醛)、细菌等都可呈假阳性反应。因此,对于联苯胺试验呈阳性的检材,应进一步作确证试验。

血色原结晶试验是最常用的一种确证实验。其原理为:在碱性溶液中,血红蛋白分解为正铁血红素和变性珠蛋白,在还原剂作用下,正铁血红素还原成血红素,血红素与变性珠蛋白及其他含氮化合物(吡啶、烟碱等)结合,生成具有特殊吸收光谱的血色原结晶。

目前,不少物证学实验室采用免疫层析试剂条进行确证试验,结果较为理想,该法不仅能证实血斑存在与否,还能直接证明是否为人血。如果不能用免疫层析试剂条进行检测,而用血色原结晶试验或光谱检查法进行血斑确证试验,那么证实存在血斑后还需测定种属。多数实验室采用抗人血红蛋白环状沉淀法进行种属试验。当确定为人血后,可以进一步进行个体识别。

精液由精子、睾丸细胞、白细胞、脱落上皮细胞、前列腺液、精囊液等组成,干燥后形成精斑。对疑有精斑存在的检材,应先进行预试验和确证试验,检测斑痕中是否存在精斑。如果得到阴性结果,可以否定精斑的存在。如果得到阳性结果,则表示所检斑痕中可能含有精斑,有必要作进一步检验。

酸性磷酸酶试验是目前运用最广泛的一种精斑预试验方法,其原理为:精液的主要成分前列腺液中含有大量的酸性磷酸酶,它可将磷酸苯二钠分解产生萘酚,后者经铁氰化钾作用,与氨基安替比林结合产生红色醌类化合物。需要注意的是,酸性磷酸酶试验灵敏度极高(1: 20000),放置10年以上的陈旧精斑或水洗过的精斑仍可检出。若精斑中混有血液,也并无影响,因为血在该试验中呈灰褐色。不过,该法所检出的成分不是精斑所特有的,心、肺、肝、肾、胃等内脏的浸液及男性唾液、汗液、尿液和鼻涕等也会呈弱阳性反应。所以,对于预试验呈阳性反应的检材,应进一步作确证试验。若确证试验呈阳性,则可证实精斑的存在。

精斑的确证试验方法主要有两类:精子检出法和免疫学检验法。精子检出法是指在显微镜下检见精子,证实检材上留有精斑。该法将检材离心、涂片,甲醇固定后用苏木素伊红(HE)染色法或酸性品红亚甲兰(Baechi)染色法染色,镜检。HE染色法使精子头部呈蓝色,颈部和尾部呈红色。Baechi染色法与此相反,它将精子头部染成红色,颈部和尾部染成蓝色。精斑的免疫学检测方法有:抗人精液血清沉淀反应、抗P30血清沉淀反应、ELISA试验、免疫层析试剂条检测法等。其中,P30(前列腺特异性抗原)检出法是目前确证人类精斑的最好方法。抗P30血清与其他体液无交叉反应,比抗人精液血清特异性更强。而且,用P30检出法确证精斑不受精液中有无精子的影响,灵敏度和准确性均高于抗人精液血清沉淀法。实验室一般用斑点ELISA双抗夹心法或免疫层析法检测P30抗原(前列腺特异性抗原)。

唾液是唾液腺(腮腺、颌下腺、舌下腺等)的分泌物,富含蛋白质和酶,并有大量脱落上皮细胞。唾液干燥后形成的斑痕即唾液斑。在法医学上,常见的含唾液斑的检材有烟头、口罩、咬痕和粘贴型邮票。唾液淀粉酶检出法是证明唾液斑存在的最主要的方法。其原理为:唾液中含有大量淀粉酶,能将淀粉分解为糖,淀粉遇碘显蓝色,糖遇碘不显蓝色。因此,将已知淀粉溶液与检材斑痕作用,再加碘,若不出现蓝色反应,表示淀粉酶已将淀粉分解,再利用糖的还原作用验证淀粉已分解为糖,便能判断检材中含有唾液(斑)。若立即变蓝色,则为阴性反应,表明检材中不含唾液(斑)。值得注意的是,这种唾液淀粉酶检出法存在假阳性和假阴性。例如,粪便、植物及发芽的种子、动物、霉菌中均存在唾液淀粉酶,亦会出现阳性反应;陈旧检材因酶的活性已减弱甚至消失,可出现假阴性反应。

在法医学上,对毛发进行确证检查时,往往需要解决下列问题:是毛发还是纤维?是人毛还是动物毛?就形态学而言,毛发与纤维有如下不同:毛发有其特有的形态学特征,有毛根、毛干、毛尖之分,有光泽、弹性,显微镜下可见毛小皮、皮质和髓质结构。易与毛发混淆的纤维一般有棉、麻等植物性纤维、石棉等矿物性纤维、蚕丝等天然纤维和人造棉、麻、丝等合成纤维,这些纤维的共同特点是无皮质、髓质之分。另外,植物性纤维易燃,燃烧后无臭味;动物性纤维难燃,燃烧时收缩并发出臭味。

在形态学上,人毛与动物毛可通过毛小皮、皮质和髓质的显微镜检查进行区分:人毛的毛小皮鳞片薄、短、宽,纹理呈较细而不规则的波浪状,动物毛的毛小皮鳞片较厚、粗、宽,纹理呈粗锯齿状;人毛的皮质较宽,占毛干的大部分,色素颗粒多集中于皮质外围,动物毛的皮质较窄,色素颗粒多集中于皮质近中央部位;人毛的髓质较窄,不发达,经常呈断续状,有时阙如。髓质宽度与毛干宽度之比(即髓质指数)小于0.3;动物毛的髓质一般较宽,较发达,呈连续状直至毛尖,髓质指数一般大于0.5。

(3)DNA定量分析。对于微量、降解的检材而言,DNA定量对于分型至关重要。常用的定量方法有:紫外分光光度计法、Quantifiler定量法和AluQuant定量法。紫外分光光度计法是用紫外分光光度计测定溶液在260nm和280nm波长处的OD值,计算DNA浓度;Quantifiler定量法是用Quantifiler® 定量试剂盒(AB,USA)对DNA进行定量分析;AluQuant定量法是用AluQuant™定量系统(Promega,USA)对DNA进行定量分析。

(4)DNA分型。根据鉴定的目的选用合适的方法对VNTR、常染色体STR、Y染色体STR、X染色体STR、线粒体D环高变区、SNP等遗传学标记进行分型。分型方法有:RFLP、ASO-PCR、STR-PCR、测序技术、PCR-SSCP、DHPLC、PCR-SSP、PCR-SSOP、基因芯片分型法、TaqMan荧光探针法、SNPlex技术、SNPstream、MassArray、BeadArray技术等。

4. 作出鉴定意见

法医物证鉴定人依据检验结果,通过数据计算分析,对案件中的专门性问题作出评判,得出结论(判定现场检材的身源、确定个体之间的生物学关系等)。鉴定意见是诉讼证据之一,应该严谨、科学、客观、准确、公正。

5. 法医物证鉴定程序的管理

法医物证鉴定应该依照鉴定规则,以严谨求实的工作作风,科学规范、独立客观地进行检验,得到准确公正的鉴定意见。鉴定人员必须具备相应的资质,仪器设备必须完好、合格,鉴定材料在流转过程中必须始终处于受控状态,检验试剂和方法必须经过了可靠性验证;检验结果的评判必须依据充分。鉴定人得出鉴定意见,编制鉴定文书,送交复核人审查核实,鉴定文书经最后签发后发放给委托方。

若委托机构或单位对鉴定意见存在疑义,可考虑进行补充鉴定或者重新鉴定。补充鉴定时,原鉴定人根据原检材或补充检材,针对新提出的问题进行鉴定,或者修正原鉴定文书的内容,或者提出补充意见。重新鉴定时,委托方对需要解决的问题重新组织专家或另外聘请鉴定人进行检验,由鉴定人出具鉴定文书。

第二节　法医物证司法鉴定的方法

法医物证司法鉴定的方法一般有两类:法医血清学检验和法医分子生物学检验。前者包括血清学、免疫学和生物化学的理论和方法,可用于红细胞血型(ABO、MN、Rh 等)、红细胞酶型(PGMI、GLO、DNaseI 等)、血清蛋白型(HP、Gc、Pi 等)和白细胞抗原(HLA)的检测。法医分子生物学检验则指将 DNA 分析技术应用于法医物证学检验。由于 DNA 检测技术灵敏度高、个体识别能力强,在国内外已逐步取代部分法医血清学技术,法医物证检验从原来只能否定的水平过渡到了能认定的水平。目前,全世界 120 多个国家和地区均已将 DNA 技术用于个体识别和亲子鉴定中。法医物证鉴定涉及多门学科,需要综合应用免疫血清学、遗传学、人类学、物理、化学、生物化学、分子生物学等知识,主要有如下手段:

(1)免疫血清学方法。利用抗原抗体反应的原理,对红细胞血型(如 ABO、MN、P、Rh 等)、白细胞血型(HLA)、红细胞酶型、血清蛋白型等进行表型检测,对血斑、精斑等进行确证试验。其中,血斑、精斑等的确证试验是血斑、精斑鉴定的关键,能避免将动物血误判为人血用于个体识别的情况。

(2)遗传学方法。利用群体遗传学资料计算基因型和表型的似然率,应用遗传学原理对个体之间的血缘关系进行分析。例如,经过累计非父排除率大于 0.9995 的遗传学标记的检验,被检父母与孩子的基因型符合孟德尔遗传定律,可通过似然率(亲权指数)的计算判定亲子关系存在的可能性。

(3)人类学方法。应用人类学的理论和技术,鉴定人体骨骼等检材的种族、性别、年龄、身高等特征。

(4)物理方法。利用物理学的技术,在紫外灯下判读琼脂糖电泳条带;通过激光激发对荧光素标记的 PCR 产物进行 DNA 分型;用磁共振法测定血痕的陈旧度;通过紫外灯的照射对精斑进行预检验等。

(5)化学方法。采用化学原理,通过联苯胺试验对血斑进行检验,碘—淀粉试验对唾液斑进行检验,酸性磷酸酶试验对精斑进行检验等。

(6)分子生物学方法。利用DNA、RNA分析技术进行法医物证学鉴定,如运用限制性片段长度多态性检测技术、序列多态性检测技术、PCR片段长度多态性检测技术分析检材的VNTR、STR基因型,使法医物证个体识别和亲子鉴定从只能否定上升到高概率肯定的水平。

第三节　法医物证司法鉴定的主要内容

一、种属鉴定

种属鉴定所解决的问题是:生物学检材来源于人,还是动物?若来源于动物,是何种动物?种属鉴定是传统法医物证鉴定流程中一个必不可少的检验环节,也是法庭生物学鉴定的重要课题之一。传统的种属鉴定方法有血清学、细胞学和生物化学方法。这些方法对检材的质量要求较高,不适合对遭到破坏、受到外界污染或已经腐败降解检材的检验。

近年来,PCR技术在微量检材的种属鉴定中发挥着重要的作用。通过扩增目的基因片段,可以区分出人源性和非人源性检材,再经测序鉴定具体动物的种属。用于种属鉴定的遗传学标记有:Alu序列、12S rRNA基因、16S rRNA基因、SON基因3'端非编码区、细胞色素b基因(cytochrome b,Cytb)、短串联重复序列基因座(short tandem repeats,STR)、肿瘤抑制基因(tumor suppressor,TP53)、线粒体D环区(D-Loop)等。当前,线粒体Cytb的分析是DNA种属鉴定的主要手段。1999年,奥地利学者研究了44种脊椎动物的线粒体Cytb基因,发现Cytb基因具有良好的动物分类学意义,其核苷酸序列包含着脊椎动物的种属信息;1999年,法国学者研究了人源性mtDNA和非人源性mtDNA的D-Loop环序列和Cytb序列,发现D-Loop环高变区具备人源特异性;2001年,我国台湾地区学者研究了台湾岛内一些常见经济动物和濒危保护动物的Cytb基因,证实Cytb良好的种属分类信息有助于动物鉴定,可用于国家保护动物的种属认定。Bataille等分别设计针对Cytb基因和D-Loop的HV1区的引物,对从猪、鸡、马、牛肌肉中抽提的DNA进行复合扩增,琼脂糖凝胶电泳显示:人DNA的扩增产物有两条特异带(Cytb 309bp,D-Loop 259bp),而动物只有Cytb基因的扩增产物带。进一步测序则可鉴定具体动物的种属。

二、个体识别

个体识别是以同一认定理论为指导原则,通过对遗传学标记进行检验,判断案发现场收集到的物证检材与用于比对的样本是否同属一个个体。除了同卵双生子之外,每个生物学个体具有独一无二的基因型,而同一个体的不同组织、器官、分泌物、排泄物的基因型一致,这是法医学进行个体识别的理论基础。因此,如果两份样本的基因分型结果不同,可以排除它们来源于同一个体;如果基因型相同,则不排除它们来源于同一个体。按照检材类型的不同,可将个体识别分类如下:

(1)血痕的个体识别。血痕是法医物证检验中最常见、最重要的检材之一,在凶杀、抢劫、斗殴、交通肇事等案件的现场,血液一般附着在物件的表面,如地面、衣服、头发、草丛、轮胎、车底盘、窗玻璃等处。对血痕进行个体识别,就是判定血痕为谁所留。ABO 血型、血清型、红细胞酶型的测定是对血痕进行个体识别的传统手段,但现在 DNA 分析已发展为主要技术,如通过 Amelogenin 基因分型判定血痕的性别,通过 STR 分型确认血痕的个体来源。

(2)精斑的个体识别。精斑是强奸案、猥亵案常见的物证检材,一般附着于衣裤、床单、卫生纸、毛巾、被褥等物件上。对精斑进行个体识别,就是确定精斑的身源。精斑个体识别方法有多种,包括 ABO 血型、酶型、血清型,但这些遗传学标记的信息量极其有限,往往只能起到排查的作用,因而需要进行 DNA 多态性检验。在实际工作中,提取 DNA 之后,一般采用常染色体 STR 分型、SNP 分型和(或)Y – STR 单倍型检测、Y – SNP 检测。

(3)唾液斑的个体识别。唾液斑是常见的法医物证检材之一,遗留于烟头、茶杯、酒瓶、饮料罐、纸巾、口罩、瓜子皮、果核等物件上,也可能见于尸体皮肤和其他物品上的咬痕。对唾液斑进行个体识别的传统方法是 ABO 血型检测、唾液多态性蛋白和多态性酶检测,目前则主要采用常染色体 DNA 多态性检测的方法。

(4)混合斑的个体识别。混合斑是性犯罪案件的常见检材,是指两名或两名以上个体的体液、分泌物形成的斑迹,通常是精液与阴道分泌物的混合斑,或者是精液、阴道分泌物与血液的混合斑。为了侦破强奸案,需要对混合斑中的精液组分进行身源鉴定,确定案犯。

当前,主要通过 DNA 遗传多态性检测进行混合斑的个体识别。在实际工作中,一般利用两步消化法提取精子 DNA,然后进行常染色体 STR 分型。若无法将精子与女性细胞组分彻底分离,可进行 Y – STR、Y – SNP 单倍型检测分析。

(5)毛发的个体识别。毛发是皮肤的一种特殊附属器,由皮肤毛囊细胞产生,分为毛根、毛干和毛尖三部分。位于皮肤里面的为毛根,露在皮肤外面的部分为毛干,毛干的末端称为毛尖。毛干是毛发的主要部分,它由毛小皮、皮质和髓质组成。毛小皮位于毛干的最外层,由角化的无核扁平细胞组成;皮质位于毛干的中层,由纤维状角化细胞组成;髓质位于毛干中轴,由退化的上皮细胞残渣组成。毛发是重要物证之一,其抵抗腐败的能力不及骨骼和牙齿,但远高于肌肉等软组织。在干燥环境中,毛发可长期保存。在凶杀、强奸、盗窃、交通肇事等案件中,通过对毛发作性别、血型、毛干 mt DNA 测序和毛根核 DNA 基因型分析,可进行个体识别。

(6)软组织的个体识别。在空难、交通肇事案、爆炸案现场,皮肤组织、肌肉组织、脑组织是最多见的软组织类型,它们容易发生自溶而降解。对新鲜组织进行个体识别时,可测定 ABO 血型和同工酶酶型,但常染色体 DNA 分析是最完善的手段。对于腐败的组织,常规 STR 检测可能不成功,此时可尝试 MiniSTR 分型或 SNP 分型。

值得注意的是,如果被检组织已发生癌变,出具鉴定意见时必须格外谨慎,因为肿瘤组织的 DNA 可能发生变异,出现增加等位基因、基因型变更、完全杂合性丢失和部分杂合性丢失等情形,在 Identifiler 扩增体系的 15 个 STR 基因座中,变异频率最大的 STR 基因座依次为 FGA、D18S51、D5S818、D13S317 和 D8S1179。因此,若发现肿瘤组织的分型结果与正常组织不同,不能轻率地否定同一性。

(7)硬组织(骨、牙、指甲等)的个体识别。与软组织相比,骨、牙、指甲等更能抵抗腐败,对于环境、温度、酸碱度具有更强的耐受性。因此,它们是法医物证学上极有价值的检材,在个体识别中具有重要意义。

骨、牙、指甲等硬组织的个体识别方法有多种,包括 ABO 基因型的检测、DNA 遗传多态性检测等。在实际工作中,一般根据鉴定要求,结合检材的降解情况,提取 DNA 之后采用 MiniSTR 分型、SNP 分型或线粒体测序分析。例如,在处理群体性灾难事件时,通过对骨、牙、指甲等类型的检材进行 DNA 检测,可鉴定已无法辨认的大量遇难者的遗骸。

三、亲权鉴定

亲权鉴定是以遗传规律和统计学原理为理论基础,通过遗传学标记的分析,判断个体之间是否存在某种亲缘关系。碎尸块身份认定,离婚案、财产继承案中亲权纠纷的解决,移民案中有关人员血缘关系的鉴定,失散多年的父子、母子、兄妹等的认亲,户口申报中亲生血缘关系的鉴定,婴儿错抱案、拐卖儿童案中孩童身份的鉴定,强奸案中确定强奸致孕胎儿的亲生父亲,都需要运用亲权鉴定技术。按照亲权关系类型的不同,可将亲权鉴定分类如下:

(1)三联体亲子鉴定。三联体亲子鉴定是指参加鉴定的个体为母、孩子和假设父三方,需要鉴定父子之间是否存在亲生血缘关系。

根据孟德尔遗传定律,在常染色体基因座位上,孩子的一对等位基因必定一个来自于生父,一个来自于生母,孩子不可能带有双亲均无的等位基因。这是亲权鉴定的理论基础。对于三联体,通过检测按孟德尔遗传定律的人类遗传标记,经比对分析母亲和孩子的基因型,推断生父基因,再核查争议父是否携带这些基因,即可判断有无亲生血缘关系。若孩子的生父基因在被检父处找不到来源,则排除父子之间具有亲生血缘关系;若孩子的生父基因在被检父处能找到来源,则根据基因分布频率计算似然率 LR(即亲权指数 PI),作出定量评估,判定亲生血缘关系。

(2)二联体亲子鉴定。当受检者为假设父与孩子,或者为假设母与孩子时,称为二联体,属单亲检验。其分析方法为:比对孩子与假设父(或假设母)的基因型,若孩子的一对等位基因与假设父(或假设母)的完全不同,则排除他们之间存在亲生血缘关系;若孩子的等位基因可有一半从假设父(或假设母)得到,则根据基因分布频率计算似然率 LR(即亲权指数 PI),作出定量评估,判定亲生血缘关系。

(3)同一父系遗传关系鉴定。为了认亲、入户、移民、继承遗产、姓氏鉴定等事由,有些案件需要对一些男性个体是否属于同一父系进行检验,受检者通常是叔叔、侄子,或者祖父、孙子,或者兄、弟,或者父系相隔数代的个体。这种情形下,我们需要通过 Y 染色体遗传学标记的检验完成鉴定。Y 染色体是男性特有的性染色体,呈父系遗传特征。在排除了突变的前提下,同一父系的所有男性后代都具有相同的 Y 染色体单倍型。按此理论基础,如果被检个体的 Y 染色体单倍型(如 Y－STR 单倍型)不同,就可以排除他们之间有相同父系的亲缘关系的可能。若 Y 染色体单倍型相同,则计算亲缘关系指数,对可能性作出估计。

(4)同一母系遗传关系鉴定。为了确认遗骸身份、认亲、继承遗产等事由,有时需要对母系遗传关系进行鉴定,检材可能是被埋数年的尸骨,样本可能来源于兄、妹,或者舅、甥,或者姨、甥,或者母系相隔数代的个体。这种情形下,我们需要通过线粒体 D 环高变区的测序完成检验。线粒体是人细胞中除核以外唯一含有 DNA 的细胞器,每个细胞中平均有 800 个线粒体,每个线粒体内约存在 10 个 DNA 分子(mtDNA)。mtDNA 表现为母系遗传方式,在排除了突变的前提下,同一母系的所有后代都具有相同的 mtDNA 序列。按此理论基础,如果被检个体的 mtDNA 单倍型不同,就可以排除他们之间的相同母系的亲缘关系。若 mtDNA 单倍型相同,则计算亲缘关系指数,对可能性作出估计。例如,"兄"与"妹"的 mtDNA 单倍型不同,就可排除他们之间为亲兄妹关系;若"兄"与"妹"的 mtDNA 序列一致,则依据 mtDNA 单倍型的群体分布频率计算亲缘关系指数,对可能性作出估计。

(5)祖孙关系鉴定。孩子在父亲意外身亡后,为继承遗产、申报户口的需要,可能提请鉴定;死者的婚外子女为了同时继承遗产,也会提出鉴定的要求。在这种情形下,就需要采集孩子生母、孩子和孩子祖父母的样本,通过 DNA 分型进行祖孙关系鉴定。在检验过程中,常染色体 STR 可作为首选的遗传学标记,经比对分析孩子生母和孩子的基因型,推断生父基因,再核查祖父母的基因型组合是否具备这些基因。若孩子的生父基因在祖父母处找不到来源,则判定祖父母与孙子之间不存在生物学祖孙关系;若孩子的生父基因能在祖父母处找到来源,则根据基因分布频率计算似然率 LR(即亲权指数 PI),作出定量评估,判定祖孙关系。

为了使鉴定意见准确无误,在进行祖孙关系鉴定时,若孩子为男性,可对祖父、孙子增加 Y－STR 分型;若孩子为女性,可对祖母、孙女增加 X－STR 分型检验。如果受检者的 DNA 分型结果不符合遗传规律,则排除他们之间为亲祖孙关系。

(6)祖母—孙女关系鉴定。在日常检案工作中,以下的特殊情形日益多见:需要鉴定祖母与女孩是否具有亲祖孙关系,但因孩子的祖父、父亲均已亡故,缺乏孩子祖父和父亲的对照样本,这类案件必须借助 X 染色体上遗传学标记的分型。女性个体含有两条 X 染色体,男性个体只有一条 X 染色体。X 染色体遗传标记表现为性连锁遗传,母亲将两条 X 染色体上的等位基因随机地遗传给子女,而父亲必将来源于生母的一条 X 染色体上的等位基因遗传给女儿,因此,祖母与亲孙女在 X 染色体上的每个基因座都会有一个等位基因相同。依据这样的遗传规律,在对祖母与孙女的样本进行 X－STR 或 X－SNP 分型之后,比对分析各基因座的基因型,若发现没有相同的等位基因,可判定她们不存在生物学上的祖母—孙女关系。

(7)同父异母姐妹关系鉴定。在某些案件中,需要鉴定两个姐妹(不同母,彼此为半同胞姐妹)是否有同一个生物学父亲,但其父亲已亡故,因此缺乏对照样本。这样的情形下,常染色体遗传标记无法排除或认定姐妹关系,线粒体的遗传标记也没有应用价值,只能依靠 X 染色体上的遗传学标志得到有价值的信息。同父姐妹在 X 染色体的每个基因座必定有一个等位基因相同,因此,检测 X 染色体的 STR 基因座和(或)SNP 位点。若姐妹间没有相同的等位基因,就可明确她们不是同父所生。

(8)生物学同胞关系鉴定。为了寻亲、移民、继承遗产等事由,有些案件需要鉴定一些个体是否为同父同母的兄弟姐妹。这类案件常见的情形如下:两个兄弟(或姐妹)要求鉴定他们(她们)是否为同卵双胞胎。几名同胞兄妹需要鉴定他们寻觅到的弟弟(或妹妹,早年因家贫被父母送人)是否是亲胞弟(或亲胞妹)。对于前面一种情形,可通过常染色体 STR 的分型得到结论:“兄”(或“姐”)与“弟”(或“妹”)的 STR 基因型不一致,即排除他们(或她们)为同卵双胞胎。对于后面一种情形,一般要求参与鉴定的同胞能有 4 人以上(如 3 名以上的同胞兄妹认领 1 名弟弟或妹妹),先对每个个体进行常染色体 STR 分型,然后根据 3 名以上同胞的基因型推断其父母的基因型组合,与待认领的个体进行比对分析——如果该个体的基因在父母的基因型组合中找不到来源,可判定他(她)不是他们的生物学同胞;若该个体的基因型能在父母的基因型组合中找到来源,可计算亲权指数,判定他(她)是他们生物学同胞的可能性。如果能够参与鉴定者只有两人(如兄妹两人认亲),且无法获取双亲的样本,则可通过常染色体 STR 分型,依据两人相同表型的基因座个数和共有等位基因个数判定同胞关系存在与否,或者依据同胞指数判定存在同胞关系的可能性。需要时,增加检验 Y－STR、X－STR、mtDNA 等遗传标记,降低误判风险。

第四节　法医物证司法鉴定文书的制作

一、法医物证司法鉴定文书

法医物证鉴定人在接受司法机关的指派或聘请后进行实验分析,并研究案件有关材料,对案件中的特定问题作出判断,其书面表现形式是法医物证司法鉴定文书。目前,法医物证司法鉴定文书的类型主要有:(1)法医物证司法鉴定意见书。它是建立在检验结果基础上的、包含法医物证鉴定人专业判断的一种文书。(2)法医物证司法检验报告书。指仅客观报告检验结果的一种文书。在形成鉴定文书过程中,要求符合司法鉴定程序,委托事由清楚,鉴定目的明确,技术方法严谨,检验结果真实,鉴定意见可靠。

(一)法医物证司法鉴定意见书的制作

法医物证司法鉴定意见书一般由编号、序言、检案摘要、检验过程、分析说明、鉴定意见、结尾、附件等部分组成。

1. 编号。编号是鉴定文书的唯一性标识,由鉴定机构名称缩略语、年份、专业缩略语、文书性质缩略语及序号构成(年份、序号用阿拉伯数码标识),如"××司鉴中心[2012]物鉴字第××号"。

2. 序言。序言包括委托单位、委托日期、委托事项、生物学检材和样本的种类及数量、鉴定地点等内容。

3. 检案摘要。检案摘要一般是对司法机关立案卷宗、口述资料等的摘录,在鉴定文书中应注明出处。检案摘要包括案发时间和地点、简要经过、各事件的关系、各当事人彼此的关系等。

4. 检验过程。检验过程所描述的是检材处理和检验方法(种属鉴定方法、DNA 抽提方法、PCR 扩增方法、分型方法等,若采用行业标准如 GA/T 382－2002 和 GA/T 383－2002,应明确标识于文书中)及检验结果(种属鉴定结果、性别检验结果、STR 分型结果、似然率计算结果等)。

5. 分析说明。结合案情,根据检验结果,应用科学原理进行分析,阐述鉴定意见的依据、理由和因果关系,必要时指明理论的出处。在法医物证鉴定中,分析说明应注意以下几点:个体识别时,遗传学标记的系统效能用累计个体识别能力(CDP)表示,CDP 应达到 0.9995 以上;亲权鉴定时,遗传学标记的系统效能用累计非父排除率(CPE)表示,CPE 应达到 0.9995 以上;应根据不同类型的遗传学标记运用相应的遗传规律进行分析,如运用孟德尔定律分析常染色体 DNA 的检验结果,依据母系遗传规律分析线粒体 DNA 的检验结果,运用父系遗传规律分析 Y 染色体 DNA 的检验结果;应阐明似然率的证据意义。

6. 鉴定意见。针对委托事由,根据客观检验结果和分析说明的理由,作出有科学依据的结论。鉴定意见应尽可能作出确定性判断(肯定或否定),或作出倾向性结论(不排除)。

7. 结尾。鉴定文书以鉴定人和复核人技术职务、姓名、签名和文书制作日期为结尾,加盖鉴定机构图章。

8. 附件。鉴定文书的附件包括照片、图、参考文献、退还检材的说明等。

鉴定文书一般用 A4 纸(21cm×29.7cm),采用单栏打印,行间距设定为固定值22～25 磅。编号用 4 号仿宋体,一级标题用 3 号黑体,二级标题用 4 号黑体,正文用 4 号仿宋体,表格用三线表,表内文字用 5 号仿宋体,单倍行距,居中排列。

(二)法医物证学检验报告书的制作

法医物证学检验报告书仅对检材作客观观察、检验并作出报告。检验报告除没有分析说明和结论这两部分内容外,其他部分的内容和要求与鉴定意见书相同。

二、法医物证司法鉴定文书的管理

(1)关于鉴定文书的文字质量

法医物证司法鉴定文书应使用统一的专业术语,文字简练,用词准确,使用国际标准计量单位符号(如 μL、μg、mL、min 等)。

(2)关于鉴定文书的审核

鉴定文书实行鉴定人、复核人、签发人三级审核责任制度。复核人应对鉴定人所用的分析方法、原始数据、图谱及记录进行审核。

(3)关于鉴定文书的发放

鉴定文书的发放原则上按委托鉴定合同(协议)所约定的方式进行,一般采用挂号、机要等函送方式。若应委托方要求采用电话、传真或其他电子方式传送鉴定文书的内容,鉴定人必须保证信息的安全和准确。

(4)关于鉴定文书的修改

对于已经发出的鉴定文书,需要修改时,一般以追加文件的方式进行,注出“对××号鉴定的补充和说明”。若需要出具全新的鉴定文书,应重新编号,并注明所取代的原鉴定文书(原鉴定文书应尽量收回,加盖作废章并归档)。

(5)关于鉴定文书的归档

鉴定完成后,应将鉴定过程中形成的文件资料如合同(协议)、样本流转记录、实验原始记录、DNA 分型图谱等全部装订成册,与档案管理人员办理档案资料的移交、接收手续,做到不丢失、不泄密。

第五节　法医物证司法鉴定意见的评价

一、概述

法医物证的司法鉴定结果是遗传标记的表型,鉴定意见是通过数据分析作出的具有科学依据的判断性意见。在个体识别中,鉴定意见表述为“排除同一性”或“不排除同一性”;在亲权鉴定中,鉴定意见表述为“排除亲权关系”或“不排除亲权关系”。其中,“不排除”是相对的,可以通过一个量值即“似然率”(likelihood,LR)来反映其证据强度,供法庭判决时参考。

"似然率"指两个概率的比值。在个体识别中,"似然率"指现场斑迹是嫌疑人所留(控方观点)的概率与现场斑迹是其他人所留(辩方观点)的概率之比。在亲权鉴定中,"似然率"指被检验人之间具有亲权关系的可能性与他们没有亲权关系的可能性之比。

二、个体识别结论的表述

(1)排除同一个体来源。指对案件中的"检材"(可疑斑迹)与"样本"(用于比对的材料,如嫌疑人的血样)进行比较检验后,发现检材与样本基因型不同,不是来源于同一个体。在有些情况下,则指不同案件中"检材"与"检材"不是来源于同一个体。

(2)不排除同一个体来源。指对案件中的"检材"(可疑斑迹)与"样本"(用于比对的材料,如嫌疑人的血样)进行比较检验后,发现检材与样本基因型相同,具有来源于同一个体的可能。在有些情况下,则指不同案件中"检材"与"检材"具有来源于同一个体的可能。

三、亲权鉴定意见的表述

(1)排除亲权关系。指对被检验人(如父、母、孩子)进行多个基因座(累计非父排除率≥0.9995)检验后,发现基因型不符合遗传规律,故排除亲权关系。

(2)不排除亲权关系。指对被检验人(如父、母、孩子)进行多个基因座(累计非父排除率≥0.9995)检验后,发现所有基因座均符合遗传规律,故有存在亲权关系的可能。

四、法医物证检验结果的评估与鉴定意见的证据价值

(一)个体识别案件中DNA检测结果的评估规则

1.排除同一性的依据。经过累计个体识别能力大于0.9999的多个基因座的检测,发现被检检材的遗传标记表型不匹配,则排除同一性。

2.不排除同一性的依据。经过累计个体识别能力大于0.9999的多个基因座的检测,发现被检检材的遗传标记表型匹配,不排除同一性,此时要计算随机匹配概率P(X)和似然率LR,然后作出鉴定意见。

(二)个体识别鉴定意见的证据价值

LR=1/P(X),尽管国内外对于P(X)低到什么程度方可认定同一没有统一的规定,但是,可以理解的是,如果$P(X)\leqslant 10^{-10}$,即P(X)比全世界人口总数的倒数还要低,应该是可以认定同一的。因为,这样低的P(X)数值意味着全球几乎找不到具有相同基因型的另外一个人(同卵双生子除外)。

我们从LR的值也不难得出这个结论:如果$P(X)=10^{-10}$,则$LR=10^{10}$,这意味着现场检材为嫌疑人所留的可能性是现场检材为其他无关个体所留的可能性的10^{10}倍,因此支持现场检材为嫌疑人所留的论点,并反映出结论的证据价值。

(三)亲权鉴定意见出具原则

关于三联体(母、子、父)和二联体(母—子或父—子)的亲权鉴定,我国司法部已经出台《亲权鉴定技术规范》(SF/Z JD0105001 - 2010)。按照该规范,亲权鉴定意见出具原则如下:

(1)累积亲权指数(CPI,LR)小于0.0001,或3个以上的基因座不符合遗传规律(如被检父亲在3个以上的STR基因座不能提供给孩子必需的生父基因),则排除亲权关系的存在。

(2)累积亲权指数(CPI,LR)大于10000,则支持亲权关系的存在。

(3)经DNA检测(系统的累计非父排除率在0.9999以上),若发现各基因座符合相应的遗传定律,$2000 < CPI < 10000$,增加检测其他的具有高度多态性且遗传稳定的DNA遗传标记亦未发现不符合遗传规律的基因座,可据此支持亲权关系的存在。

(4)经常染色体DNA检测(系统的累计非父排除率在0.9999以上),发现1~2个基因座不符合相应的遗传定律(考虑存在突变),这种情形下,应增加检测其他的高度多态性且遗传稳定的STR基因座。若被检验的孩子为女孩,应尽可能对被检父母与女孩增加检测X - STR;若被检验的孩子为男孩,且被检父与孩子可能的生父不属同一父系,应尽可能对被检父与男孩增加Y - STR的检验。将突变基因座写入报告书中,并按突变基因座PI值的计算方法计算PI和CPI值。计算后若发现$CPI \leq 0.0001$,则据此排除亲权关系;若$0.0001 < CPI < 10000$,则不排除亲权关系。

(四)亲权鉴定意见的证据价值

亲权鉴定的结果是被检验个体遗传标记的表型,将其转换成(数)量化指标,可为法庭提供证据。在亲权鉴定中,似然率反映的是两种假设可能性的比值,即有某种亲权关系的可能性与没有该亲权关系的可能性之比。因此,似然率(LR)表示亲权关系的强度。我们可以这样来理解:若LR = 10000000,就表示该案中被检父为孩子生父的概率是其他随机男子为孩子生父的概率的10000000倍,故支持被检父与孩子之间存在亲生血缘关系。

在亲权鉴定的报告书中,不宜使用父权概率(RCP)作为判定亲子关系的指标,因为其前概率的取值大小直接影响RCP的高低,凭其数值判定亲权关系时存在一定的偏差。LR的计算无须使用前概率的概念,可以避免人为因素的影响,在法庭上能直接反映出DNA证据的强度。

思考题

1. 法医物证司法鉴定的主要任务有哪些?
2. 亲权鉴定的原理是什么? 何谓个体识别?
3. 与血清学检验技术相比,运用DNA检验方法进行个体识别和亲权鉴定有何优势?
4. 似然率在个体识别和亲权鉴定中体现怎样的证据价值?

5. 遗传规律有哪些?

阅读书目

1. 侯一平主编:《法医物证学》(第2版),人民卫生出版社2004年版。

2. 吕德坚、陆惠玲编著:《DNA 亲权鉴定》,暨南大学出版社2005年版。

3. 吴梅筠主编:《法庭生物学》,四川大学出版社2006年版。

4. John M. Butler 主编:《法医 DNA 分型:STR 遗传标记的生物学、方法学及遗传学》,侯一平等译,科学出版社2007年版。

5. Butler JM, *Advanced Topics in Forensic DNA Typing: Methodology*, Elsevier, 2011.

第十二章　法医毒物司法鉴定

本章重点内容

本章重点介绍了毒物和中毒的概念、毒物鉴定的任务、毒物鉴定的程序和方法、毒物鉴定的主要内容、毒物鉴定文书的特点以及毒物鉴定结果的评价，以利于相关法学专业人员和非法医毒物专业人员了解法医毒物鉴定的主要内容、方法、对象和正确理解毒物鉴定结果的含义及作用。

本章学习要求

学习本章内容，应着重理解毒物的相对概念，了解毒物司法鉴定是利用现代分析手段对检材中存在的毒物进行定性定量分析，理解毒物鉴定意见和检验结果以及正确评价和运用毒物鉴定结果。

第一节　法医毒物司法鉴定概述

一、毒物和中毒的概念

（一）毒物

人类对毒物的认识，是在认识自然和科技进步的过程中不断演变和深化的，毒物的概念是发展的和相对的。一般认为，毒物是在一定条件下，以较小剂量进入机体，通过化学或物理化学作用，引起机体功能性或器质性损害甚至导致死亡的化学物质。毒物发生毒作用的大小受到使用剂量、作用对象以及作用方式的影响。

毒物可根据理化性质、毒理作用或依照其他原则进行分类。在法医学领域，通常对常见毒物有以下分类：

种类	毒　物
气体毒物	一氧化碳、天然气、硫化氢和工业废气等
挥发性毒物	乙醇、甲醇、氰化物、氯仿、苯类及其衍生物等
水溶性毒物	亚硝酸盐、强酸类、强碱类等
金属毒物	砷、汞、铅、钡、铊等
医用药毒物	苯二氮卓类、吩噻嗪类、巴比妥类等安眠镇静药物和三环类抗抑郁药等
毒品	阿片类、苯丙胺类、大麻类、可卡因、氯胺酮等
杀虫剂	有机磷类、氨基甲酸酯类、拟除虫菊酯类等
杀鼠剂	氟乙酰胺、毒鼠强、磷化锌、香豆素类等
除草剂	百草枯等
有毒植物	乌头类、马钱子、颠茄类等
有毒动物	河豚、班蝥等

(二)中毒

机体由于受毒物的作用而发生的功能性或器质性损害而出现的疾病状态称为中毒。因中毒而导致死亡则称为中毒死。中毒按其发生、发展的过程可分为急性中毒和慢性中毒。一次使用大剂量的毒物,短时间内出现严重中毒症状的为急性中毒,其特点是发病急、病情重、症状明显、转归快。急性中毒多见于他杀、自杀和灾害性事故,是法医毒物鉴定的重点。小剂量反复使用毒物,使机体长时间遭致机能损害,逐渐产生中毒症状的为慢性中毒,特点是症状不明显、病程长、难痊愈。慢性中毒多见于环境污染、职业中毒以及毒品滥用。由于慢性中毒与自然疾病较难鉴别,也有犯罪分子用此类方式投毒的,因此在法医学鉴定中应予以注意。

毒物发生毒作用的大小受到使用剂量、作用对象以及作用方式的影响。

二、毒物鉴定的任务

法医毒物鉴定的基本任务是对各类事(案)件中可能涉及的毒物进行分析鉴定,判明有无毒物、毒物与事件的关系等,为涉及毒物的事(案)件的侦查和审理提供线索和证据。法医毒物鉴定主要涉及四个方面:

(1)判定有无毒物。通过系统的毒物筛选分析来发现毒物或排除毒物。

(2)确定中毒物质。通过毒物定性分析确认毒物的种类。

(3)估计中毒程度。通过毒物定量分析确定毒物的含量,从而估计毒物发挥毒作用的程度。

(4)推断中毒性质。通过中毒者体内毒物分布、毒物原体及代谢物分析等,推断毒物进入机体的途径以及中毒性质。

法医毒物鉴定涉及的事(案)件有:死因不明而可能涉毒的;中毒死亡必须证明的;毒物辅助抢劫、强奸、施暴的;摄毒或毒品犯罪的;酒后交通肇事的;有毒物质所致的灾害性事件如煤气泄漏、食品污染等。

三、毒物鉴定的检材

毒物鉴定的对象称为检验材料(检材),一般可分为体外检材和体内检材两大类。不同的检材可提供不同的信息,检材选择的合理与否是鉴定结果科学性、正确性的基础。

(一)体外检材

体外检材是指那些未经过体内吸收、分布、代谢等过程,其中毒物在形态、气味、酸碱性、溶解度和化合状态等方面尚全部或部分地保留其原有性状的检材。如现场遗留的食物、药物等可疑物。

(二)体内检材

体内检材主要是指取自生物活体或尸体的检材,如尿、血及内脏组织等。

1. 尿液

尿液是毒物鉴定的常用检材。尿液毒物浓度较高,除含有毒物原体外,还有大量的毒物代谢物,一般可在摄毒后 2 ~7 天内检出毒物或其代谢物。在摄毒量较少或毒物降解较快的情况下,尿液往往是能得到阳性结果的适宜检材。

2. 血液

血液是毒物鉴定和毒物定量分析的主要检材。根据测得的血液毒物浓度,对照文献报道的毒物治疗、中毒、致死浓度,可判断其是否中毒和确定中毒的程度。但血液毒物含量较低、检出时限较短,血液的采集应考虑正确的部位。

3. 组织

组织检材主要有肝、肾、肺、脑等。其中肝、肾是药物代谢和排泄的主要器官,许多毒物都集储在这些脏器中,其浓度较大,是对定性定量分析有价值的检材。许多文献记载有肝、肾毒物浓度数据,因而组织检材分析结果可进一步证明和解释血液的发现。

4. 毛发

毒物在毛发中的积累使毛发成为毒物滥用和慢性中毒鉴定选择的重要检材,毛发分析能反映较长时间的毒物使用情况是其主要优势特征。根据头发的生长速率,将头发分段分析,可提供被检者几个月至几年的摄毒史。

玻璃体液、胆汁等在某些情况下也常选用。

四、毒物鉴定的程序

1. 了解案件信息

了解委托方的鉴定要求及案件信息,对于拟定毒物分析方案是非常重要的。涉毒案件信息主要包括事件发现或发生的时间、地点、环境、过程,中毒症状及尸体征象,现场遗留物品、食品,事件所涉人员的职业、健康、用药情况等。

2. 采取、储存检材

检材是证明毒物是否存在的原始证据,必须正确选择、采集和妥善保存。一般而言,检材的选择根据鉴定要求和怀疑涉及毒物的种类不同而定。当分析目标物不明确或不能提出具体的检验要求时,应尽量采集全部可能的检材。

生物检材应置低温保存,严防污染、混淆和变质。

3. 毒物鉴定过程

(1)制定分析方案。

分析方案包括:采用系统筛选分析还是选择性分析,分析哪些毒物,取用哪些检材,如何处理检材,定性和定量分析方法的选择等。

在有毒物指向或明确检验要求的情况下,可直接选用相应的方法加以确证。如怀疑有机磷中毒,可直接选用气相色谱法和气质联用法确定有机磷的种类;怀疑一氧化碳中毒,可直接选用分光光度法进行定性定量分析。在许多情况下,案情不明或未见特征表现时,法医不能提出具体明确的检验要求,此时,就要采用未知毒物的系统分析方法。

(2)生物检材处理。

毒物分析前,首先必须将毒物从生物检材中提取分离出来。根据可能疑及的毒物的性质不同,选用不同的分离方法。毒物常用的分离方法有:顶空分析法、固相微萃取、液液提取法、固相萃取法、有机质破坏法、透吸法等。

(3)定性和定量分析。

定性分析是要确定引起中毒的毒物种类。在毒物定性分析中,必须考虑方法的专一性、灵敏度和干扰因素,一般需要用两种不同原理的方法确证或用色质联用的方法确证,以保证定性结果可靠。

定量分析是要确定毒物在检材中的含量。定量分析必须在明确毒物性质的基础上才有意义。毒物的含量测定,对于判断所涉毒物与事(案)件的关系,判断中毒的程度具有重要的意义。定量分析一般要采用仪器分析的方法,并要用标准品添加进行平行操作。

第二节　法医毒物司法鉴定的方法

法医毒物司法鉴定是运用化学、物理学、生物学等的原理、技术和方法对体内外的毒物进行定性、定量分析。随着科学技术的快速发展,各学科领域相互渗透,各种新的方法、技术不断涌现,毒物鉴定方法已从原来以化学方法、形态学方法和动物试验方法为基本手段转向以仪器分析方法和免疫学方法为主的现代分析方法。

一、化学反应法

利用化学试剂与被检物发生化学反应，通过观察反应产物的颜色、状态来判断是否存在某种物质。

化学反应法具有操作简便、快速、受时间地点的限制少等优点，但灵敏度不高、专一性不强，一般仅作为预实验，以缩小毒物分析的范围。化学反应法现已较少使用，但在某些情况下也有用于确证分析。如根据普鲁士蓝反应判断被检物中是否含有氰化物；根据格氏反应判断被检物中是否存在亚硝酸盐。

二、免疫分析法

免疫分析法是利用抗原抗体竞争性结合的原理，以毒物和标记毒物与特异性抗体竞争结合反应为基础的分析方法，主要包括放射免疫、酶免疫、荧光免疫分析法。免疫分析法具有灵敏度高、选择性强、操作简便等特点。近年来酶免疫应用范围较广，目前已商品化的免疫板或免疫条可用于检测吗啡类、苯丙胺类、大麻、苯二氮卓类等。由于免疫法较易受到相关物质干扰而出现假阳性，故主要用于筛选分析。

三、仪器分析法

1. 光谱法

光谱法是利用物质吸收或发射某些特定频率电磁辐射的光学性质进行定性定量的分析方法。光谱法分为可见—紫外光谱法、红外光谱法、荧光光谱法、原子光谱法和核磁共振光谱法。光谱法具有操作简便、不破坏样品的优点。但是，由于光谱法不具备分离功能，选择性较差，因而对样品的前处理要求很高，这就影响了其在体内药物分析中的应用，多数情况下只能作为检测手段应用于免疫分析法和色谱法的检测系统。

2. 色谱法

色谱法是建立在被分离组分在两相间具有不同分配特性基础上的分析方法。待测样品在流动相带动下沿同一方向通过固定相，由于样品中的各组分在两相间溶解、吸附、分配等分子间作用的差异，造成不同组分以不同速度移动，使不同组分最终得以分离。根据流动相的不同，色谱可分为薄层色谱、气相色谱、液相色谱等。近年来，色谱技术发展迅速，除气相色谱、液相色谱外，毛细管电泳、超临界流体色谱也已成功应用于毒物分析领域。由于色谱法具有较高的灵敏度和专一性，并能同时分析毒物原体与代谢产物，现已在毒物分析领域里占主导地位。

3. 联用技术

质谱法是建立在认定被测物分子量和分子结构基础上的可靠分析方法。由于生物检材的复杂性和目标物的不确定性，用单项仪器分析技术常常不能满足检测的需要。色谱法能把复杂样品中的各组分依次分离，但其定性及结构分析能力较差；质谱等结构分析法能给出物质分子的丰富的结构信息，但对混合物缺乏很好的分辨能力。

把色谱方法与质谱法结合起来进行联机分析，可显著提高分析方法的灵敏度和准确度。目前，联用技术包括气相色谱—质谱联用、液相色谱—质谱联用、毛细管电泳—质谱联用等，色谱质谱联用技术已成为法医毒物鉴定中应用最广、发展最为迅速的方法。

第三节　法医毒物司法鉴定的内容

一、挥发性毒物鉴定

挥发性毒物是指那些分子量较小、化学结构简单、有较高蒸气压的毒物。较为常见的有氰化物、醇类、苯类衍生物等。

1. 氰化物

氰化物系指含氰基的化合物。常见剧毒或高毒的氰化物有氢氰酸、氰化钠、氰化钾等无机氰化物，和丙烯腈、双异氰酸盐等有机氰化物。此外，以氰甙的形式广泛存在于某些植物如杏、桃、李、枇杷、樱桃、苹果、亚麻等的果仁中的苦杏仁甙、木薯中的木薯毒甙等，都可在一定的条件下被酸或共存的酶水解，释放出氢氰酸，引起中毒。

氰化物中毒的特点是发作快。吸入高浓度氰化氢或口服大剂量氰化钠、氰化钾，可引起极为迅速的死亡。剂量较小时，则有咽喉紧缩感，剧烈头痛，呼吸困难，昏迷、痉挛，终因呼吸麻痹而死亡。食用含氰甙植物中毒的症状一般出现较慢，潜伏期可达3~6小时。氰化物中毒者的血液、尸斑呈鲜红色。内脏器官表现一般窒息现象。

氰化物的检验方法主要有经典的化学反应法—普鲁士蓝反应、顶空气相色谱法和气质联用法等。氰化物不稳定，易挥发、易分解，故应及时进行检验。腐败检材中氰化物的检出时限，取决于氰化物的量和检材腐败的程度。

正常人血液中也含有微量的氰离子，不吸烟者含量约为0.016 μg/mL，吸烟者含量约为0.041 μg/mL。死于火灾及空难者的尸体血液氰离子含量明显高于正常人，但一般不超过6 μg/mL。

2. 醇类

醇类具有显著麻醉作用，其作用随其碳原子数目的增加而加强，如甲醇 < 乙醇 < 丙醇 < 丁醇 < 戊醇等。醇类中毒最常见的是甲醇和乙醇的中毒。

甲醇中毒多系饮用工业酒精造成。轻度甲醇中毒者出现头痛、腹痛、失眠、视物模糊等，严重者呕吐、腹痛、呼吸困难、视力障碍至失明，终因严重的酸中毒昏迷死亡或死于呼吸麻痹。

急性乙醇中毒多是暴饮、酗酒所致，但也有酒中掺入毒物自杀或他杀的。乙醇对中枢神经的抑制作用由浅入深，可出现一系列的精神与神经系统症状。急性中毒的醉酒状态和血液乙醇含量有关。

(1)兴奋期(血中浓度0.1%～0.15%):兴奋激动、语无伦次、笑怒无常、狂躁不安、自制力部分丧失。

(2)共济失调期(血中浓度0.15%～0.3%):动作不协调、步态蹒跚、意识紊乱、重度口吃。

(3)昏睡期(血中浓度0.3%～0.5%):颜面苍白、皮肤湿冷、瞳孔散大、脉搏快速、昏迷。

醇类的鉴定主要采用顶空气相色谱法或固相微萃取气相色谱等检验方法。血、尿等检材采取后应尽早进行检验,如不能及时检验,应将其置于密闭容器中低温保存。

在测定血液或组织器官中的乙醇时,必须注意在正常血液中因体内糖代谢可检出0.03mg/100mL的乙醇。另外,对于取自尸体的检材,特别是血液检材,要考虑是否因微生物的污染而在尸体内产生了乙醇。

二、气体毒物鉴定

气体毒物在常温常压下呈气体状态。气体毒物种类很多,如化学战剂中的芥子气、工业废气中的光气、氨气、氯气、氯化氢、二氧化氮等都是毒性或刺激性很强的气体。法医学实践中较为多见的气体毒物是一氧化碳和硫化氢气体。

一氧化碳、液化气和城市天然气等气体中毒多见于意外泄漏事故和燃烧不充分时引起。进入人体中的一氧化碳约有90%与血红蛋白结合,生成碳氧血红蛋白(HbCO),使血红蛋白失去携氧能力而产生中毒症状。HbCO饱和度是一氧化碳中毒的指标。一氧化碳中毒死亡者血液中HbCO饱和度多为60%～80%,也有低于50%者。

一氧化碳中毒者的血液呈樱红色,不易腐败,易流动。检验一氧化碳中毒通常取新鲜血液为检材,中毒死亡者可取心血。检血应盛放于密闭容器中并充满容器,尽快检验。

检验血液中的一氧化碳可采取两种途径,即直接检测血中的HbCO或用化学试剂促使HbCO解离,释放出CO后再对CO进行检验。通常是采用可见光分光光度法测定检血中HbCO饱和度。应注意的是在一氧化碳的他杀案件中,还时常伴有其他抑制剂(如酒精或安眠镇静药等)类药物共同存在。因此,一氧化碳中毒除分析血液中HbCO饱和度外,尚需排除其他药物的存在。

三、安眠镇静药物鉴定

安眠镇静药种类繁多,通常可分为巴比妥类、吩噻嗪类和苯二氮卓类,其中苯二氮卓类中毒最为常见。苯二氮卓类主要有氯氮卓、地西泮、氟西泮、奥沙西泮、硝西泮、艾司唑仑、三唑仑等,其中三唑仑、艾司唑仑等不仅在临床上使用普遍,也常用于麻醉抢劫和麻醉强奸。苯二氮卓类的主要毒性作用是抑制中枢神经,中毒后一般出现不同程度的嗜睡、头昏、乏力、共济失调等症状,用量较大可致昏迷或呼吸循环抑制。

安眠镇静药中毒的鉴定以血液检材最为重要,通常采用气—质联用法或者液—质联用法分析。疑安眠镇静药中毒的鉴定必须进行定量分析,确定血中浓度是否达到治疗量、中毒量或致死量,以提供中毒程度的信息。

四、毒品鉴定

我国“毒品”的概念属于法律上的概念,是指受国际和国家规定管制的、连续使用后产生依赖性并可造成人体机能损害的天然或合成物质。主要包括阿片类(鸦片、海洛因、哌替啶、美沙酮等)抑制剂,可卡因、苯丙胺类等兴奋剂以及大麻、LSD、麦司卡林等致幻剂。国际上通用的是滥用药物的概念,它是指连续使用后产生依赖性,并具有滥用倾向的精神活性物质。滥用药物包含非法和合法两大类,非法滥用药物即为我国的“毒品”。

1. 阿片类

阿片是一类天然或人工合成的具有吗啡药理作用的中枢神经抑制剂。阿片的原生植物是罂粟,含有吗啡、可待因、蒂巴因和罂粟等生物碱。阿片的药理作用大部分是由其主要成分吗啡所致。目前,阿片类已包括三十多种化合物,如吗啡、可待因、海洛因、二氢埃托啡、哌替啶、芬太尼、美沙酮等。

海洛因由吗啡经乙酰化制成,其毒性作用和成瘾性比吗啡更强,是当今对社会危害最大的毒品。海洛因由于加工方法、加工工艺和掺杂剂不同,在外观性状和含量上都有很大差别。纯度高的海洛因多为白色轻细粉末,含量可达80%以上。纯度低的海洛因,可因原料不纯或加工粗糙而含大量杂质,或被故意加入咖啡因、士的宁、阿司匹林等化合物,海洛因含量一般不到50%。

海洛因连续用药几次就可成瘾。海洛因滥用者一般在停药后数小时就可出现戒断症状,于12~24小时达到高峰状态,主要表现为:流泪、流涕、瞳孔扩大、竖毛、出汗、腹泻、哈欠、心律加快等。吸毒过量是海洛因滥用者致死的主要原因。

尿样是海洛因、吗啡、可待因定性分析的最佳检材。海洛因滥用者尿中一般无原体存在,仅含有高浓度的代谢物吗啡和少量的单乙酰吗啡。尿中吗啡可来源于海洛因的代谢,也可以来源于含吗啡或可待因的药物,而单乙酰吗啡仅来源于海洛因的代谢。因此,体内单乙酰吗啡的检出可作为确认滥用海洛因的证据。头发分析可同时检测到单乙酰吗啡和吗啡,提供更为确凿的滥用海洛因的证据。且头发分析受时间限制少,可在吸毒后数月至1年内检出毒品或代谢物。头发分段分析还可以推测摄毒史。

海洛因、吗啡、可待因的鉴定一般分为筛选分析和确证分析。免疫法具有灵敏度高、操作简便、快速的优点,适合于尿样的筛选分析,但摄毒的确认必须采用色—质联用的方法。

2. 苯丙胺类

苯丙胺类兴奋剂均具有中枢神经系统兴奋作用,根据苯丙胺类兴奋剂的化学结构的不同和药理、毒理学特性，可分为以下四类：

(1)兴奋型苯丙胺类，如苯丙胺、甲基苯丙胺等；

(2)致幻型苯丙胺类，如二甲氧基苯丙胺、麦司卡林等；

(3)抑制食欲型苯丙胺类，如苯丁胺、氟苯丙胺等；

(4)混合型苯丙胺类兼具兴奋和致幻作用，如MDMA、MDA等。

苯丙胺类的滥用分为两类：一是不规律的间断使用。该类滥用者一般仅在舞厅等特殊的环境或场合下使用苯丙胺类，其目的是享乐，追求使用苯丙胺类后的舒适和"飘"的感受。二是习惯性滥用。目前我国以前者为多，常见滥用物质为苯丙胺、甲基苯丙胺、MDMA、MDA等。

苯丙胺类兴奋剂的戒断症状表现为：抑郁情绪、行动缓慢、刻板动作、疲乏无力和再次使用兴奋剂的渴求。戒断症状的彻底消失需要数周、数月甚至数年的恢复，记忆缺失和混乱、感知觉障碍和偏执观念等思维障碍可能会持续数年甚至终身。

苯丙胺类的摄毒鉴定以尿、血、毛发检材为主。尿样是疑苯丙胺类滥用的首选检材。在尿液检材不能提供或摄毒后间隔较长时间的情况下，选取的毛发检材(包括头发、体毛)也极有价值。头发分析结果可提供苯丙胺类滥用或慢性中毒的有力证据。血液毒品浓度可反映苯丙胺类滥用程度及毒作用强度，也是法医鉴定中判断是否毒品中毒致死的有力证据。

色质联用法可同时完成苯丙胺类的筛选和确证分析，是体内外苯丙胺类毒品鉴定的最有效的方法。多种毒品共存是苯丙胺类滥用的特点之一，在分析中尤应引起注意。

3. 大麻

大麻是一种独特的精神活性物质，在低剂量时既有兴奋作用，又有抑制作用；高剂量时，则抑制作用占主导。滥用大麻可引起抑郁、焦虑、人格障碍等。

大麻的主要成分大麻酚进入体内后在肝脏和其他组织中代谢成四氢大麻酸。体内大麻分析的主要目标物是代谢物四氢大麻酸。从尿、血或毛发中检出四氢大麻酸可作为摄取大麻的直接证据。

一般情况下，尿和血是检验体内大麻酚类物质的常用检材。尿液大麻类物质的检测时限远远长于阿片类、可卡因和苯丙胺类药物。对已超过血、尿检测时限或需判断是偶尔吸食还是长期滥用的，可取毛发为检材。

大麻的摄毒鉴定一般先用免疫法筛选分析，然后用色—质联用法确认。

五、杀虫杀鼠剂鉴定

1. 杀虫剂

杀虫剂是一类应用广、用量较大的农药，主要有有机磷类、氨基甲酸酯类、拟除虫菊酯类、杀虫双、杀虫脒等。

为了兼治不同虫害或利用药物相互间的增效作用，这几类杀虫剂经常混合使用。

因此涉及混配杀虫剂中毒时,须注意选择合理的检材处理方法和扩大检测范围,进行毒物筛选,以防漏检。分析方法可采用气相色谱法、高效液相色谱法及质谱联用技术等。在体内原药检测困难时,需对代谢物进行分析。

2. 杀鼠剂

近几年利用杀鼠剂投毒、自杀或误服的恶性中毒事件不断发生,给社会治安和人民生命财产造成严重威胁。常见的杀鼠剂有毒鼠强、氟乙酰胺、氟乙酸钠、敌鼠等。

毒鼠强、氟乙酰胺中毒潜伏期短,中毒症状主要是阵发性、强直性抽搐。由于毒鼠强在人体内难以代谢和排泄,经治疗病情缓解者,相隔一段时间后会因组织中的毒鼠强重新分布释放入血,而再次发生抽搐等症状。毒鼠强中毒后数个月,仍可从血、尿中检出毒鼠强。

毒鼠强、氟乙酰胺中毒鉴定可采用气—质联用法或者液—质联用法。

六、金属毒物鉴定

金属毒物是指能够引起急性中毒的金属单质及其化合物。砷、汞、钡、铬、铊等是毒性较大、中毒和死亡案例较多的金属毒物。

金属毒物鉴定的特点是:检材必须采用有机质破坏的方式处理,以除去有机质而留下要测的金属;检测目标物为金属元素,不受检材保存时间和腐败的影响;检测金属毒物时须进行空白对照试验以排除基质的干扰;必须进行定量分析,以区别体内金属正常含量与中毒量。常用的金属分析方法有原子吸收分光光度法、发射光谱法、等离子质谱法等。

第四节　法医毒物司法鉴定文书的制作

法医毒物司法鉴定文书是反映鉴定委托、鉴定过程、鉴定方法及其结果的一种法律文书。法医毒物司法鉴定文书有检验报告书和鉴定意见书两种表现形式。通常情况下,毒物鉴定专业仅出具客观报告检验结果的检验报告书,当法庭或委托方有特殊要求时,可出具建立在检验结果基础上的、包含鉴定人专业判断的鉴定意见书。

检验报告书和鉴定意见书应以原始记录所记载的事实为依据,其内容一般包括标题、编号、委托日期、委托单位、委托事项、检验对象、送检材料、资料摘要、检验过程、检验结果、分析说明、鉴定意见、落款及附注等。

(1)检验过程:应写明鉴定的实施过程和科学依据,包括检验内容、所用方法、程序及其客观所见。

(2)检验结果:应报告对所委托对象进行检验的客观结果,定性分析用“检出”表示检出某种物质,“未检出”表示未检出某种物质,定量分析直接报告检材中毒物的浓度。

(3)结果解释或鉴定意见:根据检测结果和专业知识,阐述结果的含义或在分析说明基础上形成专业判断意见,一般较少使用,除非法庭或客户特别要求。发表鉴定意见或进行结果解释,必须是在充分了解案情或法医剖验结果的基础上,必须确信选取了合适检材,采用了高灵敏度、高特异性的方法,得到了准确的定量结果。同时,还应确信检材保存得当,证据链完备。

结果解释较为复杂,没有特定的规则,鉴定人根据专业知识和经验,在大量信息的基础上视情况进行。如乙醇分析的结果解释需要考虑样品采集时间、采集部位、检材的腐败程度、血液、尿液及玻璃体液的浓度关系等;尿液中滥用药物分析的结果解释应考虑被动污染、食品和非处方药物的影响、异构体的不同药理作用等。死后法医毒理学的结果解释更为复杂,必须在充分掌握生物检材的适用范围,检材的采集时间、部位与状况,检材保存状况,毒(药)物的吸收、代谢、分布和排泄,影响药物浓度的因素,死后再分布、腐败情况等案件相关的各种因素基础上进行。

法医毒物鉴定文书应当使用国家标准计量单位和符号,内容客观,术语规范、结果依据充分。

法医毒物鉴定文书的制作应当实行鉴定人、复核人、签发人的三级审核责任制度。复核人应对分析方法、原始数据、图谱及记录进行审核。

法医毒物鉴定检验报告书范本如下:

法医毒物检验报告书

委 托 人:××市公安局××分局
委托日期:2005 年××月××日
委托事项:苯丙胺类成分分析
检验对象:陆××
送检材料:1. 尿液约 10mL,呈淡黄色。
2. 药片(2.5 粒),圆形,呈橘黄色。

一、检验过程

1. 送检尿液运用《常规毒物分析技术规范》(编号)方法分析,出现甲基苯丙胺的特征色谱峰和特征碎片离子。

2. 送检药片共 2.5 片,总净重 0.52 克,运用××技术规范(编号)方法分析,出现甲基苯丙胺的特征色谱峰和特征碎片离子。

二、检验结果

1. 所送尿液中检出甲基苯丙胺成分。

2. 所送药片共2.5片，总净重0.52克，其中检出甲基苯丙胺成分。

鉴定人：副研究员 吴××
副研究员 李××
复核人： 研究员 刘××
二〇〇五年××月××日

注：1. 附送检药片照片。
2. 药片随检验报告书退还。

第五节 法医毒物司法鉴定结果的评价

一、毒物分析结果的可靠性评价

毒物分析结果是判断是否中毒或中毒死亡的重要依据，在中毒的法医学鉴定中起重要作用。因此，必须对毒物分析结果进行分析判断。

1. 阳性结果的判断

当检验结果为阳性时，必须考虑：

(1)所选方法的专一性如何，其他药物或杂质是否可能干扰结果？

(2)所用试剂、操作是否有误？是否进行空白对照试验并得到阴性结果？

(3)生物检材采集过程及其盛装器皿有无污染的可能？如活体采血时用酒精消毒导致高的血液乙醇浓度。

(4)毒物是否因检材腐败形成？如尸体腐败可生成乙醇、氰化物等。

(5)毒物是否自然界普遍存在的？如某些金属毒物是人体的正常成分；土葬时自然界砷化物可进入尸体等。

(6)毒物是否作为药物进入机体？如安眠镇静药等是临床上经常使用的。

因此，一个客观报告的毒物阳性结果并不意味着一定发生了中毒。对于临床上经常用于治疗的毒物，必须进行定量分析，以确认其含量是否到达中毒水平，判明其在事(案)件中的作用。

对于任何毒物，一般不能根据单一的血液浓度推断摄入毒物的总量和摄入时间。因为这要涉及以下问题：①从摄毒到死亡经过了多少时间？②该毒物是否完全吸收？吸收率如何？③消除率如何？是否线性消除？④该毒物在人体组织中的分布情况？⑤该毒物在尸体内是否存在死后再分布？复杂的体内过程和个体差异因素使答案具有不确定性。

依据毒物分析的阳性结果作出中毒的法医学鉴定或进行专业判断时,还必须考虑所检出的毒物与死亡的关系等,结合案情、中毒症状和解剖所见进行综合分析。

2. 阴性结果的判断

当检验结果为阴性时,必须考虑:

(1)所取检材的种类是否合适?收集检材是否及时?如注射中毒取胃内容物为检材有可能获得阴性结果;一氧化物中毒延缓死亡的,血液可能检不出碳氧血红蛋白。

(2)所用方法是否合适?所用方法的灵敏度是否较低?如部分有毒动植物对分析方法要求极高;不能仅依据免疫法、薄层法的结果出具报告。

(3)技术操作是否有误?有否使用阳性控制样并获得阳性结果。

(4)毒物是否因尸体腐败或检材腐败而分解?如挥发性毒物、乌头碱等可因检材腐败而挥发或分解。

(5)毒物在体内是否以代谢物的形式存在?方法的检验范围是否覆盖代谢物?如海洛因在体内以代谢物吗啡的形式存在;大麻在体内以代谢物四氢大麻酸的形式存在。

毒物分析的阴性结果,仅表明通过所用方法以及灵敏度未检出毒物或毒物浓度低于所用方法的检测限。运用阴性结果进行判断时应充分注意到下列可能性:检材保存不当、毒物中毒量小、性质不稳定或者代谢排泄快。

另外,毒物定量分析含量较低时,对其结果的解释不能单纯地从数字出发,许多因素如中毒者的身体状况、个体耐受性以及有无过敏反应等,都可能影响到毒物含量的真实意义。毒物分析工作者和法医必须经过全面、综合分析,才能作出正确的结论。

二、毒物鉴定方法和技术标准的适宜性、可靠性评价

执行技术标准是鉴定质量保证的核心。司法鉴定应当采用国家标准、行业标准或技术规范;在无适用标准时,司法鉴定机构至少应制定机构内部方法,并经实验验证、专家评审和所在机构的确认。作业指导书是方法的细化,需要时,应根据方法制定相应的作业指导书,以规范操作步骤。

评价所选择的方法的科学性和可靠性,对于保证分析结果的准确可靠尤为重要。评价方法的指标主要包括:选择性、灵敏度、准确度、精密度、回收率、线性范围、稳定性等。

1. 方法的选择性

方法的选择性是指从基质等内源性成分及毒物的原形、代谢物等共存物中选择性地分离、测定一种或几种被测组分的能力。评价方法选择性的基本办法是空白实验,分析一组与被测检材具相同基质的空白样品(通常 6 个空白),应在被测物的出

峰时间段内无干扰信号。由于体内滥用药物含量较低,因此空白值的大小和分散程度,直接影响着方法的检出限和精密度。

报告色谱分析方法专属性,至少要提供空白生物样品色谱图,空白生物样品添加标准品色谱图及检材色谱图。

2. 方法的灵敏度

灵敏度是指一种方法可以检出有关化合物的最小量,一般用检出限和检测限来表示。

检出限系指生物检材中的标准物质经提取处理后分析,能区分于噪声的最低检出浓度。由于生物基质的干扰因素较多,为了保证定性结果的可靠性,检出限的信号响应值至少为噪声的3~5倍。检测限系指生物样品中的标准物质经提取处理后分析,能符合一定精密度和准确度要求的最低检出浓度。通常以标准曲线的最低浓度点作为检测限,其信号相应值一般为噪声的10倍。检出限和检测限分别是定性分析和定量分析的灵敏度指标。

3. 方法的准确性

方法的准确性包含定性准确性和定量的准确度。

定性准确性是指该方法检出的物质是检材中确实存在的毒物或代谢物,且确实为该物质而不是其他物质。

定量的准确度系指用该方法测定的结果与真实值或认可的参考值之间接近的程度。由于检材中所含毒物的真实值往往是未知的,所以准确度的测定通常使用模拟检材测定,以测得的浓度与添加的理论浓度比较计算求得。结果一般用相对回收率表示,回收率越接近100%表明分析方法准确度越高。

4. 方法的精密度

方法的精密度系指在相同条件下多次重复测定结果彼此相符合的程度。精密度所反映的是测定值的随机误差,它们越接近就越精密。方法的精密度反映了分析方法的可操作性,是方法验证的基本要点之一。精密度常以多次测得值的相对标准差(RSD)表示,其值越小精密度越高,说明方法的重现性好。

精密度好不能说明测得值的准确性;准确度好而精密度差,则凭一两次测定难以得到可信结果。所以测定方法应该使精密度和准确度都能达到一定要求。

5. 线性范围

方法线性是定量的依据。线性范围是指精密度、准确度均符合要求,且成线性的被测物浓度的变化范围。线性范围可根据实际测定的样品设定:线性范围不能过宽,过宽可导致定量准确性下降;线性范围也不宜过窄,当样品浓度溢出线性上限时,样品的稀释可引入误差。理想的回归线,至少要包括5~8个不同的浓度。

6. 方法的稳定性

分析方法的稳定性是评价分析结果在分析条件出现微小变动时不受影响的能

力，是方法有效性的重要指标。变动因素包括待检物的稳定性、检材的提取次数和时间、分析条件的微小变动等。方法稳定性可通过在一定时间内多次分析控制样获得或通过质控图评价。

毒物鉴定方法的可靠性评价可通过模拟试验、空白试验、已知对照试验和应用随行标准参比法完成。

三、毒物鉴定实施程序的规范化评价

毒物分析实验室建立质量管理体系，对鉴定人员、环境设施、仪器设备、标准操作步骤、检材的处置、分析步骤、质量控制、结果报告等环节进行有效管理，是实现鉴定程序规范化的基础。

1. 人员

鉴定人员的业务素质和技术能力是质量保证的首要条件。鉴定人员应具有化学或医学背景，应通过岗前能力确认、岗前和岗位培训、能力验证活动、人员监督等措施确保鉴定人的初始鉴定能力和持续鉴定能力。

2. 设施和环境条件

实验室应确保其环境条件不会使鉴定结果无效，或对所要求的鉴定质量产生不良影响。实验室应配置充分的设施和场所，监控环境条件，实施良好的内务管理，确保在符合标准和规范要求的环境条件下实施鉴定活动。

3. 仪器设备

实验室应配备鉴定所需的仪器设备，并按照相关法规的要求在使用前进行检定或校准，确保仪器设备的技术性能满足鉴定标准的要求和保证鉴定结果的准确、可靠。

4. 鉴定方法

实验室采用的技术方法应与当代科学技术水平相适应，定性分析一般应采用能对被检物结构进行确认的色质联用的方法，定量分析应在对被检物确证的基础上实施。实验室应制定标准操作步骤（SOP）手册，描述所要实施的操作方法的详细内容和步骤，确保鉴定人员实施毒物分析的规范性、一致性。

5. 检材管理

接收检材应进行核查，记录检材的名称状况、数量、包装，并有唯一性标识；检材在实验室内的流转应有交接记录；检材的保存应确保防止降解、污染、混淆、变质，一般应留有复核样备检。

6. 质量控制

实验室应使用阴性控制、阳性控制和校准样品对定性、定量分析实施质量控制，确保分析结果的可靠性和准确性。定量分析应进行双份平行分析，相对偏差应≤20%。

7. 数据复核

所有的毒物分析数据均应经有复核资格的责任人复核，包括检测原始数据、图谱

(峰形和信噪比)和计算处理,质量控制数据,分析判断的依据及其合理性等。

思考题

1. 如何理解毒物的概念是相对的?
2. 常用的毒物分析方法及适用范围有哪些?
3. 分析方法有效性评价的指标有哪些?
4. 如何评价毒物分析的结果?

阅读书目

1. 贺浪冲主编:《法医毒物分析》(第3版),人民卫生出版社2004年版。
2. 沈敏主编:《滥用药物分析》,法律出版社2003年版。

第十三章　精神疾病司法鉴定

本章重点内容

本章主要介绍精神疾病司法鉴定的基本内容，主要涉及法定能力问题，包括刑事责任能力、民事行为能力、诉讼能力、服刑能力、作证能力、性自我防卫能力、劳动能力以及精神损伤与伤残的鉴定。

本章学习要求

学习本章内容，应当掌握精神疾病司法鉴定的概念，了解精神疾病司法鉴定中通常涉及的法定能力的鉴定，了解刑事责任能力的含义和评定原则，了解民事行为能力的含义和评定原则。

第一节　精神疾病司法鉴定概述

精神疾病司法鉴定是指具有法医精神病学专门知识的鉴定人，在接受委托方（包括司法机关，企、事业单位，社会团体，个人如诉讼当事人）的委托后，应用法医精神病学的理论和方法，遵从法定程序，对涉及法律事件的相关人员的精神状态和法律能力进行评定，并以书面形式向委托方提供鉴定意见的活动过程。主要涉及的法定能力包括刑事责任能力、民事行为能力、诉讼能力、服刑能力、作证能力、性自我防卫能力、劳动能力等。

法医精神病学是研究与法律相关的精神障碍和精神健康问题的一门学科，是属于自然科学范畴的临床精神医学与属于社会科学范畴的法学交叉的边缘学科，其研究内容除精神疾病司法鉴定外，还包括对精神疾病被鉴定人的医学处理、对有违法行为精神疾病者干预与管理、精神疾病患者危险行为的预测与预防等问题。

精神疾病司法鉴定是法医精神病学的主要内容之一。精神疾病司法鉴定是一个法律程序，因此对司法鉴定机构、司法鉴定人、鉴定程序、实施过程以及鉴定书格式都有比较严格的要求。精神疾病司法鉴定必须由取得法医精神鉴定执业资质的司法鉴定机构和司法鉴定人承担。精神疾病司法鉴定机构是指在诉讼活动中接受委托人鉴定委托,遵循法律规定的方式、方法、步骤以及相关的规则和标准,对诉讼涉及的精神疾病与精神健康等专门性问题运用科学技术或专门知识进行鉴别和判断,并提供鉴定意见的机构。并且这类机构必须根据《决定》规定的条件,依法经省级司法行政机关审核登记并公告。2012年《精神卫生法》将精神障碍医学鉴定纳入了司法鉴定的范围,这对精神疾病司法鉴定提出了新的要求。

司法鉴定人是指运用科学技术或者专门知识对诉讼涉及的专门性问题进行鉴别和判断并提出鉴定意见的人员。按照《司法鉴定人登记管理办法》第3条的规定,司法鉴定人必须经省级司法行政机关审核登记,取得《司法鉴定人执业证》,才有资格按照登记的司法鉴定执业类别,从事鉴定业务。因此,精神疾病司法鉴定人必须具有坚实精神医学理论和临床经验以及具有相关法学知识,同时必须经过政府管理部门的考核,取得合法的鉴定人资格和执业证书。

第二节　精神疾病司法鉴定的程序

司法鉴定机构和司法鉴定人进行司法鉴定活动,应当遵守法律、法规、规章,遵守职业道德和职业纪律,尊重科学,遵守技术操作规范。

一、委托与受理

司法部门或有关单位或委托人出具书面鉴定委托书,并向精神疾病司法鉴定机构说明委托事项、鉴定鉴定目的和要求,同时向鉴定机构提供被鉴定人的相关材料。材料包括以下几方面:

(1)被鉴定人的简历。

(2)案情简介与案情材料。案情材料是指被鉴定人案件的全部卷宗资料,包括案情发生后对被鉴定人本人及相关人员的讯问笔录、证人的证明材料等。委托单位不能只提供部分资料而隐瞒另一部分。若材料中有不一致或相互矛盾的地方,则应将两方面的资料同时提供给司法鉴定机构,切不可只提供委托者所倾向的那部分资料。

(3)被鉴定人在案发前、案发过程中及案发后的精神状态。其精神状态(异常或无异常)的表现必须由多个知情人证实,包括被鉴定人家属、邻居、朋友、同事及所在单位,或同案人员等,并注明此种精神(异常)状态具体表现形式、出现的时间及处理措施。如果曾经住院治疗,应提供住院病历。案发后的精神状态系指被羁押入监后的表现及预审过程中的情况。若有能证实被鉴定人精神状态的书写物、音像制品等,也应一并提供。

(4)被鉴定人生长发育情况,既往学习成绩、工作能力及社会适应情况等。

(5)被鉴定人的性格特点、爱好及婚姻史。

(6)被鉴定人既往疾病史,如有无脑炎、脑外伤及抽搐等病史。

(7)被鉴定人家庭中有无癫痫、智力低下及精神病史。若有,则注明患者与被鉴定人的亲缘关系和疾病的具体表现。

司法鉴定人在受理鉴定委托时,首先应明确委托要求与鉴定目的,审核送检材料是否完整,认真、全面了解案情后,根据本鉴定机构的能力与条件确定是否受理,并告知委托方。对于决定受理的及时与委托方签订鉴定协议书。如发现不符合鉴定条件的案件,应向委托方说明理由。如需书面回函的应留存委托方送检材料,填写不予受理说明书,制作书面回函材料,书面回函审批及发放过程同鉴定意见书。

二、鉴定的方式

(一)直接鉴定

直接鉴定是指司法鉴定人与被鉴定人直接接触,进行精神检查所进行的鉴定。由于鉴定场所的不同,又分为门诊鉴定、住院鉴定和院外鉴定。

通常采用门诊鉴定的方式,即将被鉴定人送到司法鉴定机构进行鉴定,一般多限于情况简单或案情不甚复杂者。对于特别重大与复杂的案情,当有关材料不全或不易收集而难以作出鉴定意见时,可采取住院鉴定。住院宜在特设的病区,避免外界的影响和干扰,对其进行特殊的隔离监护,观察记录其精神状态及生活起居情况,以便取得详细可靠的资料,作出鉴定意见。

院外鉴定,是指在拘留、审查或监禁等场所进行鉴定。此种方式可较少产生被鉴定人因受医院环境的影响出现夸张、做作等而给鉴定工作带来的困难。这种鉴定方式有利于掌握被鉴定人精神状态的真实性,对于案情有重大关系的当事人较为恰当。

(二)间接鉴定

间接鉴定亦称缺席鉴定或文正审查,是被鉴定人因种种原因不能到场进行面谈,从而根据委托单位提供的资料所作出的鉴定。如确定已亡故的被鉴定人在立遗嘱时精神状态是否异常及异常程度,是否具有订立遗嘱的能力。又如确定自杀身亡者,其自杀行为与精神障碍的因果关系等。这种不对被鉴定人直接进行检查的鉴定方式一般不可取,只能在特殊情况下(如被鉴定人已宣告死亡或下落不明)谨慎从事,且被鉴定人的资料必须客观、充分、真实、可靠。

三、鉴定实施

鉴定机构在接受委托后,应该进行登记并安排检定日期、地点和鉴定组人员,然后进行鉴定。

(1)对被鉴定人相关资料的完整掌握。首先对委托人提供的被鉴定人的资料进行阅读,全面了解被鉴定人及其案件的相关材料。若阅卷发现委托人呈送的材料不足,对完成委托事项有影响时,应当要求委托方补充完善相关材料。

(2)鉴定检查。鉴定检查包括精神检查、体格检查与辅助检查。面对面的精神检查可以对被鉴定人的认知、智力、情感、行为、动机等心理功能作出系统、全面的了解。脑电图检查、智力检查应列为常规检查。根据案件的具体情况选择相关的心理测试和其他检查,必要时进行脑CT、MRI等特殊检查,以便排除隐匿的器质性疾病。

检查记录应客观清晰,同时记录被鉴定人的姓名、鉴定时间、地点、鉴定人、记录人和在场人员(委托单位人员可在场旁听)。

(3)作出医学诊断及法学方面的评估。司法鉴定人根据委托单位提供的案卷资料和各方面调查材料,结合各项检查和测验结果,进行充分讨论,各抒己见,畅所欲言,不应排斥不同意见。讨论后,按照我国现行的精神障碍分类与诊断标准(CCMD-3)作出医学诊断。再结合被鉴定人行为时的精神状态与法定行为的关系,判断精神状态对其行为的影响(如辨认或控制能力有无受损、是否能进行真实的意思表示等),然后作出相关法律能力的评估。

倘若客观的依据不足,切忌草率从事、仓促定论,应进一步调查,收集补充材料后再作结论。如果司法鉴定人之间对意见有分歧,不能采取少数服从多数的方式强求统一;不允许排斥不同意见。如果经过充分讨论,鉴定意见仍然不一致,鉴定人可分别提出自己的鉴定意见,写入鉴定意见书中,供委托人参考。

(4)鉴定书制作。鉴定完成以后进行鉴定书的制作并由鉴定人签字、鉴定机构盖章,最后出具《精神疾病司法鉴定意见书》。

第三节 精神疾病司法鉴定文书的制作

鉴定书是司法鉴定人通过法定程序认定被鉴定人的精神状态,即是否有精神障碍以及是否具有相关法律(刑事责任或民事行为)能力的法律文书,是司法鉴定人作为专家提供给公安、司法机关的鉴定意见。经司法机关认定后即成为具有法律意义的诉讼证据,对案件的审理可产生重要影响。一方面这就要求鉴定书必须具备法律规定的条件,另一方面则要求鉴定人根据法医精神病学的理论和实践,给出客观、科学的鉴定意见。

一、鉴定书的内容

根据司法部《司法鉴定程序通则》和《司法鉴定文书示范文本》的规定,鉴定书应包括下列内容:

(1)一般项目:鉴定书的编号、被鉴定人姓名、性别、年龄、籍贯、婚姻、民族、职业、家庭住址等。

(2)委托鉴定机关的名称。

(3)鉴定日期。

(4)鉴定场所。

(5)鉴定参加人。

(6)案情摘要及委托鉴定要求。

(7)对被鉴定人的调查及有关证据材料。如案发前后其生活或精神状态的证人证言。

(8)对被鉴定人的精神状态检查及其他检查所见。

(9)分析讨论意见。

(10)鉴定意见:精神状态评价和法律能力意见。

(11)司法鉴定人签名、签发日期、司法鉴定机构鉴定专用印章。

二、鉴定书的制作要求

鉴定书是一种法律文件,其制作必须严肃认真,必须尊重客观事实和符合诉讼法规的要求。应注意以下几点:

(1)内容必须客观、真实。鉴定书反映的内容必须是检验过程和检验结果的真实再现,其所确认的结论必须建立在所发现的客观事实和科学分析基础上,不允许任何主观臆断。

(2)密切联系鉴定的目的和要求。如鉴定的目的在于评定刑事责任能力,则鉴定书必须反映被鉴定人作案时的精神状态,并阐明对其精神状态评价和刑事责任能力评定的事实依据。

(3)鉴定书的各部分内容必须具有内在连贯性和一致性,前后呼应。如精神检查或实验室检查不支持鉴定意见,应给予合理的解释或说明。

(4)鉴定书的文字表达应当准确、简明、易懂,分析说明逻辑性强,证据充分,结论可靠,并打印成文。

(5)司法鉴定人的签名和司法鉴定机构鉴定专用印章不可省略,未加盖司法鉴定机构鉴定专用章或无司法鉴定人签名的鉴定书无效。

(6)司法鉴定书正本一式三份,其中两份交委托单位,一份由司法鉴定机构存档。

第四节　精神疾病司法鉴定的主要内容

精神疾病司法鉴定的核心是法律能力鉴定。法律能力是指行为人作为所参加的法律关系中的法律主体,以自己的行为,独立地在法律关系中享有法定权利和承担法律义务与责任的资格,即法律主体资格,也称法律行为能力,即在法律上行使某种权利与承担某种义务的能力。

精神障碍患者受精神症状的影响,对自己行为的认识和判断能力会受到不同程度影响,其法律能力也会受影响。法庭往往需要确认当事人在几个月或几年以前行为时的精神状况及其法律能力,鉴定人必须对当事人某时的精神状态进行正确的评价,进而对其在法律上行使某种权利和承担某种义务的能力进行恰如其分的评定。这是精神疾病司法鉴定人面临的最困难也最富有挑战性的任务,也是鉴定的主要工作内容。

涉及的法律能力的鉴定主要包括刑事责任能力、民事行为能力、诉讼能力、服刑能力、作证能力、性自我防卫能力、劳动能力等,另外还涉及精神损伤与伤残的鉴定。鉴定的总体原则是医学标准和法律标准相结合,二者缺一不可。

一、精神状态鉴定

(一)精神状态鉴定的概念

精神状态鉴定是指鉴定人通过多种方法对被鉴定人当前或特定时段的精神状态进行评估,作出有无精神障碍及何种精神障碍的诊断过程。所采取的多种方法包括资料收集、精神检查、体格及神经系统检查、神经心理功能测验(心理测验)、其他特殊检查。如脑电图或脑电地形图检查、血液生化检查,必要时进行头部CT、MRI等特殊检查。其中精神检查是一个重要的环节。

(二)精神检查

精神检查是鉴定人采用观察及与被鉴定人进行面谈的方式,了解、挖掘被鉴定人是否存在感知、思维、情感、行为、智能等方面的异常;如果有异常表现,则进一步了解异常的性质、特征、程度、持续时间、变化过程等。实施精神检查时,由1名司法鉴定人担任主检人,其他司法鉴定人协助主检人进行检查并记录。

1.精神检查的内容

(1)一般情况:

①意识状态:意识是否清晰,有何种意识障碍。

②定向力:时间、地点及人物的定向力等。

③接触情况:合作的情况及程度,对周围环境的态度。

④日常生活:包括仪表、饮食、大小便,与其他人接触及参加社会活动等。

(2)认知活动:

①感知觉:有无错觉、幻觉、感知综合障碍等,其种类、频度,与其他精神症状的关系及对社会功能的影响。

②注意:有无注意障碍,有何种注意障碍。

③思维:有无思维障碍,何种思维障碍。如思维内容障碍中是否存在妄想,妄想的种类、性质、发展动态、是否固定或成系统,与其他精神症状的关系及对社会功能的影响,特别要注意区分是妄想还是超价观念。

④记忆与智能：有无记忆或智能障碍。

⑤自知力：自知力是否缺失，或部分存在或完整。

(3)情感活动：确定有无情感障碍，如情感高涨、情感低落、情感淡漠、情感倒错、情感幼稚、易激惹性、焦虑、恐惧等。情感活动可通过主观体验与客观观察两方面来评估。主观体验可通过交谈，了解被鉴定人的内心体验及情感强度、稳定性；客观观察方面包括对被鉴定人的面部表情、姿势、动作、声调、讲话语气、自主神经反应(如呼吸、脉搏、出汗等)的观察。

(4)意志与行为活动：有无意志减退或增强，本能活动的减退或增强，有无木僵及怪异动作行为。注意其稳定性及冲动性，与其他精神活动的协调程度等。

2. 精神检查操作规范

精神检查时可参考2011年3月司法部推荐的《精神障碍者司法鉴定精神检查规范》(编号SF/Z JD0104001-2011)进行。

3. 精神检查注意事项

第一，尊重被鉴定人，检查时双方坐的距离不要太远，眼睛与被鉴定人要平视，切忌俯视、审视，尽可能建立令被鉴定人宽松的氛围。第二，精神检查可以采取自由交谈和询问相结合的方式进行，切忌一味地追问、逼问、审问，尽量让被鉴定人自我讲述，描述内心想法、观点以及感受等。鉴定人需要耐心地、集中注意地倾听，并在需要时适当加以引导，但是切忌诱导。如自述过程中已经显现精神症状，需要全面衡量、比较，并进一步挖掘，引导被鉴定人谈得更具体、更全面、更生动；切忌"你有没有精神病"、"你耳朵里听到声音吗"、"有人害你吗"等诱导式交谈。第三，精神检查除注意被鉴定人案发前及案发过程中的精神状态外，还应了解其案发前有无预谋，行为的动机、目的、作案方式，行为过程及案发后有无自我保护行为等。第四，如被鉴定人不合作，经多方启发，仍缄口不言，可采取住院鉴定进行仔细观察。

(三)心理测验

心理测验是根据一定法则和心理学原理，使用一定的操作程序对人的认知、情感、行为等心理活动予以量化。心理测验严格按照操作手册进行。

(1)智力测验：一般运用韦克斯勒智力量表，必要时还可以采用瑞文标准推理测验。根据被鉴定人的年龄选择修订韦氏成人智力量表(WAIS-RC)或修订儿童韦氏智力量表(WICS-R)。

(2)人格测验：根据被鉴定人的不同情况和鉴定要求，可选用明尼苏达多相人格调查表(MMPI)、艾森克人格问卷(EPQ)、卡特尔十六种人格因素测查(16PF)进行人格测验。

(3)记忆测验：韦氏记忆测验。

(四)精神状态的确定

在对被鉴定人的精神状态作出评定，即进行有无精神障碍的诊断时，应将阅卷、调查、精神检查及其他检查所获得的信息进行横向、纵向地综合、整理、分析,得出被鉴定人的精神状态印象,如躁狂状态、抑郁状态或分裂样状态等,并根据《中国精神障碍分类与诊断标准(第3版)》(CCMD－3)或《国际疾病与相关健康问题统计分类(第10版)》(ICD－10)进行有无精神障碍及何种精神障碍的诊断。

二、刑事责任能力

(一)刑事责任能力的概念

刑事责任能力(criminal responsibility),是指行为人能够正确认识自己行为的性质、意义、作用和后果,并能够根据这种认识而自觉地选择和控制自己的行为,从而达到对自己所实施的刑法所禁止的危害社会行为承担刑事责任的能力,即对刑法所禁止的危害社会行为具有的辨认和控制能力。刑事责任能力是犯罪主体的核心和关键要件。"具有刑事责任能力的自然人"是犯罪主体的构成条件,即只有具有责任能力的自然人实施危害社会的行为才可能构成犯罪,而无责任能力的人实施危害社会的行为并不构成犯罪。

(二)刑事责任能力评定标准

"精神病"的法律含义,是指各种精神障碍;"间歇性的精神病"则指具有发作性特点的精神障碍,发作间歇期精神表现正常,如情感性精神障碍、癔症、癫痫等。《刑法》第18条规定的无、有或部分刑事责任能力的要件,包括了医学(生物学)和法律(心理学)两方面的标准,即必须确定在实施危害行为时是否患有某种精神疾病,同时必须是否因病丧失了对行为的辨认或控制能力。两个标准结合起来,才能够判定有、无刑事责任能力,缺一不可。

(1)医学(生物学)标准:是指行为人(被鉴定人)实施危害行为时有无精神障碍,何种精神障碍及其性质和严重程度。目前国内采用的医学标准是《中国精神疾病诊断与分类标准(第3版)》(CCMD－3),个别情况时也可以参考《国际疾病与相关健康问题统计分类(第10版)》(ICD－10)的诊断标准,根据前述的精神状态的鉴定进行。

(2)法学(心理学)标准:是指行为人在实施危害行为时对其行为的辨认或控制能力,刑事责任能力的核心内容就是辨认能力和控制能力,辨认能力是控制能力的基础,控制能力的具备则是以辨认能力的存在为前提条件。

辨认能力,是指行为人对自己行为的法律性质和后果的识别能力,即是行为人对行为的动机、目的、手段、是否触犯法律,及其社会危害性的实质性辨认能力(substantial capacity to appreciate)。精神病人辨认能力的障碍体现在行为是由病理性动机驱使、目的荒谬离奇、对手段和后果的违法性缺乏认识,如坚信疼爱自己的母亲是"迫害自己的凶手"、"敌人"而行凶报复。影响辨认能力的情况通常有幻觉和妄想等精神病性症状或意识障碍、智能缺陷等。

控制能力,是指行为人对自我选择或者不选择实施为刑法所禁止、所制裁的某行为的能力。控制能力的存在是以辨认能力的具备为前提的,辨认能力丧失,控制能力也丧失。但在某些精神障碍影响下，辨认能力保持完好，但是控制能力可减弱或丧失，如纵火症、轻度躁狂症患者等。

（三）刑事责任能力评定指南

刑事责任能力评定时可以参考2011年3月司法部推荐的《精神障碍者司法鉴定精神检查规范》（编号 SF/Z JD0104001－2011）和《精神障碍者刑事责任能力评定指南》（编号 SF/Z JD0104002－2011）进行。

（四）责任能力的等级

根据医学标准和法学标准，刑事责任能力可评定为以下三种情况。

（1）无刑事责任能力。医学标准是“精神病人”，即符合精神障碍的医学诊断；法学标准是实施行为时“不能辨认或不能控制自己行为”。如精神分裂症发病期、心境障碍的抑郁发作或躁狂发作期、老年精神障碍的发作期等，常因精神症状导致辨认或控制能力丧失，评定为无责任能力。

（2）完全刑事责任能力。医学标准是无精神病人，或符合精神障碍的医学诊断，但处于疾病的缓解期即为“间歇性的精神病人在精神正常的时候”；法律标准是实施行为时其辨认能力和控制能力存在。如人格障碍、神经症或精神分裂症及心境障碍的完全缓解期，对本人的行为存在良好的辨认和控制能力的，评定为完全责任能力。

（3）限制刑事责任能力。医学标准是“精神病人”，符合精神障碍的诊断；法律标准是实施行为时“尚未完全丧失辨认或者控制自己行为能力”。如患有轻度精神发育迟滞或精神分裂症及心境障碍不完全缓解期，一定程度地保留对自己的行为的辨认和控制能力，多评定为部分（限制）责任能力。

（五）评定刑事责任能力的注意事项

（1）评定刑事责任能力时，应当全面把握医学和法律这两个要件，避免“用其一点，不及其余”。一方面“精神病院派”的鉴定人容易更多地强调医学标准，忽视法学标准，易造成“有病无罪”或者“重精神病人无罪”的鉴定结论。临床精神科医师长期习惯的临床思维模式是假定“病人”（被鉴定人）有精神障碍，然后寻找诊断依据，用疾病去解释作案行为。刑事责任能力鉴定时应遵循“无病推定”原则，即对被鉴定人的精神状态首先应推断为无异常（无病），具有完全刑事责任能力，除非有确凿的依据表明其确实患有精神障碍，并且因精神障碍客观上对其行为的辨认或控制造成了影响，方可作出有病及相应法律能力的鉴定结论。另一方面“政法学院派”的鉴定人容易更多地忽视精神病人的疾病基础对人精神活动的影响。如抑郁症病人的扩大性自杀，有人认为其行为时辨认和控制能力均是存在的，知道杀人违法，也有控制能力，行为人有控制地选择伤害自己的亲人进行伤害，而认为应该被评定为完全责任能力。这种完全忽视生物学因素影响的思维应该避免，这也不能圆满解释为何在同样环境条件下多数正常人并不作案。

（2）“间歇性精神病”是一个法律概念。精神障碍可以有不同程度的缓解期。

(3)“醉酒人犯罪,应当负刑事责任。”醉酒分生理醉酒和病理醉酒。如果病理性醉酒者对其陷于病理性醉酒状态是无法控制的(当然不能包括明知自己饮酒会陷于病理性醉酒状态而故意或过失饮酒的情形),则将病理性醉酒按照《刑法》第18条的“精神病人”来对待。

三、民事行为能力

(一)民事行为能力概念

民事行为能力简称“行为能力”,是指民事主体能以自己的行为取得参加民事法律关系,从而取得享有民事权利和承担民事义务的资格。即公民通过自己的行为行使民事权利或履行民事义务的能力。包括公民以自己行为独立进行民事活动的能力,如结婚或离婚、订立遗嘱和财产继承、签订合同、服兵役及参加选举等,也包括对自己过失行为承担民事责任的能力。民事行为能力需具备一定的条件,受年龄、智力、精神健康状态的影响。只有当公民智力发育成熟,精神状况健康,能够理智地判断自己行为的后果,独立处理自己事务,清楚自己行为会给自己带来有利或不利的法律后果的时候,才具有行为能力。

(二)民事行为能力评定标准

根据相关的法律规定,民事行为能力的评定也是根据医学标准和法学标准进行,但与刑事责任能力的评定不同。刑事责任能力评定是针对一个时间点或一个具体的短时行为,不可恢复或更改;民事行为能力是一个变化的过程,是对一个时间段而言,此时无彼时又有。对某一民事行为无行为能力,对另一民事行为可能有行为能力。

(1)医学标准:确定被鉴定人有无精神障碍及其性质、严重程度和预后情况,行使某一民事行为时疾病状态。

(2)法学标准:判断被鉴定人在行使某一民事行为时或对某一民事行为内涵、目的、性质、关系、后果的认识和评价(辨认程度),是否符合其一贯的认识水平,有无精神病态的观念,意思表示是否真实,意思表示与精神症状之间的关系如何,即是否具有独立判断是非和理智地处理自己事务的能力。

(三)精神病人民事行为能力的等级

根据医学标准和法学标准相结合的原则,可以将精神障碍者的民事行为能力评定为以下三种情况:

(1)无民事行为能力。医学标准为符合医学诊断并在疾病的发作期。法学标准则为由于精神障碍导致当事人对所从事的各种民事活动(尤其是较复杂的、较为重大的民事事务)丧失了认识能力、判断能力和对行为后果的预期能力,即丧失了辨认能力;或致当事人对所从事的某一具体的民事事务,不能作出正确的(即主客观相一致的)“意思表示”;或致使其在所参与的某一具体的民事事务的活动中,由于对具体事物缺乏深刻的理解,以致缺乏自我保护能力(不能保护自己的各种合法权益)。由此即可以认定为不能辨认自己行为的人,即无民事行为能力人。这种人将无法通过自己的独立行为来行使其民事权利和承担相应的民事义务。

(2)限制民事行为能力。医学标准为符合精神障碍的诊断,处于疾病的部分缓解(即缓解不全)或残余状态(如轻—中度精神发育迟滞或智能缺陷为中度缺陷);法学标准则为因上述情况,致使当事人不能完全辨认自己的行为,或不能完整正确地作出"意思表示",或不能较好地保护自己的合法权益。其对一般性民事事务可以参与,也能较为贴切地表达自己的意思,但对较为复杂、重大的民事事务则不能理智地恰当的处理。即对该类民事事务缺乏完整判断能力和自我保护能力者,为不能完全辨认自己行为的人。不能完全辨认自己行为的人,为限制民事行为能力人。限制民事行为能力人,为保护其合法权益和维持社会正常秩序,不得不对其行为给予一定的限制。

(3)有(完全)民事行为能力。医学标准为符合医学诊断标准但是处于精神障碍的完全缓解期、轻度精神发育迟滞或边缘智力者、非精神病性精神障碍、无精神病或伪装精神病时。法律标准则为能够理智地处理自己的事物。对所从事的各种民事事务(包括复杂、重大的民事事务)有明确的认识能力、判断(是非)能力、自我保护能力和对行为后果的预期能力。对自己的行为有完全辨认能力的人,称为有完全民事行为能力者,其能独立行使民事权利,履行民事义务。

(四)民事行为能力鉴定中注意事项

1. 一般民事行为时行为能力的评定

一般民事行为时行为能力的评定是指尚未涉及某一具体民事行为时,针对精神病人广泛的民事行为时的行为能力进行的评定,经其利害关系人申请,人民法院受理、委托,并经人民法院判决认定,对精神病人民事行为能力进行确认。评定的重点是根据精神病人当前精神障碍的性质、疾病发展阶段和严重程度,以及该精神障碍在今后相当一段时期可能的发展,疾病对其广泛民事行为时的意思表示、意志行为产生的影响进行综合的评定。

2. 特定民事行为时行为能力的评定

特定民事行为时行为能力的评定是对被鉴定人已经实施完成的某一特定民事行为或即将要进行的某一特定民事行为的行为能力进行的评定。如生前已立的遗嘱或现在即将订立遗嘱。评定的重点在于结合被鉴定人当前精神障碍的性质和严重程度,重点考察针对某一特定的民事行为时是否具有真实的意思表示。

3. 暂时性无行为能力

精神病的发病期,由于精神病性症状使其对某些较为复杂的民事事务丧失了认识、判断能力和对行为后果的预期能力以及自我保护能力和意思表达能力。此时可以评定为不能辨认自己行为的人。在此期间他们无法行使民事权利和承担相应的民事事务。这样的人又称为暂时性无民事行为能力人。待其精神障碍恢复正常后,可重新恢复他们的民事行为能力。

四、诉讼能力

(一)诉讼能力的概念

诉讼能力指当事人是否具有参与诉讼活动的能力,即能否理解自己在诉讼过程的地位、权利和诉讼过程的法律意义,能否行使自己诉讼权利的能力,包括起诉、辩论、举证、供述、受审等法定行为能力。

(二)评定标准

(1)医学标准,即被鉴定人是否有精神障碍,其性质和严重程度如何。

(2)法律标准,即是否理解诉讼的性质、意义和过程,能否与其辩护人合作,履行法律赋予的申诉权利。

(三)精神病人诉讼能力的等级

根据医学标准和法学标准相结合的原则,可以评定为以下两种情况。

1.有诉讼行为能力

不能建立明确精神障碍的医学诊断或虽能建立明确的精神障碍的诊断,但被鉴定人对自己目前面临的诉讼的性质有清楚的认识,对自己在诉讼中的权利和义务具有实质性的辨认能力,能合理地控制自己在诉讼中的行为。

2.无诉讼行为能力

能建立明确的精神障碍的诊断,并且由于精神症状的影响,被鉴定人对自己面临诉讼的性质和可能产生的法律后果无认识,对自己在诉讼中的权利和义务丧失了实质性辨认能力,不能合理的控制自己的行为。

五、服刑能力

(一)服刑能力的概念

服刑能力(potentiality of receiving meled - out punishment),也称为受处罚能力,是指刑事诉讼中的被告人或已经过判决的服刑人员,能够通过承受法庭对其处以剥夺部分权益的惩罚,清楚地理解自己的犯罪行为的性质、危害程度、危害后果,能清楚理解刑罚的性质、目的和意义的生理和心理条件。

无承受刑罚的能力表现为对判决的意义和服刑的要求缺乏理解,对自己的身份和出路的认识能力丧失,从而对自己当前应遵循的行为规范失去适应能力。

(二)法律依据

司法部、最高人民检察院、公安部发布的《罪犯保外就医执行办法》(司发〔1990〕247号)附件规定:“正在服刑的罪犯有下列病残情况之一,且符合其他规定条件者,可准予保外就医。经精神专科医院(按地区指定的司法鉴定医院)司法鉴定确诊的常发作的各种精神病,如精神分裂症、躁狂忧郁症、周期性精神病等。”

(三)评定标准

同样,进行服刑能力评定时,首先应确定被鉴定人的精神状态,进行精神障碍的医学诊断,在医学诊断的基础上,再考察被鉴定人对刑罚的辨认能力及对自己应当遵循行为规范的适应能力是否受损,根据其受损程度,评定服刑能力等级。

(1)医学标准,即被鉴定人是否患有精神障碍,其性质和严重程度如何。

(2)法律标准,即是否够理解刑罚的性质、目的和意义。指被鉴定人对刑罚的性质、目的和意义的理解能力。

(四)服刑能力的评定指南

对于服刑能力的评定应当参考2011年3月司法部推荐的《精神障碍者司法鉴定精神检查规范》(编号SF/Z JD0104001-2011)和《精神障碍者服刑能力评定指南》(编号SF/Z JD0104003-2011)。

(五)服刑能力的等级划分

在明确精神障碍诊断的基础上,根据被鉴定人对自己目前所受刑罚的认识及服刑中的表现,可以评定为以下两种情况。

(1)有服刑能力。不能建立明确的精神障碍的诊断或虽能建立明确的精神障碍的诊断,但精神障碍对相应的法定能力的影响不明显。被鉴定人能正确认识自己所承受刑罚的性质、意义及目的,能合理地认识自己的身份和出路,对自己当前应当遵循的行为规范具有相应的适应能力。

(2)无服刑能力。能建立明确的精神障碍的诊断,并且由于精神症状的影响,被鉴定人丧失了对自己当前的身份和未来出路的合理的认识能力,对自己目前所承受的刑罚的性质、意义和目的不能正确的认识,或丧失了对自己应当遵循的行为规范的适应能力。

六、作证能力

(一)作证能力概念

作证能力指能辨别是非、正确表达意见或客观情况,提供对案件有关系的证言的能力。

(二)法律依据

《刑事诉讼法》第60条规定:“凡是知道案件情况的人,都有作证的义务。”“生理上、精神上有缺陷或者年幼,不能辨别是非、不能正确表达的人,不能作证人。”《民事诉讼法》第72条第2款规定:“不能正确表达意思的人,不能作证。”

(三)评定标准

1. 医学标准:被鉴定人是否患有精神障碍,其性质和严重程度如何。

2. 法律标准:被鉴定人是否存在对客观事物的是非辨别能力,能否正确表达事实。

(四)作证能力的等级划分

1. 有作证能力。不能建立明确的精神障碍的诊断或虽能建立明确的精神障碍的诊断,但被鉴定人能辨别是非且能正确表达与案情相关的事实。

2. 无作证能力。能建立明确的精神障碍的诊断,并且由于精神症状的影响,被鉴定人不能辨别是非或不能正确表述与案情相关的事实。

七、性自我防卫能力

(一)性自我防卫能力的概念

自我防卫能力是指当人身的合法权益受到他人的非法侵害时,受害者能够了解侵害者行为的性质、手段和后果,了解自己的处境,能够主动抵抗外来的侵害的能力。性自我防卫能力也称性自卫能力、性防卫能力,是指受到性侵害的女性被害人对两性行为的社会意义、性质及其后果的实质性理解能力。

(二)性自我防卫能力评定的法律依据

最高人民法院、最高人民检察院、公安部、司法部、卫生部联合发布的《精神疾病司法鉴定暂行规定》第22条第1款规定:"被鉴定人是女性,经鉴定患有精神病,在她的性不可侵犯权利遭到侵害时,对自身所受的侵害或严重后果缺乏实质性理解能力时,为无性自我防卫能力。"

最高人民法院、最高人民检察院、公安部发布的《关于当前办理强奸案件中具体应用法律的若干问题的解答》解释说:"明知妇女是精神病患者或者痴呆者(程度严重的)而与其发生性行为的,不管采取什么手段,都应以强奸罪论处。与间歇性精神病患者在未发病期间发生性行为,妇女本人同意的,不构成强奸罪。"

(三)性自我防卫能力的评定标准

1. 医学标准,即被鉴定人在遭受性侵害时是否患有精神障碍,其性质和严重程度如何。

2. 法律标准,即对自身所受的侵害或严重后果是否存在实质性理解能力。受害人对外来侵害的辨认能力(认知因素)和自己抵抗外来侵害的自卫行为的控制能力(意志因素)的总和。

(四)性自我防卫能力的等级划分

1. 有性自我防卫能力。不能建立明确的精神障碍的诊断,或虽能建立明确的精神障碍的诊断,但精神症状对被鉴定人相应的法定能力影响轻微,被鉴定人对自身所受到的性侵害及其严重后果具有实质性认识,并且能够控制自己的行为。

2. 性自我防卫能力削弱(部分)。能建立明确的精神障碍的诊断,并且由于精神症状的影响,被鉴定人对自身受到的性侵害及其严重后果的辨认能力受到损害,或者对自己的行为的控制能力明显削弱。

3. 无性自我防卫能力。能建立明确的精神障碍的诊断,并且由于受精神症状或智力障碍的影响,被鉴定人丧失了对自身受到的性侵害及其后果的实质性辨认能力,或丧失了对自己性行为的控制能力。

(五)评定性自我防卫能力的注意事项

在性自卫能力鉴定中,不一定对所有的被鉴定人都作出性自卫能力的鉴定意见。

1. 精神或智力正常妇女与人发生性行为,不论其有无反抗表现,均不必对其作性自卫能力鉴定意见,尤其在过程中有反抗表现的妇女。精神障碍患者或智能障碍者在遭受性侵害过程中有明显反抗表示的,可对被害人的精神状态作出鉴定,除属无性自卫能力者外,不必再评定性自卫能力。如精神分裂症发病期患者,当遭受被告强制奸淫时,可表现反抗行为,其虽对所受侵害和严重后果有理解能力,仍不宜作出有性自卫能力鉴定结论,以避免引起司法办案人员误解。

2. 关于精神或智力正常的女性在醉酒状态(普通醉酒状态)下遭受性侵害。醉酒状态下,精神活动可以出现某种程度的改变而影响其对行为严重后果的理解能力,或缺乏反抗表示,但是普通醉酒不属于精神病范畴,因此没有必要评定性自我防卫能力。可以根据《关于当前办理强奸案件中具体应用法律的若干问题的解答》中的相关条款处理,即"认定强奸罪不能以被害妇女有无反抗表示作为必要条件。对妇女未作反抗表示或者反抗表示不明显的,要具体分析,精心区别"。"其他手段,是指犯罪分子用暴力、胁迫以外的手段,使被害妇女无法抗拒。例如:利用妇女患重病、熟睡之机,进行奸淫;以醉酒、药物麻醉,以及利用或者假冒治病等等方法对妇女进行奸淫。"

八、劳动能力

(一)劳动能力的概念

劳动能力,是指劳动者能够以自己的行为依法行使劳动权利和履行劳动义务的能力。劳动能力鉴定是指对各种原因导致个体劳动功能障碍及生活自理能力障碍的等级评估过程。

(二)劳动能力鉴定的标准

1. 医学标准,即被鉴定人是否存在精神障碍,其性质和严重程度如何。

2. 劳动能力的等级评估,是对被鉴定人是否因精神障碍影响了其职业功能及其影响程度进行评定。按照不同的委托要求,参考不同的标准进行。目前有以下几类:

(1)对职工工伤与职业病是否影响劳动能力时的评定,根据《劳动能力——职工工伤与职业病致残等级》(中华人民共和国国家标准/GB/T16080 - 2006)进行。

(2)对职工非因工伤残或因病丧失劳动能力程度的评定,根据《职工非因工伤残或因病丧失劳动能力程度鉴定标准(试行)》(劳动部发〔2002〕8 号)进行。

(3)对道路交通事故受伤人员的劳动能力能力的评定,根据《道路交通事故受伤人员伤残评定》(国家标准)(GB 18667 - 2002)进行。

(4)对残疾人的劳动能力的评定,根据《中国实用残疾人评定标准》(中国残疾人联合会〔1995〕残联组联字第 61 号 1995 年 9 月 15 日发布)进行。

(5)对在服役期间的伤病所致的劳动能力的评定时,根据《军人残疾等级评定标准(试行)》(民发〔2004〕195 号)进行鉴定。

(三)劳动能力等级划分

1. 完全丧失劳动能力的条件

(1)根据《职工非因工伤残或因病丧失劳动能力程度鉴定标准(试行)》的规定,

因精神障碍导致完全丧失劳动能力的条件如下:

①慢性器质性精神障碍,经系统治疗2年仍有下述症状之一,并严重影响职业功能者:痴呆(中度智能减退,智商<49);持续或经常出现妄想和幻觉,持续或经常出现情绪不稳定以及不能自控的冲动攻击行为。

②精神分裂症,经系统治疗5年仍不能恢复正常者;偏执性精神障碍,妄想牢固,持续5年仍不能缓解,严重影响职业功能者。

③难治性情感障碍,经系统治疗5年仍不能恢复正常,男性年龄50岁以上(含50岁),女性45岁以上(含45岁),严重影响职业功能者。

④具有明显强迫型人格发病基础的难治性强迫障碍,经系统治疗5年无效,严重影响职业功能者。

(2)符合《职工工伤与职业病致残程度鉴定》标准1~4级者。

(3)完全丧失应符合《道路交通事故受伤人员伤残评定》标准1~4级者。

2. 大部分丧失劳动能力的条件

(1)符合《职工工伤与职业病致残程度鉴定》标准5~6级者。

(2)符合《道路交通事故受伤人员伤残评定》标准5~6级者。

3. 部分丧失劳动能力的条件

(1)符合《职工工伤与职业病致残程度鉴定》标准7~10级者。

(2)符合《道路交通事故受伤人员伤残评定》标准7~10级者。

注意事项:劳动能力鉴定与伤残等级鉴定既有联系又有区别。从性质上来说,劳动能力鉴定是伤残等级鉴定的基础。从程序上来说,是先鉴定后评残。从范围来说,劳动能力鉴定范围更大一些,即除对工伤(含职业病)进行鉴定外,还包括对因病或非因工负伤导致的暂时或永久丧失劳动能力的鉴定,其主要职能是从医学方面对劳动者暂时或永久丧失劳动能力的状况进行鉴定。而伤残等级鉴定相对来说更专业、更严格,其职能是对工伤和患职业病职工永久丧失劳动能力的状况进行的鉴定。二者的工作程序和判别依据也不同。但对于明显的工伤(含职业病)案例来说,伤残等级鉴定可以与劳动能力鉴定同时进行。

九、精神损伤和精神伤残鉴定

(一)基本概念

精神损伤是指个体遭受外来物理、化学、生物或心理等因素作用后,大脑功能活动发生紊乱,出现认知、情感、意志和行为等方面的精神紊乱或缺损。

精神伤残是指在各种物理、化学、生物或心理等因素伤害后等,导致个体不可逆的精神障碍,即出现了终身影响个体生活和社会功能的精神障碍或精神问题。

精神伤害是指对个体施加精神压力或刺激的过程,一般不涉及精神刺激的后果,精神损伤是精神伤害的后果,可表现为各种精神障碍或精神功能缺损,有的可以恢复,有的是不可逆的。

精神损害是一个法学概念,通常指个体的名誉、利益、健康、事业遭受到损害或损失,其结果是受害人精神痛苦,不一定达到精神障碍。但是精神损害严重的,可导致精神健康受损,构成精神损伤,而精神损伤肯定有精神损害。

在实际工作中,精神损害不需鉴定,由法官裁定。精神损伤与精神伤残需要鉴定。

(二)精神损伤与精神伤残的评定标准

精神损伤的鉴定目的是为执法机关对肇事方实施刑事处罚及民事赔偿提供依据,也就是通过鉴定受害人的精神损伤性质和程度,获得对肇事方定罪量刑和索赔的证据。

1. 医学诊断:被鉴定人是否存在精神障碍,其性质、严重程度、持续时期及预后等。

2. 确定精神障碍与所遭受伤害(或事件)的关系:对全部资料进行综合分析后确定其因果关系。因果关系可以是直接关系、间接关系、无关系。其中间接关系又可分为诱发关系、增荷关系、转因关系等。一般而言,内源性精神障碍,如精神分裂症,个体素质因素对于精神障碍的发生占主要地位,生活事件可以是诱发或促发因素;外源性精神障碍(包括器质性和功能性),生活事件则常常是疾病发生主要的直接原因,素质因素在疾病发生和发展中也起了一定的作用。

3. 精神损伤评定。我国尚无单纯用于精神损伤的评定标准,在各等级人体损伤程度鉴定标准中有少数几个与精神损伤相关的条款。目前我国将人体损伤程度分为"重伤"、"轻伤"和"轻微伤"三等,达到重伤和轻伤程度时,肇事方即触犯《刑法》,将要承担刑事责任。在精神损伤程度评定时,先作出医学诊断和进行因果关系分析后,根据以下标准进行评定:

(1)《人体重伤鉴定标准》(司法部、最高人民法院、最高人民检察院、公安部司发〔1990〕70号);

(2)《人体轻伤鉴定标准》[法(司)发〔1990〕6号];

(3)《人体轻微伤鉴定标准》(中华人民共和国公共安全行业标准 GA/T 146－1996)。

4. 精神伤残评定。以上三个标准适宜对肇事方的定罪量刑,不适宜对受害方的伤残程度评定。进行伤残程度评定时可以根据以下标准进行:

(1)最高人民法院2005年公布的《人体损伤残疾程度鉴定标准(试行)》,是专门"为解决人民法院审理案件中涉及人体损伤残疾程度鉴定的专门性问题,特制定本标准"。其适用范围为"本标准适用于人民法院审理刑事、民事和行政案件中涉及的人体损伤残疾程度的鉴定,属于工作与职业病和道路交通事故所致残疾程度的鉴定,不适用本标准"。

(2)《道路交通事故受伤人员伤残评定标准》(GB 18667－2002),该标准适用于道路交通事故受伤人员的伤残程度评定。

(3)《职工工伤与职业病致残程度鉴定标准》(GBT 16180－2006),适用于职工工伤与职业病致残程度评定。

(4)《中国实用残疾人评定标准》(残联组联字第61号,1995年)适用于中国实用残疾人伤残程度的评定。

在人身伤害案中,如果确定受害人的精神障碍为"脑外伤所致器质性中度痴呆",那么,由于该病症属于重性精神障碍的范畴,按照《人体重伤鉴定标准》应评定为"重伤",受害人就可以追究伤害方的刑事责任;其精神损伤的残情,若按照《人体损伤残疾程度标准》,可评定为4～6级伤残,确定受害人的精神损伤残疾程度之后,可以进一步评估是否需要后续治疗,以及是否需要有专人护理。

第五节　精神疾病司法鉴定意见的评价

鉴定意见作为证据材料的一种,必须经过法庭审查,才有可能采纳为证据,产生法律效力。鉴定书的审查主要是认定鉴定意见的合法性、科学性和可靠性。

一、审查鉴定意见的合法性

精神疾病司法鉴定意见是否合法,主要是看司法鉴定机构、司法鉴定人及鉴定程序是否符合法律规定。

(1)司法鉴定机构审查。主要审查司法鉴定机构是否具有从事司法鉴定合法的主体资格,所开展的法医精神鉴定是否在核定的业务范围,以及其资质力量情况。

(2)司法鉴定人审查。司法鉴定人是鉴定意见的出具者,司法鉴定人具备解决法医精神病学这一专门性问题的知识和实际能力,即具有司法鉴定人的资格,是保证鉴定意见准确的前提条件。同时还应审查司法鉴定人在鉴定过程中是否实事求是、公正客观、秉公执法,有无作虚假鉴定的情况。

(3)司法鉴定程序审查。司法鉴定程序是指按照司法鉴定活动的客观规律所制定的司法鉴定工作的具体步骤,它是保证鉴定质量、实现司法鉴定的科学性、客观性、独立性、公正性的有力保障。为此,精神疾病司法鉴定除严格遵照《司法鉴定程序通则》外,还要遵循其特殊的规定。

二、审查鉴定意见的科学性和可靠性

鉴定意见的科学性和可靠性是构成证据的基础,倘若鉴定意见本身有差错,就可能把侦查、起诉审判活动引向歧途,甚至造成冤假错案。因此,需要从以下几个方面进行审查。

(1)鉴定资料审查。鉴定资料是鉴定意见的基础和根据,司法机关提供的材料,

尤其是涉及被鉴定人案发前精神状态的材料必须客观、详细、充分、真实、可靠。要做到这一点，就必须广泛收集材料、多个证人证言，不能仅凭被鉴定者本人及其家属提供的资料做出鉴定意见。

(2)鉴定方法审查。司法鉴定人使用的鉴定方法，是鉴定意见科学性和可靠性的重要保证。鉴定的步骤、方法不当，也会导致鉴定意见失误。

(3)鉴定意见的科学依据审查。鉴定意见的科学依据，体现其作为证据的可信程度。科学依据越充分，结论的可靠性越大。鉴定意见所依据的事实必须在鉴定书中有充分体现，即必须具有内在的连贯性和一致性，结论清楚、逻辑性强，令人信服。

(4)鉴定意见与其他证据的关系审查。审查鉴定意见与其他证据是否协调一致，相互间有无矛盾。若出现鉴定意见与其他证据不一致，则应查明产生矛盾的原因，以判定是鉴定意见错误还是其他证据不实，避免错判。

委托人如发现鉴定意见措辞有误或鉴定意见表述不确切，鉴定书中对鉴定要求答复不完备，或又获得了新的可能影响原结论的鉴定资料等，可以委托原鉴定机构或原鉴定人进行补充鉴定。若发现原鉴定意见与案件内其他证据之间有矛盾，或几处鉴定意见有分歧；或经进一步调查取得了新的鉴定资料，对原结论产生了怀疑；或发现原鉴定人不具备法医精神病学的专门知识或原鉴定程序不合法，可委托其他鉴定单位，另行聘请鉴定人重新鉴定。当几处鉴定意见不一致，且经逐级复核仍未解决鉴定分歧时，可采用共同鉴定的形式，由组织鉴定的部门聘请权威的精神疾病学专家"会诊"。经过专家会诊，如果取得一致的鉴定意见，可作出鉴定意见；如意见仍不能一致，可分别说明不同意见的人数和理由，或者分别出具鉴定书。

思考题

1. 何为精神疾病的司法鉴定？对鉴定的程序有何法定要求？
2. 精神疾病的司法鉴定中通常涉及对哪些法定能力的评定？
3. 刑事责任能力的含义和评定原则是什么？
4. 民事行为能力的含义和评定原则是什么？

阅读书目

1. Payne – James J, Busuttil A., Smock W. Forensic Medicine, *Cilnical and Pathological Aspects*, London, Greenwich Medical Media Ltd., 2003.

2. Robert I. Simon, Liza H. Gold, *Textbook of Forensic Psychiatry*, American Psychiatric Publishing, Inc., 1 edition, March 2004.

3. 胡泽卿主编：《法医精神病学》(第3版)，人民卫生出版社2009年版。

4. 侯一平主编：《法医学》(第2版)，高等教育出版社2008年版。

第十四章　文书物证司法鉴定

本章重点内容

文书鉴定主要涉及可疑文书和有争议文书鉴定的基本问题，重点内容是认定文书的书写人或制作人，鉴别可疑印章印文的同一与形成方式，判明文书的制作时间与制作方式，判定可疑文书的伪造、变造方法，确定文书物质材料和制作工具。

本章学习要求

通过本章学习，应当了解文书物证司法鉴定的对象、范围、任务，明确笔迹鉴定、印章印文鉴定、印刷文书鉴定、证件证书鉴定、货币证券鉴定、添写改写文书鉴定、文书制作时间鉴定的原理、依据、方法、标准，掌握审查、评断文书物证司法鉴定意见的要点。

第一节　文书物证司法鉴定概述

一、文书及文书物证司法鉴定概念

“文书”一词，在不同专业领域有不同的含义。在司法鉴定学科范围内，一般认为，文书是指以语言、文字、线条、符号、图案、图像等通过载体记录、显示、蕴藏有形或无形信息的书面资料。依附一定物质载体、储存一定信息、能以书面形式予以反映是文书应当具备的三个要件。信息（文书内容）是构成文书的基本要件，物质载体是信息依存的必要条件，书面资料是文书信息表现形式的特点。

文书与文件有范围大小的差别。文件是文书的一种类型，一般是指公文、信函等公务文书的总称。现代文书物证司法鉴定，远远突破了公务文书的范围。

物证是一类独立的法定证据。它是以物的外形特征、物的物质结构形态和组成成分特征，以及物的反映形象特征，证明案件事实的一类物质特征。物证主要包括物体、物品、物质、文书、痕迹五个类别。

物证与书证是两类不同的证据,其主要区别在于证明案件事实的依据不同。前者是以物的自身特征及其反映形象(如笔迹、痕迹、影像等)特征证明案件事实,后者是以自己的客观内容证明案件事实。

所谓文书物证,是指以文书的物质特性证明案件事实的证据。文书在诉讼活动中有时作为物证证明案件事实,有时可以书证证明案件事实,有时两种证据的证明作用同时兼备。当文书以其物质属性证明案件事实时即是物证。如根据笔迹认定涉案文书的书写人,根据有争议文书的印文认定涉案文书印文与样本印文是否同一枚印章所盖等。当文书以其所载明的内容或用特殊技术方法显现其潜在的内容来证明案件事实时即起到书证的证明作用。如没有争议的合同、收条、遗嘱等。有时一份文书可以同时起到物证和书证两重证明作用。如一份书写字迹的《借条》内容上无争议、经鉴定又是债务人书写并签名,即从物证、书证两方面证明该债务人借债并亲笔书写《借条》的事实。有时,文书书证的证明作用要通过物证鉴定的方法去实现。如一份被消退或涂污的文书,不能判明其真实内容,通过物证鉴定方法(根据书证的理化属性)显示、还原其原有的真实内容,从而能有效证明案件相关事实。所以,文书物证与文书书证是密切联系的;绝大多数可疑或有争议文书物证需要通过鉴定才能作为证据;当书证内容发生争议或需要查明书证制作人时也需要鉴定;当可疑文书的内容和物质属性两方面都有争议时更需要鉴定。那种认为文书书证不需要鉴定的观点是不全面的。

立法上之所以将“文书鉴定”列入物证鉴定类,是从司法鉴定的主要技术特点考虑的。

文书司法鉴定是司法鉴定的一个业务类别。在《决定》中,它被列入物证类鉴定的第一个大类别。

文书司法鉴定是指在刑事、民事、行政诉讼活动中,对案件涉及的可疑文书或有争议的文书,依据诉讼法律规定的鉴定程序,由侦查机关、公诉机关、审判机关指派或委托经司法行政机关审核登记或备案登记的鉴定机构及其鉴定人进行鉴定,并出具司法鉴定意见的活动。

二、文书物证司法鉴定对象

对象是行为主体的行为目标。司法鉴定对象,是按诉讼法律和《决定》的规定,诉讼所涉及的专门性问题。所谓专门性问题,是指运用一般的侦查、调查方法和凭司法人员的经验、认知所不能查明或判断的科学技术性问题。

文书司法鉴定对象,是诉讼过程中所涉及的与案件有一定关系的各类文书。在不同性质的诉讼活动中,文书司法鉴定对象涉及的范围有所不同。在刑事诉讼中,文书司法鉴定对象是案件中与违法犯罪有关的可疑文书;在民事、行政诉讼中,文书司法鉴定对象是诉讼涉及有争议的文书。

司法鉴定对象是有层次性划分的。每一大类鉴定业务中,一般都有种、事项、具

体要求等层次划分。文书物证司法鉴定一般可分为十个类别:

(1)笔迹鉴定。正常笔迹鉴定;书写条件变化笔迹鉴定;伪装笔迹鉴定;模(摹)仿笔迹鉴定;签名笔迹鉴定;数字笔迹鉴定;笔迹形成时间与方式鉴定;绘画笔迹鉴定等。

(2)印章印文鉴定。主要包括印章印文是否同一鉴定、可疑印章印文制作方法(含伪造、变造方法)鉴定、可疑文书印文形成方式鉴定、印文与文书字迹形成顺序鉴定、文书印文盖印时间鉴定、可疑印章印文制作人鉴定。

(3)印刷文书鉴定。包括专业印刷文书鉴定和办公机具制作文书鉴定两个类别。专业印刷文书鉴定主要有传统平版印刷文书鉴定、凸版印刷文书鉴定、凹版印刷文书鉴定、计算机制版印刷文书鉴定、印刷品来源鉴定等;办公机具制作文书鉴定主要有计算机打印文书鉴定,静电复印文书鉴定,传真文书鉴定,孔版印刷、誊印、油印文书鉴定,机械打字机打印文书鉴定等。

(4)货币、证券、票据、商标标识鉴定。货币鉴定主要有我国可疑纸币和金属币鉴定,可疑国际货币鉴定;证券鉴定主要是可疑国库券、信用卡、股票券、兑换券鉴定等;票据鉴定主要是可疑(或有争议)的银行票据和其他普通票据鉴定;商标标识鉴定是指对可疑或有争议的印刷、铸造商标标识鉴定。

(5)证件、证书鉴定。主要有可疑居民身份证、可疑护照、可疑身份或工作证、可疑学历证、可疑房地产证、有争议的荣誉证书、结(离)婚证书鉴定等。

(6)被涂污文书鉴定。主要有文书字迹、图案、图像被消蚀(消退)鉴定,文书字迹、图像、图案被涂抹掩盖鉴定,文书字迹和内容被改写(装)、添写(加)鉴定,文书上不易看见字迹和图案恢复与显示鉴定。

(7)被损毁文书鉴定。主要有文书被拼接、被改装换页、文书破碎或分离、文书被烧焦或烧毁、文书被浸湿粘连鉴定。

(8)文书物质材料和文书形成时间鉴定。主要有文书纸张、书写字迹墨迹、印泥(印油)、印刷油墨(墨粉)、文书打印色带与复写墨迹、文书黏合剂等鉴定。文书制作时间鉴定,主要是检测这些物质在文书上随时间推移而产生的物理、化学特性变化规律来确定文书形成的时间范围,所以,文书制作时间鉴定实质上是对文书物质材料理化特性变化规律的鉴定。

(9)文书书写字迹书写工具鉴定。主要是对软性和硬性工具书写字迹的书写工具鉴定和非正常书写工具字迹的书写工具鉴定。

(10)绘画、图像、声纹鉴定。涉及诉讼争议的书法作品、绘画作品、图案、图像(含人像照片),录音带、影碟等储存的图像、声音资料(声纹鉴定)鉴定,等等。

三、文书物证司法鉴定任务

任务,是指一定主体应当承担的职责或指定必须完成的工作事项。

文书物证司法鉴定任务,是指文书司法鉴定主体通过自己的实践活动,可能实现的鉴定要求。文书司法鉴定任务与鉴定对象是相衔接的，是实现鉴定对象中法律要求所能解决的技术性问题。主要任务有：

（1）认定文书字迹的书写人。各种文书及其各种文字的书写字迹，通过笔迹鉴定都可以认定其书写人。有的非直接书写的文书字迹，如文书复印字迹、文字书写后经激光扫描移植的字迹、照相移植字迹、传真移植字迹等，经笔迹鉴定虽不能直接认定书写人，但在鉴定确定了检材字迹形成方式并认定检材与样本笔迹总体特征相同之后，可以为认定检材文书原件的书写人提供有力依据。

（2）确定文书的制作人。通过鉴定，可以认定可疑或有争议的手工制作文书和机械制作文书的制作人。对于打印文书（含手工打字机打印文书）、专业印刷文书、复印文书、雕刻文书、印章印文、油印文书等的文书字迹和制作工艺鉴定，多能确定文书字迹的打印人、刻制人、刻写（誊写）人。对于绘画文书，根据其笔迹、书法、绘画反映出的个人特征，一般都能认定绘画作品的制作人。

（3）确认文书的制作方法。在诉讼活动中，许多可疑文书或有争议的文书，都要鉴定其制作方法，为判明文书真伪和案件相关事实提供证据。如对打印文书、复印文书、传真文书、专业印刷文书的鉴定，可依据文书字迹、线条、图案、图像等印迹特征确定文书制作的机种、机型、制版方式、印刷方式，有时还可确定文书是否同机、同版、同期、同一批次印刷。对可疑的货币、证券、证书、证件、票据鉴定，根据其制版方式、版型、图文内容与结构形态、图文细节特征的异同，印刷物质材料理化特性的异同，认定检材与样本文书制作方法、制作工具的同一，进而认定两者是否同版、同期、同批次印刷。

（4）认定文书制作工具的种类、确定文书制作工具是否同一。许多文书都是通过手工、机械或物理化学方法制模，再经印压或电子输出方式形成的图文。如印章印文、打印文书、复印文书、专业印刷文书（铅印、胶印、石印等）等，其形成原理都是一种印压或转印痕迹的反映。通过各方面的印迹特征比较，可确定检材与样本文书是否出自同一模版或同一印刷机具，即两者是否出自同一物或同一制作工具。如印章印文的图文同一鉴定、印刷文书的“文机同一”鉴定等。

（5）认定可疑文书是否有被损毁、涂污事实，显现、恢复文书原有的内容。对于可疑的或有争议的添写改写文书、擦刮文书、消退文书、涂污文书、撕碎剪碎文书、镶接补贴文书、烧焦（或烧毁）文书、被粘连文书、水浸文书等，运用物理学、化学、电子学等方法进行鉴定，确定文书有争议或可疑部位的文字、图像、线条等是否存在添写改写、改贴、擦刮、消退、涂抹掩盖、手工或机械损毁、改装、换页、烧毁等事实。如发现有被怀疑或争议的事实，可进一步查明该项事实形成的方法、原因，并显现与恢复被损毁、涂污部分原有的文字、线条、图像（图案），或整合恢复文书的原貌。

（6）显现可疑文书上不易看见的文字。有的可疑文书，表面虽无被损毁、涂污迹象，但可能隐藏有与案件有关的图文信息，如印压文字、潜影文字等。通过物理化学方法、电子学方法将其显示出来,既是重要的侦查线索,又是有力的诉讼证据。

(7)确定文书整体或部分文字、符号、图案(像)的形成时间。在诉讼活动中,对于某些陈旧的古文书和现代较新鲜的文书,对其整体或部分内容都可能产生形成时间的争议。需要通过文书鉴定,确定其整体内容或部分内容的形成时间范围。根据现代文书鉴定技术,无论是书写文书、绘画文书、雕刻文书、印刷文书、电子版文书,都有一定技术方法确定其形成的时间范围。

(8)确定文书物质材料的种类、成分。文书物质材料主要是指文书载体的纸张、墨迹、印油、色带、无碳复写色料、黏贴物等。文书物质材料种类、成分的鉴定意见,可为司法机关判明文书来源,确定文书异同提供证据。

第二节 文书物证司法鉴定的基本方法

一、检材文书的鉴定条件及其审查

检材文书是指被鉴定可疑或有争议的文书资料,是赖以鉴定的物质基础,是待证事实的证据材料之一。检材文书资料的条件具有不可逆转性,但对有的鉴定条件差的文书资料,通过技术加工可以改善其鉴定条件。文书物证司法鉴定的第一步,是应当全面审查检材文书的鉴定条件及其程度。检材文书的鉴定条件一般包括五个方面。

(1)检材文书的性状条件。检材文书绝大多数必须是原件,有的文字较多的书写字迹和印章印文鉴定,确实不能获取原件时可提供经过合法程序证实其原件来源的照片或复印件。但采用理化检测的检材文书不能用复制件。

(2)检材文书的数量、质量条件。检材文书必须达到科学技术标准限定的最低数量、质量要求。如签名字迹应当是全名,印文应当是整体;文字、图像要清晰,均要特征可辨,无严重涂污、损毁等情形。

(3)检材文书的保管条件。检材文书不应有污染、破损、人为老化、霉变、装订或保管不当导致图文特征改变或消蚀等不能鉴定的情形。

(4)检材文书真实性条件。包括文书来源的真实性和文书原貌的真实性要求。

(5)检材文书来源的合法性要求。检材文书的提取、复制要符合证据材料的规定,其原始出处和转移过程要有合法方式证明。委托鉴定时需经法庭质证。

二、样本文书的可比条件及其审查

样本文书是指供鉴定比较对照的文字、图像等物质材料。它是进行比较鉴定不可缺少的要件。文书的比较型鉴定,没有样本是不可能进行的。供鉴样本是可随鉴定要求改变的。检验型鉴定,一般不需要提供样本。审查文书样本应着重审查两个方面。

(1)文书样本的真实性,包括程序真实和实体真实。样本必须经过法庭质证,当事人双方签名确认后才可使用。实体真实是指该样本必须是来自某人、某物、某处的真实资料,并且要求在其保管、送交过程中没有发生混淆、“调包”等情形的。供检样本的真实性,主要由鉴定委托方负责。鉴定受理方有审查职责。

(2)样本的可比性。指样本的数量、质量条件。样本要与检材条件相对应,其数量、质量要求应当高于检材。样本的数量、质量要求,在各项文书鉴定中均有具体规定。

文书司法鉴定的委托阶段,办案机关应按检材与样本的条件要求进行准备,受理鉴定时司法鉴定人必须审查、查验检材和样本的条件,在符合条件的基础上受理鉴定。

三、文书物证司法鉴定的步骤与基本方法

(一)文书物证鉴定的总体步骤

文书物证司法鉴定与其他物证鉴定一样,分为鉴定准备与鉴定实施两个步骤。鉴定准备包括了解案情,明确鉴定要求,熟悉鉴定材料,拟制鉴定计划,准备鉴定仪器设备和试剂、复制鉴定材料等。鉴定实施,应根据不同文书类别和鉴定事项以及鉴定要求分别采用不同的步骤与方法。

(二)比较型文书物证鉴定的步骤与方法

文书的比较型鉴定又叫文书同一认定型鉴定,是通过检材文书与样本文书的分别检验和比较检验等一系列鉴定步骤方法而最终获得鉴定结果。文书鉴定中凡涉及认定同一和认定种类鉴定要求的均属比较型鉴定。如认定文书字迹的书写人或文书的制作人、认定文书印章印文同一、认定文书的制作机具等鉴定。

文书比较型鉴定应遵守分别检验、比较检验、综合评断、分析论证、出具鉴定意见五个步骤。每一步骤都有不同的具体任务和方法。比较型鉴定的常用方法是目力观察法、镜检法(含放大镜、显微镜观察法)、图像比较法(含电脑屏幕比较、投影仪比较、比对表比较等)、数据测量法、视频显示法、理化检测法、生物技术检测法、电子技术检测法、统计法、综合评断法等。

(三)检验型文书物证鉴定的步骤与方法

文书检验型鉴定,是对可疑文书或有争议文书直接进行检验并给出结果的一种鉴定类型,通常称为“检验”。法律上作为判断专门性问题的科技手段的“鉴定”与“检验”是无实质性区别的。如对被消退文书、被涂污掩盖文书、文书字迹或印文形成方式鉴定等,一般都叫文书检验。文书物证检验型鉴定的步骤相对较简单,但必须遵守先观察后检验、先无损检验后有损检验、先物理检验后化学检验的步骤。对检材文书进行直接检验主要是采用物理学、化学、物理化学、生物学、痕迹学等方法。根据检验获得的信息资料和图像、数据出具检验报告或鉴定意见。

(四)鉴定意见的技术标准

鉴定技术标准是法律规定的统一的技术要求,是确保鉴定结果客观真实的关键。文书物证司法鉴定,目前少数鉴定专业类别有行业标准(或部门推荐标准),多数是采用本专业领域国内外多数鉴定专家认同的不成文的传统标准,但其鉴定原理、依据、方法、标准已获得鉴定实践和司法实践长期证明真实有效,并在经典教科书、工具书上有明确的论证与肯定。文书物证鉴定的国家标准或部门标准(行业标准)正在研讨、拟订中。目前无论采用上述哪一种鉴定技术标准,都应符合国家鉴定主管机关规定的最低技术标准要求。

检验型文书物证鉴定多数是以认定文书制作、保管、使用等过程中发现可疑或争议的行为方式为目的,鉴定意见的依据一般没有数量、质量限定。对检材文书经过直接检验,如发现其稳定出现某种行为方式若干特有的本质性特征,即可作出该检材文书存在某种被怀疑或争议的行为方式的鉴定意见。如对可疑添写改写文书鉴定,只要发现了添写或改写的某些特定事实,就可出具该文书存在添写或改写事实的鉴定意见。

同一认定型文书物证鉴定意见的技术标准较为严格。这类鉴定涉及检材与样本两个方面,要对两方面的比较检验结果进行全面地统计、分析、评断、论证。在确认检材文书与样本文书确实符合鉴定条件与可比条件的基础上,要重点考虑五项基本指标:检材文书可作为鉴定意见依据的特征基数;检材与样本文书间相同特征的数量、质量比例;检材与样本文书间不同特征的数量、质量比例;检材和样本文书间相同与不同特征总体态势与性质评断;检材与样本文书间相同与不同特征总体性质产生原因的科学解释。任何一种同一认定型文书物证鉴定意见,都应同时具备这五个方面的指标要素。

四、制作司法鉴定文书的特殊要求

文书物证鉴定的鉴定文书格式和内容,必须符合司法部关于《司法鉴定文书规范》的规定。鉴定书正文的十项内容(检验型鉴定文书九项)缺一不可。尤其是鉴定书其中的两项特殊要求不能简化:一是鉴定(检验)过程部分,要反映出分别检验与比较检验或单独检验过程,检验部分要清晰反映出检验的方法、获取的信息或数据,在分析与论证部分要总结鉴定依据、论证科学原理、评断鉴定中出现的异常现象及出具该种鉴定意见的理由。二是鉴定书必须有图片、图表、谱图、比对表,证明鉴定依据的真实性。

第三节 主要文书物证的鉴定内容

一、笔迹鉴定

(一)笔迹的概念与范围

笔迹是书写文书符号的表现形式,是书写动作的反映。现代笔迹学对笔迹概念的具体表述是:笔迹是书写人按照文字符号的书写规范,运用书写工具,通过书写活动在书写载体上形成的动态痕迹。

作为反映书写文字符号动作痕迹的笔迹,其范围包括三个方面:一是直接反映书写人书写动作痕迹的笔迹,这是狭义的笔迹,也是笔迹的主要方面;二是书写动作痕迹间接显示书写内容的书面语言;三是反映书写动作痕迹及其书写内容在书写载体上分布的空间位置特点的文字布局。狭义笔迹、书面语言、文字布局即构成笔迹的全部内容,即笔迹范围。其中,狭义笔迹是笔迹鉴定认定书写人的主要依据,由笔迹派生出来的书面语言和文字布局是认定书写人的辅助依据。

笔迹的种类很多,按文字符号种类划分,有汉字笔迹、中国少数民族文字笔迹、外国文字笔迹、阿拉伯数字笔迹、标点符号笔迹、绘画笔迹。

按笔迹反映书写习惯的真实程度划分,有正常笔迹、书写条件变化笔迹、伪装笔迹、伪造笔迹(含摹仿笔迹)、多人合写笔迹等。

按笔迹形成的方式划分,有直接书写笔迹、复制笔迹、移植与转移笔迹等。

不同种类的笔迹,鉴定的依据、方法、标准和鉴定意见的表述方式是有区别的。

(二)笔迹鉴定的科学基础

笔迹鉴定的基本原理是书写动作习惯理论,个人书写习惯总体的特殊性、稳定性、反映性是笔迹鉴定的科学基础。

人的书写活动是一种技能活动,书写习惯是在书写技能的基础上形成的。人的书写技能是在不断地书写练习活动中,大脑皮层和高级神经活动中枢与有关的书写运动器官之间,逐渐建立起来的一种巩固的神经联系,进而形成自动化、完善化、不受人的主观意识控制的自动化动作锁链系统。人的书写技能是动作技能中一种最复杂的技能。

书写习惯是在实现书写技能活动中所表现出的动作特点或动作倾向。人们在书写文字符号活动中,超越规范书写动作之外并呈规律性反映的动作痕迹特点或倾向即为书写习惯。

书写技能是形成书写习惯的基础,无书写技能的人不可能有书写习惯。人们正常书写时,书写技能越高,其书写习惯越特殊、越稳定。

书写技能与书写习惯都是经过长期的书写实践活动逐步形成而又逐步演变的。经过正规书写训练的人,其技能与习惯的全部形成,一般要经历几年以至十几年的时间。从书写技能与书写习惯二者的关系可知,书写技能出现于书写习惯之前,书写习惯是在书写技能完善与稳定过程中逐步产生的,书写技能达到完善化程度时,书写习惯也随之趋于完善。

书写习惯与笔迹是紧密联系的。书写动作通过书写活动表现为笔迹,而书写习惯寓于书写动作之中,即书写习惯只有通过笔迹反映出来,才能被人们认识和运用。由此可见,书写动作反映出笔迹,笔迹中又反映出书写习惯。书写习惯与笔迹特征间是客体与客体反映形象的关系,但笔迹与书写习惯不能等同。笔迹鉴定认定书写人书写习惯同一,就是以笔迹特征作为科学依据。通过比较检材笔迹特征与样本笔迹特征的异同程度,确定两者是否为同一人书写习惯的反映,从而肯定或否定检材与样本笔迹是否同一书写人。

书写习惯的特殊性,是指每一个能够进行熟练书写活动的成年人,其书写习惯体系是特定的,与其他人不会相同。其不同的原因主要是由于书写人的生理因素和心理因素的特点、练习书写时接受的特殊刺激、书写客观环境制约的影响,在长时期的书写练习活动中逐步形成书写动作自动化锁链系统的许多个人特点。书写习惯特殊性是通过书写一定文字符号的种种不同的动作规律性表现出来的,而非书写个别文字符号表现出的个别动作特点。

书写习惯的相对稳定性,是指人的书写习惯体系形成之后能在一定时期内保持稳定而不会发生重大变化。其原因是由于受书写习惯动力定型基本属性、书写活动条件反射强度规律、书写动作自动化锁链系统相互制约特点、书写人意志力与注意力对书写活动控制的局限性四方面规律所制约。书写习惯稳定和变化程度是有一定规律的,不同年龄段、不同文化程度、不同职业条件、不同健康状况的书写人,书写习惯的稳定程度是有区别的。

从书写习惯形成和演变机理考察并通过笔迹鉴定实践证明,个人书写习惯体系在其一生中是可能改变的。而引起这种改变的主要原因是时间因素。不过,这种改变对笔迹鉴定并无实际影响。因为鉴定时可用检材笔迹与同期样本笔迹进行比较,从而确定两者书写习惯是否同一。

书写习惯的反映性,是指已经形成的书写习惯,能在一定的书写条件下通过笔迹表现出笔迹特征——书写习惯的动作痕迹。但应当注意的是,书写习惯的反映性与物体外表结构、形态的反映性不同,它所反映的真实程度要受到书写人主观因素和客观条件的影响与制约,常会出现随意性、可变性、歪曲性、仿他性表现。鉴定时,必须认真鉴别检材与样本笔迹的真伪。

(三)笔迹鉴定的依据

笔迹鉴定依据的是笔迹特征。笔迹特征是书写习惯的反映,通过检材笔迹与样本笔迹的比较,确定两者是否同一人的书写习惯。不同种类文字符号的笔迹特征分类体系不同,鉴定依据的标准也有差异,但汉字笔迹鉴定依据最充分。

笔迹鉴定认定书写人主要是依据直接反映书写动作习惯的狭义笔迹特征。汉字笔迹特征类型有笔迹一般特征和笔迹细节特征。如书写水平、字体字形、字的倾斜程度、字的间距等为一般特征。字的结构形态、字的组成部分间搭比例、特殊笔顺、连笔、笔画间相互位置、运笔特征等即属细节特征。这是笔迹鉴定的主要依据。鉴定文字较多的笔迹,还可运用书面语言特征和文字布局特征作为辅助依据。

(四)笔迹鉴定的任务和方法

笔迹鉴定主要实现五个方面的任务,即认定检材文书的书写人,判定文书书写字迹的形成时间范围,确定文书字迹的形成方式,认定书写字迹的书写工具,认定书画作品的制作人。

笔迹鉴定是文书物证同一认定鉴定中最典型、最复杂的鉴定。鉴定基本方法是比较法。本章第二节所介绍的种种同一认定鉴定的比较方法几乎都要运用。由于正常笔迹、书写条件变化笔迹、伪装笔迹、摹仿笔迹、签名笔迹、数字笔迹、拼音文字笔迹、绘画笔迹等鉴定的条件和依据有较大差别,鉴定的方法各有侧重,采用的标准也有一定差别。

二、印章印文鉴定

(一)印章印文的概念

印章是国家机关、社会团体、企事业单位、其他组织和个人,为了表明文书的真实性,或享受某种权利或履行某种义务,使用特定材质制作有文字、图案、标记、符号的图章、戳记等的总称。

印文一般是指印章印面的图文结构形态,运用一定的介质,通过印压作用在载体上形成的图文痕迹。这是典型的印文定义。但在印文的司法鉴定中,也有没有印章而直接形成印文的鉴定对象,这多属于伪造印文的情形之一。所以,印文的含义较宽,包括印章盖印形成的印文,无印章直接以绘画、转印、拼接等方式形成的假印文,以理化、激光扫描、机械移植等方式间接形成的假印文。鉴定中所称的“印章印文”是指印章直接盖印形成的印文。

(二)印章印文鉴定的任务

印章印文鉴定是文书司法鉴定涉及较多的鉴定对象。印文鉴定可能实现以下八方面的任务:一是认定有争议或可疑的印章印文与真实印章印文是否同一枚印章所盖;二是认定可疑印文的形成方式;三是认定可疑印文是否有变造情形;四是显现、辨读模糊印文的图文内容;五是认定印章印文与文书文字交叉部位形成的先后顺序;六是认定印章印文的制作方法;七是认定文书印文的盖印时间;八是认定印章的制作人和文书印文的盖印人。

(三)印章印文鉴定的依据与方法

从印文形成原理角度讲,它是一种静态的印压痕迹。印面上的图文特征,通过盖印人或机械垂直力的作用,一般都能在载体物上得到全面、准确的反映。因此,印章印文鉴定原理就是依据静态痕迹的形成原理进行的。

印章印文鉴定是以印文一般特征和细节特征为依据的。其一般特征有印文形状、大小、名称,图文结构、中心图案,图文组合排列形式,图文间距,印文字体、字形、字号、字间距等方面。印文细节特征包括印文文字笔画细节特征,印文图案、线条、符号细节特征,印文的缺损、修补、暗记、黏附物特征等。同一印章形成的若干印文之间,不同特征是个别的;不同印章形成的若干印文之间,可能出现相同的种类与细节特征较多,但不同的独特稳定的细节特征也占一定数量。鉴定时要根据检材与样本印文相同与不同特征数量、质量的形成原因确定是否同一。

印文鉴定方法主要有图文内容核对法、图文细节特征形态比较法、数据测量法、图像重叠法、图像结合法、镜检法、理化检测法、图文细节特征阶段性演变对比法等。对不同形式的印文和不同的鉴定要求,采用的鉴定方法有所不同,其对鉴定的作用也有差别。

三、印刷文书鉴定

(一)印刷文书的种类与鉴定任务

印刷是制作或复制文书的基本方式。印刷文书包括传统的专业印刷文书和办公机具为主体的电子印刷文书两种类型。传统的专业印刷文书是对需要印制的文稿,采用直接或间接的方式制成印版或漏印型印稿,在其上涂抹有色墨料,运用机械或手工方式,将图文、线条转印到承印物上。如铅印文书、胶印文书、油印文书、誊印文书等。以办公机具为主体的电子印刷文书是用电子打印机、复印机、传真机、电子邮件系统等电子技术,将文稿以近程或远程传递方式进行打印和输出复制。如打印文书、复印文书、传真文书、网络系统下载文书等。

作为司法鉴定对象的印刷文书,主要是指纸质印刷文书,电子文书多属于声像资料鉴定范围。

诉讼活动中,鉴定印刷文书通常可以解决以下专门性问题:认定印刷文书的制作方式,是传统方式印刷还是电子技术制作,以及该种制作方式的具体方法;确定可疑印刷文书的真伪;认定印刷文书制作机具的种类、型号,确定文书的制作机具;认定印刷文书的打印人;确定印刷文书的制作时间、文书内容间的制作时序;确定印刷文书的来源。

(二)印刷文书鉴定的原理与依据

从原理上讲,印刷文书是一种复制文书,有印压复制(接触复制)与电子复制(近距离或远距离非印压复制)多种方式,但都是原稿或印版上的图文特征重现或转印于载体上。所以,传统的专业印刷文书鉴定的原理是以物理作用或化学作用为基础的，与印压痕迹、转印痕迹鉴定原理一致。以办公机具为主体的电子打印文书，是在计算机的控制下，由各种硬拷贝输出设备打印在一定介质上的字符、图形、图像资料。它与印压痕迹有一定区别，但仍然是一种转印痕迹或拷贝痕迹。现代的电子印刷文书各有其不同的形成原理和相应的印刷特征。

印刷文书种类很多，货币、证券、票证、证件、证书、商标标识、书籍、报刊、单据、纸印品等是典型的印刷文书；打印文书、复印文书、传真文书、扫描文书等是现代办公机具制作的新型印刷文书。专业印刷文书的鉴定依据主要是印刷版型特征、印刷文书的图文特征（种类特征与特殊特征）、印刷物质材料的理化特征、印刷附加特征。电子打印文书鉴定主要是以打印机种类特征、打印字号印迹特征、字符笔画残缺特征、字符错位特征、字间行间纵横条痕特征、纸面污染特征、墨迹成分特征等为依据。

（三）印刷文书鉴定方法

主要采用图文形态比较法、测量法、理化检测法、实验样本比较印证法等。

四、可疑证件、证书鉴定

（一）证件、证书的概念与类型

证件是指国家机关、人民团体、企事业单位和其他组织颁发的用以证明人的身份或事务性质的文件。证件多反映人的身份属性。主要有居民身份证、户口迁移证、护照、工作证、学生证等。

证书是用以证明具有某种资格或权利义务关系等功能性质的文件，它主要反映物或人的功能属性。主要有毕业证、执业资格证、房地产证、结婚证、职称证、产权证、许可证、合格证等。

证件、证书鉴定的任务与鉴定印刷文书基本相同，主要是确定可疑或有争议证件证书的制作方式、制作的物质材料、制作厂家与颁发单位、制作时间等，通过检材与样本证件、证书的比较，认定两者是否同一，从而为鉴定委托部门判定可疑或有争议证件、证书真伪提供科学依据。

（二）证件、证书鉴定原理与依据

证件、证书是一类典型的专业印刷文书。其印迹特征是印版图文结构在一定载体上形成的印压痕迹。

证件、证书鉴定的依据是图文内容特征、图文（含线条、符号）印迹形态特征、印刷物质材料理化属性特征、印制方式特征等方面。

鉴定方法与鉴定印刷文书一致。

五、可疑货币、证券、票据鉴定

（一）货币、证券、票据的概念及分类

在司法鉴定领域，货币是指具备合法支付功能，并具流通性或纪念性的实物钞券和实物金属币。按其制作材料，可分为纸币和金属币；按其功能可分为主币和辅币。货币鉴定主要是对可疑纸币的鉴定。

证券是各类财产所有权和债权凭证的通称,是用以证明证券持有人有权依票面所载内容取得相关权益的书面证明。

证券按其性质可分为证据证券、凭证证券、有价证券;按其内容可分为货币证券、资本证券、货物证券等。

银行票据是指汇票、本票、支票、存取款凭单、货记凭证等有价票证。

(二)货币、证券、票据鉴定依据与方法

货币、证券、票据是最精致的特种印刷文书,因而图文内容设计、原材料选用及配比、制作方法与工艺、防伪标记与材料等具有特定特征。鉴定时,以标准货币、证券、票据所具有的特定特征为对照样本,对可疑的检材货币、证券、票据逐一进行特征比较,根据特征异同的数量质量条件确定两者同一或不同一。

鉴定该类特种印刷文书的具体依据是图文内容结构、纸张、水印、安全线、特种纤维丝、印刷版型、缩微文字、防复印图文、防伪油墨、印刷工艺防伪标记等细节特征。

(三)货币、证券、票据鉴定主体要求

《人民币管理条例》规定,"中国人民银行、公安机关发现伪造、变造人民币的,应当予以没收,加盖'假币'字样的戳记,并登记造册;持有人对公安机关没收的人民币的真伪有异议的,可以向中国人民银行申请鉴定";"中国人民银行和中国人民银行授权的国有独资银行的业务机构应当无偿提供鉴定人民币真伪的服务"。

根据以上规定和《决定》规定的相关精神,目前我国对可疑货币、证券、票证的鉴定主要由中国人民银行、中国人民银行分支机构、中国人民银行授权的商业银行业务机构实施。案件侦查过程中,侦查机关鉴定机构也可对可疑货币、证券、票证进行鉴定。可疑税务票据应由税务部门鉴定。

六、被添写、改写文书鉴定

(一)被添写、改写文书概念

添写、改写是变造文书最常见的手法。

添写文书是行为人在文书的字行首尾、行间或字间空白处、页边,或在文书原有文字被擦刮、消退部位,添加自己所需要的文字、数字,改变文书的原意。认定添写文书的基本条件,是行为人在原文书上添加一个文字、一个数字、一个符号、一句话或一段完整的文字内容。

改写文书是指行为人对文书原有的文字、数字、符号添加某些笔画、符号,使其成为另外的文字、数字、符号,或者将文书原有的字符笔形加以添删、修描而成另外的文字、数字。

在一份被变造文书上,行为人往往同时采用添写和改写两种手法,出现改写和添写两方面的特征。

(二)被添写、改写文书鉴定的原理与任务

被添写、改写文书多为书写形成,少数添加文书为打印、复印或扫描形成。鉴定添写、改写文书主要是依据文字书写习惯和笔痕交叉原理。同一人一次性连续书写和分次书写或间隔较长时间书写，由于其动觉系统、视觉系统的制约和书写动作自动化锁链系统的失调，必会出现与添写、改写环境相应的特点，而与原有文字不协调；若书写原文与添改书写不是同一人，笔迹特征更有明显差别。再根据笔痕交叉原理，人们书写文字或单字笔画，都要按照该种文字的先后顺序进行，在文字笔画交叉处形成交叉痕迹。先写的文字笔画必然被后写的文字笔画掩盖、压住，而添写、改写文字若与原有文字笔画重叠、交叉，就会在两者笔画交叉处出现先后顺序异常现象。若本应先写的字迹或笔画掩盖或压于后写的字迹或笔画之上，即可作为认定添写、改写行为的有力依据。

鉴定被添写、改写文书，主要可以解决四个方面的问题：认定有怀疑或有争议文书是否存在添写、改写事实；判明文书被添改的内容；确定文书添写、改写人；判定文书被添写、改写的时间。

(三)文书被添写、改写鉴定的依据与方法

被添写被文书的基本特点是：添写文书局部内容与文书整体内容之间相互矛盾；文书中添写字迹排列不整齐，字间距疏密不一致，字的倾斜程度不协调、字的大小不均匀；添写文字与原有文字墨迹色泽、笔痕特征可能有差别；添写文字与原来文字笔迹特征可能不一致；添写文字与原来文字笔画交叉处交叉顺序紊乱、反常；原来文字与添写文字形成时间可能不同；添写部位可能有擦刮、涂污等变造痕迹。被改写文书的基本特点是被改写文字、数字、符号、笔画墨色浓、墨迹渗散、笔画粗细不一致，多有重描痕迹；文字笔画顺序紊乱，拼凑笔画多，单字间、笔画间交叉顺序异常；单字结构失称，笔画间意连现象被掩盖，有时笔画有重叠；改写笔画与原有笔画书写工具、墨色种类可能不一致，笔迹特征可能有细小差异。

认定可疑或有争议的文书是否存在被添写或改写的事实，主要是以上述被改写、改写文书特点为依据。

鉴定被添写、改写文书的方法，主要是用样本文书比较法、显微镜观察法、不可见光检验法、特种照相法、交叉笔画检验法、理化检验法、笔痕检验法、书写工具检验法等获取上述被添写、改写依据。

鉴定以印刷方式形成的添加文书，以印刷文书的形成原理和印刷文书的特点为根据。

七、污损文书鉴定

污损文书是指涂污和损毁文书两大类。涂污文书包括图文被涂抹掩盖、消退的文书。损毁文书包括图文、纸张被擦刮、破碎、烧焦、浸泡等文书。

司法实践中，导致文书被涂污、损毁，主要是人为因素或自然因素，由于物理作用或化学作用所形成。鉴定的任务主要是显现事实，恢复事实，确定文书被污损的原因。鉴定主要是运用光学原理、化学原理对污损的图文进行显示，有时也要采用物理学、机械学原理进行复原、整复。

八、文书制作时间鉴定

(一)文书制作时间的含义与鉴定任务

文书制作时间,是指文书的形式和内容各个方面形成的时间范围。它包括文书文字的书写时间、打印时间、复印时间、印刷时间、文书物质材料生产时间、文书盖印时间、文书装订时间、文书发行与使用时间等,以及文书在使用、保管过程中因主客观因素变更其部分内容或增加附加标记或痕迹的时间的总称。

鉴定文书制作时间主要可解决三个方面的问题:(1)确定文书制作的绝对时间。即确定一份文书形成以后经历了多长的时间,解决文书制作时间的历时性争议。(2)确定文书制作的相对时间。即确定一份文书中不同部分的图文内容或者几份有时间争议的文书是否同一时间段形成。(3)确定文书中有关文字、数字、图片图表、符号、印文、纸页形成的时间顺序。即解决文书组成内容间谁先谁后的争议问题。

文书制作时间鉴定,一般是判定文书整体或部分内容形成的时间范围问题,而非确定具体日期。

(二)文书制作时间鉴定的依据与方法

鉴定文书制作时间有系统方法与特殊方法两大类别。系统方法是指利用文书各方面的特征作为综合依据判定其制作的时间范围,主要用于鉴定陈旧文书形成的绝对时间或相对时间鉴定。其主要是运用笔迹学原理、语言文字学原理、痕迹学原理、印刷技术原理、物理学与化学原理显示文书形成时间的各种时代特点或阶段性特点并进行综合判断。这种综合性方法用于鉴定陈旧文书,特别是古文书的形成时间范围较为有效。

特殊方法主要用于仅有书写文字、符号、印文、印刷文字的新鲜文书形成的绝对时间和相对时间鉴定。其主要根据化学、物理化学的原理,运用理化仪器检测得出的相关时间数据,判断文书相关文字、印文等形成的时间范围。

不同墨迹种类的字迹,鉴定其形成时间的原理、方法亦有不同。如蓝黑墨水字迹,目前主要用铁离子测定法、溶解法、热差分析法测定其形成时间范围;圆珠笔墨料字迹、复写字迹、印文印油图文主要用薄层色谱扫描分析法、气相色谱法、溶解法测定其形成时间范围。针对签字笔中性墨水字迹、碳素墨水字迹、打印复印字迹也初步探索出一些测定形成时间范围的方法,但正在进一步实验论证。

文书文字形成时间范围鉴定的特殊方法,只适用新鲜文书字迹,一般是2个月至3年以内。目前国内外学术界对于采用理化检测法鉴定文书字迹形成时间的原理和方法有多种见解,对其检测结果的客观性、稳定性也有争议,但上述检测方法及其结果的可靠性是获得学术界和司法部门普遍认同的。

第四节 文书物证司法鉴定意见的评价

一、文书物证司法鉴定文书合法性的审查

文书物证司法鉴定文书包括鉴定书与检验报告书两种，都是法定的文书形式。

文书物证司法鉴定文书的合法性，体现了司法鉴定程序和鉴定活动结果的合法性内容。有关方面应审查鉴定主体、鉴定委托与受理程序、鉴定材料、鉴定步骤与方法、鉴定标准五个方面是否符合相关法律、法规、司法解释和部门规章的规定。

二、文书物证司法鉴定文书规范性的审查

对文书物证司法鉴定文书规范性应按司法部《司法鉴定文书规范》的内容、格式、要求逐一进行审查。

三、文书物证司法鉴定文书载明鉴定材料的鉴定条件的审查

文书物证司法鉴定的检材和样本对鉴定意见的客观真实性有至关重要的影响。主要应核实鉴定材料的合法性、真实性是否得到依法证实，审查鉴定检材的数量和质量是否达到鉴定技术标准要求以及具备鉴定条件的等级，审查鉴定样本材料的可比条件及其程度三个重点问题。

四、鉴定原理、依据、方法、标准的审查

每个专门事项的文书鉴定，都有其特有原理、依据、方法和标准。司法人员或法律工作者在审查鉴定意见的科学性、客观性时，应当按照该项专业定型的鉴定理论与实践规范进行核对，对于发现鉴定原理、依据、方法、标准违背科学技术标准、技术规范的，可向鉴定人提出质询，或委托同行资深鉴定专家咨询。

对于每类文书鉴定业务，其鉴定方法的科学性、先进性、有效性的技术等级都是有限定的。鉴定的方法，应具备科学原理没有争议、检测效果稳定、鉴定实践证明准确程度高、获得同专业鉴定专家普遍认同四个条件。

鉴定意见的依据，是指被鉴定对象在鉴定材料上所反映出来的独特稳定特征的数量、质量。鉴定意见的条件，是根据鉴定对象所表现出来的特征数量、质量总体属性的状态，作出不同层次的鉴定意见的技术标准要求。只有符合最低技术标准要求的鉴定意见，才具备科学与法律规定的可靠性与客观性要求，才具有可以采信的条件。

五、鉴定意见证明力的评断

鉴定意见的证明力，实际上是涉及其与案件事实的关联性相关的问题。

文书物证司法鉴定意见常见的有 5 种，每种鉴定意见的证明作用不一样，采用时要结合多方面的情况进行综合评断。

(一)文书物证司法鉴定认定文书书写人、制作人意见的证明力

鉴定意见认定文书的书写人或制作人,并不能直接证明被认定的人就是刑事行为的犯罪嫌疑人或民事、行政行为的责任人,或某种权利的享有人或某种义务的承担人,只能证明被认定的人与该案件有某种直接或间接的关系。如笔迹鉴定、添写改写文字鉴定、打印文书鉴定认定文书书写人或制作人的意见,通常只能起到这样的作用。被认定的书写人、制作人并非一定与案件有某种关联。

(二)文书物证司法鉴定认定"物的同一意见"的证明作用

印章印文鉴定、文书制作机具鉴定、印刷文书与印版同一鉴定等的"同一"意见属于"物的同一意见",这种鉴定意见只能证明被认定的印章、打印机、复印机、传真机、印刷机、印版等与案件事实有一定联系,证明文书的来源、出处以及某种事实的真假。

(三)文书物证司法鉴定确定文书种属范围鉴定意见的证明力

文书鉴定认定文书种属范围的意见,主要涉及印刷文书制作机具、制作方法鉴定和文书制作时间鉴定等,这些鉴定意见只能显示文书制作机具范围和制作时间范围,进而可证明案件中一定事实的真伪或一定事实有无发生的可能性。

(四)文书物证司法鉴定确定事实真伪鉴定意见的证明力

擦刮文书鉴定意见,添写改写文书鉴定意见,货币、证券、票证、证件、证书鉴定意见,常常会涉及被怀疑或有争议事实的真伪问题。这种鉴定的肯定性意见,可以直接证明该种事实存在,否定意见可以证明该种事实不存在。

(五)文书物证司法鉴定出具的显示事实、恢复事实鉴定意见的证明力

文书物证司法鉴定出具显示事实、恢复事实意见的场合较多,如消退文书鉴定、涂污掩盖文书鉴定、损毁文书鉴定、压痕文字显示等出具的鉴定意见,多半是表明这一目的的。这类鉴定的肯定性意见,可以证明有怀疑或有争议的事实存在,但否定性意见不能排除有怀疑或有争议的事实存在或不存在。因为鉴定未能显示和恢复该种事实,有可能是由于被鉴定对象条件不好难以恢复或显示,或者是鉴定方法不当或仪器、试剂效力不佳未能恢复或显示。

思考题

1. 文书物证司法鉴定的对象、范围、任务有哪些?
2. 笔迹鉴定的科学原理和依据是什么?
3. 印章印文鉴定的原理、依据、任务是什么?
4. 如何审查、评断文书物证鉴定文书和鉴定意见?

阅读书目

1. 霍宪丹主编:《司法鉴定学》,中国政法大学出版社 2010 年版。

2. 贾玉文、邹明理主编:《中国刑事科学技术大全》(文件检验卷),中国人民公安大学出版社2002年版。

3. 徐立根主编:《物证技术学》(第3版),中国人民大学出版社2008年版。

4. 邹明理、杨旭主编:《文书物证司法鉴定实务》,法律出版社2012年版。

第十五章　痕迹物证司法鉴定

本章重点内容

本章主要介绍痕迹物证司法鉴定的内容，主要包括痕迹鉴定理论、原理，常见的手印、足印、枪弹痕迹以及工具痕迹的鉴定方法，痕迹鉴定书的审查、评价方法。

本章学习要求

学习本章内容，应当了解痕迹物证鉴定的概念，理解鉴定原理和方法以及如何评断痕迹鉴定书，掌握痕迹鉴定的范围，以及手、足、工、枪四大类痕迹的基本鉴定方法和评断鉴定意见的基本方法。

第一节　痕迹物证司法鉴定概念

一、痕迹定义

痕迹是指正在存在和曾经存在的物质与意识的反映。这种"反映"必须通过介质、承载物和能量的转换才能实现。被反映的物质和意识称为造痕客体，承载"反映"的物质称为承痕客体，居于造痕客体和承痕客体之间的物质称为介质。以上三者因某种原因、条件而组成一个有内在联系的过程系统，因相互作用而产生微量物质交换、信息交换和能量转换，使造痕客体的某些属性被传递到承痕客体上形成痕迹。反之，痕迹反映了过程系统的某些属性。因而曾经和正在存在的物质与意识是可知的，痕迹则成为认识留下痕迹的物质与意识的线索和依据。

痕迹储存着过程系统相关信息，因此利用痕迹信息，早已成为自然科学、社会科学和哲学的一种研究对象和研究方法。

在司法领域，可将其痕迹研究对象分为刑事犯罪行为痕迹、民事行为痕迹和行政行为痕迹。这三种行为痕迹，有其共同性亦各有其特殊表现形式。

依据辩证唯物主义观点，物质决定意识，而意识反作用于物质，引起客观物质变化和这些变化又在人的大脑形成新的印象、概念和判断。这种意识的反作用所形成的痕迹即称为意识痕迹。侦查人员利用意识痕迹可以推测犯罪意图、犯罪心理、犯罪过程、犯罪行为人的思维和品性等意识方面的特点。

痕迹物证司法鉴定所谓的痕迹乃指形象痕迹。形象痕迹是上述广义痕迹中的一种。形象痕迹较早被定义为:一个有形客体的外表结构接触面在另一有形客体上的反映形象。

20世纪50年代,技术侦查人员和痕迹物证司法鉴定工作者又将一个整体物在外力作用下分离为若干部分时在其断口相互对合凸凹形象称为整体分离痕迹。至20世纪60年代,我国痕迹检验工作者研究和应用了人的行走运动器官的动作习惯特点在承痕客体上的反映并将其定名为动作习惯痕迹。

整体分离痕迹和动作习惯痕迹均不是造痕客体接触面的外表结构反映。根据痕迹学理论和痕迹检验工作的发展需要,必须对形象痕迹重新定义。上列三种痕迹各具其特殊本质,但又具有共同属性。其共同属性是:均因人的行为而发生;均是在承痕客体上表现为一种外部形态,其形态特征反映了造痕客体某些特性;依据其形态特征能供认定造痕客体同一或不同一。因此将形象痕迹重新定义为:形象痕迹是与一定行为相关的,在承痕客体上形成的,据其形态特征能供同一认定的一种反映形象。能供同一认定的反映形象是形象痕迹与其他痕迹的根本区别。

二、痕迹物证司法鉴定

痕迹学是研究成痕过程系统中各子系统相互联系、相互作用而发生能量转移、微量物质交换、信息传递的规律和特点,以及研究传输、接收、储存和破译信息,从而寻找、确认相对应子系统的一个庞大的边缘科学技术群。痕迹检验从古代经验检验到近代传统痕迹学检验再到现代痕迹学检验都是刑事、民事和行政执法的一个主要技术支柱。痕迹学是痕迹物证司法鉴定的理论基础。

根据痕迹学的科学原理和技术方法,对现场痕迹进行发现、显现、固定、提取、保全、传输、信息储存与检索查对、信息破译、分析判断以及痕迹同一认定的全过程,称为痕迹检验。痕迹检验是刑事技术侦查、事故调查、保险赔偿调查部门经常性的主要工作。

依据痕迹学的科学技术理论和方法,认定痕迹是否涉嫌人或嫌疑物所遗留的认识过程称为痕迹物证鉴定。

司法鉴定机构和司法鉴定人依据相关法律、法规的规定,运用痕迹学的原理、检验技术方法和技术设备、执业经验,对诉讼涉及的痕迹是否涉嫌人或物所遗留所进行分析、检测和认定并得出鉴定意见的活动称为痕迹物证司法鉴定。

三、痕迹物证司法鉴定的范围

依据不同的划分标准,痕迹物证司法鉴定的范围不同。

依据鉴定目的的不同以及鉴定条件是否充分,可将痕迹物证司法鉴定范围分为种类鉴定和同一鉴定。

依据鉴定原理、方法的不同,可将痕迹物证司法鉴定范围划分为外表结构痕迹鉴定、整体分离痕迹鉴定和动作习惯痕迹鉴定。

依据介质分布和成痕部位不同,可将形象痕迹分为接触面形象痕迹和外围形象痕迹鉴定。

四、痕迹物质司法鉴定

对形成痕迹的介质以及随痕迹形成而发生交换的微量物质种类、成分、含量、配比进行检测而作出检验报告称为痕迹物质的司法鉴定。前述鉴定范围均属痕迹形态学的司法鉴定。痕迹物质的司法鉴定是痕迹形态学鉴定的重要辅助依据。

第二节 痕迹物证司法鉴定的原理

一、外表结构形象痕迹的鉴定原理

(一)外表结构形象痕迹鉴定的根据和条件

外表结构形象痕迹鉴定主要有人的外表结构痕迹鉴定和物的外表结构痕迹鉴定。各类外表结构特定性和稳定性的成因不同、程度不同,其痕迹形态特征和鉴定方法也随之不同。

人的外表结构痕迹主要有手、足掌侧面,唇面及牙齿的痕迹。这些造痕客体特定性和稳定性主要来源于遗传和遗传变异。此外的一个重要来源则是后天发育环境、生活工作环境、病理生理变化、意外损伤。

物的外表结构痕迹主要有鞋底、工具、枪支子弹、车体、车轮外胎痕迹。由于这些物的材料成分配比、外形设计、加工工艺、生产工具、工人技能等因素不同,生产过程中形成其共性特点和个性特点,从而使物与物相区别。物在使用过程中发生磨损、自然老化、腐蚀、异物附着、维修、人为故意改变外形等因素作用而使物的外表结构特定性更趋增强。

人的外表结构特点的稳定性来自控制基因的控制作用,而使其终身不变,物的稳定性则来自于物本身的物理性能。

上述人和物的特定性为人或物的同一认定提供了内在根据;人和物的外表结构特点的稳定性则为同一认定提供了前提条件。

(二)外表结构形象痕迹鉴定的原理

1.静态痕迹与动态痕迹鉴定的原理

当造痕客体与承痕客体直接接触,在痕迹形成过程中二者的相对位置不发生改变,作用力的作用线与承痕客体接触面垂直,通过介质,或者承痕客体与造痕客体硬度的相对差异而将造痕客体接触部位外表结构特点反映于承痕客体之上形成的痕迹称为静态痕迹。相反，当造痕客体与承痕客体直接接触，在痕迹形成过程中，二者相对位置发生改变，作用力的作用线不与承痕客体接触面垂直，通过介质或承痕客体与造痕客体接触面硬度相对差异而将造痕客体接触部位外表结构特点反映在承痕客体之上形成的痕迹，称为动态痕迹。静态痕迹的特点是痕迹特征与造痕客体相对应部位呈对称性关系，其特征内涵为痕迹的形状、方向、大小、位置。动态痕迹的特点是痕迹与造痕客体不呈对称性关系而是造痕客体接触部位的运动轨迹，其特征内涵是线痕、面痕的位置、距离、宽度、深度、线数及其相互关系。鉴于上述原理，静态痕迹鉴定的基本方法是特征直接比对法，动态痕迹鉴定的基本方法是线痕对接法。

2. 平面痕迹与立体痕迹的基本鉴定原理

静态接触和动态接触均可形成平面痕迹或立体痕迹。由介质形成的，承痕客体表面未发生形变的静态或动态痕迹称为平面痕迹，其特征反映造痕客体凸出部分接触面结构特点。由于造痕客体与承痕客体的硬度有相对差异，以承痕客体表面发生塑性形变而反映造痕客体接触面结构特点的静态或动态痕迹称为立体痕迹，其特征内涵是反映造痕客体接触部位三维结构特点。其基本鉴定方法与上述相同，只需注意痕底、痕起沿、痕止沿、痕壁各部位特征的特殊性，分别采用特征比对法或线痕对接法。

二、整体分离痕迹的鉴定原理

整体分离物的特定性和稳定性来源于整体物的材料成分、各成分含量、比例、材料理化性能、材料加工成型工艺、外观设计、模具特点、组合方式（相对于组合整体物，如枪支、机器、仪表、车辆等）、外表加工、工人技能、外表装饰、防腐防蚀以及其他人为附着物、自然附着物质、使用维修中形成的特点。整体分离痕迹特征则是上述特点和分离方式的反映。因此其基本鉴定方法：一是分离线的吻接；二是物质成分、含量、性能的检测；三是分离物附着、装饰、加工、使用、维修产生的图案、线条的对接；四是确定分离物反映的组合方式，分离方式特征是否相同。

三、动作习惯痕迹的鉴定原理

目前诉讼中涉及的动作习惯痕迹鉴定有笔迹鉴定、步法痕迹鉴定、声纹鉴定。实务部门习惯将笔迹鉴定、声纹鉴定纳入文件检验范畴，步法痕迹与脚印关系紧密，故纳入痕迹鉴定范畴。

步法痕迹鉴定用于侦查追踪，认定犯罪嫌疑人人身同一，提供破案证据。经预审确认犯罪嫌疑人，然后可作为检察机关审查起诉的证据之一；经庭审质证认同，即可为证。鉴于步法痕迹鉴定理论和技术方法还有待进一步完善和实践中不断验证，因此步法痕迹鉴定主要运用于侦查活动，因而在司法审判中应慎重应用。

步法痕迹是人的行走规律特点，通过脚与承痕客体接触运行而形成的反映形象。步法痕迹分为步幅痕迹和步态痕迹两大部分，这两部分痕迹之间的关系是相互联系、相互制约、相互影响的,在学理上应分开,在实务上应紧密结合。步法痕迹的形成及其反映程度与很多因素有关,主要的因素是造痕客体、承痕客体和作用力。在造痕客体子系统中,脚形结构、男女性别、年龄阶段、健康状况、鞋的种类、是否负重、是否伪装等因素对步法痕迹特征的形成影响极大。在承痕客体子系统中,其物理属性和外表形态对步法痕迹特征的反映程度影响很大。作用力中肌力、反作用力也决定步法痕迹的质量和反映程度。由上述可知,步法痕迹检验和鉴定较之外表结构形象痕迹和整体分离痕迹鉴定技术更加复杂和困难。

步法痕迹鉴定的基础取决于对现场步法痕迹勘查、记录(图片与文字、数据)的正确、客观、可靠性。准确(测量误差范围之内)测量步幅的步长、步宽、步角和正确判断步幅特征类型,清晰拍摄和制模提取步态痕迹,才能为步法痕迹鉴定提供可靠的依据。

步法痕迹鉴定的又一个基础是勘察现场步法痕迹时对造痕客体,承痕客体,作用力,行为人的性别、身高、体重、体态、行走姿势以及所穿鞋(袜)的种类、磨损特征的正确分析。这些分析结论是排查嫌疑对象行走和制取供鉴定用步法痕迹样本的依据。

现有步法痕迹鉴定技术方法和未来的鉴定方法都建立在上述两个基础之上。目前步法鉴定的主要方法有步幅痕迹特征级差检验法和压痕检验法。

第三节 外表结构形象痕迹的司法鉴定方法

一、外表结构痕迹鉴定的一般实施程序

(一)受理鉴定

受理委托鉴定,应由司法鉴定机构统一受理、登记、编号。受理鉴定需查验委托书,了解检材与案情的关系,检材与样本有无鉴定条件,检材、样本的名称和数量,鉴定事项是否明确,是否属该鉴定机构鉴定许可范围。

(二)鉴定前的准备(预备检验)

由于受理鉴定与实施鉴定的工作脱节,因此鉴定人在鉴定前的准备工作包括鉴定事项是否本鉴定机构鉴定许可范围,是否超出本中心鉴定能力。如具备受理条件,则分析检材和样本是否具有鉴定条件,确定是否补充样本,复制检材和样本,是否必须变更鉴定事项,是否必须了解案情和阅读案卷其他材料,准备鉴定过程中所需仪器、器材,等等。

(三)分别检验

在分别检验阶段,首先要检验检材的一般特征和细节特征,并加以确定和固定;

然后再检验样本的一般特征和细节特征,并加以确定和固定。这一检验顺序必须严格遵循,不可违反。

枪弹、工具、车轮、开锁、步法痕迹鉴定,通常由鉴定机构在对检材检验的基础上,选择与承痕客体性能相同或相近的材料和相同作用力条件下制作嫌疑客体实验样本供检。

(四)比较检验

比较检验是在分别检验的基础上,应用各种比较方法,或选择一种合适的比较方法,发现、确定和固定检材与样本一般特征、细节特征的相同点以及差异点。

(五)综合评断

综合评断是在比较检验的基础上,分析相同特征的数量和质量、差异特征的数量和质量,分析变形特征是否符合变形规律、是否由变形实验样本得到印证,分析相同特征与差异特征的矛盾地位,使鉴定人对检材和样本的相同和差异点的感性认识上升到理性认识阶段,作出鉴定意见书。

(六)制作鉴定文书及鉴定档案

鉴定文书(鉴定意见书或检验报告书)是鉴定全过程的文字表现形式,是一种法定证据,因此应按鉴定书规范制作,严肃、认真、谨慎地编制。鉴定文书档案是复查鉴定工作和鉴定人出庭作证的依据,应按规定制作和保管。

二、外表结构形象痕迹鉴定的一般方法

(一)指纹鉴定的方法

1. 指纹鉴定中的特征分类

(1)一般特征与细节特征。一般特征包括:手位、指位、部位、纹型(或纹形)及一般形态,乳突线的平滑与粗糙程度,乳突线的密度,局部乳突线的组合形态,三角的数目、结构类型和位置,三角点至中心点的线数,三角上部支流和下部支流所围成的图形,三角追迹线终点位置及追迹线与三角点之间线数,褶纹的长短宽窄及褶纹所构成的图形,褶纹和皱纹的条数、分布位置、流向。指纹的细节特征包括:纹线细节的种类、形状、方向、大小、位置;花纹中心及三角内部的具体结构;汗孔密度、形状、大小、位置;乳头线(又称细点线)的位置、形状。褶纹和皱纹所构成的角度、网络图形的具体形态;伤疤、茧疤的位置、形状、大小;断残指、多指、并指、缺指所在手位、指位、部位,等等。

(2)宏观特征和微观特征。不用放大设备,目力直接观察所见的纹线细节称为宏观特征;用显微镜放大所查见的纹线细节称为微观特征。

(3)个体特征和集合特征。个体特征是分别检验及比较检验阶段,孤立地分析各个纹线细节的种类、形状、大小、方向以及相对于基准点的位置所确定的特征。集合特征是综合评断阶段,对指印一定范围内若干个体特征之间的线数、角度、相对位置关系以及将这些特征点用直线线段连接所构成网络图形所确定的组合性特征。一般特征、个体特征和集合特征的总和就是指纹各人各指不同这一特性的具体反映。

(4)准确特征和推测特征。指印清晰部位的一般特征和个体特征、集合特征，其特征内涵明确、可靠，同行所见不生歧义的特征称为准确特征。推测特征是指印模糊部位，在具备模糊指印鉴定条件下，用推测法所确定的个体特征位置。

(5)原形特征和变形特征。静态指印的特征与指纹呈对称关系，反映了指纹一般特点和细节，称为原形特征。变形特征与指纹不呈对称关系，发生有规律的形态大小、位置关系改变，称为变形特征。

(6)常见宏观细节、少见宏观细节和罕见宏观细节特征。依据细节特征出现率不同，将宏观细节分为常见、少见和罕见三种。常见宏观细节有分歧、结合、起点、终点；少见宏观细节有小桥、小点、小钩、小棒、小眼；罕见宏观细节有交错点、相迎点、线节、线点，等等。

(7)乳突线特征和小犁沟特征。乳突线的细节特征和一般特征，称为乳突线特征；小犁沟纹线的一般特征和细节特征称为小犁沟特征。

(8)乳头线细节特征。乳头线与乳突线有本质区别，乳头线为后天生长，其上无汗孔组织，不是构成指纹的基本纹线。有乳头线生长的指纹在用力较大时，可能遗留乳头线痕迹，鉴定中要将乳突线痕和乳头线痕加以区分。

2. 指纹鉴定的实施

进入初步检验阶段，首先依据指纹线流向规律，花纹类型和形态，分歧结合特征的出现情况，指印痕迹分类的理论，如果是刑事案件指印，还需结合勘察笔录，判断检材是指印，或是指节印、掌印、赤足印和他物纹线所形成的类似指印的痕迹，判明指印遗留的手位、指位、部位，判明指印痕迹类别，判明指印的清晰、完整程度，判明指印是否变形、重叠，判明线痕是乳突线或是小犁沟线，判明指印是否具备鉴定条件；借助体视显微镜查明指印是捺印形成或是电脑复制形成；如检材是复印件，还需注意指印是否套印、转印形成。然后对样本进行初步检验：查明样本来源，数量，清晰程度，形成手位、指印、部位是否与检材相同，是否具备鉴定条件，是否需要重新捺印。如二者符合鉴定条件，则扫描输入电脑制作将原大指印放大4倍的指纹特征比对表，以供分别、比较检验和综合评断。

分别检验时必须首先鉴定检材指印，判明能够检出的一般特征，进而寻找、确定、固定细节特征。寻找细节特征的方法有：利用显微镜放大观察；制作放大4倍左右的照片观察；调整光线亮度、角度以加强纹线与底色的反差；将检材、样本原件扫描输入电脑，利用清晰处理技术增强指印图像的乳突线与小犁沟的反差和纹线细节；单线追迹或双线追迹；确定基准点再由点到面；先找罕见、少见宏观细节后找常见宏观细节；检材与样本具有相同基准点的前提下，检材与样本相互参照，检材与检材之间互补对照以增加特征点数量和质量。然后用上述方法确定样本的一般特征和细节特征。寻找确定每一细节特征之后，应固定特征点。固定特征的方法有彩色标点、穿孔、绘示意图标明特征点所在位置和相互之间的线数关系。笔者认为“基准点寻找法”是最好的方法。

分别检验之后即进入比较检验阶段,通过比较,可以发现和确定检材与样本之间相同的个体特征和不同的个体特征。比较的内容有:按照一般特征体系逐一对应找出异同点并制作笔录。比较基准点特征种类、形状、方向、位置以及相互距离、线数、位置关系是否相同,比较相同部位的个体特征形状、大小、方向、位置是否相同。用于比较的个体特征要求清晰可靠,关系明确。用于比较的技术方法有特征直接比较法、特征点连线构图法、重叠法。对确定的相同特征用红色的点或线标示,差异点用蓝色的点或线标示。

刑事指纹鉴定或民事指纹鉴定,都可能发生同手位、同指位或手同指位并列遗留,多次重复遗留的模糊或残缺指印,这时可以利用每一指印的不同清晰部位的细节特征进行并串,增加相同特征的数量、质量,从总体上进行特征异同点的比较检验,为综合评断提供更多依据。

综合评判主要研究集合特征是否相同,研究特征符合与差异点的来源和性质,研究相同点的数量和质量。研究不同点的数量和质量,对于变形指印还需研究变形特征形成条件,能否从理论和实验两方面证明差异点是否符合变形规律。经上述验证、分析后形成鉴定意见。

认定指纹同一的依据是:检材与样本的一般特征相同,细节特征本质符合,少数差异点经证明属于变形因素所形成,不存在不可证明的差异点。否定指纹同一的依据是:检材与样本一般特征不同,或一般特征相同,但细节特征存在本质差异(不可证明为变形因素所致),少数细节特征相似属于耦合。

片面追求特征数量,片面强调特征质量都不科学,必须将特征数量和特征质量辩证统一。在特征数量少、质量一般或可能出现相似的情况下,只有进一步进行细微化分析和微观特征分析,结合案件具体情况分析,才能作出可靠的鉴定意见。

在民事押名指印鉴定中还应与同一份检材上的笔迹鉴定结论联系起来进行综合分析,与被鉴定人的捺印动作习惯联系起来综合分析高残和模糊指印。

(二)脚印鉴定的方法

脚印是指人的赤足或穿鞋、袜行走、站立以及捺印所形成的接触面外表结构痕迹。擦划所形成动态脚印,通常失去鉴定条件。

犯罪现场脚印储存大量信息,通过其信息破译可以判断:人的行为过程、手段、行为人数、性别、身高、年龄、其他生理特征;鞋的种类、鞋号;职业等。脚印鉴定可以认定鞋的同一、人的同一。脚印还保留人的气味为警犬追踪、鉴别提供嗅源。脚印中由鞋底沟纹脱落的附着物可进行生物、矿物、土壤特征检验,提供作为生活、工作环境信息。

1. 脚印鉴定中的特征

(1)赤足印特征。赤足印全长、足掌、足弓、足跟的长度、宽度,脚弓结构类型,足掌形态类型,足趾分布类型,趾节区形态类型,足跟、足掌、足趾掌侧面乳突花纹类型,足弓部足掌部褶纹的条数、长度是赤足印的一般特征;足趾、足掌、足跟部乳突花纹的纹线细节,褶纹皱纹构成的网络图形,伤疤、鸡眼、脱皮、茧疤、趾前端连线所构成的图形,足趾的畸大畸小,足弓的特高特低,多趾、缺趾、联趾、重叠趾、断趾的趾位、形状,跛足触地部位、形状等是赤足印的细节特征。

(2)鞋印特征。鞋底材料种类,鞋的掌、弓、跟和鞋尖部花纹类型鞋底全长、鞋跟、鞋弓、鞋掌宽度和长度,鞋跟前沿形状类型,鞋尖前沿形状类型,鞋底上型号、商标牌号、厂名产地代号的具体形状、大小、位置及与其他特征的位置距离关系;生产过程中形成的针脚、断线、接头、钉孔、钉帽、沿条粘接位置、冲切底花纹边沿被裁切部位的形状和大小,花纹凸凹两部位上的细小花纹结构及其表面的凸凹、孔洞、断裂、缺损的形态;各磨损部位的具体位置和形状、大小、鞋底机械损伤、花纹沟内的附着物的位置和形状、大小,等等。

2. 脚印鉴定的实施

(1)赤足印鉴定。赤足印鉴定主要是认定现场赤足印是否是犯罪嫌疑人所遗留。民事诉讼中主要鉴定婴儿赤足印是否是某婴儿所遗留。足的掌侧面各部位乳突花纹特征的鉴定原理、步骤和方法与指纹鉴定相同。此外赤足印各部位外围轮廓形态特征鉴定则与指纹鉴定不同,主要鉴定方法如下:①构图法。构图标准在同一个案件的鉴定中要保持一致,具体做法有趾前连线构图法,隆凸观测点连线构图法;然后测其各边,各角的数值,以揭示其特征,进行比较和综合评断。②测量赤足印各部分各部位的长、宽及其比值,如拇指最大宽度除以足掌最大宽度即求得拇指与足掌的宽度比值,然后是比较和综合评断。③平面直角坐标法,是将检材与样本赤足印置于以毫米单位的直角坐标透明板下,赤足印中心线与过原点的Y轴重合,同时,足跟中心点与坐标原点重合,选定相同部位的观测点,求出各对观测点之间的直线距离。X轴两端点距离算法是$|AB| = |X_B - X_A|$;任意两点距离算法是$P_1P_2 = \sqrt{(X_2 - X_1)^2 + (Y_1 - Y_2)^2}$。根据一系列观测值进行比较和综合评断。④褶纹重叠法和特征直接比较法。

(2)鞋印鉴定的实施。一是预备检验。鞋印鉴定特别需了解嫌疑人性别、身高、体重、下肢有无畸形、鞋的穿用习惯、修补、有无换穿不同性别鞋、大脚穿小鞋、小脚穿大鞋,现场鞋印形成的承痕客体、介质和作用力等情况。制作现场遗留鞋或送检嫌疑人穿用鞋的鞋底外表结构痕迹样本,需依据上述现场鞋印遗留条件模拟制作;正、负立体鞋印要用适当制模材料按现场条件制作。然后将样本复制成特征比较图片供检。制作鞋印样本,要求图片放大比例一致。二是分别检验。首先检验现场鞋印的承痕客体性状、形成条件对鞋印特征有无影响,分清鞋印的脚位、部位、清晰程度、变形程度,发现模糊、变形鞋印中清晰和变形部分,依据清晰部位判断鞋印的一般特征和细节特征。检验鞋印样本需注意鞋的种类、型号、大小、花纹类型等一般特征是否与检材相符,形成条件是否一致。如一般特征不同,又无换穿鞋的情形,则不可继续检验。分别检验的方法，主要是测量法、目力观察法、低倍和高倍放大观察法、构图法、比较显微镜对接法、重叠细微特征法，以发现相同与差异特征。三是综合评断。对鞋印特征的相同点和不同点均应同等重视研究，切不可偏废。评断应认真了解现场勘察记录，了解鞋印形成条件，发现、固定、提取的方法，复印检材与样本的方法，案后鞋的穿用、修补或故意破坏、掩盖鞋底特点等情况对形成变形差异或偶然相似特征的作用。只有当检材与样本鞋印的一般特征和细节特征相同，少量差异点经案后调查、模拟实验证明属于特征变形，才能认定鞋底同一。

(3)鞋印现场遗留附着物检验。现场鞋印中可能遗留有细小金属屑、花粉、泥土、砂石、纤维等细小附着物，对其附着物成分、含量、配比检测，可为侦查活动提供线索和确定下一步的侦查范围；将其与嫌疑人所穿鞋底附着物进行种类鉴定，可补充鞋底同一认定的一般特征。检测方法有扫描电镜、生物显微镜、分光光度显微镜分析法，由红外光谱、金相、原子吸收光谱、气质联谱等仪器分析。

(三)枪弹痕迹鉴定的方法

枪弹发射过程中，在弹头、弹壳、被射客体、障碍物和射击者身上分别所形成的枪械接触部位的反映形象、弹孔、弹着点、擦带、反跳痕迹以及射击残留物等统称枪弹痕迹。枪弹痕迹鉴定是检验涉嫌枪支是否与发射现场弹壳、弹头的枪支同一的过程。此外还有外弹道鉴定，枪支、子弹性能鉴定，射击残留物组分和形态鉴定。

1. 受理与预备检验

枪弹痕迹鉴定的受理与预备检验比其他痕迹鉴定的受理与预备检验复杂。查验委托书与送检现场弹壳、弹头的数量、编号、枪支和子弹的生产国别、数量、名称以及射击残留物提取的数量、编号等是否一致；查验枪弹痕迹现场勘察记录与委托书附注检材内容是否一致；了解案情；明确鉴定要求；确定送检试射弹弹种、批次、厂别与现场发射子弹是否相同。如其具备鉴定条件，则登记、编号，及时启动鉴定程序，防止枪管等有关部件腐蚀锈蚀加重。

预备检验需及时提取送检枪支、子弹上的手印(未发射的子弹)、毛发、血迹、肉屑、射击残留物；记录枪支子弹状态、种类、枪号和标志内容；查验枪支是否完整，结合是否精密，零部件是否原配，枪号处有无锉削或重新打号痕迹，枪管锈蚀腐蚀程度，提取枪支各部件上的射击残留物，擦上枪油；查明现场弹壳、弹头是否同一发子弹发射所分离，有无改制痕迹以及依据实际情况需要采取的其他检验和防锈措施。

2. 检验现场弹头、弹壳痕迹

(1)应用目力观察法、制模法、摄影、摄像输入电脑进行枪弹痕迹检验软件处理或应用比较显微镜、枪弹痕迹鉴定专用测量比较显微镜，检测记录弹头形状、重量、各部尺寸、结构阳来复线痕迹的条数、宽度、旋向、倾角、磨损程度等一般特征。应用上述方法继续检验阳来复线上与主、次棱线平行的细小平行线痕，阳来复线起端末端痕迹形态，检验记录坡膛痕迹、膛口磋碰痕迹，优选明确稳定的细节特征以备比较检验。

(2)应用上述方法对现场弹壳形状、重量、结构、弹底标志内容;击针痕形状、深度、位置,有无舌痕;后膛加工纹线痕类型;拉壳钩痕位置、长度、宽度;排壳挺痕位置、形状、大小;弹膛内壁痕迹形态;抛壳孔痕迹位置、高度形状;指示杆痕迹位置、大小、形态;弹壳是否变形和破裂等一般特征和细节特征进行观察、测量、摄像记录。

在以上初步检验的基础上,判断现场弹壳、弹头的发射枪种,判明多枚弹头的射击顺序,优选特征明确、稳定、可靠的静态和动态痕迹,排除无关枪支,确定重点嫌疑枪支,为查对枪支痕迹档案,试射制取弹壳、弹头射击痕迹样本提供依据。

3. 试射提取样本

试射取样是用嫌疑枪支和与现场发射子弹种类批次厂别相同的子弹进行,要求射击3~5发以上,子弹在膛内发射时的位置、单发或是连发射击以及改制弹壳长度等与现场发射条件相同。实验射击需特别注意安全,防止跳弹、误伤、脱靶、危险枪支炸膛。捕着弹头,可采用桶式、水井式、箱式捕弹器。捕捉弹壳、弹头不能损坏特征,收取水井式捕弹器捕捉的弹头要及时进行防锈处理;对射击弹壳、弹头按射击顺序编号,然后制模,照相或摄像输入电脑储存备检。对刑事案件现场弹头弹壳,首先利用枪弹痕迹档案进行查询比对,在查明送检嫌疑枪支的枪种、枪号、持枪人姓名等情况下,可不经试射取样,直接利用枪支档案进行查询、检索、比较。

4. 比较检验

(1)对现场弹壳和样本弹壳的印压痕迹,如击针痕、排壳挺痕、抛壳孔痕、后膛加工纹线痕、弹膛壁痕以及个别枪支的信号销痕迹要重点比较。比较方法有比较显微镜对照法、测量法、重叠法、特征照片对比法、计算机图像识别,从中发现特征的相同点和差异点。(2)对现场和样本弹头上的动态线痕如阳(阴)来复线痕迹、坡膛痕迹及弹壳上的舌痕或弹匣口痕迹,利用比较显微镜、照片或电脑进行线痕对接。

为使枪弹痕迹鉴定结论的依据更充分、可靠,在条件许可的情况下应同时对弹壳、弹头上的全部射击痕迹特征一一对应,全面比较。

5. 综合评断

枪弹痕迹鉴定的综合评断应对弹头、弹壳射击痕迹鉴定,验枪验弹,查对枪支子弹痕迹档案,现场子弹发射情况,案后嫌疑枪支、子弹的保存、使用、维修情况等多方面进行综合研究,最后作出相应的鉴定意见。

认定发射枪支同一的依据是:(1)嫌疑枪支与现场发射枪支的枪种相同;如是改制枪支、子弹发射,涉嫌枪支、子弹确系经过改制。(2)试射弹壳弹头与现场弹壳弹头痕迹的一般特征相同。(3)试射弹壳、弹头与现场弹壳、弹头上的各种细节特征一致。(4)少量细节特征差异点,经试射证明是非本质差异。

否定与现场发射枪支同一的依据是:(1)现场发射枪支子弹种类相同或相似。(2)现场与样本弹壳、弹头上的各种痕迹的细节特征差异点数量大、质量高。(3)试射证明二者特征差异属本质性因素所形成。(4)少量细节特征相似,经试射检验属于耦合。

(四)工具痕迹鉴定的方法

工具痕迹鉴定的任务是认定涉嫌工具与遗留现场工具痕迹的工具是否同种、是否同一。

工具种类浩繁,但按其机械作用力的原理不同,可将其痕迹分为打击、撬压、劈切、钳切、剪切、錾切、旋切、擦划8种。各种类型的工具痕迹有其共同的一般特征,各个工具痕迹则反映其工具种类特征和特定的细节特征。由于工具与承痕客体的接触部位,作用力的大小、方向、作用点不同;由于工具与承痕客体接触时的正面角、侧面角、倾斜角不同,其细节特征则发生有规律的改变。因此工具痕迹鉴定难度大,要求高。案后金属承痕客体上的工具痕迹可能锈蚀,工具接触部位的外表结构在案后的改变,均可使工具痕迹鉴定更加困难。

1. 受理鉴定

受理应了解案件发生时间、地点、气象和案件性质;现场工具痕迹的整个勘察、保存、运送情况;涉嫌工具的提取过程及其案后使用、维修、掩藏、改制情况;是否经过鉴定,原鉴定意见依据;涉嫌工具是否经过制作样本,制作样本的材料;实验样条件。如是重新鉴定,应查明理由。如具备鉴定条件,应受理登记,并将痕迹、工具、模型、照片以及切屑、工具断残物等逐一编号,妥善保管。

2. 分别检验

先检验现场工具痕迹,再检送检嫌疑工具。检验现场工具痕迹,首先分析其形成过程、条件,痕迹形状、大小,据此判断工具种类、规格、型号、接触部位;寻找工具痕迹细节特征,发现和提取工痕中的附着物及工具的断残物。查明金属物上的工痕有无锈蚀。如有锈蚀应作祛锈处理。清理锈蚀的脱脂棉球应按要求妥善保全,防止掉失污染,以供微量物证检测。检验涉嫌工具是检验工具种类、规格、形状是否与现场工具痕迹的一般特征相符,如其相符,再寻找涉嫌工具可能接触承痕客体部位的外表结构特点,发现和提取接触部位的附着物、断残部以备微量物证检测和工具断残物体的整体分离检验,为模拟制作工具痕迹提供条件。

3. 模拟制作工具痕迹样本

制作模拟现场工痕样本,要求承痕客体材料的机械性能、干湿度、纤维方向等条件相同或相近,要求模拟现场痕迹形成时的作用力、方向、大小、角度、距离等条件尽量一致,要求样本数量不少于3~5个。如不能收集到涉嫌工具,可寻找工具在案前形成的自然样本供检。

4. 比较检验

比较检验主要是将现场工痕与制作的工痕样本进行比较,以发现二者相同的和不同的一般特征和细节特征。(1)特征直接对照法。静态工具痕迹(如打击、撬压、钳切、錾切痕迹中的静态痕迹部分)鉴定采用此法。比较方法有依据特征比对照片观察和测量;利用比较显微镜放大同倍数分别观察;将现场工痕与样本、与涉嫌工具互相参照。(2)特征重叠法。用重叠比较显微镜、底片以及电脑进行工痕图像重叠。(3)线痕对接法。动态工具痕迹(如擦划痕迹、錾切、剪切、钳切、旋切痕迹,以及打击、撬压过程中打滑形成的动态痕迹)采用线痕对接法。将现场工痕与样本分别置于比较显微镜载物台,或将二者摄入计算机,放大成等倍图像,对连贯的粗、中、细三种线痕进行对接。

5. 综合评断

反映工具接触部位外表结构细微、固有特点的工具痕迹质量高;动态工痕中明确、连贯、粗中细线相互平行的凸、凹线痕质量高;同一个现场重复出现相同特征的动态线痕质量高;线痕数量多的比线痕数量少的质量高;静态工具痕迹轮廓、角度弧度清晰凸凹结构缺损的形态、大小、方向、位置明确;同一个现场重复出现相同特征的静态工痕质量高。上述工痕如有工具断残物,可作整体分离鉴定;如有油漆等附着物,可进行理化检验。检验结果如其与工痕形态学鉴定结果能互相印证,此时工痕特征质量高。

认定静态工具痕迹与样本为同一工具的同一部位所形成的必要依据是:(1)二者反映工具种类、规格相同,涉嫌工具具备形成现场工痕条件。(2)二者形状、大小、细小凸凹形状大小、线痕的数量、方向一致,并与涉嫌工具相对应部分呈对称关系。(3)二者特征质量高、数量多。(4)如有差异点业经实验证实属于非本质差异。

认定现场动态工具痕迹与样本为同一工具的同部位所形成的必要依据是:(1)涉嫌工具具备形成现场工具痕迹的条件。(2)二者明显的粗、中、细线相互平行,同时一一对应连贯对接,线痕间相互关系一致;对接线数在75%以上。(3)少量细线痕不能对接的差异,经用涉嫌工具实验证明属于作用力大小不同或样本材料不同所引起的非本质变化。(4)计算机自动识别达到相似矩阵规定认定同一的判断阈值。否定现场工痕与样本是同一工具同一部位所形成的必要条件则相反。

第四节 痕迹物证司法鉴定意见的评价

鉴定人、鉴定复核人、鉴定机构行政签发人、案件承办人以及当事人、诉讼代理人、辩护人都从不同角度对鉴定意见书进行审查评价。虽然角度不同,但审查评价的内容是相同的。

一、鉴定程序的合法性审查

鉴定程序包括鉴定申请、决定、委托、鉴定主体资格、鉴定的受理、实施、回避、鉴定书制作规范等规定。鉴定书上委托单位(人)、送检资料、鉴定事项、受理委托时间、鉴定期间、检验过程、分析说明、鉴定意见(或鉴定结论、检测报告……)、鉴定机构名称、鉴定专用章、鉴定人签名及其资质证明,都是鉴定程序问题的反映,因此要对鉴定书上述各项内容逐一进行检查核实。

二、鉴定书规范性的审查

(一)格式审查

痕迹司法鉴定意见书以及痕迹咨询鉴定意见书,主件包括正文和图片说明(或检测数据报告)两大部分,附件包括检材和样本的复制以及鉴定机构司法鉴定许可证、鉴定人执业证复制品。

审查主件部分的文书名称、检案登记编号、正文内容、落款、附件备注名称及数量等是否完备。检案登记编号处是否加盖鉴定机构名称钢印,落款部位加盖鉴定机构鉴定专用章。鉴定人落款应打印和姓名签名,注明鉴定人的技术职称。检材必须完全复制,不能仅仅部分复制;样本数量过大时可选择已选用样本复制。主件与附件合订一册,各页间加盖骑缝章。

如发现漏项,或骑缝章不完整、缺失、漏页,均属不符合格式规范,应予重新制作。

(二)内容审查

审查内容重点在于检材和样本有无鉴定条件,鉴定过程是否论述了鉴定方法、技术手段,文字所述特征与图片反映的特征是否一致,是否全面检验了相同特征和差异特征。对于“分析说明”的审查,应重点查明对特征相同点和差异点的来源、性质、地位分析是否建立在检验和实验所发现的事实基础上,是否阐述了检验原理,结论有无依据,依据是否充分,依据是否正确、可靠。

对鉴定意见,审查其与检验过程,论证分析内容是否一致,结合质证判明结论是真实的或是虚假的,是否应作明确结论而作了模糊结论,是否应作不可明确结论而作了明确结论。

(三)概念审查

概念审查,一是指鉴定书所用书面语言是否使用统一的术语,所用术语与所检出的特征是否一致。二是指文字描述内容是清楚明确或是含糊其辞。三是文字描述与图片、数据报告内容是否相互吻合。凡不使用统一术语,生造词字,所述内容模糊不清,或与图片、数据报告冲突等,均不符合规范,应予重新制作。

(四)文字审查

按规定,少数民族地区鉴定书应使用汉字和当地少数民族文字,涉外鉴定应使用汉字和所涉国家通用文字;国外鉴定机构或鉴定人制作的鉴定书,应有中文本和所涉国家文本。

审查有无漏字、错字、别字、误打多余文字、不规范简化字、古僻字,如有上述情况且影响鉴定意见采信的,应予重新制作。

三、鉴定原理、方法、依据的评价

(一)鉴定原理评价

评价鉴定书所表述的鉴定原理应注意以下问题:

(1)评价检材、样本来源的客观性、科学性、可靠性、合法性以及鉴定条件的检验和表述;如其缺失这些内容,则该鉴定意见缺乏可信的物质基础。

(2)评价检材和样本痕迹种类,即静态或动态痕迹的判别是否正确。如其判错,则适用的鉴定基本方法错误,导致鉴定意见不可靠。

(3)评价检材和样本痕迹的一般特征和细节特征是否全面进行了检验,对相同特征和差异特征是否均作过检验。如其发生片面性,可能导致鉴定失误。

(4)鉴定实施过程是否反映了初步检验、分别检验、实验验证、比较检验、综合评断(分析说明)的鉴定步骤,否则不符合唯物辩证的认识论原理,可能导致鉴定错误。

(二)鉴定方法的评价

痕迹物证司法鉴定依据痕迹基本分为静态和动态两大类,因此对痕迹形态学特征的鉴定方法基本上分为静态特征对照法和动态特征对接法两大类。鉴定实务中一般采用一种具体方法;案情重大的案件,为确保鉴定意见的可靠性、科学性,应采用多种方法进行检验,再评断各鉴定结果的吻合度。

另外,还应评断鉴定过程中采用的方法是传统方法,或是通过技术成果鉴定的新方法,或者是试用中的方法。如是试用中的方法,则要求鉴定书必须表明原理、依据等情况。采取试用中的方法所作出的鉴定结果,只能作参考,还必须同时使用其他公认的方法进行印证性检验。

一些新的鉴定方法,往往能够解决当前出现新的痕迹鉴定问题,所以应允许在鉴定实践中加以试用、修正和完善。至于整体分离痕迹、动作习惯痕迹鉴定,则应注意评断是否按照痕迹学关于这两类特殊的检验技术方法进行检验。

(三)结论依据的评价

痕迹鉴定意见的依据是对检材和样本鉴定条件的认定,特征相同点和不同点的寻找和确定的数量、质量,鉴定原理和方法、技术手段的正确使用仪器设备可靠程度、精确程度和使用环境的保障,并综合分析上述各种因素,判断特征相同点是否反映了现场造痕体和涉嫌造痕体的特定性同一,判断特征差异点是否反映了现场造痕体与涉嫌造痕体的特定性不同一。符合规定的鉴定文书,应全面记载上述内容。

四、鉴定意见证明力的评价

对于痕迹鉴定意见证明力的评断也应遵守其规定的基本原则。结合痕迹鉴定的具体情况,应注意评断检材是原件或原物、复印件,复制品与原物是否相符;查明检材痕迹是否来自现场,是否因实施行为所形成,以判断检材与本案事实是否具有关联性,其他鉴定资料来源是否符合法律程序规定,鉴定意见是否经过质证,其是否科学、可靠、客观、公正以及鉴定机构鉴定人是否存在鉴定资格以及应当回避等情形。

思考题

1. 痕迹检验与痕迹物证司法鉴定有何区别和联系?
2. 如何理解痕迹物证司法鉴定原理?
3. 如何理解指纹鉴定中特征分类的作用? 认定指纹同一的依据有哪些?
4. 鞋印鉴定有哪些基本方法?
5. 如何理解认定枪支同一的依据?
6. 工具痕迹鉴定的难点何在?

阅读书目

1. [苏]雪夫琴柯著:《现代痕迹学的科学基础》,司法鉴定科学研究所译,中国人民大学出版社1958年版。
2. 李德仲、李国安编著:《枪弹痕迹检验技术》,警官教育出版社1995年版。
3. 吴旭芒、高以群主编:《足迹学》,警官教育出版社1995年版。
4. 王成荣主编:《痕迹学教程》,法律出版社2002年版。
5. 赵向欣主编:《中国刑事科学技术大全》(指纹技术),中国人民公安大学出版社2003年版。

第十六章　微量物证司法鉴定

本章重点内容

本章主要介绍微量物证司法鉴定的内容，主要包括微量物证司法鉴定基本理论、概念、属性、种类、特点以及微量物证鉴定意见的审查与判断方法。

本章学习要求

学习本章内容，应当了解微量物证司法鉴定的基本理论，明确仪器分析方法在微量物证司法鉴定中的重要作用，熟悉微量物证发现、提取、包装、检验等基本要求与方法，掌握微量物证鉴定意见的审查和评断要点。

第一节　微量物证司法鉴定概述

一、微量物证的概念

微量物证(trace evidence)是物证的一种，是指以其存在状况、外部特征以及其品质、性能来证明案件真实情况的量小体微的物质物品。

微量物证司法鉴定是根据有关法律规定、基本原理、专业知识、技术方法和执业经验对涉及诉讼的可疑微量物证，按照鉴定程序和技术规范，经预处理后，对其进行检验、检测、分析，并最终得出鉴定意见的实证活动。

微量物证鉴定是随着现代物理学、化学、生物学、电子学及计算机科学等科学技术的发展而兴起的多学科交叉的一门新兴鉴定类别。同一认定和种属认定理论是物证鉴定中的最重要和最基本的理论，物质的特异性是同一认定的依据，而种属性质可用于确定物证的种类。微量物证鉴定是运用物理学、化学和仪器分析方法对微量检材或检材微量成分的特异性和种属性质进行定性、定量的分析，以其物理属性和化学属性来证明其与案件事实的联系。

(一)微量物证的量

我国对微量物证的定性描述是比较统一的,均把“量小体微”的物证定性描述为微量物证。由于微量物证中“微量”的概念是在分析化学中微量分析概念的基础上演变而来,因此,其定量描述目前尚未取得一致的意见。

分析化学中根据试样用量将分析方法分为常量分析、半微量分析、微量分析和超微量分析,其中固体试样的量在0.1~10mg或液体试样的量在0.01~1ml的分析检验称为微量分析,因此,很多学者将微量物证的“微量”界定为固体0.1~10mg、液体0.01~1ml。分析化学中还根据分析成分的含量高低,将分析方法分为主成分分析、微量成分分析和痕量成分分析,被测成分含量在0.01%~1%的称为微量成分分析,因此,部分学者也将成分含量在0.01%~1%的物证称为微量物证。

物证作为分析化学中的分析试样,结合其多样性的特点,微量物证的量也可以分为两类:其一,是指物证的绝对量少,通常指固体0.1~10mg、液体0.01~1ml,如单根纤维、单根毛发、金属屑、涂料膜残渣、射击残留物、孢粉等;其二,是指物证中某一特定成分的量少,其成分含量在0.01%~1%,如油漆、金属、火药、炸药中的微量元素等。

(二)微量物证的检材和样本

物证鉴定中,通常将需要通过检验判断其来源、属性的被检材料称为检材,而将已知来源的供检材料称为样本。而微量物证,通常是从案件或事故、事件现场提取的材料,这些材料通常是两个或多个物体之间交换和转移的物质,且这些物质量小体微,在现场难以直接提取,只能将可能带有微量物质的物体整体或部分送检,这些物体即为检材。

(三)微量物证的属性

微量物证是物证的一种,微量物证和一般物证的关系是部分和整体的关系,其具有如下属性:

(1)微量物证具有证据属性。微量物证属于证据范畴,具有客观性、特定性和间接性的物证基本特征,它能证明案件真实情况的核心或一个部分或一个环节。

(2)微量物证具有相对属性。微量是相对常量而言,量小体微是其定性的相对描述,没有严格意义上的定量概念。它是泛指具有体小质微、不易毁灭、易被忽略、出现概率高、较为隐蔽、易被污染和散失、具有分离性和不完整性等特点的物质证据。

(3)微量物证具有科技属性。微量物证的发现、提取需专门的工具,而其检验过程依赖于现代的仪器分析方法,主要实验手段如色谱分析技术、光谱分析技术、质谱分析技术、电子光学技术等广泛应用于微量物证分析中。

(四)微量物证的特点

微量物证属于实物证据,其特殊性源于其量小体微。与常规物证相比,它具有如下特征:

(1)隐蔽性。微量物证量小体微,具有很强的隐蔽性,常混杂于其他物体之中或依附于其他物体之上,不易引起注意,不易被发现和提取,须采用放大镜、显微镜、特种光源等去发现,用专门的工具去采取。例如犯罪嫌疑人或受害人身体上、衣服上、工具上黏附的油脂、泥土、孢粉、木屑、纤维等。

(2)易被污染、散失。很多微量物证本身就是附着物,其体积小,很容易被周围环境或其他物质污染,很容易散失。同时,在提取、保存和送检过程中稍有不慎亦会造成污染或丢失。如衣服和作案工具上的泥土、孢粉、油脂、金属屑就很容易被二次污染或者脱落和丢失。

(3)具有分离和不完整性。很多微量物证是从整体分离剥落下来而形成的,是以分离和破碎的形式存在的。例如撬压工具上粘附的涂料或油漆、汽车保险杠上的单根纤维,不能反映完整物体的形态,亦不能反映完整物体的组成信息。因此,在比对样本的选择及检验过程中,要与现场勘察、案情及其他证据材料结合,进行综合分析,发现其特异性和种属性质,得出客观的鉴定意见。

(4)具有多样性和广泛性。微量物证种类繁多,来源广泛、形态各一,且理化性质迥异,蕴含着丰富的信息。因此,发现、提取和正确的分析微量物证,具有重要的意义。

(5)检验过程具有科技属性。微量物证的检材量少,常规的物证检验方法已不能满足需要,必须采用现代仪器分析方法,运用灵敏度、精确度和可靠性高的现代分析测试仪器,通过物理参量及微量或微量成分的分析,才能提供全面、准确的鉴定依据。

(6)检验要求的规范化属性。微量物证在提取、保存、送检和检验过程的各个环节,对人员、设备、设施及环境、检验和检测方法、检测样品等均有严格的程序和技术规范要求。

二、微量物证的形成

1910年法国刑事犯罪学家艾德蒙·洛卡德指出:“任何接触都可以留下痕迹。”他认为,只要两个客体相互接触,在客体间分子引力、静电引力、黏结等的作用下,在接触面上就会发生物质交换现象,这就是洛卡德物质交换原理(也称洛卡德互换原理,Locard Exchange Principle)。洛卡德物质交换原理为现代微量物证学奠定了坚实的基础。

微量物证形成的理论基础是洛卡德物质交换原理,其形成方式通常有两种:一种是物质的重复再现;另一种是物质转移。

物质的重复再现是指物质在与其他物质接触时相互作用并再现自身特征于其他物体。如印刷品、印章印文等的形成是其自身特征在印刷或盖印过程中在承受客体上的重复再现。

物质的转移是指微量物证在形成的过程中,物质的一部分向其他物体转移的现象,通常这种物质的转移存在物理转移和化学转移两种方式。物理转移是指微量物证在形成过程中仅做机械运动,未发生化学变化。具体表现出分离和扩散两种形式。分离通常是指物质的整体分离形成的转移,如撬压使被撬物表面油漆分离而转移、纤维从衣物上分离而转移等。分离是物质转移而形成微量物证最常见的形式。扩散是指物质微粒(分子、原子或离子)的热运动所产生的物质迁移现象,是物质转移而形成物证的另一种重要形式。如爆炸现场的烟雾向四周的扩散,字迹的墨水在纸张中的扩散等。化学转移是指微量物证在形成的过程中存在化学反应,即形成时物质的化学组分、性质和特征发生了改变。如爆炸形成的气体和气体产物、燃烧使物质变成的灰烬等。

微量物证的形成是一个相当复杂的过程,在此过程中它可能同时以两种或两种以上的方式形成。例如,爆炸的过程中既有物理变化又有化学变化;印章印文既有色料成分在纸张中的扩散又有其成分与空气接触的老化。因此,在研究微量物证的形成时应综合考虑各种相关因素。

三、微量物证的分类

微量物证具有多样性和广泛性,通常根据其来源、检验对象和案件种类进行分类,这种分类通常是指学术分类,而非证据分类。

1. 根据来源分类:

(1)工业制品。包括炸药、矿物油、涂料、水泥、玻璃、金属、纸张、色料、黏合剂、化妆品、塑料、橡胶、纺织纤维及纺织品等。

(2)农产品及其制品。包括粮食、蔬菜、水果、奶制品、动植物油和食品等。

(3)自然物质。包括泥土、粉尘、岩石、木屑、杂草、树叶、花粉、种子、鳞片、羽毛、微生物等。

2. 根据检验对象分类:

(1)射击及爆炸残留物。包括射击残留物和炸药、雷管、各种爆炸装置等。

(2)油脂。包括动植物油脂、矿物油脂和香精油等。

(3)高分子化合物。包括橡胶、塑料、涂料及纺织纤维等。

(4)文化用品。包括纸张、文字色料、黏合剂等。

(5)日化用品。包括皮肤、毛发、指甲和唇等不同部位的清洁、保护和美容用的各种化妆品、香精香料、合成洗涤剂等。

(6)无机化工品。包括玻璃、建筑材料、陶瓷制品和无机化学品等。

(7)土壤矿物。包括泥土、煤炭、沥青、矿物、金属合金等。

(8)动植物。包括动物毛、植物种子等。

3. 按照案件种类分类,主要有:

(1)盗窃案件现场微量物证;

(2)杀人案件现场微量物证;

(3)爆炸案件现场微量物证;

(4)纵火案件现场微量物证;

(5)车辆肇事案件现场微量物证;

(6)其他案件现场或客体上的微量物证。

第二节 微量物证司法鉴定的步骤

微量物证司法鉴定是一门综合性学科,科学性、实践性极强。鉴定步骤包括发现、提取、包装、检验等环节。只有准确、全面地搜寻和发现物证,规范、合理的提取和保存,按程序和技术规范进行处理并进行检验,才能全面、准确地收集物证材料,获得客观的鉴定意见。

一、微量物证的发现

物证的发现,是物证检验的前提和基础;能否全面、充分的发现和提取这些物证,是关系到能否辨明案件真实情况的关键。微量物证具有范围广、种类多的特点,依据洛卡德物质交换原理,它可能出现在涉及物质接触和交换的各个场所。

发现微量物证的重要方法有两个:搜查和现场勘察。要成功地发现微量物证,一定要对微量物证通常存在的载体、微量物证的重要遗留部位进行认真的寻找,一旦发现要认真地标记、提取和记录,然后送实验室进行分析。

(一)微量物证通常存在的载体

1. 被害人身上。在杀人、抢劫、强奸等暴力性犯罪过程中,由于犯罪行为人与被害人的充分接触,常在被害人身体上遗留其微量毛发、血液和精斑等微量物证;被害人的指甲缝内可能有案犯衣服的微量纤维等。

2. 现场相关区域。如交通肇事车辆留下的微量油漆碎片;盗窃案件中的微量玻璃碎片。

3. 现场周围的物体。如犯罪行为人在拿取被盗财物的过程中,可能留下其从现场外带进来的微量泥土、孢粉等。

4. 犯罪嫌疑人身上。犯罪嫌疑人的衣服上可能沾有被害人的血液,鞋底常附着现场的微量泥土或其他特殊物质,如微量石灰、水泥等;在野外实施强奸时,案犯的衣服上可能附着现场的微量花粉、泥土等。

5. 作案工具。如犯罪行为人作案时戴的手套纤维内可能有微量玻璃碎片、涂料等。

6. 涉案物品。在有些案件中的犯罪嫌疑人处搜到的被盗物品或被抢物品上,常附有足以证明其与犯罪有关的微量物证。如失主为防盗而撒在钞票上的微量荧光粉等；一些铁厂和水泥厂钞票上常附有微细的铁质颗粒和微量水泥粉尘；屠夫和油条小贩被抢的现钞上常附有微量油脂等。

7. 其他与案件有关联的场所、物品。

(二) 遗留可疑微量物证的重点部位

遗留可疑微量物证的重点部位主要集中在案发现场及相关区域，以及犯罪行为人身上及周围。

(三) 勘察可疑微量物证的重点部位

勘察现场的重点部位主要有：出入现场的路径和出入口；作案目的物及周围；作案工具和有关遗留物；现场物品变动处；嫌疑人藏身或隐藏的地点。

(四) 搜寻和勘察可疑微量物证的注意事项

(1) 对人身、住所等进行搜寻和勘察，必须依法定程序和技术规范运行；

(2) 搜寻和勘察要全面和充分，既要重点勘察又要兼顾其他，还要准确识别物证与非物证；

(3) 搜寻和勘察人员着装要标准，防止二次污染；

(4) 借助现代化的仪器和技术进行搜寻和勘察。

二、微量物证的提取

微量物证的提取，是指可疑微量物证发现后，将其转移到包装物中的过程。由于微量物证量少体微，对微量物证的提取，必须严格按照相关技术规范进行操作，稍有不慎就可能造成污染、损失。

(一) 微量物证提取的原则

1. 提取的物证必须具有合法性、确定性、充分性。

2. 提取物证要采取空白样、收集比对样品和标准样本。

3. 提取物证前必须对全貌和取样部位进行拍照或录像，并作详细的记录。

4. 不得在提取微量物证的客体上涂画和标记。

5. 火药、炸药、汽油、稀料等危险物证的保存和处置方法应符合国家对该类危险品管理的相关规定。

(二) 微量物证提取的方法

微量物证种类繁多，形态各异，所处的环境也不相同，应根据实际情况，灵活运用科学的方法进行提取。常用的微量物证提取方法有以下几种：

(1) 小镊子夹取。对于不需要检测金属元素的固体，如纤维、纸屑、塑料、种子等，可用金属镊子夹取，装入有塞子的玻璃瓶或塑料袋中。对于可能需要检测金属元素的固体物证，如金属颗粒、漆片及碎玻璃等，可用非金属镊子夹取。

(2) 用针或刀挑、拨和刮取。例如，炸药爆炸现场中炸点处烟痕的采取；墙壁或木制品表面嵌入的抛出物的采取；附着在载体上的油漆、黏合剂、油脂的采取。

(3) 用胶纸粘取。用于粘取客体表面细小的或不易夹取的微小固体颗粒可用胶纸粘取。

(4)用AC纸粘取。用于垂直方向客体凹凸不平表面内微量物证的提取,又可复印痕迹形貌。

(5)用火棉胶采取。可用于水平方向客体上凹凸不平表面内微量物证的提取。

(6)用软毛刷收取。对于分散的、面积大的粉尘,可用软毛刷收取。例如炸药爆炸现场上的尘土,现场上犯罪嫌疑人足迹及附近的泥土,木屑、煤渣及各种粉尘等。在收取时,注意防止软毛刷的毛纤维脱落,以免将其误作为物证。

(7)用磁铁吸取。对于含有铁元素的金属屑与木粉、灰尘、沙土等混存的,可用磁铁吸取。

(8)用抖动或拍打法采取。对于附着在织物上的碎屑、粉尘等微量物质,可在大块玻璃板或大块白纸上面进行抖动或拍打,使附着物脱落,收集后再包装。

(9)用脱脂棉球擦取。对于附着在表面光滑固体(如金属、玻璃、塑料等)上的油痕可用脱脂棉球直接擦取;对于射击者手上、嫌疑的枪支上的射击残留物可用去离子水、1%盐酸液等浸泡的脱脂棉球进行擦取。

(10)连同载体一起采取。对带有字迹等色痕的检材或附着在织物上的油痕,应尽量同所承受的客体一起采取。

(11)用探矿钻、探土钻提取。对于粮仓、麻袋或货车中物证等用探矿钻提取,对于深层土质用探土钻提取。

(12)用注射器、吸管、移液管等对液体检材进行提取。

(13)用吸附—解吸法和气体取样器对气体检材进行提取。

三、微量物证的包装和保存

(一)微量物证包装和保存的原则

1. 分别包装。

2. 注明并贴牢标签。标签上的信息要充分并进行唯一性标识。

3. 尽可能保留检材的原始形貌。

(二)包装和保存的方法

1. 对于干燥的固体物证的包装和保存,如各种金属碎屑、残渣、干燥土壤、涂膜、纤维、羽毛、黏合物、形状较小的工具等,均可用清洁的白纸包好,用干净的聚乙烯塑料样品袋包装,纸张类的物品可直接放入样品袋内。但对于潮湿物品要晾干后再装入塑料袋。对于具有尖、刃口类物体(如刀、玻璃碴等)可用薄膜法保护好后,用棉花包裹好尖、刃部位后,装入塑料袋封口即可。

2. 有挥发性的物质和液体、流体物质(如油类物质)以及用棉球、滤纸等擦拭的物证,宜用棕色磨口玻璃瓶包装。现场收集的气体样品,须密封包装。容易挥发的物证,应低温保存。

3. 生物物证用有内塞的无毒新广口塑料瓶包装,一定要在-10~-20℃环境下冷冻保存。

4. 提取的微量物证必须建立专门的物证保管室，并配备必需的物证保管设备。提取的物证由专人统一保管，并建立完善的进、出保管室登记制度。

5. 提取的微量物证在登记造册后，应立即送检。

四、微量物证检验

微量物证的检验是指鉴定机构受理鉴定后，鉴定人员对送检的微量物证进行预处理，并按技术规范和程序进行检验、检测、分析，最终出具鉴定意见的活动。

（一）微量物证的预处理

案件中的微量物证，具有种类多、待测物少、杂质与待测物混存且组成复杂等特点。物证的预处理是指鉴定人对委托鉴定单位送检检材中的拟使用部分，在定性分析和定量分析之前所进行的提取、分离和净化的操作过程。通常，微量物证的预处理分为非生物检材的处理和生物检材的处理两类。

1. 非生物检材的预处理

非生物检材大多来源于现场，污染严重，且很多是以附着物形式存在于载体之上或与杂质混存在一起。要检验其中所含的与案件有关的某些成分，通常需要进行提取、净化，以便将它们从检材中分离出来。提取、净化的方法很多，主要有筛选法、溶解法、蒸馏法、柱层析法和薄层层析法等。

2. 生物检材的预处理

呕吐物、胃内容物、血、尿、组织匀浆、毛发等生物检材中，待测物以原形物、代谢物、蛋白质或葡萄糖醛酸结合物等形式，与食物或脂肪、蛋白质、色素等内源物共存，成分复杂。必须选用适合的方法进行预处理后再进行提取。预处理方法包括调 pH 值、除去蛋白质检材中的蛋白质干扰、酸或酶水解等；提取的方法除溶解法、蒸馏法、柱层析法等方法外，包括萃取、有机质破坏、透析等分离、提纯方法。还可以通过衍生化的方法来提高待测物的色谱性能、改善分离度、提高检测灵敏度。

（二）微量物证同一认定检验程序

微量物证的同一认定是指微量检材或检材中微量成分与样本来源或来源的个体同一。同一认定的检验程序是指在物证检验过程中所实施检验步骤的先后顺序，每个步骤都有其特定的任务并与其他步骤密切联系，共同构成一个有机、完整、合理的检验程序。

1. 同一认定检验步骤

微量物证的同一认定主要为以下两个步骤：

其一，个体特征的分别检验。个体特征的分别检验包括对检材和样本个体的组成、结构、含量及外部各种特征的检验，为下一步的比较检验奠定基础。一般应先检验检材，后检验样本。要注意的是，微量检材量少体微，当样本的量较大时，也可以先检验样本。

其二,比较检验。比较检验是在分别检验的基础上进行的,是对检材和样本的性质进行对照比较,以确定两者的符合点和差异点,为综合评断打下基础。比较检验的顺序是先比较种属性质,后比较其特异性。若发现检材与样本的种属性质不同,便可排除相同种属。若种属相同,就应进一步比较重复出现概率相对较低的各项特殊性质。对于特征比较过程中检材和样本间出现的某些差异点,在条件允许的情况下应采用模拟实验方法查明其形成的原因。

2. 同一认定检验结果的综合评断

同一认定的检验结果,必须进行科学的综合评断,对特征符合情况和特征差异情况进行总的分析和判断,以确定已被发现的特征符合点和差异点的总体,以及能否作为肯定和否定同一的依据。

(1)对特征符合点的评断。这一评断的目的是要确定已检测出的特征符合点作为一个整体能否在其他客体上重复出现,即能否作为同一认定的依据。为此,必须研究已检验出的特征符合点的质量和数量。检材和样本特征符合点的质量取决于特征的类型和出现的概率。

一般特征和特殊特征是任何物证都具有的两类特征,如果检材和样本只有共同的一般特征而没有共同的特殊特征,就不能肯定它们的来源同一。但是,如果检材和样本在一般特征上有确定的本质差异,则可以否定同一。

特征出现率是指特征在所有同类客体中出现的概率。客体在必然的、共同的因素作用下,产生的特征(无论是一般特征还是特殊特征)出现的概率较高,但其同一认定的价值较低;而在偶然的、随机的因素作用下产生的特征出现的概率虽较低,但对同一认定的价值却较高。

由于微量物证自身的特点,因为其量少体微,可能无法进行多种方法的检验,也可能无法对其多种性质进行检验。因此,要特别注意组成符合点整体的特征的质量,否则可能导致检验出的特征的质量一般,不能够成认定同一的依据。

(2)对特征差异点的评断。特征差异点可分为两类,一类是本质差异点,另一类是非本质差异点。本质差异点来源于两个不同的客体,它们是否定同一的依据。非本质差异点则是同一客体分离后,因受外界因素的影响而反映出的不同特征。通常,如果检材和比对样本之间特征差异点量多质高,就属于本质差异,可以否定同一。如果两者的特征差异点数量少、差别不明显,又能得到合理的解释,则属于非本质差异,表明检材和比对样本有可能来自同一个体。

(三)微量物证种属认定的检验程序

种属认定是根据检材的种类属性特征,来确定其种类的鉴定。种属特性是由物证的本质属性、物证产生和形成的条件以及物证所处的环境等复杂因素决定的,这些因素或条件对该种属的每一客体应是共同的,而其他种属客体则并不具备。每一种属的客体至少有一个稳定的特征与其他种属的客体相区别。通过检验确定了这些种属特征,也就认定了它所属的客体种类,即作出了该物证种属特征的判断。

微量检材种属认定检验过程与同一认定检验有很大的区别,在程序上只有直接检验和评断检验结果两个步骤。少数检验也有比较过程,但这一比较仅作为查明检材性质、出处、种类的一种对照方式,而不是比较检材和样本是否来源于同一客体。种属认定鉴定的对象一般仅为检材,有时也取标准样品作为对照和参考,但它与同一认定中样本的检验有本质的区别。

第三节　微量物证司法鉴定的主要方法

一、微量物证鉴定方法分类

一种物质实际上就是它的全部性质的总和。确定了物质的全部性质,就确定了该物质。要利用微量物证,就要充分研究其性质及其和案件的关系。微量物证鉴定就是检验物证的各种性质。其中,如大小、形状、颜色、比重、熔点、沸点、溶解性等物理性质可通过一般性物理检验来确定其性质;而化学性质需要化学反应来表现,如通过某些有特殊现象的化学反应来实现;通过一般物理检验和化学检验不能反映的性质,需要借助现代仪器分析方法来进行检验。

由于微量物证自身的有别于其他物证的特点,并且人们在多数情况下不可能认识物质的全部性质,只能研究、了解其中的一部分,因此,其证明方法也须借助多种检验技术,特别是现代仪器分析技术,最大限度地反映出物证的性质。

微量物证鉴定通常根据检验技术和检验对象进行分类,按检验技术不同,通常将其分为一般物理属性检验、化学分析检验、仪器分析检验三大类;按检验对象不同进行的分类纷繁复杂,包括了毒物、毒品、橡胶、塑料、纤维、染料、有机化工品、无机化工品检验、土壤、矿物等数十种等。本节主要介绍依据检验技术不同进行的分类。

二、一般物理属性检验

借助放大镜、显微镜、多波段光源、紫外光、天平、色度计、比重计等对检材进行形态、表面结构、厚度、重量、大小、色泽、光学性质、比重等特征的观察和比对检验。一般物理检验是微量物证检验的基础,可以初步确定检材的种属,明确进一步检验的项目、方法。

一般物理检验的主要特点有:

(1)多为无损检验,适用于量小体微的微量物证,且操作简单。

(2)检验的否定结论有价值,具有排除、筛选和指向作用,可以缩小检验的范围。种属性质是一类物质共有的性质,是该类物质区别于其他物质的特殊规定性。当检材和比对样本的种属特性不同时,可以实现种属否定。同时,随着测定的种属性质数量的增加,物证种属范围减少,可大大缩小检验的范围。

(3)检验通常不适合于同一认定。同类物质,其物理属性必然相同,不同种属的物质,其部分物理性质可能相同。由于一般物理检验仅能对部分物理属性进行检验,因此,尚不能充分反映检材和比对样本间的所有种属性质,不适合于同一认定。

三、化学分析检验

按物质的性质分离、提取、净化以后,用特殊的化学反应,如酸碱滴定、络合反应、沉淀反应和氧化还原反应为基础的分析方法称为化学分析方法。在微量物证检验中,也可以通过观察、比较化学反应发生颜色变化、产生气体、析出晶体或沉淀的特征反应来判断某种物质是否存在,进行定性分析;通过重量分析、容量分析、仪器分析来进行定量分析。

化学分析检验的主要特点为:

(1)能反映物质组成的内在特征、元素、原子团。有些具特征性、专一性的化学检验方法,可以简单、方便地用于如炸药、射击残留物等检验,实用性强。

(2)化学分析检验可以确定物质的分子及分子组成,具有"否定"或"肯定"的作用。

(3)化学分析检验属有损检验,一经消耗不可重复。必须建立严格的检验程序。

(4)化学分析检验可与仪器分析相配合,相互补充、印证。

四、仪器分析

微量物证检验,一般物理检验和化学分析检验均有局限性,已不能满足现代鉴定的需要。因此,微量物证鉴定需要灵敏度、准确度、分辨率、可靠性更高的仪器分析方法。这些仪器和分析方法本身就是科学技术的最新成果,扩展了人类认识事物的能力,为微量物证的利用提供了更高的可行性。从某种意义上讲,微量物证鉴定具有典型的现代科学技术色彩,是现代仪器分析方法在物证鉴定中的具体表现。

仪器分析是微量物证分析的重要手段,根据检测原理和使用仪器的不同,通常可分为如下几大类:

(一)显微镜法

显微镜被人们广泛应用于各学科的领域中,对微观世界的探索及理论上的研究起极其重要的作用,它是用来观察、记录和研究被检物体的细微结构的最主要的精密仪器。微量物证鉴定中使用的显微镜,几乎涵盖了现代显微镜中的各大类。

显微镜的分类是较为困难的,一般是从不同的角度来进行分类。最主要的分类方法是根据照明光源的性质,将显微镜分为光学显微镜和非光学显微镜两大类。光学显微镜是人们必不可少的研究工具,按其光源分为可见光显微镜和不可见光显微镜两大类。微量物证司法鉴定中广泛使用具偏光、荧光、体视、倒置、比较、金相、相衬、暗视野、红外、紫外等功能的光学显微镜等。非光学显微镜的代表是电子显微镜,电子显微镜用电磁波代替了光学显微镜的白光光源,利用电子枪打出具有高能量的电子束,通过磁场和电场的作用使电子束聚焦在样品上,电子束与样品发生多种作用,产生背散射电子、透射电子、吸收电子、二次电子、俄歇电子以及连续X射线和特征X射线等。如果把这些电子按类型收集并使它们成像,便可以构成不同种类的电子显微镜,如透射电子显微镜、扫描电子显微镜、发射电子显微镜、反射电子显微镜等。

显微镜是微量物证鉴定必不可少的检验和研究工具,应用于所有的微量物证检验领域,在微量物证一般性物理检验、化学检验中均会使用显微镜。电子显微镜使微量物证的检验领域从光学显微镜的0.2μm的物体极限产生了质的飞跃,使对微观领域的观察达到了纳米级,同时,还具有微区成分分析等功能。

(二)色谱法

色谱法是一种分离分析技术。它的原理是使混合物中各组分在两相间不断进行分配,其中的一相固定不动,称为固定相,另一相是携带试样混合物流过此固定相的流体(气体或液体),称为流动相。当流动相中携带的混合物流经固定相时,其与固定相发生相互作用。由于混合物中各组分在性质和结构上的差异,与固定相之间产生的作用力的大小、强弱不同,随着流动相的移动,混合物在两相间经过反复多次的分配平衡,使各组分被固定相保留的时间不同,从而按一定次序由固定相中流出。与适当的柱后检测方法结合,实现混合物中各组分的分离与检测。两相及两相的相对运动构成了色谱法的基础。

色谱的分类方法很多,主要依据色谱法中两相状态、分离机理和固定相的形态进行分类。(1)按色谱法中两相状态可将色谱分为三类,包括气相色谱(气体为流动相的色谱,根据固定相是固体吸附剂还是固定液,又可分为气固色谱和气液色谱),液相色谱(液体为流动相的色谱,液相色谱亦可分为液固色谱和液液色谱),其他色谱(如超临界流体为流动相的超临界流体色谱,通过化学反应将固定液键合到载体表面的化学键合相色谱)。(2)按分离机理分类。利用组分在吸附剂(固定相)上的吸附能力强弱不同而得以分离的方法,称为吸附色谱法。利用组分在固定液(固定相)中溶解度不同而达到分离的方法称为分配色谱法。利用组分在离子交换剂(固定相)上的亲和力大小不同而达到分离的方法,称为离子交换色谱法。利用大小不同的分子在多孔固定相中的选择渗透而达到分离的方法,称为凝胶色谱法或尺寸排阻色谱法。最近,又有一种新分离技术——利用不同组分与固定相(固定化分子)的高专属性亲和力进行分离的技术,称为亲和色谱法。(3)按固定相的形态分类。固定相装于柱内的色谱法,称为柱色谱。固定相呈平板状的色谱法,称为平板色谱,它又可分为薄层色谱和纸色谱。

色谱法广泛应用于毒品、毒物、橡胶、树脂、油脂、纤维、塑料、染料、颜料、黏合剂、油漆、文化用品、有机化工、生化物质等微量物证检验领域。

(三)光谱法

现代物理学发现,光是具有波动性和微粒性的电磁波,光有自发辐射、受激吸收和受激辐射的性质,物质的分子、原子产生跃迁与其结构有密切的关系。上述理论构成了光谱分析法的基础。光谱分析法是一类重要的仪器分析方法,它主要根据物质发射、吸收电磁辐射以及物质与电磁辐射的相互作用来进行分析。

光谱分类的种类很多。按波长的区域来分类,可分为红外光谱、紫外光谱、可见光谱、X 射线光谱等;按产生的机构来分类,可分为原子光谱和分子光谱;按产生的方式来分类,可分为发射光谱和吸收光谱;按光谱的形式来分类,可分为线光谱、带光谱和连续光谱。

常见光谱分析法的基本原理有:(1)原子吸收光谱法。物质产生的原子蒸汽中待测元素的基态自由原子对特征辐射光产生选择性吸收,而被吸收辐射光的吸光度与蒸汽中该元素的含量成比例关系,基于上述理论建立的定量分析方法即原子吸收光谱法。(2)原子发射光谱法。元素在受到热或电激发后,特定元素的原子可以产生一系列的按一定顺序排列并保持一定的强度比例的不同波长的特征发射光谱线,原子发射光谱法是以识别这些元素的特征光谱来鉴别元素存在,并依据光谱线的强度来判断元素含量的定性、定量分析方法。(3)分子光谱法。分子光谱法是以测量分子能级跃迁所产生的光谱来进行物质定性、定量分析的方法,按光谱的波长和辐射能量的传递方式可分为紫外—可见吸收光谱法、红外吸收光谱法、分子荧光发射光谱法和散射光谱(如拉曼光谱)。

光谱法广泛应用于毒品、毒物、颜料、纤维、塑料、黏合剂、油漆、爆炸物、火药、文化用品、无机化工、土壤、矿物、金属材料等微量物证检验领域。

(四)质谱法

质谱法是用电场和磁场将运动的离子(带电荷的原子、分子或分子碎片)按它们的质荷比分离后进行检测的方法,它通过测出离子的准确质量以确定离子的化合物组成。质谱法是定性鉴定与研究分子结构的有效方法,这是由于绝不会有两个核素的质量是一样的,而且绝不会有一种核素的质量恰好是另一核素质量的整数倍。待测化合物分子吸收能量(在离子源的电离室中)后产生电离,生成分子离子,分子离子由于具有较高的能量,会进一步按化合物自身特有的碎裂规律分裂,生成一系列确定组成的碎片离子,将所有不同质量的离子和各离子的多少按质荷比记录下来,就得到一张质谱图。由于在相同实验条件下每种化合物都有其确定的质谱图,因此将所得谱图与已知谱图对照,就可确定待测化合物。

利用运动离子在电场和磁场中偏转原理设计的仪器称为质谱计或质谱仪。前者指用电子学方法检测离子,而后者指离子被聚焦在照相底板上进行检测。质谱法根据使用范围,可分为无机质谱仪和有机质谱计。常用的有机质谱计有单聚焦质谱计、双聚焦质谱计和四极矩质谱计。

质谱法多与气相色谱法联用构成气相色谱—质谱联用技术。气相色谱仪是质谱法的理想进样器，试样经色谱分离后以纯物质形式进入质谱仪，可以充分发挥质谱法灵敏度高、定性能力强的特点；质谱仪是气相色谱法理想的检测器，能检出几乎全部化合物。二者联用，既发挥了色谱法的高分离能力，又发挥了质谱法的高鉴别能力。

质谱法广泛应用于毒品、毒物、染料、纤维、油脂、油漆、爆炸物、火药、文化用品、日化用品、有机化工、土壤、生化物质等微量物证检验领域。

（五）活化分析

活化分析是通过鉴别和测量试样受中子、光子和其他带电粒子辐照感生的放射性同位素的特征辐射来进行元素和核素分析的核分析方法，又称放射化分析。从原理上讲，活化分析是一种绝对分析方法。活化分析的基础是核反应。用中子、光子或其他带电粒子（如质子等）照射试样，使被测元素转变为放射性同位素。根据所生成同位素的半衰期以及发出的射线的性质、能量等，以确定该元素是否存在。测量所生成的放射性同位素的放射性强度或在生成放射性同位素反应过程中发出的射线，可以计算试样中该元素的含量。

按照辐照粒子不同，活化分析可以分为中子活化分析、带电粒子活化分析、光子活化分析 3 类。其中以中子活化分析应用最广。

活化分析广泛应用于毛发、爆炸物、火药、纤维、玻璃、毒品、毒物、文化用品、土壤、矿物、生化物质、考古、文物等微量物证检验领域。

（六）热分析法

热分析法是指在程序控制温度下测量物质的物理性质与温度关系的一类分析技术。在加热或冷却的过程中，随着物质的相态、结构和化学性质的变化都会伴随着相应的物理性质的变化。这些物理性质包括温度、质量、尺寸、热焓变化、力学特性、声学特性、电学特性、光学特性、磁学特性等。

根据热分析协会（ICTA）的归纳分类，目前热分析法共分为 9 类 17 种，其中主要和常用的热分析方法是热重法、差热分析法、差示扫描量热法。

热分析法广泛应用于爆炸物、火药、纤维、橡胶、塑料、金属材料、文化用品、土壤、矿物等微量物证检验领域。

第四节　微量物证司法鉴定意见的评价

鉴定人依据自己的知识、经验以及仪器设备检验结果作出微量物证鉴定意见，应对整个检验过程及其结果进行科学、全面、细致的审查和客观、准确的评断。形成的鉴定意见最终还要经侦查机关、公诉机关、审判机关等审查和评断。

一、微量物证鉴定意见的审查

(1)审查鉴定主体。审查司法鉴定机构、司法鉴定人是否具有鉴定微量物证的能力和执业资格,是否属于该案应当回避的对象等。

(2)审查鉴定客体。审查被检验的检材和比对样本的来源是否可靠,发现、提取、包装、保存方法和条件是否符合要求,是否具备检验的条件。

(3)审理检验过程。审查所采用的检验方法是否现行有效的标准化方法,非标方法是否经过确认;哪些物质有干扰,这些干扰因素是否已经考虑或已排除;是否采用多种检验方法,其相关结果是否一致;全部操作过程和条件是否正确;仪器设备是否完好,数据是否准确、可靠。

当检验结果为阴性时,应审查检材的用量相对于检验方法是否不够,检验方法是否不当,是否在提取、净化过程中已将检材损失掉,净化是否不彻底,检材是否被污染等。

(4)审查鉴定意见其他证据的关系。审查鉴定意见与案件中其他证据材料所证实的事实是否衔接一致。对于出现相关矛盾的检验意见,要分析其原因、找出矛盾焦点,必要时可进行重新鉴定。

二、鉴定意见的评断

微量物证的鉴定意见有同一认定意见、种属认定意见和推断性意见三类,它们的证据作用也各不相同。能直接证明案件主要事实的鉴定意见通常起直接证据的作用,需与其他证据相结合才能证明案件主要事实的鉴定意见通常起间接或关联证据的作用。由于微量物证具有分离和不完整性的特点,一般来讲,微量物证的鉴定意见属于间接或关联证据的较多,而属于直接证据的较少。

1. 同一认定鉴定意见

物质的性质可分为特异性质和种属性质,物证的特异性是检材和对照样本特有而其他物质没有的性质。由于微量物证自身的特点,很难通过微量物证认识物质的全部性质,因此,利用物证的特异性质进行鉴定是最理想、最有效率的,物证特异性质是微量物证同一认定的依据。

微量物证司法鉴定的同一认定应建立在对物质特异性的检验基础上,并根据个体一定数量的性质的组合来进行评断,最终作出同一或不同一的鉴定意见。微量物证鉴定中,同一认定结论的证据作用与认定同一客体的对象有关。如果被鉴定客体是人,鉴定意见有可能构成同一认定的评断依据。但许多情况下人身同一认定,只表明被认定同一的人与现场的某个物或时间、空间上有某种联系。如果被鉴定客体是物质,鉴定意见通常只能起间接和关联证据的作用。

当拥有该类物证的详细、全面的背景资料或相关数据库及统计分析结果时,微量物证司法鉴定可以作出肯定检材和样本来源和来源个体同一的结论,或否定检材与样本来源和来源个体同一的结论。

2. 种属认定鉴定意见

种属性质是一类物质共同拥有的性质，是该类物质区别于其他物质的规定性。种属性质多为结构成分信息。一个物质种属可能由几个种属性质规定，同一物质依据不同的种属性质可分别属于不同种属。

种属性质一般用于确定物证的种类，实现种属认定。随着测定的种属特性数目的增加，物证所属范围减小，大大提高物证的证明力。因此，既要重视和利用物证的特异性质进行同一认定，也要充分利用种属性质实现种属认定。

种属认定的否定结论可以直接否定某种事实，但肯定结论并不能证明案件中某种事实一定存在，只能证明其存在的可能性，一般只对检材或检材与已知样品的比对结果进行客观报告。检验结果确定的种属范围越小，其证据作用越大。

利用种属性质能否进行同一认定，法庭科学上有争议，一般持审慎的态度。主要是因为微量物证的分离性、不完整性、容易被污染等因素，且微量物证大多数无形态特异性质，难以进行同一认定。现代仪器分析对微量物证中的结构成分测定是完全可行的。微量物证的种属性质对于缩小侦查范围、为证明案件真实情况可以发挥重要作用。在某些条件下，微量物证的种属认定可以测定多个种属性质，具有统计学意义上的同一认定价值。

3. 推断性结论

在物证鉴定中，当受到主客观因素的制约而无法做出明确肯定或否定的结论时，为表明一种倾向或指出某种可能性，在特定情况下，只能依据客体的特征作出推断性意见。这种推断性意见，因其具有不确定性而不能单独作为证据作用，但其仍有一定的参考价值，可与其他证据彼此印证。

思考题

1. 微量物证的概念、特点、分类？
2. 微量物证的检验技术可分为哪些类？
3. 微量物证鉴定的发现、提取、包装方法有哪些？
4. 微量物证鉴定的基本步骤和方法？
5. 怎样对微量物证鉴定意见进行审查和评断？

阅读书目

1. 周学之主编：《中国刑事科学技术大全·理化物证检验学》，中国人民公安大学出版社 2002 年版。
2. 胡世澄主编：《微量物证仪器分析》，法律出版社 2003 年版。
3. 刘淑霞、李啸主编：《刑事化验教程》，中国人民公安大学出版社 2004 年版。
4. 李琼瑶著：《司法物证鉴定技术》，中国民主法制出版社 2005 年版。
5. 刘景宁、周亚红著：《毒物及微量分析学》，南京大学出版社 2005 年版。

第十七章　声像资料司法鉴定

本章重点内容

声像资料司法鉴定是司法鉴定的重要内容，它通过语音鉴定、图像鉴定来确认被鉴定对象的真实性。主要包括声像资料的鉴定内容、鉴定文书的制作以及鉴定文书的评价等。

本章学习要求

通过本章学习，掌握声像鉴定的特点和方法，掌握语音资料的同一鉴定、真实性、器材鉴定、语音内容识别，掌握图像资料的真实性鉴定、同一性鉴定。掌握声像资料鉴定文书的制作，了解声像资料的概念、评价。

第一节　声像资料司法鉴定概述

一、声像资料的概念

声像资料，也称视听资料，是指以图像、声音形式证明案件事实情况的证据材料，包括录音、录像、照片、胶片、光盘、计算机及其他高科技设备储存的材料等。视听资料是随着现代科学技术发展而出现的一种新的证据形式。

声像资料最常用的形式有下述三种：语音、静态图像和动态图像（视频）。早期的资料通过传统的摄像机和录音机录制，主要载体为磁带。随着现代数字技术的发展，声像资料的采集方式和载体形式日益多样化，更多的是以数字技术记录，除常用的录音或摄像工具 DC、DVD、录音笔外，其储存载体的形式也普遍具备了录音或录像功能，如手机、MP3 和计算机等。

声像信息在现代社会应用日益普及，除了个人娱乐外，已广泛运用于商业、企业、公安、司法举证等专业领域。如银行、高速公路、居民社区、超市等商业、民用、公安系统已广泛安装现代监控设备，通过采集大量的音视频资料进行实时安全监控，防止可能发生的违法犯罪活动，保证正常工作秩序和安全管理。这些监控资料以其记录和储存的声音、照片以及视频等形式准确、生动地记录案件的发生情况，还原案件发生的过程，将与案件有关的场景、音像、过程等情况真实、生动地呈现在人们面前，为侦查破案提供线索。

二、声像资料的分类

以声像资料作为物证，根据声像资料制作主体、制作方式、制作时间以及取得方式等有不同的分类。

（一）根据声像制作主体分类，可分为司法人员制作的声像资料和社团法人或个人制作的声像资料

（1）司法人员制作的声像资料。司法人员（包括法院、检察院、公安机关以及司法机关人员等）在执法或调查中，为获取证据依法制作的声像资料，如制作口供录音、录像、现场勘察照片和录像等。

（2）社团法人或个人制作的声像资料。社团法人和个人为了证明某事件事实而制作的声像资料，如签订合同、协议时制作的录音或录像。这类资料可由当事人制作，也可由当事人委托他人制作。通常情况下，其制作的声像资料的手段和设备受到一定程度的限制，如公民不得窃听他人的电话、不得使用窃听器材等进行声像资料的获取。

（二）根据声像制作方式分类，可分为公开方式制作的声像资料和秘密方式制作的声像资料

公开方式制作的声像资料。录音或录像在当事人知情的情况下进行，其对象是所有过往人员或特定人员，如银行、交通等部门的监控系统。这种以公开方式形成的视听资料经查证属实后，一般都可作为证据使用。

秘密方式制作的声像资料。录音或录像在当事人不知情的情况下进行，对于这证明材料能否作为证据使用，目前争议颇多，一般由司法人员制作的资料比个人制作的资料更具合法性。

（三）根据声像制作时间分类，可分为直接声像资料和间接声像资料

直接声像资料的制作与案件发生的时间同步，这类资料能直接还原案件的真实情况，具有最高可信度。如公安机关将小偷的盗窃过程完整地拍摄下来。

间接声像资料不是与案件的发生同时制作的，而是在案件发生后根据其他证据制作的证据。如交通肇事逃逸案发后，对目击者进行的采访、录像等形成的资料则属于间接声像资料。间接声像资料的可信度低于直接声像资料，不能作为定案的直接证据，只能为司法断案提供线索帮助，或经查证属实后与其他证据相结合作为定案证据。

（四）根据声像取得方式分类，可分为原始声像和复制声像

当事人亲自制作的声像资料，是对记录或储存的相关客体的声音和图像直接记

录的证据。

凡不是当事人亲自制作的声像资料都属于复制声像。包括将原始声像作为载体复制,借助某些专用软件或设备剪接复制原始声像。这类资料可靠性低,必须经过审查核实才能作为司法证据。

三、声像资料的特点

声像资料与书证、物证等其他证据一样,具有客观性与关联性等物证的共同属性,能够证明条件的真实情况,有助于司法机关客观、公正地了解案情。但同时,它又具有物质依赖性,可储存性、准确性、直观性以及易于被篡改、伪造等一系列特点。一方面,对资料中记载内容的真伪性,人们很难作出准确的判断。例如,对于一段涉及犯罪的录像,人们不容易判断其内容是真实的还是虚构的。另一方面,声像资料收集方式也会产生一定的法律问题。特别是采用秘密方式取得的视听资料,往往会侵犯个人的隐私权,在资料的收集过程中,难免会侵犯公民的权益。声像资料自身具有的一些无法克服的缺陷导致其在司法实践中存在难以把握、不易操作等问题,也值得人们进一步探讨。

与此同时,以合成(拼接)为手段的声像伪造现象也趋于增多,且伪造工具大多为公众容易得到并掌握的音频、视频编辑软件,如CoolEdit、Photoshop、会声会影等应用软件,几乎可以制造出以假乱真的声像资料。由于我国声像物证科学检验鉴定技术的发展相对滞后,目前缺乏系统检验技术方法,司法实践中对声像资料难以把握和准确使用。这些伪造的声像资料若被大量地用于媒体、保险和法庭证物上,可能会直接影响司法判决的公正性,甚至严重影响到公众的个人意识,最终让人们失去对声像资料的信任,从而使法律威严受到挑战,并为社会的稳定性带来负面影响。军事、政治和外交中的照片篡改会被别有用心的人利用而引发军事冲突和外交失和;司法体系中的伪造声像资料的存在及错误司法采信会让无辜者蒙冤,有罪者逍遥法外;换头照的出现更是会对个人名誉造成巨大的损害。

声像资料鉴定具有社会发展必然性,目前声像资料鉴定技术已成为计算机科学技术发展中的重要课题。

第二节　声像资料司法鉴定的方法

由于声像资料的可编辑性,其可信度经常受到质疑。经过后期修改的声像资料没有法律上的证据效应,必须经过安全认证系统的鉴定,才能确定其内容是否被伪造或处理过。我国声像物证鉴定技术起步较晚,发展相对滞后,目前尚未形成一整套完整系统的检验技术,以往多数情况下,司法人员需凭借实际经验观察分析声像资料的真伪性，致使鉴定结果的准确性不高。为了更好地适应司法鉴定技术发展的需要，声像资料的司法鉴定已经引起了众多学科领域内专业人士的重视，成为当今司法研究中的热门领域之一。

声像资料的真实性鉴定是目前我国司法鉴定领域的技术难题，特别是数字技术处理编辑的声像信息精度高，用常规声像鉴定技术难以发现其编辑改动点。经过近二十年的科学探索，我国已初步形成一些声像物证鉴定技术，但完整科学的认证系统还有待进一步完善。根据声像资料存储形式的不同，声像资料鉴定技术可分为模拟信息鉴定和数字信息鉴定。根据鉴定对象的不同，鉴定技术可以分为语音鉴定和图像鉴定。

一、语音资料鉴定

声纹（voiceprint）是指通过声谱仪（语音学将其称为语图仪）显示的、携带言语信息的语音声波图谱的通称，语音学中将其称为语图，法庭科学中通常称为声纹。声纹鉴定（voice identification）是指通过声谱仪对未知人语音材料（检材）与已知人语音材料（样本）的语音学特征进行检测比对和综合分析，以作为是否同一的判断过程。

语音鉴定主要采用声纹鉴定法。声纹的鉴定对象是所有的可以证明案件真实情况的语音材料。其基本方法可以概括为“听、看、测”三个字，即采用听觉评价、视谱比较、定量比较的方法对样本进行鉴定。声纹鉴定的具体方法综合为下列几项：

（一）语音剪辑的检验

语音剪辑的检验可以从录音内容的连贯性和声纹形态分析两方面进行。

（1）检材语音内容的连贯性。正常的语音内容所记载的说话或对话所表达的意义具有连贯性或有呼应关系。而删除、添加和编辑等剪辑部位前后话语所表达的意义会发生突然变化，出现“前言不搭后语”现象。

（2）声纹形态分析。声纹形态分析，同时利用听辨、视谱进行声纹分析。早期实践中使用的是通过各种录音机、录音电话及摄像机录制的盒式、微型录音带和录像带。当使用一般录音机进行剪辑时，要使用录音键（record）或暂停键（pause）才能添加或删除录音内容。声像资料在改编过程中如进行暂停、录音的瞬间，通、断电过程均会造成电声学突然变化，波形图、振幅曲线、声调曲线都会出现能量突变现象，而这种突变在连续摄录的资料中是不会产生的。这种突变目前最可靠的方法是采用磁光法拉第效应显现，通过观察仪显现录音带的磁记录信息，并对按键形成的机械痕迹做实验分析，可以确定录音带断点的形成，录音机按键暂停、停止形成，也可以鉴定出录音录像是否经过剪辑、复制或其他因素形成原因及录制设备的同一鉴定。

通过语音软件分析进行语图分析，并结合磁记录检测技术，可鉴定受检的磁带信息是否存在复制，有无编辑断点。因为在编辑录音材料时机械运动的突变，如录音机的抹音头、录音头与磁带接触、脱离位置的突然变化和磁带运转的起动、停动变化，会产生短促的“咔嚓声”，在声纹形态上表现为短促的噪声现象。此外，若剪辑过程是在不同环境、场合下进行,或利用另外的录音机、录音带,则还会产生相应的环境噪声、磁带噪声、录音机噪声等,通常会在语音分析软件的语图中显现背景噪声不一致,并在修改剪辑处出现能量突变断点。

对语音资料的原始性进行鉴定,还可配合数据恢复技术和还原档案文件资料来发现原始文件及修改情况。如用录音笔记示的语音文件,大多有专门的记录格式或排列序号,修改后的格式或序号排列同原始文档难以吻合,利用原记录设备进行试验可发现修改痕迹;即便没有专门排列,在文件属性中也有文件的创建、修改和访问记录。另外通过计算机或录音存储设备的数据恢复也可显现原始文件,检验有无修改痕迹。

(二)话语者同一性检验

话语者同一性鉴定是指通过电声学仪器对未知语音材料与已经语音材料进行听音、视谱和语音声学特征的检测、比对,综合分析做出说话人是否同一性的判断过程。已知语音材料通常指嫌疑人、当事人说话的录音带等,常称为样本。未知语音材料通常指案件中,纠纷时形成的言语录音带,常称为检材。检材可能有多个,这时首先要鉴定待检说话人是否同一人。

(1)听觉鉴别。仔细听辨全部语音检材和样本,包括音高、气噪音轻重、鼻音轻重、喉化音轻重、变音、变调,言语中的有关方音方言、口头语、赘语、虚词、言语速成率、节奏、清晰度、流畅度、响亮度以及言语缺陷(口吃、咂嘴、大舌头等)的异同,是否伪装等。

听觉鉴别时还要听辨语义、语汇、语法及其表达方式的异同,最后做出相似或差异程度的评价。

(2)视觉鉴别。通过声谱仪进行频谱波形检验,仔细观察、分析语音检材和样本中相同和相近的音素、音节、语词、短语谱图的语音声学特征和声学模式,包括辅音VOT、过零率曲线和辅音浊化现象、音度特征(升降、斜率、趋向)、共振峰特性(共振峰阶数、频率、强度、趋向)、协同发音现象、音强曲线、基频曲线(调型、调值、调域)音节间过渡特征等,做出相似或差异程度的评价。

视谱比较往往与听辨结合进行,还要对听辨得到的信息进行验证、确认或否决。视谱比较时,力图选取相同的语音要素——音素、音节(字)、语词、语句及相同的上下文。

(3)定量比对。在听辨、视谱的基础上,定量检测语音检材和样本中相同或相近的音素、音节、词语、短语声学特征参量的数值,包括共振峰参量、振幅曲线参量、基频曲线参量、音节时长、长时平均功率谱参量、长时平均声调参量,进行多参量的统计比对,得出是否同一(或同一的概率)的定量评价。

综合分析上述话语者同一性的检验,最终可以作出下列的一种结论:认定同一;否定同一;倾向认定同一;倾向否定同一;无结论。

需要指出的是，作出肯定结论的要有充分的根据，对存在的差异要给予客观地、合理地解释。无结论的必须是检材或样本畸变、噪声过大，或检材内容过少。如样本存在上述问题，可使送检单位重新录制样本再作鉴定。

倾向鉴定是由于检材、样本具有一定条件，但尚不足以作出肯定结论而又无法重新录制样本的，有条件的宜提供概率估计。

(三)语音内容辨识

侦查和审判工作也会要求将模糊不清的说话录音内容，具体地辨识出来。录音的内容是语音证据的重要方面，可起到书证的作用，它关系到证据的价值。因此模糊不清的录音内容的辨识成为声纹鉴定的一项任务和内容。

录音内容的辨识可以采用下列几种方式进行：

(1)可利用声谱仪的重放音功能，将模糊语音段反复放音，仔细辨识。

(2)根据原来所使用录音机的性能，采用更高性能的录音机或功放机放音，可改善语音的听觉效果。

(3)可利用降噪器材或降噪软件改善听觉效果。听辨的同时，从声谱形态上应用语音学的语音识别方法，分辨具体的语音。

一般来说，对于声音信息大于噪声的录音，这些方法都会有一定的效果，对于噪声大于语音的录音则非常困难。

二、图像资料鉴定

(一)图像真伪检验

1. 传统取证技术

图像鉴定的最原始方法是采用观察分析法，检验技术人员通过对照片的观察，根据其经验分析确定其内容是否存在删改与添加。此方法简单快捷，一般是检验的第一个步骤。如手工制作的伪造图像是利用各种暗房技术，通过局部改变曝光量、改变显影时间或温度，用工具修整底片或照片、滤光、拼接、叠加等方法，直接对原始图像进行后期加工制作而成的。这种篡改、伪造图像常常留下信息不连续与图像质量差、转换不协调等痕迹。如华南虎照片事件，这类手工制作的伪造图像由于需要进行局部曝光，多次反转等操作，因而画面中会出现颗粒较粗、反差较大、色调变化不均匀等现象。同时，由于采用局部遮挡、图像拼接等方法，在局部图像之间也会出现边缘轮廓不清晰或轮廓分界线清晰等特征。因此，通过仔细观察比对，综合分析照片画面质量、画面连续性、背景与主体信息一致性以及光照方向等因素，可检验发现篡改痕迹。

对于数码相片形式的声像物证，首先需要了解照片来源信息。司法人员可以要求个人提供相应数码照片的原始存储介质，如数码相机及其配套的可移动存储卡。这是因为存储卡上的数据绝大多数是在数码相机拍照时写入的。原始照片上隐含的照相机储存的档案资料，可通过专门软件进行发现提取，若照片经过伪造修改，隐含信息资料会显示修改状况或无拍摄状况信息，扫入电脑的照片也没有档案信息。由此可见,原始存储介质的提供对鉴定人员作出科学准确的鉴定结论来说是非常必要的。

2. 数字图像取证技术

当篡改和伪造的蛛丝马迹很难从照片画面上直接看出时,就需要进一步采用图像取证技术进行鉴别。图像取证技术是通过对图像统计特性的分析来判断数字图像内容的真实性、完整性和原始性,也就是判断数字图像从数码相机拍摄以后有否经过篡改的技术。它是计算机取证的一个分支,是对源于数字图像资源的数字证据进行确定、收集、识别、分析以供法庭采信的过程。

从现有的数字图像取证类型来看,数字图像取证技术包括主动取证和被动取证两种,它们都可以对图像是否经过了篡改进行认证,但是各自有不同的应用领域。

(1)关于主动取证技术。数字图像主动取证即采用数字水印技术,是利用数字作品中普遍存在的冗余数据和随机性把版权信息嵌入在数字作品本身中,从而起到保护数字产品版权或完整性的一种技术。其应用领域包括版权保护、图像完整性认证和图像所有者认证等方面。理想的水印方案应该是只有版权所有者才可以加载水印,其他任何人都可以对其进行验证的水印方案。用于图像认证方面的数字水印主要是脆弱性水印,它是事先在图像的空域或者频域中嵌入易碎水印信息,图像经过传输后再提取水印信息,通过判断水印信息是否完整来判断图像在传输过程中是否受到了篡改。因此,数字水印应用在图像取证方面需要有两个前提条件:一是要求拍摄照片的数码相机带有自动嵌入水印的功能;二是必须在假设嵌入的水印不能被轻易去除或重新嵌入。然而,主动取证技术由于受到应用条件的限制,已经无法从根本上遏制图像篡改发展。为了克服这种局限性,需要寻求一种在没有嵌入水印信息前提下,检测图像是否存在篡改现象的技术,即被动取证技术。

(2)关于被动取证技术。数字图像被动盲取证技术是指在不预先向取证资料中嵌入水印等标识的情况下对物证资料的真实性、完整性和原始性进行认证的技术。尽管伪造技术较高的图像在视觉上不会引起人们的怀疑,但是篡改过程不可避免地会引起图像统计特性上的变化。盲取证技术主要依靠被篡改图像自身的特性进行检测,提取区别正常图像和篡改伪造图像的特征向量,来判断图像的原始性、真实性和完整性。该技术对资料拍摄前端无特别要求,实用性强,具有广泛的应用范围,可以针对几种常用的图像伪造手段进行检测,如同一幅图像复制粘贴检测、图像双重JPEG压缩检测、图像几何形变的重采样检测和数字图像伪造边缘模糊处理等。

(二)图像画质处理

图像画质处理主要采取图像增强技术,在不考虑图像质量下降的原因,只将图像中感兴趣的特征有选择地突出,或衰减某些不需要的特征,使图像与视觉响应特性相匹配。图像增强技术根据增强处理所在的空间不同,可分为空域法和频域法。前者把图像看成一种二维信号,主要是对图像中的各个像素点进行操作;频域法是一种间接增强技术，该算法是在图像的某个变换域内对图像的变换系数值，如傅里叶变换、DCT 变换等的系数进行某种修正，再进行反变换得到处理后的图像。

（三）人身特征检测

人身特征检测需要用到图像分割、模式识别技术。在图像鉴定中，由于单幅图像上可用信息有限，图像信息鉴定的效果也将受到极大的限制和局限。特别对于分辨率较低的图像来说，要准确分析图像人物身份、提取人物面部特征等信息难度极大。

视频区别于静态图像的显著特点有：一是视频能够以动态图像的形式客观地反映一段时间内事物运动变化的全过程；静态图像只能反映出某一时刻客观事物的状态。二是视频在记录存储和再动影像时，能够客观地同时记录存储和再现同期录音，一次形成音像合一的记录；静态图像则只能记录和再现影像，不能同时记录和再现同期声音。三是视频经过编辑加工不仅能够改变影像的相互空间位置和内容，而且能够在形式上改变事物运动变化的先后顺序和相互时间关系；静态图像的后期处理只能改变影像的相互空间位置和内容，不能改变事物运动变化的先后顺序和相互时间关系。

动态图像的这些特点，在检验中具有特别重要的意义。视频序列每秒 25 帧，这些序列图像可能是多个传感器对一个场景的不同成像，也可能是一个传感器在一段时间内对同一场景的多个成像。序列图像中含有大量相似而又不完全相同的信息，若能有效提取其中附加的空域、时域信息，进行人物对象建模，在有效消除背景干扰噪声的同时，还可以获得优于单幅图像处理的人物面相特征的识别效果。

第三节　声像资料司法鉴定的主要内容

声像资料的司法鉴定是指运用物理学和计算机学的原理和技术，对录音带、录像带、磁盘、光盘、图片、手机等载体上记录的声音、图像信息的真实性、完整性及所反映的情况过程进行鉴定，并对记录的声音、图像中的语言、人体、物体作出种类或同一认定。

对于声像资料的鉴定除应当审查其合法性、关联性外，应当重点对其真实性进行审查，主要针对声像资料内容的真伪程度进行鉴定。该方面的审查主要从技术层面上对资料进行分析，通过司法机关指派或者聘请相关领域专家，对所提供的声像资料进行检验，包括数据是否有被修改、添加、拼接等伪造的痕迹。

当前的声像资料载体形式呈现多样化的趋势，与以往以磁带为主的记录方式不同，目前更多的声像信息是以数字文件形式记录并储存于各种计算机与电子设备中。声像资料载体形式的日益智能化和操作简便化，丰富了鉴定范围和对象，同时也加大了司法鉴定的难度和复杂度。在声像资料司法鉴定时需要根据记录方法的规律进行分析,针对模拟信息或数字信息不同的特点,提取有证据价值的信息。声像资料真实性审查的具体鉴定内容包括以下几个方面:

一、原始性鉴定

声像资料原始性鉴定主要指资料的原始性和完整性检验,即确认声像资料是否存在诸如删除、添加、复制、编辑等篡改特征的专门性工作,以确定该声像资料是否具有司法诉讼证据的应用价值。

实际中使用的声像资料经常是经过复制的,利用一定的设备可以在复制的过程中对复制的信息进行删除和修改的处理,特别是数字声像资料,经过一些音视频编辑软件的处理,几乎可以达到以假乱真的程度。声像证据是否被复制修改对其证明力有重要影响,也是审查声像证据可靠性的重要方面。以录音资料为例,除了由于技术条件所限未记录下有意义的信息或无法分辨记录内容的情况外,原始的录音一般能够真实地反映实际中有关声音的情况。当该段录像材料为磁带形式的模拟信号量时,若经过复制编辑,根据复制方式的不同,可能会有不同程度的失真。失真严重时,可能会影响其内容的清晰度,甚至失真证据的价值。相反,采用数字信号记录并复制的录音资料,可以多次复制而不损失任何有用的信息。如果是经过编辑后复制的录音资料,虽然其中包含有价值的信息,但录制的内容能被人为改变而不能反映事件发生时的真实情况,其证明力将会大大降低。对于声像资料是否曾经过修改,必须通过司法鉴定从技术上解决。

二、同一性鉴定

同一性鉴定是指运用物理学和计算机学的原理和技术,对声像资料中所涉及的人或物的身份进行的分析、比对和判断,确认资料内容与案件事实相关物体、人物的同一性。主要包括语音识别和图像识别两方面。

(1)语音识别。对录音资料的语音与本人语音的比对鉴定,确认录音中某语音与已知人物的语音是否同一。由于每个人说话时都有自己独特的语音习惯特征,并可通过录音资料反映出来,通过鉴定可以认定录音资料的具体内容是否为某一特定的人所说,从而为案件的调查和审理提供依据。

(2)图像识别。对录像带、光盘等载体所记录的人物图像特征进行分析、比较和判断,确认人物身份等。如根据视频监控资料寻找犯罪嫌疑人,或确定某已知人物的身高、体态、面容是否与某人及其图像相同。

三、声像资料的分析鉴定

声像资料凭借动态记载信息的特点起到案情证明的作用,在很多情况下,司法人员需要通过对保存的信息进行分析,揭示声像资料记载的信息与案件事实相联系的特征,才能发挥证明作用。如电话勒索录音不仅自身可以作为嫌疑人实施犯罪行为的证明,其背景音的存在,还可能为公安人员缩小营救人质范围提供帮助。这种对于声像资料的分析经常要借助于一定的仪器设备,特别是针对模糊的语音材料和录像资料,必须进行专门的处理来增强语音或画面清晰度,以分辨并提取其中包含的有用信息。分析鉴定的方法主要包括:语音增强、语音人身分析、图像增强、图像人身识别、内容整理、噪声分析等。

(一)语音增强

语音增强就是对受噪声污染的语音信号、较弱的语音信号、言语内容听辨不清的声像资料,采用一定的技术手段对录音进行处理,提高语音的信噪比,从而达到能够听辨清楚言语内容的目的。语音信号是人类传播信息和感情交流的重要媒体,人们在语音通信过程中,不可避免地会受到来自周围环境、传输媒介引入的噪声、通信设备内部电噪声,乃至其他讲话者的干扰,严重的情况下会完全掩盖关键及感兴趣语音。所以,对收听者而言,语音增强的目标主要是提高系统的识别率和抗干扰能力,改善语音质量,增强语音可懂度。

(二)语音人身分析

根据录音中的谈话内容对未知说话人的性别、年龄、方言、文化水平、职业,甚至身高、体态等特点的分析推断,为侦查破案提供范围和方向等线索。

(三)图像增强

图像空间分辨率是图像质量评价关键性的一项指标,也是图像应用中举足轻重的一个参数。要对声像资料的信息分析,揭示其记载的信息与案件事实相联系的特征,就必须要求录像资料的分辨率高、画质清晰。然而目前许多成像系统,如红外成像仪和CCD照相机等,在采集图像过程中,受其固有传感器阵列排列密度的限制,图像的分辨率不可能很高。此外光学系统的像差、大气扰动及系统噪声等因素也会造成图像的模型和变形:轻者表现为图像不干净,难以看清细节,重者表现为图像模糊不清,连概貌都看不出来。因此,必须对图像进行增强处理,改善图像的视觉效果,将原来不清晰的图像变得清晰,或针对给定图像的应用场合,有目的地强调图像的整体或局部特性,扩大图像中不同物体特征之间的差别,满足某些特殊分析的需要。

(四)图像人身分析

图像人身分析重点在于从图像或视频画面中提取嫌疑人物的外貌静态特征,包括身材形态特征、面部特征、脸型特征、五官特征以及其他如胡须形态、伤痕特征等。比如在银行监控系统中,通过监控画面锁定目标,确定人物的身高、体态、发型、面部正面或侧面轮廓等信息,进而产生嫌疑人近似照片,为侦查工作提供方向,提高侦查效率。

(五)内容整理

听辨录音资料中谈话者语音文字内容,整理相关人士在事件中用语言表达的思想内容,以及从录像资料中背景图像中提取有关案件的线索信息。

(六)噪声分析

对录音中的噪声源的类型进行分析,如录音中的各种环境噪声(门声、桌椅移动声、电扇声、打字机声、风雨声、鸟鸣声、汽笛声),以确定案发现场的地点、环境特征等。

四、声像资料采集设备的鉴定

声像资料采集设备的种类认定,也是鉴定的一项内容。其认定内容有两种情况,一是对声像资料进行种类属性、范围等的认定。如通过检验录音带或录像带的材料,确定其属于哪一种录音带或录像带,或者确定其是否与案件中涉及的录音带或录像带属于同一种类,为查明案件提供证据,或者为判定假冒伪劣音像制品提供依据。二是对声像采集设备进行种类属性认定。如通过对录音带或录像带的检验,确定制作其的硬件设备种类、牌号、厂家、产地等,为查明有关的案件事实提供依据。

第四节　声像资料司法鉴定文书的制作

一、声像资料司法鉴定文书概述

声像资料司法鉴定文书是指鉴定人员依照法律规定的条件和程序,运用专门的知识或技能对司法活动中所涉及的声像资料相关问题进行检验、鉴别,并作出相应的意见后按照规范要求所制作文书的总称。

声像资料司法鉴定文书根据检验内容与结论形式的不同,可以分为两类:一是声像资料司法鉴定意见书;二是声像资料司法鉴定检验报告书。

声像资料司法鉴定文书是司法文书的一种,具有重要的法律意义,对案件的调查、审判都有关键的作用。因此鉴定文书的制作必须规范化,以体现法律的严肃性。同时,这也是确保鉴定文书质量的前提。

二、声像资料司法鉴定文书的主要内容

声像资料司法鉴定文书包含文字和附件两大部分。

(一)文字部分

(1)鉴定文书名称和发文字号。

(2)正文。正文部分应当包括基本情况、检验论证和结论三部分。

基本情况必须要写明鉴定的委托机构、送检人、送检日期、简要案情、委托日期、鉴定材料、鉴定要求。

委托机构即案件所送机构,要注明所需鉴定材料送达机构的详细名称,写明简要的案情。鉴定材料是指委托机构送检的具体声像资料,需注明样本的名称、数量、种类以及来源等详细信息。鉴定要求即通过鉴定需要解决的具体声像资料问题。在表述鉴定要求时,应当注意明确具体的声像资料问题,避免过于笼统。如果鉴定结果与受理时的鉴定要求有差异，应当与送检人协商修订鉴定要求，以保证鉴定要求与鉴定结论在内容上相照应。

鉴定文书中的检验部分内容，即对鉴定材料的客观、精确的分析。这是鉴定书的核心部分，应详细记录检验的步骤、方法、使用的设备、检验的条件、环境情况以及检验所得出的数据、特征、图形等。如果是对比检验，应当按照先分别检验、后比较检验的顺序。检验的基本制作要求是：客观全面、详略适当、便于引用、方便审查。

鉴定文书中的论证是对检验所标定的特征进行综合评判，通过检验确定的相同和差异特征进行科学分析，提出所作鉴定结论的科学依据。检验报告则省略此部分。

鉴定文书的结论是针对委托鉴定的要求，以检验结果为依据而作出的明确回答。检验报告指需要写出检验结果，检验意见书则需写出检验意见。

(3)签名、盖章。声像资料鉴定文书作为法律文书，必须有鉴定人的签名，注明专业技术职称、鉴定日期，并在鉴定日期处加盖所在单位的“鉴定专业章”。

(二)附件

附件部分包括照片、图谱、图表或者复印件等，这是声像资料司法鉴定文书的重要组成部分。由于声像资料的自身特性，很难通过肉眼观察到其特征，仅用文字描述会带来理解上的困难。因此需要增添附件以形象地表示鉴定过程中所使用的技术和得到的结果，以便有关人员对鉴定书进行审查与复核。

三、声像资料司法鉴定文书制作过程

声像资料司法鉴定文书制作过程主要包括内容形成、文书打印、文书装订、加盖印章与签字等过程。

在内容形成阶段，主要将司法文书主要内容按照规定的标准格式输入计算机文档进行编辑加工的过程。

文书打印主要将电子文档打印在特定的纸张上的过程。通常使用A4规格纸张。在此阶段需要检查打印形成的纸质文件内容是否有不符合规范的，如果有，则必须重新回到内容形成阶段进行修改。通常检查文字、段落、页眉、是否落款、页无正文等情况。

文书装订主要是将打印的文件按照一定的顺序装订成册，包括封面、正文、附件等内容。

第五节　声像资料司法鉴定意见的评价

一、声像资料司法鉴定评价的意义

声像资料司法鉴定不仅包括传统的模拟式声像资料鉴定，还包括以数字式存储的声像资料鉴定。通过声像资料鉴定的评价可以实时发现声像资料鉴定过程中存在的问题,便于鉴定人员或鉴定机构及时改进工作中存在的问题,防止个案鉴定结论与事实存在偏差,提高鉴定的实体公正和程序公正。声像资料鉴定的评价也可以有助于鉴定机构对司法鉴定的整个活动进行有效的管理和控制。声像资料鉴定的评价还能够在发现鉴定过程中普遍存在的问题及在鉴定过程中对解决新发生问题的成果的基础上,进一步完善鉴定机构内部的鉴定标准和鉴定技术。

二、声像资料司法鉴定评价的主要内容

声像资料鉴定的评价涉及声像资料鉴定整个活动中的各个环节,主要包括鉴定人、鉴定时间、鉴定程序和鉴定结论的评价。

(一)鉴定人的评价

声像资料鉴定不仅包括声纹的鉴定、声音的识别,还包括图像的鉴定等。这些鉴定分别要求鉴定人员具有相关的背景知识。如对声音的识别,要求鉴定人员掌握或了解被鉴定对象的语言。如东北方言、江浙方言、南方方言不同,在鉴定时,需要鉴定人员掌握这种方言,必要时聘请相关领域的专家。

(二)鉴定标准的评价

声像资料司法鉴定评价的标准评价是判断声像资料鉴定是否准确的主要依据之一。所以对鉴定标准的评价十分重要。在对鉴定标准评价时,需要考虑依据该标准作出的声像资料司法鉴定从理论上是否存在瑕疵。对理论上存在瑕疵或不确定性的标准,对其评价应比较低。

(三)鉴定程序的评价

声像资料鉴定程序比较复杂,所以对鉴定程序评价比较繁杂。其中,以下几个程序的评价十分关键。

(1)取样程序的评价。声纹同一性鉴定、人像同一性鉴定中都需要有鉴定对象的样本。很多情况下,鉴定样本是在鉴定过程中通过鉴定人员取得的。在同一性鉴定中,鉴定样本取得的好坏,直接影响鉴定的质量。取样缺乏科学性,甚至有可能导致鉴定结论出现错误。所以必须评价取样是否达到了鉴定的要求。例如,取样的条件是否与检材中的条件保持一致或相似;如果出现偏差,该偏差是否在误差许可的范围内,是否影响鉴定结论等。

(2)对鉴定过程的评价。主要考察鉴定过程中采用的实验设备是否校准,鉴定人员进行实验的时间,实验过程中具体检验了哪些因素等。

(3)对复核过程的评价,必须保障复核人员具备足够时间参与鉴定,还必须保障复核人员亲自参与了相应的鉴定。

思考题

1. 声像资料鉴定的特点有哪些?

2. 语音资料鉴定的主要内容有哪些？鉴定的方法有哪些？
3. 图像资料鉴定的主要内容有哪些？鉴定的方法有哪些？
4. 声像资料鉴定文书制作的主要内容有哪些？
5. 如何对声像资料鉴定文书进行评价？

阅读书目

1. 闵银龙主编:《司法鉴定》,中国法制出版社 2004 年版。
2. 徐立根主编:《物证技术学》(第 3 版),中国人民大学出版社 2008 年版。

第十八章　电子数据司法鉴定

本章重点内容

电子数据司法鉴定是司法鉴定学科中一门新兴的法庭科学技术。它主要包括电子数据司法鉴定是司法概念、特点、方法、主要鉴定内容、鉴定文书的制作以及鉴定文书的评价。

本章学习要求

学习本章内容，应当掌握电子数据鉴定的特点和方法，了解来源鉴定、同一鉴定、内容鉴定、功能鉴定、损失鉴定、复合鉴定六类以及电子数据鉴定文书的制作，了解电子数据鉴定分类以及鉴定文书的评价方面。

第一节　电子数据司法鉴定概述

一、电子数据司法鉴定的概念

电子数据司法鉴定是司法鉴定学科中一个新兴的领域。2012 年修改的《刑事诉讼法》和《民事诉讼法》将“电子数据”作为法定证据的种类。与电子数据司法鉴定相近的鉴定，如计算机司法鉴定、计算机网络鉴定等。《司法鉴定执业分类规定（试行）》的规定：“计算机司法鉴定，其主要内容是运用计算机理论和技术，对通过非法手段使计算机系统内数据的安全性、完整性或系统正常运行造成的危害行为及其程度等进行鉴定。”电子数据司法鉴定的各种不同定义，虽然思考角度不一致，但是总体上应该包含如下几点：

（1）电子数据司法鉴定的主体应具有一定的资格。①电子数据司法鉴定人应该具备电子数据司法鉴定的资格。②电子数据司法鉴定人应该是具备计算机科学技术与网络专门知识的人。③电子数据司法鉴定人还需要具备法律、逻辑、审计等知识。

（2）电子数据司法鉴定客体的范围。电子数据司法鉴定包含范围不仅包含计算机内的数据进行鉴定，还包括对计算机中软件、程序进行鉴定，如对盗版软件、软件侵权行为的鉴定，对取证过程中取得的证据链进行鉴定等。

(3)电子数据司法鉴定应符合规定的程序。电子数据司法鉴定与其他司法鉴定的程序一样，都要分为六个阶段：申请、决定、委托、受理、实施、出具结论。

综上所述，电子数据司法鉴定就是，有计算机司法鉴定资格的鉴定机构或鉴定人，依法接受委托，并运用计算机理论和技术以及其他相关的专门知识对计算机网络相关案件的有关内容进行专业判断、鉴定，并出具鉴定结论的活动。

二、电子数据司法鉴定的特点

与其他司法鉴定相比，电子数据司法鉴定具有以下特点：

(一)电子数据司法鉴定的鉴定主体具有特定性与复合性

(1)鉴定主体是特定的，电子数据鉴定主体通常应该具有鉴定人资格并具有法律知识、计算机专业知识以及其他相关专业的知识的人。法医学鉴定主体具有法医学专门知识，物证鉴定主体具有物证技术专门知识，司法会计鉴定主体具有会计学、审计学专门知识，电子数据司法鉴定主体也需要鉴定主体具有计算机有关的知识。

(2)计算机司法鉴定主体具有很强的复合性。计算机司法鉴定主体具备法律知识、计算机科学知识往往还不够，还需要有其他有关的专门知识。例如，对计算机案件的损失评估，除了以上的要求外，还需要鉴定人具有审计、逻辑、管理等学科知识。

(二)电子数据司法鉴定的鉴定客体具有动态性、隐蔽性、复杂性

(1)计算机司法鉴定对象不同于其他司法鉴定，其鉴定的对象是动态的。例如对内存中数据的鉴定，其信息很容易变化，也容易消失。

(2)鉴定对象具有隐蔽性，很多数据很难用通用的软件发现。例如，删除以后的文件、在扇区外的病毒代码，在操作系统中，是无法看见的。

另外，鉴定的客体往往很复杂，不仅有对数据的鉴定、对程序功能的鉴定，还有对证据取得的真实性、完整性鉴定等。例如，对取证后所有证据的鉴定、对网络案件的损失评估等。

(三)电子数据司法鉴定的鉴定技术具有变化性

由于计算机证据形成具有动态性、易失性特点。黑客很容易利用这些特点，对计算机网络证据进行破坏、修改，如果依赖过去的知识进行鉴定，可能无法得出结论，甚至得出否定的结论。例如，每一类 Office 文档都有唯一的 GUID 标识，但是如果加上特殊的补丁，文档就无法生成这种唯一的标识。所以电子数据司法鉴定某些具体技术具有变化性，在司法鉴定实践过程中，要充分考虑这些情况，不断研究新的司法鉴定技术。

(四)某些电子数据司法鉴定的鉴定结论具有局限性

鉴定结论通常是肯定结论、否定结论、无法鉴定三种。一般情况下不能得出肯定结论便可以得出否定结论，反之亦然。但是在网络鉴定中，如果委托人提供的材料有

限,只能作出无法鉴定或否定的结论,而不能作出肯定的结论。例如,委托人只提供了一张数码照片,没有提供其他任何样本照片,也可以部分鉴定照片的真假。因为特定机型的数码照片其文件格式是有规律的,如果照片处理过,其格式也会变化,即可以作出否定的结论。但是如果没有变化,也不能作出肯定结论,因为数字文件本身具有脆弱性,很容易被伪造,如果伪造技术高明,也不能排除其处理过后,还是符合原来的规律。在这种情况下,鉴定只能作出单向的结论。

三、电子数据司法鉴定的分类

根据不同的分类标准,电子数据可以有不同的分类方法。常见的分类方法有按照计算机系统的不同进行的分类,按照电子数据形态不同的分类,按照电子数据类别不同的分类以及按照鉴定性质不同的分类。

(1)根据计算机系统的不同,可分为基于主机的司法鉴定、基于网络的司法鉴定。主机的司法鉴定主要是指对计算机系统内数据、程序、文件的鉴定,基于网络的鉴定主要是指对计算机网络内运行的状态、位置、程序、数据等的鉴定。

(2)根据数据的形态,可分为静态数据的鉴定、动态数据的鉴定。静态的数据是指在鉴定的过程中一般不随着时间的变化而改变的数据,动态数据是指数据是瞬时的,数据所表达的信息是随着时间的变化而改变的。

(3)根据电子数据类别的不同,可分为存储设备数字数据鉴定、IP 地址鉴定、电子邮件来源鉴定、文档同一性司法鉴定、加密数据的鉴定、计算机软件与资产鉴定、计算机证据链鉴定等。其中计算机软件与资产鉴定又包括计算机软件侵权鉴定、计算机软件功能鉴定、计算机案件资产损失鉴定、计算机会计鉴定等。

(4)根据电子数据的性质以及证据的认定特点,可分为数字证据的来源鉴定、同一鉴定、内容鉴定、功能鉴定、损失鉴定、复合鉴定六类。来源鉴定是根据委托人提供的有关资料,确定机器或软件最初来源的鉴定。来源鉴定在追踪网络违法犯罪案件时确定违法犯罪者机器的位置、软件最初制作者有着很重要的意义。同一鉴定指的是根据委托人提供的文档资料,确定文档是否为原始信息(或者是提供两份电子文档,确定其是否一致),也就是比较两份文件有关内容是否真实一致。常见的鉴定主要有 Office 文档鉴定、E-mail 鉴定、数码照片鉴定等;内容鉴定主要是鉴定文档内容的真实性,以及对其中一些隐秘的、秘密的隐藏的数据进行分析判断,可以分为文档内容真实性鉴定、存储设备被破坏后的鉴定、加密数据的鉴定等。功能鉴定主要是对计算机软件(这里主要是指那些带破坏性的程序)的功能、特征进行分析、鉴定。通常情况下,对计算机破坏程序鉴定资料有限,通常只有破坏性程序文件本身。此文件是二进制的程序,鉴定的目标就是要通过有限的二进制文件信息,分析文件的特征、功能。损失鉴定对计算机直接涉案资产损失进行评估。主要包括对计算机案件涉及的计算机资产(包括无形资产和有形资产进行评估)。复合鉴定指的是其他的一些特殊的鉴定,主要包括计算机软件知识产权鉴定、计算机会计鉴定、加密数据的鉴定、计算机证据链鉴定。

第二节 电子数据司法鉴定的方法

电子数据司法鉴定需要遵循合法、科学、客观、公正、独立、监督的原则。在司法鉴定的过程中，一定要尊重数字证据的动态性、易失性的特点，在数字证据的提取、检查、鉴定的过程中一定要详细记录整个操作的过程，应该科学办事，并且操作的每一个步骤能够做到可重现或重复推导。

电子数据司法鉴定一般程序为：申请、决定、委托、受理、实施、结论六个过程。在实施过程中，对受理的存储设备一般需要进行备份，同时，还需要对原存储设备进行数字摘要（如可以使用 MD5 算法对原文加密，生成一个长度为 128 位的数据摘要）以保证数据是完整的、没有经过更改的。在实施的过程中，要记录每一步骤的相关操作、操作的计算机软硬件环境外等。如果提取出了数字数据，一般还需要做好备份并利用 MD5 等算法进行数字摘要，以保证数据是原始的完整的。

由于计算机数字数据在存储设备上形成有一定的物理特性，其表达的意义需要一定的逻辑结构，表达的内容具有一定的意义。根据这些数据在计算机内形成过程中所表达的意义、数据组织的逻辑结构、存储的物理特性，通过逻辑判断可以对案件数字证据的真伪、因果、种属、完整性等出具科学的结论。这些条件保证了计算机网络案件的数字证据是可以鉴定的，它们构成了计算机网络司法鉴定的理论基础。

电子数据鉴定的实施是整个鉴定过程的核心内容，然而这一部分涉及许多与计算机和网络技术相关的专业技术。在信息技术领域，这部分内容又被称为计算机取证（computer forensic）。对计算机取证的研究开始于 20 世纪 90 年代，是一门新兴的学科，也是电子数据司法鉴定的研究前沿。目前认可的主要经典模型有 5 种：基本过程模型、事件响应过程模型、法律执行过程模型、过程抽象模型和其他过程模型。

其中基本过程模型将基本的取证过程被分为保证安全并进行隔离（secure and isolate）、对现场信息进行记录（record the scene）、全面查找证据（conduct a systematic search for evidence）、对证据进行提取和打包（collect and package evidence）和维护监督链（maintain chain of custody）五个阶段。以 UNIX 操作系统平台的取证过程为例，对整个取证过程进行了界定。并提出在每个阶段操作应遵循的基本原则。为验证该模型的理论合理性，Farmer 和 Venema 开发了以基本过程模型为基础的计算机取证工具 TCT（The Coroner's Toolkit）。该工具运行在 UNIX 平台上，主要用于数据收集。Farmer 和 Venema 的研究成果为该时期计算机取证的发展起到领航和奠基的作用。

事件响应过程模型(incident response process model)将计算机取证分为攻击预防阶段(pre-incident preparation)、事件侦测阶段(detection of the incident)、初始响应阶段(initial response)、响应策略匹配(response strategy formulation)、备份(duplication)、调查(investigation)、安全方案实施(secure measure implementation)、网络监控(network monitoring)、恢复(recovery)、报告(reporting)和补充(follow—up)。Mandia 和 Prosise 对各种典型类型的操作平台进行了研究,提供了较为详细的使用原则和应用方法,例如 Windows 2000/NT、Unix 和 Cisico 路由器等。该模型主要证明正在运行的系统是否受到攻击,以及系统被攻击后恢复成原始状态的程度。在整个取证过程中,该模型对系统分析的比重占了 1/11,相对于一般的取证过程而言,比重较少。

采用法律执行过程模型(law enforcement process model)的典型代表是 2001 年美国司法部颁布了《电子犯罪现场调查指南》。[1] 该模型将计算机取证分为准备阶段(preparation)、收集阶段(collection)、检验阶段(examination)、分析阶段(analysis)和报告(reproting)阶段。其中收集阶段又可细分为保护与评估现场(secure and evaluate the scene)、对现场记录归档(document the scene)和证据提取(evidence collection)三个子阶段。电子犯罪现场调查指南面向的是从事物理犯罪取证的司法人员而不是计算机取证人员,为了满足他们的需要,指南对不同类型的电子证据及其安全处理的方法进行了说明,但是很少涉及系统分析。此外,该模型在确定电子证据的存储位置之前(还未判定硬盘中是否有与案件相关的证据)就将硬盘作为证据收集对象之一,这实际上应该是物理证据的收集而非电子证据的定位和提取。

采用过程抽象模型(an abstract process model)的典型代表是美国空军研究院、美国司法部和美国信息战督导与防御局。过程抽象模型的研究被认为在数字取证基本理论和基本方法研究中具有里程碑的作用。美国空军研究院 AIRFORCE 的过程抽象模型将计算机取证分为识别、准备、策略制定、保存、收集、检验、分析和提交八个组成部分。在研究过程中,他们意识到在特定技术和特定方法细节上的研究无法总结出普遍的取证方法,并发现不同的取证过程模型均有相同的特性,这些共同之处为抽象出一个通用模型打下了基础。因而对特定方法的取证过程进行抽象,并总结出:(1)将传统物理取证的知识应用到数字取证中;(2)将数字取证程序的研究由计算机取证扩展到数字取证。尽管过程抽象模型的提出具有重大的意义,但是该模型本身仍然存在问题:一是它对检验和分析阶段的定义存在容易混淆的地方;二是该模型在应用中实用性较差。

其他过程模型较为典型的是由数字取证组织(digital forensic research workshop,

---

[1] Technical Working Group for Electric Crime Scene Investigation, *Eletronic Crime Scene Investigation: A Guide for First Responders*, 2001.

DFRW)提出的研究成果。DFRW 是美国空军研究院、美国信息战督导与防御局共同资助的计算机取证组织,它致力于数字取证基本理论及方法的研究。它是由学术界领导的第一个较大规模的、在计算机取证领域进行研究的联盟组织。该组织提出了一个初步的计算机取证科学的基本框架,框架包括证据识别、证据保存、证据收集、证据检验、证据分析、证据保存和提交几个部分。基于这个框架可以对数字取证的基本理论和方法进行进一步的发展和完善。

第三节 电子数据司法鉴定的主要内容

根据电子数据的鉴定性质和证据认定特点可以分为数字证据的来源鉴定、同一鉴定、内容鉴定、功能鉴定、损失鉴定、复合鉴定6类。以下将根据电子数据司法鉴定认定特点进行分析。

一、来源鉴定

所谓来源鉴定,就是根据委托人提供的有关资料,确定机器或软件最初来源的鉴定。来源鉴定在追踪网络违法犯罪案件时确定违法犯罪者机器的位置、软件最初制作者有很重要的意义。

目前来源鉴定应用较多的是确定违法犯罪者机器的地理位置来源。常见的有利用 IP 地址确定来源,利用 MAC 地址确定来源,利用电子邮件头部地址确定来源。

IP 地址鉴定是根据委托人出具的计算机环境(或计算机系统日志文件、应用程序日志文件、数据库日志文件以及计算机状态、计算机时间差异、ISP 服务商有关资料等),分析并判断 IP 地址所属单位或个人。IP 地址是因特网中在某一时刻唯一标识一台机器的符号。一台机器访问因特网时,必须有一个唯一的互联网地址。根据 IP 的唯一性,可以唯一地确定某时刻某个 IP 地址对应的上网的机器。IP 地址鉴定主要包括两种:根据 IP 直接确定所属单位或者个人;根据 IP 确定被呼叫的电话号码。而 IP 地址的对应关系可以通过 ISP 服务提供商,以及 IP 地址分配机构的登记表可以推导出来。但是,IP 地址容易伪造,而且很多机器 IP 地址是动态的,不是静止的固定不变的,所以在鉴定 IP 地址时应确定某一 IP 是真实可靠的,在某一时间确实归谁拥有。根据提供的资料,检查相关计算机情况,确定计算机在某个时段没有被黑客攻击过,或者没有黑客软件使用此台机器做跳板攻击其他机器的情况。

电子邮件来源鉴定就是根据委托人提供的电子邮件的资料、收发电子邮件的计算机,分析判断电子邮件在网络中的路由路径、判断电子邮件的真实发送者,或者真实发送人机器的信息。电子邮件易于伪造,不只是电子邮件内容可以伪造,电子邮件的发件人也是常被伪造的对象。电子邮件来源鉴定主要是鉴定电子邮件的发件人是否是伪造的、在数据传输过程中是否存在伪造的情况,并分析发送者的相关信息等。电子邮件程序客户端应用程序有 Outlook、Foxmail、Notes、Eudora 等。它们是一种基于网络的软件,并需要与一台服务器联合使用。通常服务器需要提供两种服务,一种是发送电子邮件的服务,另一种是接受电子邮件的服务。发送邮件采用的是 SMTP 协议,简单邮件传输协议(Simple Mail Transfer Protocol,SMTP)。简单邮件传送协议跟许多互联网协议一样,不需要任何论证,就像把信件直接塞进邮筒里一样。所以邮件很容易被黑客伪造,包括伪造邮件的源地址和回复地址。邮件的内容的可信度很低。为了增强 SMTP 的安全性,通常可以使用 PGP 和 S/MIME 来添加数字签名,以增强电子邮件的安全性。由于电子邮件易于伪造,其可信度取决于电子邮件的发件人是否真实,以及电子邮件的基本内容在网络传输过程中是否被修改过。由于电子邮件除了一部分内容是发件人书写的原始信息,还有一部分信息是在电子邮件传输过程附加到电子邮件头中的,通过寻找这些难以伪造的信息,并对这些信息进行分析、判断、鉴定。

如何来确定一封电子邮件是否是第三者伪造的电子邮件?电子邮件显然不能像传统的邮件一样来进行笔迹鉴定,因为每个人的电子邮件的字体的编码都是标准的,没有个人的特征信息。虽然如此,还是可以通过邮件头中的一些难以伪造的字段进行检查。在电子邮件头中有一字段"received",其后面所跟地址就是邮件服务器。接受邮件时,它把邮件来源(接受邮件时是从哪个服务器接收来的)自动加在邮件的头中。这就好比我们收特快专递一样。当一个邮递员把邮件送到另一个邮递员手中时,会有一定的移交手续,通常会把移交人的地址、姓名记下。写信人是很难伪造这些信息的。当真正的写信人与冒充的写信人的邮件服务器地址是不相同的时,就可以认定电子邮件是伪造的。例如,当你接受到一封声称从国外某个单位的客户发来的敲诈信件时,如果从邮件头调查到邮件来源来自本公司的邮件服务器,就可以断定邮件是伪造的,并能确定敲诈人来自公司内部。

二、同一鉴定

电子数据同一鉴定指的是根据委托人提供的文档资料,确定文档是否为原始信息(或者是提供两份电子文档,确定其是否一致),也就是比较两份文件有关内容是否真实一致。常见的鉴定主要有 Office 文档鉴定、E-mail 鉴定、数码照片鉴定等。同一鉴定的原理主要是根据文档中某种"唯一性"标志(类似指纹或笔迹)内容确定文件原始来源于某一原始文件,或者根据原始文件与待鉴定文件在网络环境所处的位置不同来确定文件是否是同一的。

Office 文档鉴定的对象包括 Office 97 或 Office 2000 中所有文档、电子表格软件等,以及文件中使用了全球唯一标识符(UUID 或 GUID)的所有文件。这类文件在创建过程中,会自动在文件中生成一个唯一的标识符,此标识符理论上是唯一性的,任何人任何时候在任何机器上创建出来的都不同。通常可以以此鉴定两份内容相同的文件是否来自同一机器同一人所为。

E-mail 同一性鉴定主要是鉴定被鉴定人机器上的电子邮件内容是否修改。这种鉴定的前提必须在邮件服务器上有相关电子邮件的备份。通过比较邮件服务器上文件的内容与被鉴定文件内容的一致性,分析文件形成与传输的原理,确定 E-mail 是否有伪造的痕迹。

数码照片同一性鉴定,主要是通过分析研究,确定数码照片是否经过软件进行处理,以及确定从何种数码照相机拍摄的,拍摄时的摄影参数,甚至拍摄时的地理位置也能确定。这主要是根据数码文件 EXIF(Exchangeable Image File,可交换图像文件)格式来进行鉴定的。该文件格式最早由日本电子工业发展协会制订。目前,国际标准化组织(ISO)正以 EXIF2.1 格式为基础制定数码相机文件设计标准(DCF)。EXIF 信息实际上是加在 jpg 文件头的一部分信息,它是由数码相机在拍摄过程中采集一系列的信息,然后把信息放置在我们熟知的 jpg 文件的头部。也就是说,EXIF 信息是镶嵌在 JPEG 图像文件格式内的一组拍摄参数,主要包括摄影时的光圈、快门、ISO、日期时间等各种与当时摄影条件相关的讯息,相机品牌型号,色彩编码,拍摄时录制的声音以及全球定位系统(GPS)等信息。经过常用软件进行处理后,数码照片内 EXIF 信息会有不同程度的修改或破坏,因此可以鉴定照片是否被修改过。

然而,同一鉴定具有单向性。即有可能证实文件不同一、被修改的结论;但如果不能鉴定不同一,并不一定表明文件是同一的、没有被修改。有时候还需要通过其他手段辅助鉴定。

三、内容鉴定

内容鉴定主要是鉴定文档内容的真实性以及对一些隐秘的、秘密的、隐藏的数据进行分析判断。可以分为文档内容真实性鉴定、存储设备被破坏后的鉴定、加密数据的鉴定等。

对于电子邮件内容真实性的鉴定,可以有两种鉴定的方法。第一种,是在电子邮件服务器上调查电子邮件的副本,因为通常计算机用户在个人用户电脑上伪造电子邮件内容是很容易的,而在服务器上伪造,却很难很难;第二种,如果电子邮件使用了数字签名技术,则可以比较原文散列结果是否跟数字摘要是相同的来鉴定电子邮件内容的真实性、完整性(详见数据加密的鉴定)。

存储设备数字鉴定主要是指,在正常存储操作情况下数据不能正常显示或设备不能正常工作情况下的鉴定。其主要内容包括对存储设备内隐藏数据(操作系统可以识别文件系统但不能识别隐藏的或被删除的数据信息)、存储设备文件系统被破坏情况下的数据鉴定、存储设备发生故障或损坏情况下数据鉴定、硬盘盘片数据被多次覆盖或清零情况下的鉴定。

对文件系统被破坏的设备进行鉴定的方法与上述方法、程序类似。唯一不同的是,由于被鉴定的硬盘文件系统被破坏,在鉴定时需要使用专用的鉴定计算机,用

IDE 接口、USB、SCSI 接口与需要被鉴定的硬盘进行连接,之后的操作与上面操作的步骤类似。由于文件系统被破坏,有时候可能出现文件数据被破坏的现象,这时候,可能使用此鉴定方法是不行的,如果需要,可以采用其他更加高级的鉴定方法(见对存储设备损坏情况的鉴定与盘面数据被覆盖情况下的鉴定)。

前面提到的三种情况的数据鉴定,都是在被鉴定数据没有被其他数据覆盖的前提下进行的。如果硬盘盘片上数据已经被覆盖或者完全低格、全盘清零、遭到强磁场破坏,能否恢复呢?答案是肯定的。

因为从硬盘磁头的角度来看,同样的数据,拷贝进原来没有数据的新盘和拷贝进旧盘去覆盖掉原有数据,是没有分别的,因为这时候磁头所读取到的数字信号都是一样的。但是对于磁介质晶体来说,情况就有点不一样了,以前的数据虽然被覆盖了,但在介质的深层,仍然会留存着原有数据的“残影”。通过使用不同波长、不同强度的射线对这个晶体进行照射,可以产生不同的反射、折射和衍射信号。也就是说,用这些设备发出不同的射线去照射磁盘盘面,然后通过分析各种反射、折射和衍射信号,就可以帮助我们“看到”在不同深度下这个磁介质晶体的残影。根据目前的资料,大概可以观察到 4～5 层,也就是说,即使一个数据被不同的其他数据重复覆盖 4 次,仍然有被“深层信号还原”设备读出来的可能性。当然,这样的操作成本无疑是非常高的,也只能用在国家安全级别的用途上。目前世界范围内也没有几个国家可以拥有这样的技术,只有极少数规模庞大的计算机公司和不计成本的政府机关能拥有这样级别的数据恢复设备,而且主要由美国人掌握。

四、功能鉴定

功能鉴定主要是对计算机软件(这里主要是指那些带破坏性的程序)的功能、特征进行分析、鉴定。通常情况下,对计算机破坏程序鉴定资料有限,通常只有破坏性程序文件本身。这个文件是二进制的程序,鉴定的目标就是要通过有限的二进制文件信息,分析文件的特征、功能。

破坏性程序是一段二进制代码文件,很难像研究程序源代码一样来分析它。对这类软件功能的鉴定比较困难,但是,还是能通过其中的很多细小的信息发现问题。例如,破坏性程序一般都是经过编译生成目标程序的,这个目标程序中一般都可以发现编译前的文件名、编译器版本等信息,甚至有些破坏性程序编译时还带了 debug 选项,这对于研究软件功能有很大作用。

另外,还可以模拟软件的运行环境,对运行环境变化的研究可以分析软件的功能、调用得系统模块,对注册表的更改等很多信息。

对软件或程序功能鉴定最直接的方法是通过实验进行。通过运行破坏性的程序,观察监视系统的状态,分析其运行的过程与危害的结果。由于破坏程序具有破坏作用,可以使用特殊的软件模拟测试的环境,例如可以使用 VMWare 虚拟测试平台对破坏程序进行分析,因此要保护破坏性程序在存储设备上执行流氓代码,可以在设置中选择“非持久写”选项。

五、损失鉴定

功能鉴定是对计算机直接涉案资产损失进行评估。主要包括对计算机案件涉及的计算机资产（包括无形资产和有形资产）。计算机案件资产与一般资产不同，往往具有虚拟性、复杂性、时间性等特点。例如，对某一入侵破坏网络服务提供商信息系行为给网络带来的损失评估，除了评估因为网络病毒破坏，公司计算机软件破坏需要修复的成本外，还包括单位小时给客户提供服务的经济利益，以及因病毒破坏程序导致客户无法使用服务而给公司带来的总经济损失等。

六、复合鉴定

复合鉴定指的是其他的一些特殊的鉴定。主要包括计算机软件知识产权鉴定、计算机会计鉴定、加密数据的鉴定、计算机证据链鉴定。

（一）计算机知识产权鉴定

计算机软件知识产权鉴定主要指计算机著作权侵权鉴定。计算机著作权侵权鉴定，主要鉴定在程序设计中是否有抄袭、剽窃等行为，即根据委托人提供的两份计算机软件（可以是源程序，也可以是目标程序，两者是同一程序）及其他相关的资料，通过比较两份软件的运行环境、设计原理、设计风格、软件特征，并判断并分析两份软件在“表达”上实质相似的程度及相似内容，进而出具是否“实质性相似”的鉴定结论。其基本原理是根据计算机软件的设计原理、设计思路、软件的外观、界面、大小、源代码中变量的命名、注释、程序错误等各方面进行比较分析，判断这些方面在表达方面的相似或相同程度。如果只是设计思想相同，则不认定为实质性相似。如果在其他“表达”等很多方面都存在相同的特征，则就有可能软件著作权侵权；如果这些方面相同的内容越多，这种可能性也就越大。

（二）计算机会计鉴定

计算机会计的鉴定指的是利用计算机科学与会计学的原理和方法，通过检查、计算、检验、验证、鉴证对计算机会计凭证、会计账簿、会计报表、计算机会计活动日志等数字资料所反映的财务状况进行鉴定。由于会计业务中一般采用职务分工的方法，出纳人员与会计记录人员之间分工明确，所以不同职责人员之间财务、资金活动有一对一联系，同时，计算机财务软件一般都有比较完善的控制和管理功能，特别是对用户、用户所做的计算机操作、操作的时间、操作的内容都有比较详细的记录，根据计算机软件所反映的详细财务活动以及对这些活动的附加记录信息，可以推断出或还原出所有的计算机会计活动。利用这些“完整的会计活动”，并根据司法会计学的基本原理，就可以发现这些会计活动中是否存在的问题，对经济违法与犯罪中所涉及的金额、涉及的范围、使用的手段进行鉴定。进行计算机会计鉴定方法的主要方法有比对法、异常分析法、横向检查法。

比对法又可以分为实物的会计凭证与计算机会计软件中记录的会计分录比对

法,主要检查它们之间是否存在一一对应关系。这种比较鉴定的方法,适合查找漏记、错记的会计分录。计算机日志文件与会计活动的比对方法,根据日志文件所记录的活动,检查其中是否有用户超越自己权限的行为,是否有异常的会计记录行为,是否有对同一会计活动多次修改的行为等。

异常分析法就是对计算机会计活动中异常的行为进行检查。例如,某个用户没有调整计算机会计分录的权限,而计算机日志中却反映了这种行为,于是,可以对这个用户这段时间所有的计算机会计活动情况进行调查,找出其中的问题。又如,由于会计记录一般是平衡的,也就是收支应该是平衡的,当软件出现收支不平衡的异常记录,找出记录产生的原因,分析这种异常出现后,是哪位用户,通过怎样的方式,把这种平衡关系平衡的。再如,如果某个公司业务中有很多异常的会计科目,或者存在许多专用资金账户,就有必要对这些科目反映的资金往来,反映的财务活动进行分析、审查、鉴证。

横向检查法,就是依据已经有的信息,对此信息相关的内容进行逐个检查。例如,对于已被证实犯罪的资金、财产科目,可以调查与之相联系的其他科目,逐一审查。

(三)加密数据鉴定

加密数据鉴定指的是根据委托人提供的计算机有关资料或设备等,对计算机机密信息进行破解,翻译机密信息内容的活动。

加密数据鉴定的内容很多,主要包括两大类:第一类是对密码的破解,包括用户密码破解、经过加密的文档资料的破解、软件加密信息的破解;第二类是对数据的完整性校验,包括对经过数字签名的软件、数据进行完整性校验,确保信息的来源可靠、内容真实。

(1)第一类鉴定主要是根据密码分析学原理,对密码进行破解,或者设计伪造的认证密码,绕过需要分析的计算机身份认证系统,从而发现解密后的文件或信息。

(2)第二类鉴定主要是根据数字摘要或数字签名[1]的基本理论鉴定原文的信息在网络传输的过程中是否被修改过,是否是来源于某个发送者等。数字摘要主要是依据哈希函数[2]实现的。

(四)计算机证据链鉴定

根据委托人提供的计算机数字证据,各种则证据提取、固定过程的文档说明,以及有关的录像等有关资料,对取得的与计算机相关证据的形成以及证据之间的关系

---

〔1〕 数字签名(digital signature)是使以数字形式存储的明文信息经过特定密码变换生成密文,作为相应明文的签名,使明文信息的接收者能够验证信息确实来自合法用户,以及确认信息发送者身份。

〔2〕 哈希函数又称杂凑函数。对任意长度的明文 m,经由哈希函数 h 产生固定长度的哈希值 h(m),用来对明文作鉴别或数字签名。哈希函数值是对明文的一种“指纹”(finger print)或是摘要(digest)。对哈希函数值的数字签名,就是对此明文的数字签名,可以用来提高数字签名的效率。

进行分析、判断，对证据的真实性、可靠性进行鉴别的活动。这里的计算机相关证据，包括在犯罪现场提取的、固定的相关数字证据，也包括经过公证的计算机相关的证据。

由于计算机证据是在计算机网络环境中形成的，证据之间必定有一定的内在逻辑性，如果证据是伪造的，或者证据在提取过程中可能改变了本来的属性特征，通过这些证据之间的内在联系，可以发现其中是否存在某种逻辑上错误的证据、理论上是否存在瑕疵的证据。

(1)对单个证据形成过程进行分析。根据单个证据的提取环境、提取过程、固定方法以及提取证据过程中的录像或照片资料，判断证据的可信度。例如，根据正常情况下操作系统运行的特点、程序运行的特点、证据提取过程中是否可能被破坏，原始的数据信息能否完好保存等确定证据的可信度。

(2)对证据之间关系进行分析。根据证据链锁之间存在的逻辑关系，发现证据锁链之间存在的问题。例如，发现证据之间是否是互斥的，前后有时间先后关系的证据是否连贯；它们之间是否是伪造的或者是没有联系的证据捏合在一起的。

第四节　电子数据司法鉴定文书的制作

一、电子数据司法鉴定文书制作的概述

司法鉴定文书是司法鉴定机构和司法鉴定人依照法定的条件和程序、运用科学技术和专门知识对诉讼中涉及的专门性问题进行分析，鉴定和判断后出具的记录和反映司法鉴定过程和司法鉴定意见的司书面载体。在电子数据领域，则主要是对电子数据专业问题出具的司法鉴定文书。电子数据鉴定司法鉴定文书分为两大类：第一类是电子数据司法鉴定意见书；第二类是电子数据司法鉴定报告。

电子数据司法鉴定意见书是司法鉴定机构和司法鉴定人对委托提供的电子数据相关材料进行检验、鉴别后出具的记录司法鉴定人专业判断意见的文书。

电子数据司法鉴定报告书是司法鉴定机构和司法鉴定人对委托人提供的电子数据相关材料进行检验后出具的，客观反映司法鉴定人的检验过程和检验结果的文书。

二、电子数据鉴定司法文书主要内容

电子数据鉴定司法文书主要包括封面、正文、附件三个部分组成。其中封面主要记载鉴定的机构与鉴定的类别，正文记录鉴定活动及其结果的主要内容，附件主要包括与鉴定相关的附件。

(一)封面部分

(1)封面。封面应当写明司法鉴定机构的名称、司法鉴定文书的类别和司法鉴

定许可证。

(2)封二。封二应当写明声明、司法鉴定机构的地址和联系电话。

(二)正文部分

(1)标题。写明司法鉴定机构的名称和委托的事项。

(2)编号。写明司法鉴定机构缩略名、年份、专业缩略语、文书性质缩略语及序号。

(3)基本情况。写明委托人、委托鉴定事项、受理日期、鉴定材料、鉴定日期、鉴定地点、在场人员、被鉴定人等内容。

(4)检案摘要。写明委托事项涉及案件的简要情况。

(5)检验过程。写明鉴定的实施过程和科学依据,包括检材处理、鉴定程序、所用技术方法、技术标准和技术规范等内容。

(6)检验结果。写明委托人提供的鉴定材料进行检验后得出的客观结果。

(7)分析说明。写明根据鉴定材料和检验结果形成鉴定意见的分析、鉴别和判断的过程。

(8)鉴定意见。应当明确、具体、规范,具有针对性和可适用性。

(9)落款。包括司法鉴定人签名处预留空白、司法机构盖章预留空白、写明司法鉴定人的执业证号、文书制作日期等。此处必须由实际参加案件鉴定的有计算机鉴定职业资格的鉴定人员签名,盖检定机构公章方有效。

(10)附注。此处写明司法鉴定文书中需要解释的内容。例如,检验材料方式是否随鉴定报告一起退回的说明。

(三)附件部分

电子数据司法鉴定文书附件包括与鉴定意见、检验报告有关的关键图表、照片、参考文献,以及软盘、光盘、硬盘等存储电子数据的存储介质等的目录。附件应当附在司法文书的之后。对于电子数据存储介质通常应该对其完整性进行校验,可以采取两种方法:一种是对整个存储介质内数据进行完整性校验;另一种是对鉴定中涉及的主要文件进行完整性校验。无论通过哪一种校验方式,其完整性情况均应在鉴定报告中反映出来。

三、电子数据司法鉴定文书制作过程

电子数据司法鉴定文书制作过程主要包括内容形成、文书打印、文书装订、加盖印章与签字等过程。

在内容形成阶段,主要是将司法鉴定文书主要内容按照规定的标准格式输入计算机文档进行编辑加工的过程。

文书打印主要是将电子文档打印在特定的纸张上的过程。通常使用 A4 规格纸张。在此阶段需要检查打印形成的纸质文件内容是否有不符合规范的,如果有,则必须重新回到内容形成阶段进行修改。通常检查文字、段落、页眉、是否落款页无正文等情况。

文书装订主要是将打印的文件按照一定的顺序装订成册，包括封面、正文、附件等内容。

加盖印章与签字阶段主要包括鉴定人签字、加盖鉴定机构专用钢印、鉴定机构专用红章、骑缝章、正本与副本章等。其中，司法鉴定文书正文标题下方编号处应当加盖司法鉴定机构的司法鉴定专用章钢印；司法鉴定文书各页之间加盖司法鉴定机构的司法鉴定专用章红印，作为骑缝章，也可附加专用骑缝章印；司法鉴定文书制作日期处应当加盖司法鉴定机构的司法鉴定专用红章。

第五节　电子数据司法鉴定意见的评价

一、电子数据司法鉴定评价的意义

为确保电子数据鉴定工作符合国家相关法律、法规，实现诉讼活动经济有效运行，要求电子数据鉴定过程和结果达到一定质量水平。为了达到此目的，有必要建立一套控制电子数据鉴定的控制机制，这种机制核心是电子数据鉴定的评价。在电子数据鉴定领域，有关国家和地方标准仍然一片空白，各鉴定部门主要依据自制的鉴定标准；还有部分计算机鉴定部门连自制鉴定标准也未制定，鉴定主要凭借个人的经验和知识。这使电子数据鉴定方面的管理十分混乱，电子数据的案件受理范围、鉴定的具体依据、鉴定的具体执业分类、鉴定的程序、鉴定的方法无统一的规则。所以有必要对整个数据鉴定过程进行评价。

电子数据鉴定的评价可以实时发现电子数据鉴定过程中存在的问题，便于鉴定人员或鉴定机构及时改进工作中存在的问题，防止个案鉴定结论与事实存在偏差，提高鉴定的实体公正和程序公正。

电子数据鉴定的评价同时也有助于鉴定机构对司法鉴定的整个活动进行有效的管理和控制。通过在发现鉴定过程中普遍存在的问题及在鉴定过程中对解决新发生问题的成果，进一步完善鉴定机构内部的鉴定标准和鉴定技术。

当委托人或利害关系人对电子数据鉴定结论产生异议时，其他中介机构可以通过对电子数据的评价情况对鉴定结论的可信度和合法性进行总体的评价。

二、电子数据司法鉴定评价的内容

电子数据鉴定结论的评价涉及电子数据鉴定整个活动中的各个环节。主要包括鉴定人员的评价、鉴定时间的评价、鉴定程序的评价和鉴定文书的评价。

（一）鉴定人能力的评价判断

电子数据司法鉴定具有较强的鉴定技术，有些鉴定项目十分复杂，往往单个人难以在规定的时间内完成相应的任务。如在短暂时间内需要对几百万行的源代码进行分析。因此在实际鉴定中,除了鉴定人员自身外,可能会需要一些辅助人员参与到鉴定过程中。所以这里存在几个问题:

(1)鉴定主体的资格和工作问题。电子数据鉴定主体应该是经省级以上司法行政机构授予的鉴定权的人员。对于大型鉴定项目的负责人和主持人必须具有更高的要求。除了懂得计算机鉴定的相关技术外,还应该具备项目管理的知识和经验。

(2)参加人员的技术水平和司法素养问题。参与电子数据鉴定人员应当具备该项目必需的专业知识和技能,人数应当为 2 以上。从社会聘请的专业人员应该确保鉴定素质。

(3)鉴定人员及相关人员的回避问题。对于与鉴定人员有利害关系的案件,可能导致公众对鉴定结论可能产生合理怀疑的人员应该回避。

(二)鉴定标准的评价

电子数据司法鉴定评价的标准评价是判断电子数据鉴定是否准确的主要依据之一。所以对鉴定标准的评价十分重要。在对鉴定标准评价时,需要考虑电子数据司法鉴定标准是否存在例外情形,是否有未考虑到的情况未包括在内。

如在电子数据鉴定中,在数据获取过程中需要对待鉴的存储设备进行数据的复制,复制的方法有多种——一种是位对位的拷贝;另一种是 dd 拷贝,将内容存放在不同的单个文件中;还有一种是对文件的直接复制。考察具体鉴定时采用了哪种获取标准,具体评价时,可对此类标准是否满足鉴定结论准确性和鉴定及时性要求进行分析。

(三)鉴定程序的评价

电子数据鉴定程序比较复杂,所以对鉴定程序评价比较繁杂。一是对样本收集或者证据提取程序的评价。在证据提取或收集中,必须保障证据能够准确无误地转移到相应的当事人或鉴定人处。但是电子数据具有易失的特点,任何电子数据的转移都可能改变数据的性质甚至内容。所以在提取证据时必须通过技术手段保障证据在转移过程中主要信息未发生变化。二是在初步鉴定过程中,应该保障充分的时间参与鉴定,对于没有足够的实验时间或检验时间的鉴定的评价应该相对较低。三是在复核过程中,必须保障复核人员具备足够时间参与鉴定,还必须保障复核人员亲自参与了相应的鉴定。

思考题

1. 电子数据司法鉴定特点有哪些?
2. 电子数据同一鉴定包括哪些技术?
3. 电子数据来源鉴定的主要原理是什么?
4. 电子数据鉴定的主要方法有哪些? 各有什么特点?

5. 电子数据复合鉴定的内容与涉及的相关技术有哪些？

阅读书目

1. K. Mandia and C. Prosise, *Incident Response*, Osborne/McGraw – Hill, 2001.

2. Technical Working Group for Electric Crime Scene Investigation, *Eletronic Crime Scene Investigation: A Guide for First Responders*, 2001.

3. Digital forensics Research Workshop, *A Road map for Digital Forensic Research*, http://www.dfrws.org, 2001.

4. 闵银龙主编:《司法鉴定》,中国法制出版社 2004 年版。

第十九章　会计司法鉴定

本章重点内容

本章主要介绍会计司法鉴定的概念、任务,鉴定材料及其分类,鉴定程序,鉴定方法,鉴定范围和内容,鉴定文书及其制作要求。

本章学习要求

通过本章学习,应理解会计司法鉴定的含义、适用范围、鉴定程序、鉴定内容及鉴定类别、鉴定事项与鉴定要求之间的联系和区别,掌握会计司法鉴定的常用方法,能够按规范要求制作会计司法鉴定意见书和检验报告书,了解会计司法鉴定意见的评价内容和方法。

第一节　会计司法鉴定概述

一、会计司法鉴定的概念

随着经济与法制的发展,贪污贿赂、偷逃税款、证券欺诈、非法集资、反倾销、洗钱等各类有关财产权益的案件越来越多。这类案件涉及复杂的会计过程和众多的财会资料,办案司法人员受其专业技能的限制,难以或不能及时查清案件涉及的财会事实,因而需要既懂会计又熟悉法律的会计专业人员提供案件财会事实的鉴定意见。

会计司法鉴定是指在诉讼活动中会计司法鉴定人运用会计、审计等专业知识,对案件涉及的财会事实进行鉴别和判断并提供鉴定意见的活动。在司法实践中,会计司法鉴定意见是许多经济犯罪、纠纷案件定性量刑的基本依据,在案件的侦查、审查起诉与司法审判过程中具有重要作用。

会计司法鉴定,也称司法会计鉴定、法务会计司法鉴定等,其对应学科由于学术来源、用词习惯等不同,在我国先后有司法会计、法务会计、法会计等多种称谓。不同的学科名称代表着不同的学术流派,其专业术语、学科体系等也有所不同,但从实质上看会计司法鉴定始终是各学派共同的核心内容。因此,本书使用会计司法鉴定的称谓。

二、会计司法鉴定的任务

会计司法鉴定的任务是运用会计、审计等专门知识和鉴定规则,检验、分析、鉴别和判断案件所涉及的财会资料及相关证据材料,查明要求鉴定的财会事实,并客观、公正地提出鉴定意见,为办案司法人员、律师、当事人等处理案件提供科学证据。具体包括三个方面:第一,检查、验证送鉴的财会资料及相关证据材料,对其所反映的财会内容进行量化、分析,鉴别、判断鉴定材料是否齐全及其真实性、准确性。第二,检查、验证含有错误的财会资料及相关证据材料,分析、鉴别其错误形态、原因及影响。第三,对全部鉴定材料的检验、分析与鉴别结果进行综合判断,确定应当采信的鉴定材料及其检验、鉴别结果并作为出具鉴定意见的依据,进而据此制作会计司法鉴定文书,提交鉴定委托人。

三、会计司法鉴定的检材

会计司法鉴定材料,又称检材或鉴材,是指在会计司法鉴定中会计司法鉴定人对其进行检验、分析与鉴别的财会资料及相关证据材料。检材是会计司法鉴定的检验对象,也是作出鉴定意见的事实依据。因此,检材是否符合要求对鉴定的成败具有重要影响。一般认为,检材应符合证据的“三性”要求,即客观性、关联性与合法性。应强调的是,检材必须由办案司法人员、律师等合法主体依法定程序取得。当事人、会计司法鉴定人不宜自行收集所需的鉴定材料,因为这种检材的可靠性容易在法庭上受到质疑。

会计司法鉴定的检材均表现为书面形式,包括以下几种:

(1)作为诉讼证据的财会资料。它是指已在案件调查过程中被办案司法人员、律师等合法主体依法提取、固定为书证或物证的财会资料,如发票、支票存根、差旅费报销单、记账凭证、账簿、会计报表、验资报告等。

(2)未作为诉讼证据的财会资料。它是指在案件调查过程中未被作为诉讼证据使用,但与鉴定事项相关的财会资料。

(3)勘察笔录。它是指对现金、存货、固定资产等财物、账本的勘验、检查笔录。

(4)当事人陈述、供述及证人证言。它是指与鉴定事项有关的刑事被告人的供述或辩解、其他案件当事人的陈述、各种诉讼中的证人证言等。这些证据应当以书面记载形式或同时附录音录像提交给鉴定人。

(5)相关专业意见。它是指对财会资料中的笔迹、指纹、印章、商品质量等进行检验鉴定的检验报告或鉴定意见等。

(6)其他相关证据材料。它是指上述5类检材以外的价格行情、统计资料、会议记录等与案件相关的其他证据材料。

上述各种鉴定材料中前三项具有可鉴别、稳定、可靠等特点,是出具鉴定意见的主要依据;后三项由于受人的主观影响较大等原因,可靠性或相关性较低,应作为次要依据。在作为主要依据的检材缺失或严重不足情况下不能仅依据或主要依据作为次要依据的检材作出鉴定意见。这是会计司法鉴定的基本思路,也是保证鉴定意见科学性和可靠性的基本要求。

第二节 会计司法鉴定的方法

会计司法鉴定的方法是指会计司法鉴定人在分析、鉴别财会事实问题过程中所采用的基本技术手段。以下是实践中常用的鉴定方法。

一、标准比对法

标准比对法是指以法律和财会技术标准所规定的财会处理方法及相应处理结果作为标准,将财会资料检验过程中所见财会处理方法及处理结果与之进行比对,鉴别、判断其是否正确或真实的鉴定方法。该鉴定方法以财会处理方法与其适用对象之间具有特定的对应关系为鉴定原理。

标准比对法的具体步骤:首先,根据鉴定材料中记录的财会业务内容,运用相关的法律和财会技术标准,确定应当采用的财会处理方法及正确的财会处理结果,作为比对的标准;其次,将鉴定中需要进行分析鉴别的财会处理方法及处理结果作为比对物;最后,将比对物与比对标准进行对比。如果一致,则可判定需要鉴定的财会处理方法及结果是正确或真实的;如果不一致,则可判定其是错误或虚假的。标准比对法主要适用于对会计分录、账户余额、会计报表项目数据等计算方法及结果的正确性,以及会计处理记录真实性的鉴别。

二、平衡推定法

平衡推定法是指根据资金或数据之间的数量平衡关系,推导并确定某项资金或数据是否真实、正确及准确数值的鉴定方法。平衡推定法以资金运动的规律性及其数量平衡关系作为鉴定原理。

使用该方法时,鉴定人可将需要推导和确定的某项资金或数据设定为推定量,根据推定量与现有资金或数据之间的平衡关系,推导出它的数值,并据此分析和证明有关财会业务结果及相关记录的真实性或正确数值。例如,某企业“应收账款——宏泰公司”账户2006年5月末的余额为1.5万元,诉讼机关对此存有怀疑,要求确认该明细账户的实际余额。此时,该明细账户的实际余额即为需要推导并确定的推定量,该企业“应收账款”总账余额136万元及宏泰公司以外的其他明细账户余额121万元为现有相关数据,根据总账余额等于其明细账余额之和的平衡关系,可推导出“应收账款——宏泰公司”的账户余额为15万元。经进一步查实,原账面记录系过账笔误,实际余额应为 15 万元。

平衡推定法分为针对某一时点静态平衡关系的静态平衡推定法与针对某一时期动态平衡关系的动态平衡推定法,主要用于对财会资料所反映的财会业务及相关数据的真实性进行鉴别和判断的情形,也可用于直接推定有关财会数据的数值。

三、证据链接法

证据链接法是对收到的鉴定材料进行检查、验证,将其按经济活动过程与财会原理进行分析、鉴别、综合、固定与链接,从而将相应的财会事实简要、连贯、逻辑地表述出来,并出具鉴定意见的方法。这种方法适用于案件事实基本查清,所涉及的财会资料已经基本收集齐全的情况。此时的会计司法鉴定起到固定、综合证据的作用,使办案司法人员已经收集的财会证据互相印证,形成证据链,发挥综合效力。

四、系统分析法

系统分析法是指根据系统构造及运行原理,将会计司法鉴定材料的检验、分析、鉴别与判断置于案件事实系统、会计信息系统、企业管理系统以及经济、法律、文化系统等各种大大小小、相对独立又相互影响的系统中进行系统分析,以达到从整体中认识局部,由此及彼、由表及里的综合验证效果。该方法要求鉴定人具有优秀的知识结构和分析推理能力,主要用于对鉴定方向和基本事实的确认,以强化鉴定的分析论证过程或寻找可能存在的漏洞。例如,在一项会计司法鉴定中,鉴定人发现被检验财会资料所属时期某采购员购买的钢材价格基本未变,而同期国内钢材价格逐步下降,平均下降约 30% 。根据经济系统的运行规律,该企业采购的钢材价格应当无法摆脱市场行情的影响,由此,鉴定人推断可能存在欺诈。经进一步检验补充的采购资料及相关证据材料,鉴定人终于发现了该采购员收受回扣、损害公司利益的事实。

五、因素递增法

因素递增法是指在鉴定过程中逐步增加分析鉴别因素的一种鉴定方法。采用因素递增法进行检验鉴定时,应先将需要进行分析鉴别的各种因素,按其分析鉴别的难易程度由易到难进行排列,然后由易到难逐步将各个因素纳入分析鉴别的范围,如遇无法进行分析鉴别的因素,应在鉴定意见中进行说明。因素递增法主要应用于会计司法鉴定中遇有鉴定材料不全,或对鉴定材料的真实性、可靠性存有异议等情形。

六、因素排除法

因素排除法是指在一些涉及财会错误的鉴定中通过检验、分析和鉴别,逐步排除其他可能性,从而确认其中一种原因或结果的鉴定方法。采用因素排除法进行鉴定时,首先应将能够导致某一财会后果的所有原因或某一财会现象能够导致的所有后果全部列示出来,然后通过检验、分析和鉴别财会资料及相关证据,尽力排除其他原因的作用或导致其他后果的可能,从而最终确认导致某一后果的真正原因或某一财会现象实际产生的真正后果。因素排除法主要适用于对涉及财会因果关系问题进行的司法鉴定。采用该法进行鉴定时,必须做好两点:一是要将所有的可能性全部客观地列示出来,既不能遗漏,也不能凭主观想象随意添加。二是要将所列示的全部可能性逐一进行科学的分析,分别予以肯定或否定。如出现不能肯定其一或不能否定其他的情形,不得作出确定性结论。实务中常见的问题是,不知道如何运用这一方法,或没有穷尽应当排除的情形。

七、范围限定法

范围限定法是指通过限制检验的检材范围,将本应通过对较大范围的检材进行检验解决的鉴定问题,限定在较小范围的检材内解决的一种鉴定方法。采用范围限定法进行鉴定,主要是通过有选择地缩小检材的使用范围,从而有限度地解决案件所涉及的财会事实问题。范围限定法通常适用于因受检材质量或鉴定时间的限制,无法通过对较大范围的检材实施检验或无法利用对较大范围检材的检验结果作出鉴定意见等情形。在实际运用此方法时,检材范围的限制办法有两种:一是对检材的种类范围进行限制。比如,只对直接证据进行检验,只对与鉴定结论相关的记账凭证和账簿进行检验,只对记载案件事实的财会资料进行检验等。二是对检材的时间范围进行限制。也就是只对鉴定事项所涉及的部分会计期间的财会资料进行检验,如只检验案发年度的财会资料等。

采用范围限定法进行鉴定,所出具的鉴定意见实际上是在增加了一些假定前提下得出的,因而在鉴定意见书中必须具体说明所依据的鉴定材料范围。

八、事实还原法

事实还原法是指以原始凭证记载的经济业务的发生时间为准,对会计核算资料进行调整并重新计算各期的核算结果,以还原各期财务状况或经营成果真实情况的一种鉴定方法。该法适用于某时期连续各月期末财务状况、经营成果的确认,也可用于某时期连续各月账户余额正确性鉴定中的比对标准的制作。事实还原法主要有两种具体方法:(1)手工还原法。采用该法计算正确的账户余额时,可分为如下几步:首先,通过检验原始凭证,将不属于本期发生的经济业务的原始凭证挑出,并按实际业务的发生时间分别登记调入、调出账项登记汇总表,并分别计算出合计额。其次,根据各期调入、调出账项的合计额,编制账项还原计算表。再次,计算还原后的账户余额。最后,验证还原结果——调整后的最后余额应当与原账户同期余额相同。(2)Excel还原法。采用该法时,可以将会计账户记录的业务(可省略摘要栏)制成Excel电子表格,同时输入每笔业务的“实际发生时间”,然后按“实际发生时间”进行排序,即可得到还原后的各月账户余额。

此外,应当知道的是顺序验证法与逆序验证法。顺序验证法是指会计司法鉴定人对所掌握的鉴定材料按照会计账务处理的顺序,从前往后依次对原始凭证、记账凭证、账簿和会计报表相关内容进行检查、验证的方法。逆序验证法是指会计司法鉴定人对所掌握的鉴定材料按照会计账务处理的相反次序,从后向前依次对会计报表、账簿、记账凭证、原始凭证的相关内容进行检查、验证的方法。顺序、逆序验证法以会计账务处理原理为依据,环环相扣,循序追踪,多层验证,能较为准确地认定相应的财会事实,是实务中十分常用的方法。该两种方法通常结合使用,但在鉴定实践中以逆序验证法为主,这是由财会资料的特殊结构形式决定的。

第三节　会计司法鉴定的主要内容

一、会计司法鉴定的范围

会计司法鉴定的范围,是指需要并且能够通过会计司法鉴定解决的财会事实问题的范围。司法实践中,并非案件所涉及的财会事实问题都需要或可以通过会计司法鉴定来解决。会计司法鉴定的具体范围应从必要性与可行性两个角度综合考虑:一是案件诉讼的实际需要,即明确哪些财会事实问题需要通过鉴定解决;二是现有的会计司法鉴定技术水平能够解决哪些财会事实问题。

一般认为,属于会计司法鉴定范围的财会事实问题是:(1)财会证据中反映的会计处理方法及核算结果,包括会计分录的制作是否正确合理,账户余额的计算、列示是否正确,会计要素的确认、计量方法是否正确,会计报表项目的数据是否正确等;(2)财会错误的状况及影响后果;(3)现金、存货、固定资产等资产差异的确认;(4)资金流向、账户发生额的形成原因、小金库的资金来源与使用等其他财会事实问题。不属于会计司法鉴定范围的是:(1)与财会业务有关的法律定性问题,如是否构成贪污、诈骗、犯罪等;(2)通过案件证据调查已经解决或者能够解决的财会事实问题;(3)财会资料中的指纹、笔迹、印章等物证的确认(应由痕迹专家等其他专业技术人员解决);(4)财会行为所涉及的意识与心理痕迹的识别等(应由案件承办人员等负责)。

二、会计司法鉴定的内容

会计司法鉴定的内容是其鉴定对象(涉案财会事实)的各个组成部分,包括资产、负债、净权益、收入、费用损失、净收益,可称为会计司法鉴定的内容要素。任何一项会计司法鉴定的具体内容均为这些要素的一部分或一方面,或其若干部分或方面的组合。

在会计司法鉴定中,财会事实均指向某一特定的主体或事项,因此会计司法鉴定的内容要素无不归属于某一具体的主体或事项。其中,资产是涉案主体或事项所拥有或控制的、能给其带来经济利益的资源,包括货币资金、应收账款、应收票据、原材料、产品、对外投资、固定资产、土地使用权、专利、商标等。负债是涉案主体或事项因交易、合作、事故等原因形成的,将导致其经济利益流出的义务,包括银行借款、应付账款、其他应付款、应付工资、应付福利费、应交税金、长期借款、应付债券等。净权益是涉案主体或事项的资产扣除负债后,由其所享有的剩余权益,包括资本、资本公积、盈余公积、未分配权益等。收入是涉案主体或事项一定时期内发生的、会导致其财产权益增加的经济利益流入,包括营业收入、资产处置收入、罚款收入等。费用是涉案主体或事项在某一时期发生的、会导致其财产权益减少的经济利益流出,包括材料费、人工费、折旧费、燃料动力费、房租费、水电费、通讯费、利息费等。损失是涉案主体或事项由于事故、盗窃、物价下跌等原因造成的资产灭失或价值减少。应注意的是,成本是与费用密切相关的概念,它是指特定资产取得或形成过程中所发生的费用,如某产品的生产成本、某材料的购买成本等。因此,成本是费用的转化形式,即归属于某一成本对象(即某产品、某材料、某固定资产等)的费用。净收益,对企业来说又称利润或损益,它是涉案主体或事项在一定时期内最终所获得的财务收益,表现为收入减去费用损失后的余额。对企业来说,净收益包括主营业务利润、其他业务利润、投资损益等。

在司法鉴定实践中,上述内容要素具体表现为这些要素的一个或若干个项目,如现金、应收账款、应交税金等。会计司法鉴定就是要对这类项目或事项是否存在、是否登记入账、记录是否真实或准确、计算方法及结果是否正确、一定时期的发生额和余额是多少、某项资金的来源与去向等问题进行鉴别和判断。

三、会计司法鉴定内容与鉴定类别、鉴定事项、鉴定要求的关系

关于会计司法鉴定的内容,目前国内学者的看法或表述方法分歧较大。[1] 经常有人将鉴定内容与鉴定类别、鉴定事项、鉴定要求相混淆。笔者认为,鉴定类别是对鉴定工作从某个角度所作的分类,如根据涉及案件性质可分为刑事案件、民事案件、行政案件鉴定等,根据涉及案件的经济内容可分为贪污案件、挪用公款案件、税务案件、金融诈骗案件鉴定等,根据鉴定的内容要素分为资产、负债、净权益、收入、费用损失、净收益鉴定等。可见,鉴定内容与鉴定类别两者相关而不相同,除按鉴定的内容要素所作的分类外,其他任何鉴定类别的鉴定内容,只有到鉴定实践中鉴定要求提出时才能具体确定。鉴定事项是会计司法鉴定过程中所要查明的具体财会事实(问题),如存货余额、财产净值、某产品账存与实存差额等。鉴定要求是鉴定委托人对查明有关财会事实(问题)所提出的具体要求。例如,确认某企业 2009 年 1 月 10 日至 2010 年 3 月 16 日对外投资的数额及损益,查明某公司 2011 年 12 月 31 日的现金库存数,核实某企业 2008 年度增值税发票及增值税缴纳情况等。可见,鉴定要求实质上是对鉴定事项提出的鉴定要求,是鉴定内容(资产、负债等)在鉴定工作中的具体化。

---

[1] 王建国编著:《司法会计学》,立信会计出版社 2003 年版,第 297 ~ 298 页;张苏彤编著:《法务会计高级教程》,中国政法大学出版社 2007 年版,第 510 ~ 511 页;黎仁华著:《法务会计概论》,中国财政经济出版社 2005 年版,第 223 ~ 225 页。

第四节　会计司法鉴定文书的制作

会计司法鉴定文书是指由会计司法鉴定人在鉴定结束时制作的，载明检验鉴定过程、检验结果及鉴定意见等内容的技术文件，包括会计司法鉴定意见书、会计司法鉴定检验报告书等。各种会计司法鉴定文书均由封面、正文与附件三部分组成，不同之处主要在于其正文的内容与格式不同，详见本书第六章的相关内容。

一、会计司法鉴定意见书

会计司法鉴定意见书是指由会计司法鉴定人制作的主要阐述检验鉴定过程、检验结果及鉴定意见的技术文件。它由标题、基本情况、案情简介、检验过程与结果、分析说明、鉴定意见、落款等部分组成。

会计司法鉴定意见书是最主要的会计司法鉴定文书，其制作应掌握以下要点：

1. 基本情况与案情简介

基本情况部分必须写明鉴定的受理根据、鉴定事由、鉴定事项及检材接收情况等内容。鉴定的受理根据应写明送鉴单位的名称、提请鉴定的文件名称及文号等。例如，“根据××院××年×月×日反贪字第×号送鉴报告，受本院检察长指派……”等。鉴定事由是指对什么案件涉及的财会事实问题进行鉴定，包括案由及主要当事人的姓名、所在机构的名称及职务（或职业）等。例如，“对××单位××涉嫌××案有关的财会事实问题进行鉴定”。鉴定事项是通过鉴定需要解决的具体财会事实问题，应细致明确，避免笼统，如“确认某单位某月产成品的发生额及期末余额”等。检材接收情况应写明接收时间、地点、移送人的职务及姓名、检材的名称及数量等。同时，应写明委托鉴定事项涉及案件的简要情况、鉴定概况等内容。

2. 检验过程与结果

该部分主要是说明鉴定意见的事实依据，通常包括五个方面：(1)检验范围，即检验项目及被检验资料的时间范围；(2)重点检验的检材制作时间、名称及内容；(3)账项调整内容及调整结果；(4)有关汇总数据的计算结果；(5)其他需要写明的检验结果。该部分的基本制作要求是：客观全面，详略适当，便于引用，方便审查。

3. 分析说明

该部分主要表述对财会事实问题的分析论证意见，即运用鉴定原理、财会技术标准、鉴定技术方法等，对检验结果进行分析鉴别、论证和说明，以推导出鉴定意见。分析说明部分的内容通常包括三个方面：(1)鉴定原理，即具体的分析鉴别意见所依据的财会原理或技术标准等；(2)分析鉴别意见，即利用鉴定原理对检验结果进行分析鉴别所形成的意见；(3)技术说明，即对财会技术方法、财会数据的计算过程等所作的说明。

分析说明部分的表述主要有证明式和说明式两种。证明式是指按照逻辑推理的方式,表述分析论证过程及结果的一种方法。一般采用三段论的推理方式,先表述鉴定原理作为推理的大前提,然后引用检验结果作为推理的小前提,结论便是分析鉴别意见。说明式是指对相关检验结果中的计算原理进行说明的一种表述方法。通常的做法是,直接解释检验部分相关计算结果所运用的计算公式。

4. 鉴定意见

鉴定意见是鉴定书的核心内容,绝大多数人首先关心的就是鉴定书的鉴定意见部分。该部分的写作十分关键,应符合专业、简明、直观等要求。应重点关注以下几点:(1)鉴定意见的内容必须与基本情况部分的鉴定事项相照应,即鉴定意见只能回答基本情况部分提出的鉴定事项的相关问题,切忌答非所问。(2)鉴定意见的内容必须以检验部分所列事实为依据,不能主观臆断或偏离事实。(3)必须恰当使用规范的财会术语,不能因追求通俗而损害鉴定的科学性。(4)必须完整地表述鉴定所要求回答的财会事实,否则将影响鉴定目的的实现。(5)用语必须准确,只能使用肯定或否定用语,不得使用"某某收入有虚构嫌疑"等或然性语句。(6)表述多项鉴定意见时,应条理清晰,一般可按时间或逻辑顺序排列。

最后应说明的是,鉴定结束时通常只需将案件卷宗中没有的、未作为诉讼证据的财会资料、专用鉴定表格等作为附件,而已作为诉讼证据的财会资料、会计勘察笔录、笔迹、指纹等相关鉴定意见无须作为附件移交,但应填列清单并说明已作为诉讼证据列入案卷,并且将该清单作为附件移交。

二、会计司法鉴定检验报告书

会计司法鉴定检验报告书是指会计司法鉴定人在对检进行检验后制作的,主要载明检验过程及检验结果的技术文件。从结构上看,它包括标题、基本情况、案情简介、检验过程、检验结果与落款六部分,其中,标题、基本情况、案情简介与落款的要求与鉴定意见书基本相同。应注意的是,基本情况部分应写明检验根据、检验事由、检验项目、检验目的及检验概况等;检验过程部分应写明检验范围、检验所见检材记载的内容等;检验结果是对检验所见事实的客观归纳与表述,只说明事实,不发表意见。

第五节　会计司法鉴定意见的评价

会计司法鉴定意见作为证据的一种,必须经过查证属实才能作为定案的根据。因此,承办案件的侦查、起诉、审判人员、当事人及其代理人等需要从关联性、科学性、合法性、可靠性等方面对会计司法鉴定意见进行评价,具体表现为以下几个方面。

一、对最终结果与鉴定要求的符合度评价

鉴定要求是鉴定内容和鉴定目的的具体表现,会计鉴定人出具的鉴定意见应当与鉴定要求相符。也就是说,鉴定意见应全面回答提请鉴定的财会事实问题,既不能遗漏,也不能超范围回答鉴定要求中没有提出的问题。特别是,鉴定意见只能对相关的财会事实发表意见,不能对是否虚假出资、是否贪污等法律问题作出回答。

二、对鉴定实施程序的评价

会计司法鉴定应遵守《司法鉴定程序通则》及会计司法鉴定相关管理办法等规定,实现程序的公正性与合法性。对鉴定实施程序的评价应重点关注:(1)会计司法鉴定人是否具备相应的鉴定资格;(2)指派或聘请会计司法鉴定人的手续是否完备;(3)是否存在会计司法鉴定人应当回避的情形;(4)会计司法鉴定人是否独立、客观、公正地进行鉴定;(5)鉴定意见是否在法定或约定的时间内作出等。

三、对鉴定方法、技术和标准的适应性、可靠性评价

会计司法鉴定意见的科学性与选用的鉴定方法、技术和标准是否正确密切相关。为此,必须对采用的鉴定方法、技术与标准是否可靠、是否与所需鉴定的事项相适应等作出评价。

主要包括:(1)审查鉴定意见中的每一具体的分析鉴别意见是否都有充分的依据,包括事实依据和鉴定标准等。会计司法鉴定意见是会计司法鉴定人根据一定的技术标准,对检验结果进行分析鉴别后得出的专业意见,必须有充分的事实作为依据,否则不具有可靠性。(2)审查据以作出会计司法鉴定意见的检材来源是否合法,相关的证据材料是否依照法定程序收集。(3)考察据以推断鉴定意见的技术标准的出处和适用范围,从而判断这些技术标准是否存在以及运用是否恰当。(4)审查有无采用非会计司法鉴定方法,如某些审计方法、抽样推断方法等,进行鉴别和判断的情形。特别是,是否存在自相矛盾、循环论证等错误。例如,对于同一案件中不同鉴定事项的鉴定意见,有的鉴定意见是在认定某项财会资料虚假基础上作出的,而有的鉴定意见则是在认定该项财会资料真实基础上作出的。(5)审查所采用的鉴定方法是否为理论界与实务界普遍认同的技术方法,是否具有可验证性。这是判断鉴定意见是否科学、可靠的重要依据。

四、对鉴定意见表述格式的规范性评价

关于会计司法鉴定意见,应按照司法部《司法鉴定文书规范》和会计司法鉴定的具体要求对其进行规范性评价。主要应注意:(1)鉴定意见书是否按新的规范,由封面、正文和附件三部分组成,正文标题和编号是否符合规范要求;(2)鉴定意见书各部分的内容是否齐全、所处位置是否妥当、文字及其字体字号行间距等是否符合要求;(3)鉴定意见书是否按规定同时加盖鉴定机构的司法鉴定专用章红印和钢印,鉴定人是否签名或盖章,是否注明其执业证号等。

思考题

1. 会计司法鉴定的任务是什么？哪些财会事实问题可以进行鉴定？哪些无须或不能进行鉴定？

2. 会计司法鉴定的内容是什么？它与会计司法鉴定的对象、目的、类别和鉴定要求的关系如何？

3. 会计司法鉴定的常用方法有哪些？其适用对象或条件是什么？

4. 会计司法鉴定意见书与检验报告书的格式和内容是什么？两者的主要区别有哪些？

阅读书目

1. 于朝著:《司法会计学》(第3版),中国检察出版社2008年版。

2. 张苏彤编著:《法务会计研究》,中国时代经济出版社2009年版。

3. 谭立、张苏丹主编:《法务(司法)会计前沿问题》,中国时代经济出版社2009年版。

4. D. Larry Crumbley, *Forensic and Investigative Accounting*, 3rd edition, Chicago, CCH, 2007.

第二十章　知识产权司法鉴定

本章重点内容

本章主要介绍了知识产权司法鉴定的概念、方法和鉴定原则，知识产权纠纷中常见的专利侵权纠纷鉴定、商业秘密侵权纠纷鉴定以及技术合同纠纷鉴定；分析了专利侵权判定的原则与方法、商业秘密的构成要件以及技术合同的鉴定与处理，阐述了在以上三种纠纷案件中司法鉴定的作用、鉴定依据和方法。

本章学习要求

通过本章学习，应当掌握专利侵权判定的原则与方法、商业秘密技术的鉴定、技术转让合同以及技术服务合同鉴定的内容、方法等，充分认识有关知识产权鉴定的概念及法律关系，了解司法鉴定在解决知识产权纠纷中的应用。

第一节　知识产权司法鉴定概述

一、知识产权司法鉴定的概念

1983年我国《商标法》诞生，标志着我国的知识产权保护开始步入法制轨道。2001年我国正式加入世界贸易组织，标志我国已形成了符合国际惯例的知识产权法律体系。各级人民法院从1993年起相继成立知识产权审判庭和知识产权案件的合议庭。知识产权案件基本上都涉及专业技术问题。在事实认定中需要依据具有专门知识的鉴定人进行判断。我国科学技术部1995年成立了知识产权事务中心，主要受理鉴定知识产权的纠纷案件，十多年来已完成千例以上鉴定案例。知识产权鉴定案较为复杂，经常需要运用多学科的专业知识和技术。知识产权鉴定主要涉及专利侵权、商业秘密侵权、计算机软件著作权、技术合同、商标侵权纠纷。

根据《司法鉴定执业分类规定（试行）》的规定，结合司法鉴定的基本概念和知识产权司法鉴定的基本特征，可以把知识产权司法鉴定概括为，在涉及知识产权问题的诉讼过程中,为查明案件事实,鉴定人运用科学技术或者专门知识对诉讼涉及的有关知识产权问题进行鉴别和判断并提供鉴定意见的活动。

二、知识产权司法鉴定的范围

根据司法部颁布的《司法鉴定执业分类规定(试行)》第16条的规定,知识产权司法鉴定的范围如下:

(1)根据技术专家对本领域公知技术及相关专业技术的了解,并运用必要的检测、化验、分析手段,对被侵权的技术和相关技术的特征是否相同或者等同进行认定。

(2)对技术转让合同标的是否成熟、实用,是否符合合同约定标准进行认定。

(3)对技术开发合同履行失败是否属于风险责任进行认定。

(4)对技术咨询、技术服务以及其他各种技术合同履行结果是否符合合同约定,或者有关法定标准进行认定。

(5)对技术秘密是否构成法定技术条件进行认定。

(6)对其他知识产权诉讼中的技术争议进行鉴定。

该规定突出了知识产权司法鉴定的关键点即技术鉴定,这里的技术既包括专利技术,又包括非专利技术(技术秘密),体现出司法机关和公众普遍关注的知识产权技术内涵这一焦点。但是,技术仅是知识产权保护范围中的一个方面,而知识产权诉讼中也不仅有技术争议,还包括商标权、著作权、地理标志权、植物新品种权等方面的争议。

2008年2月4日最高人民法院《民事案件案由规定》关于知识产权案件的案由包括知识产权合同纠纷、知识产权权属纠纷、不正当竞争垄断纠纷三大类,具体涵盖了著作权、专利权、商标权、商业秘密权、植物新品种权、地理标志权、集成电路布图设计权、商号权等领域。因此,司法部的这一规定未能全面界定知识产权司法鉴定的范围,需要根据法律和实际情况作进一步的延伸解释。而在司法鉴定的实际工作中,该规定所限定的知识产权鉴定内容也早已经被突破,扩展到著作权、专利权、商标权、商业秘密权、植物新品种权、地理标志权、集成电路布图设计权、商号权等各个领域。

实践中对于知识产权案件司法鉴定中如何合理确定事实问题和法律问题的界限,常常并不容易。理论上,知识产权司法鉴定应和其他类型司法鉴定活动一样,只能解决案件涉及的事实方面的非用科学技术或专门知识不能解决的专门性问题,而不能介入法律理解、法律定性、法律适用等法律问题中。司法人员常常会有一种倾向,即容易将那些带有技术属性的法律问题一并交由司法鉴定机构去鉴定。为此,不同地方的司法机关采取了不少办法来解决这一问题。如2001年10月江苏省高级人民法院制定的《知识产权诉讼案件技术鉴定规则》规定,人民法院在下列专门性技术范围内委托鉴定:(1)被鉴定技术与比对技术是否实质上相同。(2)被诉侵权技术与原告的技术是否实质上相同。(3)技术开发失败或部分失败,是否因为无法克服的技术困难。(4)专利侵权案件中,被诉侵权产品或方法的技术特征是否与专利必要技术特征相同或等同。(5)技术转让合同标的是否完整、无误、有效。(6)其他需要鉴定的事项。上海市高级人民法院制定的《关于知识产权民事诉讼中涉及司法鉴定若干问题的解答》指出,在专利侵权诉讼中,法院委托技术鉴定的,应该在鉴定委托书中提出具体、明确的鉴定事项。如被诉侵权的产品或者方法的技术特征是否与专利的必要技术特征相同或者其对应的不同技术特征是否等同,不得将是否构成侵权等法律判断纳入鉴定范围。

三、知识产权司法鉴定的特征

相比于其他类型司法鉴定活动而言,知识产权司法鉴定具有下列特征:

(1)法律性与技术性紧密结合的特点。知识产权司法鉴定一般并不是对智慧创作物本身是否具有独创性、新颖性、创造性或者实用性的确认(在商业秘密鉴定中需要对信息的非公知性、价值性进行判断,这种判断即是对信息新颖性、创造性以及实用性的判断;有的时候鉴定单位也会接受委托,对专利的"三性"进行判断),而对被鉴定对象与比对对象特征是否具有差异性的评价、判断与甄别,并作出被鉴定对象与鉴定对象是否相同或者等同、是否相似的结论,但不考虑其创作水平的高低。事实上,知识产权司法鉴定不仅是一项严肃的法律工作,而且是一项技术性工作,是法律性与技术性的高度融合与统一,实质上是解决特殊技术领域中特定的法律问题。知识产权司法鉴定实践,不仅需要知识产权法律专家参与,同时还需要相关技术领域的技术专家参与,以保证鉴定结果符合法律要求,适应诉讼需要。

(2)鉴定内容的广泛性与技术要求的专业性相结合的特点。知识产权司法鉴定的对象是人们智力劳动的成果,涉及人类智力活动的一切领域,包括发明创造(专利)、商业标志(商标、商号、域名、地理标志、产品装潢与包装)、文学艺术作品(版权)、商业秘密、集成电路布图设计、植物新品种等。由此可见,知识产权司法鉴定所涉范围十分广泛。另外,对上述被鉴定对象进行司法鉴定,需要鉴定人具有相应的专业知识和甄别能力。因此,知识产权司法鉴定具有鉴定内容的广泛性与技术要求的专业性的双重特点。

四、知识产权司法鉴定的法律意义

2008年6月,国务院发布的《国家知识产权战略纲要》(国发〔2008〕18号文)第46条指出:加强知识产权司法解释工作。针对知识产权案件专业性强等特点,建立和完善司法鉴定、专家证人、技术调查等诉讼制度,完善知识产权诉前临时措施制度。

不管是民事、刑事还是行政诉讼性质的知识产权案件均往往涉及高度专业、复杂的技术问题。通常情况下,侦查人员、检察人员和审判人员对于技术问题很难作出准确的判断。司法鉴定可通过对专业性问题的鉴别、判断,给司法人员予以协助。另外,对于诉讼当事人来说,起诉必须提供相应的诉讼证据,否则,法院将不予受理或驳回起诉。司法鉴定意见自然是原告方起诉时最有力的证据之一。

据资料显示,国际上大量的知识产权纠纷是通过诉前调解结案的。知识产权鉴定在诉前调解、和解等 ADR 程序中往往发挥着极其重要的作用。争议知识产权是否成立、是否稳定、侵权行为是否存在及其程度等专门性问题是纠纷解决的关键问题。通过及时启动知识产权司法鉴定程序(严格来说,此类鉴定尚不属于真正意义上的司法鉴定,而属于非诉讼性的鉴定,但其对于鉴定机构和鉴定人的要求,操作程序等与诉讼中的鉴定基本相同),借助其鉴定意见可帮助有关权利人作出合理的决策,也有助于及时化解知识产权纠纷,促进社会和谐发展。

五、知识产权司法鉴定的特定原则

知识产权司法鉴定作为一种专业性强的司法鉴定活动,在司法鉴定过程中除遵循司法鉴定一般原则外,还应当遵循一些特定原则:

1. 充分吸收各有关领域技术专家意见的原则

知识产权司法鉴定是在遵循法律规范基础上的技术鉴定。对于知识产权司法鉴定机构来说,由于知识产权司法鉴定的技术性与法律性都很强,鉴定机构应当组织鉴定所涉及领域的技术专家参与知识产权鉴定活动,以保证鉴定的科学性、客观性。借鉴司法鉴定行业的实践经验,这一过程可以采取专家会诊制度来实现。鉴定人应提前根据委托鉴定事项以及掌握的鉴定材料,进行初步的分析,并提出具体的技术专家会诊事项。受邀的技术专家在进行技术检验、检测的基础上,根据会诊要求填写会诊意见,会诊意见应归入鉴定档案。受邀会诊的专家可以不是鉴定人,但必须是涉及领域的技术专家,通常应具备高级专业技术任职资格。会诊专家一般不必在鉴定文书中签名。因此,鉴定人应当充分吸收各有关领域技术专家意见,作出综合判断。

2. 关注权利边界原则

在知识产权司法鉴定中,一项重要的工作就是要对知识产权的权利范围进行鉴定。知识产权的权利范围往往通过申请文件、注册文件和登记文件加以体现,同时也包括知识产权专业审判涉及权利范围认定的司法文件。因此在知识产权司法鉴定过程中,为了使司法鉴定意见更利于司法判断,在对技术、标识和作品等鉴定对象的客观性进行鉴定时,鉴定人应当密切关注权利边界。

3. 具体化原则

知识产权司法鉴定所针对的对象,往往具有个性化特征,即使是针对同一类型的知识产权鉴定,比如对不同类型的专利技术方案以及不同领域的专利技术方案等进行鉴定,由于其司法鉴定方法、手段及其鉴定规律等方面具有很大不同,为了实现鉴定方法的科学性、鉴定意见的客观性,应当针对不同技术方案的个别性特征具体分析,确定合适的鉴定路径。

第二节 知识产权司法鉴定的常用技术方法

一、物理、化学分析法

知识产权鉴定如同其他类型司法鉴定活动一样，常常需要借助自然科学的分析方法，其中物理分析及化学分析是常用的两种基本方法。物理分析与化学分析分别基于被测物质的物理性质及化学性质进行测定。可应用于测定产品的成分、组分及其含量与比例。分析材料的物理化学性质，并测定产品的性能指标等。

物理分析方法是指运用物理检验手段分析检材的物理特性。通常采用光学技术、显微技术、核物理技术等对少量物质进行定性定量分析。

化学分析方法是指运用化学手段来分析检材的种类、成分及含量，常用的方法有显色反映法、显微结晶法、沉淀法、层析法等。

必要时尚需要采取物理和化学分析方法进行综合鉴定。

二、检索分析法

检索是指将信息以一定的方式组织起来，并根据信息用户的需要找出有关信息的过程和技术。信息检索一般可以分为手工检索和机械检索，而机械检索又可以分为光盘检索、计算机检索和网络检索。

检索分析法主要应用于专利侵权诉讼中“公知技术”的判断、商业秘密的秘密性要件的判断等。根据最高人民法院于 2007 年 1 月 12 日发布的《关于审理不正当竞争民事案件应用法律若干问题的解释》第 9 条规定：有关信息不为其所属领域的相关人员普遍知悉和容易获得，应当认定为《反不正当竞争法》第 10 条第 3 款规定的“不为公众所知悉”。具有下列情形之一的，可以认定有关信息不构成不为公众所知悉：(1)该信息为其所属技术或者经济领域的人的一般常识或者行业惯例。(2)该信息仅涉及产品的尺寸、结构、材料、部件的简单组合等内容，进入市场后相关公众通过观察产品即可直接获得。(3)该信息已经在公开出版物或者其他媒体上公开披露。(4)该信息已通过公开的报告会、展览等方式公开。(5)该信息从其他公开渠道可以获得。(6)该信息无须付出一定的代价而容易获得。鉴定人员在对此事项进行鉴定时，必须按照该解释的要求运用各种检索方法对各渠道的信息进行全面检索。

鉴定人利用检索数据资源和分析软件在中国专利、外国专利及国内外各类科技文献中进行检索，对知识产权技术信息内在特征进行研究和探讨。具体可分为以下几个步骤：首先确定待检索对象的技术特征，然后选择适量的技术特征词汇初步检索，根据结果减少或增加技术特征词汇进行二次检索，加入国际专利分类号(IPC)再次检索，最后得以确定一篇至两篇文献，阅读对比文献的具体技术内容后，将对比文献中的技术与目标技术进行对比分析,得出判断结果。

三、统计分析法

知识产权侵权赔偿数额的鉴定在很大程度上依赖于统计分析法。利用统计分析法,鉴定人将全面统计涉嫌侵权赔偿的损失,查明嫌疑人知识产权侵权的时间、损失金额,并可对企业的经济情况进行描述、说明、调查分析,根据调查分析的结果提供专家性意见,作为法律鉴定或者法庭判决的依据。

四、理论分析法

运用法理、法律对知识产权鉴定进行理论层面的分析,可帮助我们确立能被广泛认可的标准及原则。专利鉴定中的“全面覆盖原则、等同原则、禁止反悔原则”,著作权鉴定中的“思想与表达二分法原则”,知识产权损害赔偿的“全面赔偿原则”等理论是该分析方法在实践中的具体应用。

五、对比分析法

对比分析法,是指将客观事物加以比较,认识事物的本质和规律并作出正确的评价的方法。对比分析法是知识产权司法鉴定最常用的方法。通过对知识产权的权利本身与被控侵权物的对比而得到的相同或相似的判断,可以为法官进行侵权认定提供参考。

六、因果分析法

因果分析法是指鉴定人运用专门知识及其检验手段,根据客体周围环境的变化对造成某种事实结果和引起某种事件发生原因作出的判断。因果分析法在知识产权损害赔偿数额鉴定中至关重要。鉴定中应牢牢把握“侵权行为”与“权利人损失”的因果关系,剔除非因侵权行为产生的损失。因果分析法的具体步骤如下:(1)找出构成因果关系的事物。无论是一因多果、一果多因还是多果多因的关系,凡是因果关系都必须具备两个或两个以上的事物,作为因果关系的承担物。(2)确定因果关系的性质。确定因果关系的性质须解决两个问题:一是判断是否真的存在因果关系,如果是,指出哪个为因,哪个为果;二是考察因果关系的类型,是一因多果、一果多因还是多果多因。(3)对因果关系的程度作出解释。因果关系的程度是统计分析给定的,通常用回归系数表示。理论分析的任务是作出解释。

第三节 知识产权司法鉴定的主要内容

一、专利侵权纠纷鉴定

(一)基础知识

专利权是指专利权人将发明创造向国务院专利行政部门申请,经严格审核通过获得专利权。专利权人分为单位专利权人和个人专利权人。单位专利权人是指执行单位的任务或者主要是利用本单位的物质技术条件所完成的发明创造,也称职务发明创造。个人专利权人是指发明人或设计人,非职务发明创造。

《专利法》第22条规定:“授予专利权的发明和实用新型,应当具备新颖性、创造性和实用性。”这是授予专利权的基本条件。新颖性是指在申请日以前没有同样的发明或者实用新型在国内外出版物上公开发表过、在国内公开使用过或者以其他方式为公众所知,也没有同样的发明或者实用新型由他人向国务院专利行政部门提出过申请并且记载在申请日以后公布的专利申请文件中。创造性是指同申请日以前已有的技术相比,该发明有突出的实质性特点和显著的进步,该实用新型有实质性特点和进步。实用性是指该发明或者实用新型能够制造或者使用,并且能够产生积极效果。

《专利法》第26条规定:“申请发明或者实用新型专利的,应当提交请求书、说明书及其摘要和权利要求书等文件。请求书应当写明发明或者实用新型的名称,发明人或者设计人的姓名,申请人姓名或者名称、地址,以及其他事项。说明书应当对发明或者实用新型作出清楚、完整的说明,以所属技术领域的技术人员能够实现为准;必要的时候,应当有附图。摘要应当简要说明发明或者实用新型的技术要点。权利要求书应当以说明书为依据,说明要求专利保护的范围。”

(二)确定专利保护范围

我国《专利法实施细则》第21条规定:“权利要求书应当有独立权利要求,也可以有从属权利要求。独立权利应当从整体上反映发明或者实用新型的技术方案,记载解决技术问题的必要技术特征。从属权利要求应当用附加的技术特征,对应用的权利要求作进一步限定。”要先确认是否涉嫌侵权的产品属于专利保护范围,属于保护范围才可进行鉴定。

1. 独立权利要求

我国《专利法实施细则》第22条规定:“发明或者实用新型的独立权利要求应当包括前序和特征两大部分……”

(1)前序部分。①写明要求保护的发明或者实用新型技术方案的主题名称。②发明或者实用新型主题占接近的现有技术共有的必要技术特征。

这两点是紧密结合在一起,由于独立权利对专利的保护至关重要,多一条特征就会使专利的保护范围被缩小,因此对主题名称和共有技术特征一定要引起高度重视。如美国1989年康宁玻璃厂诉住友电气公司一案,原告康宁专利的主题名称“光学波导管”中的“光学波导”四字是否构成对保护范围引起争议。被告认为原告的专利技术方案与现实技术相同,应属无效专利。法院审理认为“光学波导”四个字指出发明的用点,而且还有实质意义,主题名称构成了对专利要求的限定,专利有效。[1]

(2)特征部分。一般使用"其特征是……"或者类似用语,写明发明或者实用新型区别于最接近的现有技术的技术特征。这些特征和前序部分写明的特征合在一起,限定发明或者实用新型要求保护的范围。所以,有的权利人认为,特征部分是精华,只要对方在产品中使用了这一部分特征,就应该定为构成对专利权的侵犯。因此,专利的独立权利分为两部分,目的是将现有技术与不同于现有技术区别,来判断专利的创造性。权利人在写独立权利要求时,分开写或者混合写都是可以的。

2. 从属权利要求

根据我国《专利法实施细则》规定,一件专利的权利要求应当有一项独立权利要求,也可以有从属权利要求,从属权利要求是用附加的技术特征,对所引用的权利要求作进一步限定。从属权利起到两方面作用:

(1)挽救专利权的作用。在专利侵权案件中,原告起诉后,被告方会提出种种理由,如专利方案不具有新颖性、创造性或不具备完整技术方案等,从而请求专利审查委宣告原告专利无效。审查会首先对独立权利审查,假如被告方主张不能成立,审委会支持原告专利权有效。有时审查技术方案附加技术特征,符合规定要求,那么就起到了相当大的作用——确定专利的保护作用。

(2)可用从属权利维权。权利人是否可以以从属权利要求起诉被告呢?目前有两种意见观点:一种观点认为,《专利法》规定的是"专利保护的范围以其权利要求的内容为准",并没有划定以独立权利要求的内容为准,权利人有权要求对从属权利确定保护范围。北京市高级法院《专利侵权判定若干问题的意见(试行)》第4条规定:"权利人依据专利从属权利要求起诉被告侵权的,法院也可以以从属权利要求的保护范围予以解释界定。"美国的司法制度允许从属权利要求可在侵权判断上发挥作用,法院允许以从属权利起诉。另一种观点认为不可以,理由是如果以从属权利要求限定保护范围,实质上等于修改了独立权利要求,法院有超越职权范围的嫌疑。

3. 说明书及附图对权利要求书的解释作用

(1)世界知识产权组织在协调《保护工业产权巴黎公约》中指出:"(1)专利保护范围由权利要求的内容确定,说明书与附图可以用来解释要求书。(2)为了实现前款内容,对权利要求的解释应当做到既要为专利权人提供合理的保护,又要为第三方提供足够的法律稳定性。尤其是权利要求既不因该按其严格字面意义解释,也不应该仅仅作为一种指导,而允许该专利保护扩展到该邻域普遍技术人员在阅读了说明书和附图后,认为专利人所期望保护但是没有写入权利要求的保护范围。"

(2)司法实践中,我国审判人员对说明书及附图对权利要求的解释作用持两种意见。有的审判人员认为:只有当权利要求中的某些词语含义模糊不清或者技术方

[1] 杨林村主编:《知识产权案件技术鉴定实务与研究》,人民法院出版社2003年版,第49页。

案很难实施时，才应当参考说明书，来进行解释，否则就不用考虑说明书的作用。有的审判人员认为，虽然说明书及附图本身不能够确定要求保护的范围，为了理解要求的确切含义，人民法院应当参考和研究专利说明书及附图。从鉴定实践来看，应当支持专利说明书和附图的作用——它可以进一步说明权利要求。

4. 技术特征的划分

技术特征是指具有独立功能对整体技术方案产生独立技术影响的技术单元或技术单元的集合。

按照我国法律的规定，独立权利要求的前序部分与特征部分合在一起，限定发明或者实用新型的保护范围。在侵权判断时，各国都采用特征分析的方法。

5. 非必要技术特征

非必要技术特征（附加技术特征）是指那些对专利方案的技术效果没有实质性影响，不是专利性构成的必备特征，也可以是由于专利人当初的失误，误写入权利要求的技术特征。

专利侵权案件中，权利人会在起诉之前，将被告的产品与专利进行对比，对比中会把非必要技术特征作为权利人保护范围的扩大，这会影响法庭审理。美国和日本的司法除个别判例外，原则上不承认非必要技术特征的认定。

我国司法审判实践允许认定非必要技术特征，但应用很谨慎。在认定中注重发明目的、效果、技术手段等综合分析判断。我国最著名的案例为周林频谱仪专利侵权案：要求中关于立体声放音系统的技术特征最终被认定为非必要技术特征，理由是这次技术特征是治疗功能发明的目的、效果以外增加的一项特征。[1]

6. 确定专利保护范围的步骤

（1）独立权利要求确定专利的最大保护范围，一般不需要考虑从属权利要求。

（2）积极、主动解释说明书及其附图，前提是说明书及附图对权利要求有解释作用。

（3）非必要技术特征应用。通常情况下，专利权的保护范围，应当由说明书及附图予以清楚解释独立权利要求所确定，在特殊案件中需用非必要技术特征。

（三）专利侵权判定的原则和方法

1. 专利侵权判定的原则

我国专利法及其实施细则日趋完善。随着社会主义经济的发展，专利侵权案件日益增多。专利的内容涉及所有的技术领域，这类案件技术鉴定是非常复杂的问题。

判断被控侵权产品或方法是否属于专利的保护范围，首先要看必要的技术特征，再对产品或方法进行技术分析，然后再对两者的对应技术特征是否属于相同或等同技术特征比较。若有不同，就不能列入专利保护范围。

---

〔1〕 杨林村主编：《知识产权案件技术鉴定实务与研究》，人民法院出版社2003年版，第51页。

(1)全面覆盖原则。专利侵权判定最基本的原则是全面覆盖原则,亦称为字面侵权原则。

①查全部必要技术特征,专利权利全部的记载。

②查内容是否相同。比如被控产品的上位概念和下位概念,如果权利要求记载的必要特征是上位概念,而侵权的产品或方法采用的是下位概念,那么这就纳入专利保护范围。

(2)等同原则。

①技术特征相同。被控产品或方法从字面上看有不同,但技术特征相同一个或几个,就可以作认定。

②方法相同。分析被控产品或方法,分解必要技术特征,产品样本或方法相同即可以认定。

③等同特征的判断标准。世界知识产权组织《保护工业产权巴黎公约》规定:"如果在指控侵权时满足下列条件之一,通常应该认为一个特征等同于权利要求中的特征:a. 等价特征与权利要求中的相应特征相比,以基本相同的方式实现基本相同的功能产生基本相同的效果;b. 对该领域普通技术人员来说,明显能得知借助于等价特征可以达到采用权利要求特征所能达到的同样效果……"

最高人民法院《关于审理专利纠纷案件适用法律问题的若干规定》第 17 条规定:"专利法第 56 条第 1 款所称的'发明或实用新型专利权的保护范围以其权利要求的内容为准,说明书及附图可以用来解释权利要求',是指专利权的保护范围应当以权利要求书中明确记载的必要技术特征所确定的范围为准,也包括与该必要技术特征相等同的特征所确定的范围。等同特征是指与所记载的技术特征以基本相同的手段,实现基本相同的功能,达到基本相同的效果,并且本领域的普通技术人员无需经过创造性劳动就能联想到的特征。"

④整体等同与特征等同。目前司法界与学术界对等同原则没有分歧意见,但是对整体等同还是特征等同的认识和看法不一致。整体等同范围以"总体上基本相同的方式"进行判断,没有一个明确的界限。

特征等同是强调必要的技术特征,这可以起到专利保护作用。我国大多数发明创造,尤其实用新型专利都是在原有技术基础上进行的改良,原创性的发明很少,有很多专利本身与原有技术构成方式略有不同,而达到的目的与效果基本相同。如从甲城市到乙城市是确定的,但不同人可选择不同路线到达。

⑤等同的时间点。等同的技术应该是什么时候的技术,在等同的判断上起重要作用。我国学者认为:应当把侵权发生之日以前的技术作为等同的技术,侵权发生之日作为等同的截止时间。各国对此规定不一,英国以专利公开日为准,日本、德国以专利申请日或优先权日为准,美国和法国以专利侵权日为准。

(3)禁止反悔原则。导致禁止反悔原则适用原因有两种,一种是限制性的承诺,另一种是明确的放弃。

禁止反悔原则是指在专利审批、撤销或无效程序中，专利权人为确定其专利具备新颖性和创造性，通过书面声明或者修改专利文件的形式，对专利权利要求的保护范围作了限制性承诺或部分地放弃了保护，并因此获得了专利权。在随后的专利侵权诉讼中，法院适用等同原则确定专利权的保护范围时，应当禁止专利权人将已被限制、排除或已经放弃的内容重新纳入专利权的保护范围。

美国把禁止反悔原则作为专利档案禁止反悔原则，指任何人都可以在授权后到专利局查询专利档案，以了解在申请过程中，权利人是否有明确放弃的内容。例如，我国变色笔案：原告与被告生产同样的变色笔，但是，对于公知技术抗辩，在学术界与司法界还存有不同的看法。原告是变色笔，而被告是多头笔，书写形成不同，因此，被告没有侵权。[1]

(4)公知技术抗辩。公知技术抗辩是世界各国普遍允许使用的方式。专利技术、公知技术与被控侵权技术三者之间关系：

①专利技术不具有新颖性。如果被控侵权的产品或方法与一次公知技术完全相同，也与专利技术构成字面相同，那就说明专利技术不具有新颖性。

②专利的保护范围不能扩大到公知技术。

③专利技术与公知技术区别。专利技术要比公知技术有所改进方法。

(四)专利侵权技术鉴定

1. 对诉争产品外观设计专利的判断

我国专利法将专利的类型分为三种：发明、实用新型、外观设计。

(1)外观设计专利。专利法规定外观设计是指产品的形状、图案或者结合的色彩与形状、图案富有美感并适用工业应用的新设计。

①外观设计必须以具有固定形态的产品为载体。

②外观设计必须适于工业应用。能够用工业化的方法生产出来的物品，不能重复生产手工艺品、农产品、畜产品、自然物作为外观设计的载体。

③外观设计是对产品的形状、图案和色彩等所做出的设计。

④外观设计必须富有美感，是一种主观的感受，没有严格定义。

⑤外观设计是一种新的设计(专利权的外观设计)，要与申请日之前或国内公开使用过的外观设计不相同(有区别)。[2]

(2)技术鉴定。

①相同与相类似产品的判断。A. 相同产品，主要是指用途和功能相同，如手表、机械、电子产品。B. 相类似产品，根据国际外观设计分类表(洛迦诺协定)，采用两级

---

〔1〕 杨林村主编：《知识产权案件技术鉴定实务与研究》，人民法院出版社2003年版，第74页。

〔2〕 同上，第86页。

分类制,共设31个大类,217个小类。应严格参照商标侵权确定类似商品的标准。

②相同或相近似外观设计的判断。A. 判断过程:a. 专利产品与外观设计专利对比;b. 设计公众调查表格,在人群中作相关问题调查;c. 召开相关专家会议,把调查结果作分析,得出结论。B. 判断原则:a. 按购买者观察水平判断。专业人员容易辨认,由一般购买者进行评断有没有相似之处。b. 肉眼观察间接对比的方式评断。c. 以产品的外观作为判断的客体。d. 整体观察、综合评断。对产品的外观设计要从整体观察,不能着眼于细微局部的差别,要从一件设计的全部或主要视图上确定是否相似或相近似。e. 以产品易见到的部分进行判断。f. 图案变换的综合判断,包括题材、构思方法、花样大小及色彩。g. 几何形状的整体判断,圆形与椭圆形、三角形、四边形。h. 色彩要素判断,色相、纯度和明度三要素。

2. 以使用状态作为基本形态进行判断

变化状态的物品要从使用状态作为基本形态进行判断,如折叠式家具,折叠状态不同,使用状态相近似,应当认定属于相近似外观设计。判断中注意的问题:

(1)普通消费者的选取。

(2)比较的重点问题——是否有独创性、富于美感的创作部位。比如我国的收音机外观设计,花样新式多样。

(3)公知素材的组合问题。如汽车的发明就是在许多已有技术基础上进行重大组合开拓性发明,包括发动机动力、手动、自动挡位等。

(4)形状、图案和色彩关系。一种意见认为,形状是设计基础(必要技术特征),而图案、色彩(附加技术特征)。另一种意见认为,不能作必要、附加技术特征认识,外观设计以照片和图片显现的产品为准,认为形状为公知设计,看其图案和色彩有没有独创性。

3. 专利技术鉴定

有关专利权无效理由中涉及需要技术鉴定的主要方面:

(1)新颖性、创造性和实用性。被授予专利权的发明者或者实用新型应当具备新颖性、创造性和实用性。大多数无效请求人是以授权的专利不具备"三性"条件中的一个或多个条件作为无效理由。

新颖性条件是指在申请日以前没有同样的发明或者实用新型在国外出版物上公开发表过、在国内公开使用过或者以其他方式为公众所知,也没有同样的发明或者实用新型由他人向国务院专利行政部门提出过申请日以后公布的专利申请文件中。如果有技术特征,那么"部分无效"。

创造性条件是指同申请日以前已有技术相比,该发明有突出的实质性特点和显著进步。例如,发明使产品质量改善、产量提高、节约能源、防止环境污染等。

实用型条件,指发明或者实用新型能够制造或者使用,并且能够产生积极效果。

(2)说明书是否公开,权利要求书是否符合专利法及有关规定。《专利法》第26

条第 3 款、4 款规定："说明书应当对……作出清楚、完整的说明，以所属技术领域的技术人员能够实现为准；必要的时候，应当有附图……"《专利法实施细则》第 20 条第 1 款规定："权利要求书应当说明发明或者实用新型的技术特征，清楚、简要地表述请求保护的范围。"

说明书和权利要求书如果不符合以上法律规定，也是宣告专利权无效的理由之一。

(3)发明和实用新型的申请人对专利申请文件的修改是否超出原说明书和权利要求书记载的范围。申请人提出专利申请以后，发明申请文件存在缺陷的，一般会主动进行修改，发明专利在实质审查过程中，申请人可根据审查意见进行修改。根据专利权规定，申请人可以对其专利申请文件修改，但修改内容不超出原说明书和权利要书记载的范围，否则就可能成为宣告专利权无效的理由。

争议发明是否属于对产品、方法或者改进提出新的技术方案、对产品的形状、构造或者外观设计等，都是可以作为宣告专利权无效的理由，有时涉及复杂专门问题时，也可成为鉴定客体。

4. 专利无效鉴定工作应注意掌握的原则

专利无效行政诉讼适用的程序法不同，适用行政诉讼法；专利民事纠纷诉讼(侵权仿冒)适用民事诉讼法，两个相同或相似产品。专利行政诉讼特点有：

(1)审理原则是审查具体行政行为是否合法。

(2)被告负举证责任。

(3)审查内容，包括作为行政行为的主要证据是否充分，适用法律、法规是否正确，是否违反法定程序，是否越权或滥用职权等。

(4)不适用调解。

二、商标权纠纷司法鉴定

(一)权利范围鉴定

在《商标法》中，商标的权利范围用专用权及禁止权进行了界定。

《商标法》第 51 条规定了专用权：注册商标专用权，以核准注册的商标和核定使用的商品为限。在现实生活中，"在同一种商品上使用相同商标"的侵权方式并不常见。利用商标或商品近似造成消费者误认误购，是一种较为惯用的侵权手段。

为了体现《商标法》防止混淆侵害的宗旨，《商标法》第 52 条规定了禁止权：商标权人对于未经许可在同一种商品或者类似商品上使用与其注册商标相同或者近似的商标的，均有权禁止。可见，禁止权的效力范围及于"类似商品"和"近似的商标"，因此宽于专用权的范围。

(二)对比鉴定

商标权对比鉴定中最根本的问题在于对混淆的认定。在商标侵权纠纷中，可依照以下逻辑进行混淆认定：(1)在商标相同且商品相同或类似的情况下，直接推定具有混淆的可能。(2)商标相似且商品相同或相似的情况下,一般可认定存在混淆的可能。(3)如果某相似商标已与被比对商标并存相当时间,均为相关公众所熟知,能够轻易区别,则应认定没有混淆的可能。可以看出,商标权的司法鉴定集中于两个方面:商标标识相同或相似认定;商品相同或相似认定。

最高人民法院《关于审理商标民事纠纷案件适用法律若干问题的解释》第10条规定,认定商标相同或者近似按照以下原则进行:以相关公众的一般注意力为标准;既要进行对商标的整体比对,又要进行对商标主要部分的比对,比对应当在比对对象隔离的状态下分别进行;判断近似,应当考虑"请求保护注册商标的显著性和知名度"的规定进行操作和认定,可以回避专家的角度和眼光进行认定。

"相关公众"的选择是进行鉴定首要解决的问题,也是鉴定的核心所在。国际保护工业产权协会(AIPPI)对"相关公众"进行了界定:相关公众是指商标使用中可能涉及的任何人,尤其是售前、售中及售后过程中的消费者、潜在消费者、使用者和操作者。相关公众可以是虚拟的,由鉴定人站在"相关公众"的角度上进行判断。另一种方法是基于中立调查机构的社会调查,这种方法似乎更为客观,但在实际操作中却由于过多人为因素的掺入而导致主观。例如,选择中立调查机构的"人为性",选择"相关公众"的"人为性",对调查结果进行归类分析的"人为性"等。另外,我国目前也缺乏具有公信力的中立调查机构。这些都导致将社会调查方法引入司法鉴定体系还存在一些问题,需要进一步的研究完善。

《商标注册用商品和服务国际分类表》及《类似商品和服务区分表》可以作为判断类似商品或服务的参考。《商标注册用商品和服务国际分类表》(即《尼斯分类》)是目前广泛适用的一种分类方法,主要目的在于为商标的注册提供行政管理的便利。《类似商品和服务区分表》是国家工商行政管理局商标局根据《尼斯分类》及我国商标注册的实践和需要而制定的,可以把它理解成《尼斯分类》在我国的实施细则。但该文件的前言特别指出,它只是商标审查人员、管理人员、商标代理人、商标申请人及商标使用人判断商品和服务类似与否的主要依据和参考工具,但不是唯一的法规性文件。因此,在判断商品是否类似时,不能仅以此为根据,只能作为参考。

三、著作权纠纷司法鉴定

(一)权利范围认定

著作权法保护思想和情感的表达形式,而不保护思想和情感本身,这是各国普遍接受的基本理论。我国《著作权法》规定了著作权人享有发表、署名、修改、复制、发行、出租、展览、表演、放映、广播、信息网络传播、摄制、改编、翻译、汇编等方式使用自己作品的权利。

(二)对比鉴定

"独创性和思想表达二分法与合理使用判断"、"三段论鉴定法"是著作权对比鉴定中常用的方法。

在对比鉴定中,独创性、思想表达二分法与合理使用判断的逻辑是顺次的。首先判断作品独创性,不具备独创性的作品不受《著作权法》保护,对比鉴定可就此给出结论。如果作品具备独创性,则进入思想表达二分法的判断。如被告借用的是原告作品的思想,则不为侵权。若借用的是表达,则进入合理使用的判断。我国《著作权法》第22条列举了12项合理使用的情况,具体体现在个人使用、宣传报道使用、为教育目的使用、国家机关使用、图书馆等机构使用、免费表演使用、公众场合的使用及人道原因使用。

"三段论鉴定法"分成三个步骤。第一步,抽象。将作品中属于不受保护的"思想"本身从"思想的表达"中删除出去。如果两部作品只是创作或设计思想本身相同,即使这种相同十分明显也不构成相同或实质形似。第二步,过滤。将不受保护的资料与受保护的表达分离开,以限定原告作品著作权保护范围。第三步,对比。在通过前两步后,对所利用的材料进行对比。看被告的作品与原告的作品在"表达"上是否"实质性相似"。具体对比方法有"摘要层次"测试法、"一般读者"检验标准、"作品所针对的读者"检验标准。

四、商业秘密侵权纠纷鉴定

(一)我国对商业秘密保护的法律依据

《反不正当竞争法》第10条规定:"经营者不得采取下列侵权商业秘密:以盗窃、利诱、胁迫或者其他不正当手段获取权利人的商业秘密;披露、使用或者允许他人使用其所掌握的商业秘密。第三人明知或应知前款所列违反行为,获取、使用或者披露他人的商业秘密,视为侵犯商业秘密。本条所称的商业秘密,是指不为公众所知悉、能为权利人带来经济利益、具有实用性并经权利人采取保密措施的技术信息和经营信息。"反不正当竞争法对商业秘密的范围、定义、侵犯商业秘密的手段等都给予了较为明确和直接的规定,在实践中,已经成为处理商业秘密侵权案件的直接法律依据。

1998年12月3日,国家工商行政管理局《关于禁止侵犯商业秘密的若干规定》,对商业秘密的定义作出了更为详细的解释。第3条明确规定:"禁止下列侵犯商业秘密的行为:(1)以盗窃、利诱、胁迫或者其他不正当手段获取的权利人的商业秘密;(2)披露、使用或者允许他人使用以前项手段获取的权利人的商业秘密;(3)与权利人有业务关系的单位和个人违反合同约定或者违反权利人保守商业秘密的要求,披露、使用或者允许他人使用其所掌握的权利人的商业秘密;(4)权利人的职工违反合同约定或者违反权利人保守商业秘密的要求,披露、使用或者允许他人使用其所掌握的权利人的商业秘密。第三人明知或者应知前款所列违法行为,获取、使用或者披露他人的商业秘密,视为侵犯商业秘密。"虽然这个规定只是工商行政管理局下发的部门规章,但是它对商业秘密侵犯行为做了详细说明,对司法和行政保护的实践具有直接的指导意义。

在我国加入的国际条约中,《保护工业产权巴黎公约》规定成员国应当反对不正当的竞争行为,而《与贸易有关的知识产权协议》(即 TRIPs)对保护商业秘密的问题作了较为详细的规定:"(1)在确保针对巴黎公约 1967 年文本第十条所规定的不正当竞争行为提供有效保护的过程中,缔约方应依照下述第二款的规定对未公开的信息提供保护,根据下述第三款的规定,保护向政府或者政府的代理机构提交的信息;(2)自然人或法人应有可能防止他人在未经其同意的情况下,以非诚实商业活动的方式(对于本规定来说,所谓"以非诚实商业活动的方式"指的至少是注入违反合同、违背信义和诱导违背信义的行为,并且包括通过第三方来获得非公开的信息,该第三方知道或者本应知道,却因为粗心大意而不知道在获得过程中包含了这样的行为)透露、获得或使用合法地处于其控制之下并满足下述条件的信息:——在如下的意义上是保密的,即对于通常涉及该类信息的同行业的人来说,它不是以整体或者其组成部分的准确排列组合为这样的人所公知或者为这样的人所能获得的;——由于是保密的,因而具有商业价值;并且——合法支配该信息的人采取了为具体情况所需的合理措施来保守秘密;(3)如果缔约方要求以提交未公开的测试数据或其他数据作为批准一种采用新化学成分的药品或农业化学产品投放市场的条件,而上述数据的产生需要付出相当的努力,则该缔约方应禁止对这种数据的不正当商业性使用。此外,除非是为保护公众所必需。或者除非已经采取措施来确保防止对这些数据的不正当商业性使用,否则缔约方应禁止公开这样的数据。"

由此可见,商业秘密的保护是国际社会的普遍要求,也是世界各国在国际贸易交往中,参与国际活动所应作出的承诺。在我国商业秘密保护的立法时间不长,对某些问题的规定还不完善这是正常的,即便是在国际社会中,无论是学术界,还是司法界,对商业秘密诸如构成要件、判别标准等有关问题的争论就一直没有停止过。随着我国处理商业秘密案件经验的积累,我国的法律、法规的规定也会日益完备,权利人的利益也会得到更好的保护。[1]

(二)商业秘密的概念与构成要件

1. 商业秘密的概念

我国《关于禁止侵犯商业秘密行为的若干规定》第 2 条规定:"本规定所称商业秘密,是指不为公众所知悉、能为权利人带来经济利益、具有实用性并经济权利人采取保密措施的技术信息和经营信息。本规定所称不为公众所知悉,是指该信息是不能从公开渠道直接获取的。本规定所称能为权利人带来经济利益、具有实用性,是指该信息具有确定的可应用性,能为权利人带来现实的或者潜在的经济利益或者竞争优势。本规定所称权利人采取保密措施,包括订立保密协议,建立保密制度及采取其他合理的保密措施。本规定所称技术信息和经济信息,包括设计、程序、产品配方、制

〔1〕 杨林村主编:《知识产权案件技术鉴定实务与研究》,人民法院出版社 2003 年版,第 109 页。

作工艺、管理诀窍、客户名单、货源情报、产销策略、招投标中的标底及标书内容等信息。本规定所称权利人,是指依法对商业秘密享有所有权或者使用权的公民、法人或者其他组织。"

世界各国对商业秘密的定义没有本质差别,但文字表述及规定的严格程度又不完全一致。《日本反不正当竞争法》规定:"本法所称的商业秘密,指作为秘密管理的生产方法、销售方法以及其他对经营活动有用的技术上或者经营上未被公知的情报。"美国《统一商业法》规定:"商业秘密意为特定信息,包括配方、样式、编辑产品、程序、设计、方法、技术或工艺等,其由于未能被可从其披露或使用中获取经济利益的他人所公知,且未能用正当手段已经可以确定,因而具有实际或潜在的独立经济价值,同时是在特定情势下已尽合理保密努力的对象。"

2. 商业秘密构成要件

TRIPs 对商业秘密的要件是这样定义的:"其在某种意义上属于秘密,即其整体或者要素的确切体现或组合,未被通常涉及该信息有关范围的人普通所知或者容易获得;由于是秘密而具有商业价值;是在特定情势下合法控制该信息之人的合理保密措施的对象。"

(1)秘密性。不为公众所知悉,指该信息不能从公开渠道获取,信息是否属秘密性,也是司法鉴定的主题。

(2)价值性。能为权利人带来经济利益,指信息具有确定的可应用性,能为权利人带来现实的或潜在的经济利益或者竞争优势。

(3)保密措施。经权利人采取保密措施,指订立保密协议、建立保密制度及采取其他合理保密措施。

3. 实用性

实用性是指信息的可用性,信息是否可以作为商业秘密概念中的技术与经营信息而加以保护。

在诉讼中有争议,认识看法不一,具体体现归纳为:

(1)阶段性技术成果。某一项信息具有实用性,并不意味能够直接在生产经营中具体应用,比如阶段性技术成果,能够为权利人的生产经营活动提供间接、有益的帮助,应认定为具有实用性。如曾有一家公司,研制开发一项成果,经公司领导层讨论,认为该生产工艺性能价格比较差,暂不采用。这时公司一副经理将此信息告知竞争的对手公司,算不算商业秘密侵权?

这案例涉及被权利人放弃、不予使用的信息。法庭审判后认为构成商业秘密侵权纠纷,由于副经理的侵权行为未给公司造成重大损失,且情节显著轻微,不追究刑事责任。所以,公司有严格保密措施与制度规定严禁泄露,或弃之不用的生产工艺,均构成商业秘密。

(2)具有具体方案和数据。在大多数情况下,作为具有实用性的信息,应该是有具体方案和数据,而不应该是抽象的原理、概念,或者极其简单、没有具体化的构思、创意。问题是有的构思也可属于商业秘密的保护范围。比如说公司耗费大量人力、物力进行市场调研,准备把重点集中在这个领域,具体实施方案还未确定,这时有人把这信息泄露,这也构成商业秘密保护范围。因为这种构思有前期调研为基础,一旦透露出去,给竞争对手启发,削弱自己公司的竞争优势和可能获得的利益。

4. 价值性

价值性指权利人在工商经营活动中使用这些信息能够产生“超额”的经营利润或利益。价值性在商业秘密侵权案件中,具有非常重要的地位,它是客体受法律保护的重要条件之一。

我国《反不正当竞争法》对价值性的表述仅为能为权利人带来经济利益,而世界各国普遍认为价值性是指能为权利人带来现实的或者潜在的经济利益或者竞争优势,所以说:价值有可能体现于现实的经济利益或竞争优势,也有可能体现在未来的、潜在的经济价值或者竞争优势。美国一名法官在审理某案时认为:“商业秘密的不寻常价值可以就像丢在路边的一个钱包一样,长期不被普通公众注意,成百上千的过路人走过,直至过来一个观察者而不是过路人,发现了钱包的价值。”

这说明在判断时既要考虑成本,又不能完全用成本来衡量,因为小成本大回报,大成本大回报都是可能的。

5. 保密措施

保密措施是商业秘密构成的重要要件之一,如保密规定、保密协议、保密禁示等。

我国知识产权立法及实践开始的时间较晚,在很多方面较成功地吸取了国外的经验,所以在很多问题的认定上较少分歧。但在国外,对许多问题的认识却有一个不断发展与完善的过程,比如对保密措施应当万无一失还是仅合理即可就是一例。1970年,美国杜邦公司正在筹建一条用新方法制甲烷的生产线,由于他们将生产线建设与厂房的建设同时进行,所以厂房尚未封顶。一天,厂房的上空出现了一架直升机,飞机中的摄影师在空中对杜邦公司的厂房和生产线进行了拍照,于是杜邦公司起诉了摄影师。摄影师的辩护律师在辩论时提出三个论据,以证明摄影师没有侵权杜邦公司的商业秘密权:其一,飞机飞行的领域是城市上空,是公共区域,未被禁止飞行;其二,拍摄处于公共领域的内容,不违反法律;其三,杜邦公司厂房上方并没有封顶、盖大棚或者以其他方式警告法人不得拍摄。法庭对于前两个论据都予以肯定,但对于第三个论据的裁判是否定的。法庭认为,对商业秘密构成中的保密措施应当限定在合理的范围之内,不能要求权利人采取措施,以防备一切可能发生的不可预测、不可觉察、不可预防的间谍行为。杜邦公司为保护自己的商业秘密,已经采取了力所能及的保密措施,比如在厂区内设立警告标识等,如果要给尚在施工的厂房加盖顶棚,要付出巨大的花费,这样的要求是不合理的。法律不应当要求保密措施在任何标准之下均是万无一失的,合理的保密措施如同一道关上的门,虽然没有上锁,但他人不得擅自入内。法律要求任何人尊重他人的保密意识,遇到他人的保密措施应立即回避。并且,无可怀疑的是,在商界中应当贯彻较高的商业道德准则。杜邦公司一案中摄影师的行为,显然具有拍摄杜邦公司生产线的特殊目的,而这些照片足以使专业人员推断出杜邦公司生产甲烷的新方法。因此,法庭认为摄影师构成对杜邦公司商业秘密权的侵犯。[1]

(三)商业秘密侵权鉴定

1. 商业秘密的证明

在商业秘密案件中,一般情况下,原告需提供证据证明主张。因为我国《民事诉讼法》规定了谁主张,谁举证的原则,原告认为自己的技术信息或经营信息被侵犯,就要证明技术信息或经营信息具有秘密性、实用性和价值性,并且采取了保密措施,被告方以不正当的手段获取了上述技术或经营信息,被告方的产品或生产方法等与自己的相一致,这也是商业秘密被侵犯遭受的损失及计算依据。针对原告方的主张及举证,被告方一般要举证证明原告方举证不实情况。

商业秘密包括两类:一是技术信息;二是经营信息。所以,原、被告对技术或经营信息秘密性、实用性、价值性的主张及证据材料,被告方的技术及其来源的主张及证据材料。主要分为如下方面:

(1)不为公众所知悉的技术信息证明。即谓非公知信息,原告方对自己非公知信息的主张要具体、明确、清晰,具体到真正具有秘密性的某个部分、某些数据、某种成分等,分条目列举清楚。权利人(原告)希望专家透彻合理自己的技术与众不同或有独到之处,应当与现有技术相对比列举证明技术的先进性或优良的技术效果。而被告方会主张是公知技术信息,不但要罗列公开出版物,而且对原告主张的技术秘密进行逐条反驳,这样的举证有利于专家作出正确判断。

(2)能为权利人获利益的证明。原告方对非公知信息举证后,既要说清现实经济利益的损失,如市场份额减少,盈利下降,还应当注重那些隐含的、潜在的损失及被削弱的竞争优势,有些还需要对损失予以评估。而被告方要证明自己技术或经营信息来源的合法性,手段的正当性。

(3)具有实用性的证明。商业秘密的技术信息或者经营信息,具有使用价值,能够投入实际使用或运用。如果是一种抽象的概念或理念,则不具有实用性,也不能成为商业秘密。[2]

(4)权利人采用保密措施的证明。权利人采取了一定的保密措施,如保管、规定、要约等。

(5)商业秘密权利人或使用人的证明。

---

〔1〕 杨林村主编:《知识产权案件技术鉴定实务与研究》,人民法院出版社2003年版,第115页。

〔2〕 龚培华主编:《侵犯知识产权犯罪构成与证明》,法律出版社2004年版,第119页。

(6)信息来源不合法的证明,原告方对被告方信息来源不合法性的证明,不仅仅局限于被告以不正当手段获取的事实或可能性这样的直接证据,还可以列举被告在短期内部不具有开发的能力等间接证据加以补充说明。

2. 秘密性及其判定

常见的鉴定事项是“权利人所主张的商业秘密是否为公众所指悉”,主张的信息是否符合秘密性的要求。国家目前有关法律、法规对什么样的信息属于公众所知悉、什么样的不算为公众所知悉没有明确的、具有可操作性的规定,而且定义本身简单。然而,技术鉴定涉及领域繁多,每个领域的技术特点又有不同。比如有公开的相对性与绝对性问题、反向工程、出版物组合、出版物的地域问题等。

我国《关于禁止侵犯商业秘密行为的若干规定》第2条指出:“本规定所称不为公众所知悉,是指该信息不能从公开渠道直接获取的。”

(1)关于出版物公开。在商业秘密性案件鉴定中,被告列举公开的出版物获得公众所知悉,对原告进行反驳时最常见的。①出版物日期:主要看出版物在什么时候出版的,与诉讼侵权之间关系,侵权之前还是之后。②出版物所载技术为公知技术。

(2)关于公开销售、使用和反向工程。反向工程是指通过对产品进行解剖和分析,从而得出其构造、成分以及制造方法或工艺。反向工程是被证明其技术合法来源的一种途径。美国《统一商业法》规定,通常的情况下,产品一旦上市,便导致已可被模仿。反向工程,指通过对产品进行解剖和分析,从而得出其构造、成分以及制造方法或工艺。反向工程是被证明其技术合法来源的一种途径。对反向工程认识不一。大多数人认为,公开应当指出版物的公开,产品即便销售了,只要竞争者无法证明自己是通过反向工程正当渠道获知的技术信息,就要承担侵犯商业秘密的责任。有的人认为,公开销售使用导致他人可以进行反向工程,商业秘密就不构成。

但是,绝大多数人认为,只要竞争者不能举出以反向工程正当获取的信息证据,就应当推理权利人所主张的信息具有秘密性。我国工商行政管理局对打击假冒他人知名商标品行为的规定为:商品的名称、包装、装潢被他人擅自作相同或者近似使用,足以造成购买者误认的,即可认定为知名的商品。美国法院普遍做法是:①原告采取了保密措施,②被许可方有偿获得信息的积极性,③被告用正当手段复制技术信息的失败,④被告为获取信息采取不正当的手段。美国的压制钢车轫公司诉标准车轫公司一案中,被告声称自己对产品的观察和测绘了解其制造方法,但最后审理查清,被告是利用原告设计图纸制造出车厢,因此构成侵犯商业秘密。

(3)关于以其他方式公开——口头泄露。有两种情况:①权利人或义务人无意泄露,如果没有广泛传播,也可列为商业秘密保护之范围;②未加保密的有限披露,要求接受者保密,也未列入保护之范围。

另外,需要注意的事项为:

(1)举证具有一定的技巧性。原告的举证可分段承担,一般来说,商业秘密侵权案件之初,原告方对自己秘密泄露的程度不掌握,根据诉讼的进行随机应变,公开程度限制在一定范围内,以避免不必要的再泄露。

(2)举证责任在某种情况下发生转移。在诉讼中当事人对自己提出的主张,有责任提供证据,但是在某些侵权诉讼中,原告在提出初步证据后,举证责任发生转移。如产品制造方法发明专利引起的侵权纠纷,侵权方法专利实施在被告场所,原告无法从被告处获取证据,或得不到必要的证据,这就需被告提供证据。国家工商行政管理局《关于禁止侵犯商业秘密行为的若干规定》规定了举证责任的转移制度。在商业秘密诉讼中,有时会发生原告证明被告产品与自己产品具有一致性或相同性,同时证明被告有不正当获取商业秘密的条件或可能。虽然原告不能证明被告的生产技术是否与自己相同,但如果被告不能证明自己生产这种产品技术的合法来源,那么可以推定被告事实上使用了原告作为商业秘密的生产技术。

3. 商业秘密侵权处理

(1)受理。侵犯商业秘密行为由县级以上工商行政管理机关认定处理。

(2)鉴定方法。①按具体标准评判,在技术专家评判有关专门技术问题时,要依据《专利法》及其实施细则规定的原则进行评判,依据国家知识产权局发布的"审查指南"规定进行。②专家成员。一类为技术领域的技术专家;二类为技术领域的普通技术人员,并作为评判主体。③依据材料,是无效请求人在专利复审委员会审查过程中所提交的,参与的鉴定专家不能凭自己知道的其他文献资料进行评价,诉讼当事人在诉讼过程中提交的新的证据也不能作为评判的依据。

五、技术合同纠纷鉴定

(一)概述

我国《合同法》第2条明确规定:"本法所称合同是平等主体的自然人、法人、其他组织之间设立、变更、终止民事权利义务关系的协议。"《合同法》第322条对技术合同作了明确规定:"技术合同是当事人就技术开发、转让、咨询或者服务订立的确立相互之间权利和义务的合同。"由此说明,我国目前的技术合同主要分为技术开发、技术转让、技术咨询和技术服务合同。

《合同法》第324条规定:"技术合同的内容由当事人约定,一般包括以下条款:(一)项目名称;(二)标的的内容、范围和要求;(三)履行的计划、进度、期限、地点、地域和方式;(四)技术情报和资料的保密;(五)风险责任的承担;(六)技术成果的归属和收益的分成办法;(七)验收标准和方法;(八)价款、报酬或者使用费及其支付方式;(九)违约金或者损失赔偿的计算方法;(十)解决争议的方法;(十一)名词和术语的解释。与履行合同有关的技术背景资料、可行性论证和技术评价报告、项目任务书和计划书、技术标准、技术规范、原始设计和工艺文件,以及其他技术文档,按照当事人的约定可以作为合同的组成部分。技术合同涉及专利的,应当注明发明创造的名称、专利申请人和专利权人、申请日期、申请号、专利号以及专利权的有效期限。"

我国改革开放以来,科学技术不断发展,对外交流日益频繁,技术成果在全球范围内被广泛流传与应用。因技术合同引发的纠纷也与日俱增,产生的纠纷大多数是因合同当事人对有关技术条款约定不明确而引发,如合同双方对研究开发技术成果、技术转让的标的技术、技术服务等是否符合合同约定的标准产生争议。[1]

(二)技术合同鉴定的提出与处置

1. 技术鉴定的提出

技术合同的当事人均可提请技术鉴定。由于技术合同鉴定专业性比较强,鉴定机构与鉴定人由司法行政机关指定。鉴定人应严格按照技术合同的约定内容,审查原理、设计、工艺及有关的技术资料,按约定的检测方法和验收标准,作出科学、客观、公正的鉴定意见。

2. 处置

(1)追究刑事责任。《合同法》第127条规定:"工商行政管理部门和其他有关行政主管部门在各自的职权范围内,依照法律、行政法规的规定,对利用合同危害国家利益、社会公共利益的违法行为,负责监督处理;构成犯罪的,依法追究刑事责任。"

(2)调解。《合同法》第128条规定,当事人可以通过协商或者调解解决合同争议。

当事人不愿和解、调解或者和解、调解不成的,可以根据仲裁协议向仲裁机构申请仲裁。涉外合同的当事人可以根据仲裁协议向中国仲裁机构或者其他仲裁机构申请仲裁。当事人没有订立仲裁协议或者仲裁协议无效的,可以向人民法院起诉。对发生法律效力的判决、仲裁裁决、调解书;拒不履行的,对方可以申请人民法院执行。

(三)技术开发合同纠纷的鉴定

1. 技术开发合同的概念

我国《合同法》第330条规定:"技术开发合同是指当事人之间就新技术、新产品、新工艺或者新材料及其系统的研究开发所订立的合同。"当事人之间订立技术开发合同主要是就新技术成果研究开发中的权利义务,新技术成果的内容、形式、检测方法、验收标准及其归属,以及研究开发中可能出现的风险责任承担等问题进行协商并达成一致的协议。根据这一规定,技术开发是利用自然规律对产品、工艺、材料及其系统进行创造发明的活动。技术系统是综合性技术项目,包括产品、工艺、材料以及多种技术之间的有机组合。另外,技术合同订立确定的技术具有新颖性,新颖性体现在时间标准——合同当事人从公开出版物检索不到该技术。地域标准,指各国制定本国新颖性标准、世界新颖性标准、混合新颖性标准。例如,把已有的技术开发成果与他人订立的合同,就不能称为技术开发合同。

---

[1] 杨林村主编:《知识产权案件技术鉴定实务与研究》,人民法院出版社2003年版,第165页。

2. 鉴定材料

(1) 鉴定内容。①合同约定要求。技术开发的成果是否符合当事人在合同中约定的要求。当事人在订立技术开发合同时,要求明确技术开发合同标的内容具体。比如技术开发的成果是以什么表现形式,如工业化先进程度、提交形式和具体技术要求。合同中确定的标准,可以是国家标准、专业技术标准、行业标准或双方确认的实用技术标准。②技术成果新颖性。判断技术成果是否具有新颖性,各国的标准不尽相同。通常按照两种标准——时间标准和地域标准。③技术成果实用性。技术开发成果必须能够在产业上制造或使用。合同当事人对技术开发成果产生争议时,一方面对技术成果是否具有实用性进行鉴定,判断能否产生效益,成本与销售是否有利润,另一方面对技术成果是否存在重大缺陷进行鉴定。

(2) 鉴定依据。技术开发合同纠纷案件涉及专业技术鉴定,向鉴定机构提供全部需作鉴定的材料,鉴定人依据提供的材料进行鉴定,主要包括:

①技术资料。技术开发成果全面完整的技术资料,如试验工作总结、技术指标测试报告、有关设计图纸图表、设计说明书、鉴定或评估的报告。

②实物。技术开发样品、样机等实物。

③合同文本。技术开发合同文书或计划任务书。

3. 鉴定方法和标准

最高人民法院《关于审理技术合同纠纷案件若干问题的纪要》第 99 条规定:"当事人对技术成果的检测方式或者验收标准没有约定或者约定不明确,依照合同法第 61 条的规定不能达成补充协议的,可以根据具体案情采用本行业常用的或者合乎实用的检测方式或者验收标准进行检测鉴定、专家评议或者验收鉴定。对合同约定的验收标准明确、技术问题并不太复杂的,可以采取当时现场演示、操作、制作等方式对技术成果进行鉴定。"

根据需要采取不同的鉴定方法:

(1) 审查技术资料。鉴定人员按委托要求的内容,根据技术资料可以作出鉴定。鉴定人员(技术专家)可以依据书面材料,不需要对科技成果进行现场考察、测试或当事人说明可作出评价的,进行全面审查,得出鉴定意见。

(2) 测试技术成果。鉴定人员认为需要对技术成果进行现场考察、测试,或由当事人说明情况也不能作出评价的,鉴定人员应该到现场进行实地考察、测试,或召开听证会听取当事人答辩或通过询问当事人,鉴定人员根据考察或测试作出鉴定意见。

(3) 检验实物。鉴定人员认为有必要对技术开发研制的产品,如样品、样机要作技术检测,可委托专业技术检测机构进行检验,测试样品、样机的性能、技术指标参数,检测报告作为鉴定人员鉴定的参考依据。

(4) 技术成果的鉴定标准。技术成果鉴定的标准首先以合同约定的标准和技术指标为依据。

(四)技术转让成果的鉴定

1. 技术转让成果的概念

我国《合同法》第342条规定:"技术转让合同包括专利权转让、专利申请权转让、技术秘密转让、专利实施许可合同。"技术转让合同双方因技术转让成果是否符合合同约定的标准而引发的纠纷,具体表现为受让方实施合同标的技术不能生产出合格产品,技术转让合同转让的标的技术成果是否存在重大缺陷,受让方是否严格按照受让技术实施(包括受让方使用的原材料、设备是否符合要求、是否按工艺步骤操作)。技术转让合同可以约定让与人与受让人实施专利或者使用技术秘密的范围,但不得限制技术竞争和技术发展。

2. 鉴定材料

(1)鉴定内容。①技术转让成果合同约定的标准。鉴定应严格按照合同中约定的标准进行。当事人在订立技术转让合同时,表明了约定转让技术的具体内容和具体要求技术指标、技术资料,以及提供的方式等。②技术转让成果实用性。主要是鉴定技术转让成果是否能生产产品。如果受让方按照转让方生产技术不能生产符合合同约定的产品,受让方就会要求追究转让方的违约责任,因此,要对转让方技术成果是否成熟、是否存在缺陷等问题进行鉴定。③技术资料真实可靠性。通常情况下,受让方要求转让方提交的技术资料完整、真实、可靠,它关系到受让方的利益。如果转让方提供的技术资料与合同约定技术资料不符,受让人认为要追究转让方的违约责任,可进行鉴定。④受让技术实施。受让方是否严格按照转让技术要求实施,如受让方使用的原料、设备是否达到受让技术要求,是否严格按照转让方提交的操作实施。⑤非公知技术。技术秘密转让合同中,技术成果应为"非公知技术","非公知技术"才能作为技术秘密,而公知技术,不能作为技术秘密。技术秘密转让合同中的不应是公知技术。

(2)鉴定依据。①技术文件资料。转让方向受让方提交的全部技术文件资料,如产品设计图纸、工艺文件、生产设备、主要原材料的技术要求,产品技术标准、专利说明书。②受让方实施合同技术的有关记录。主要是原材料、生产设备、技术参数指标、操作人员的熟练程度,生产的产品(样品)、样机,每一步都需详细记录便于鉴定。③相关证明资料。技术转让合同文本,获得专利的证书,以及相关的证明资料。

(3)鉴定注意事项。①技术方案可操作性。技术转让合同的技术方案具有可操作性。它不是抽象的或原理性的,而是具有名称、技术指标、功能、适用范围、特定的使用或生产方式具体特征完整的技术方案,普通技术人员按照技术文件能够实施、生产出符合约定技术指标的产品。②技术方案的现实性。转让技术合同必须是现实的技术方案。可以转让的技术,就应是转让方已经掌握的技术方案。如果技术方案是一种设想,无法应用于实践,想象得再好,也只能是有待开发的技术,是不能转让的。正在开发的技术,还未能为人们所掌握,各种性能和技术指标尚未确定,也不能作为技术转让合同的技术方案。

(五)技术服务合同的鉴定

1.技术服务合同的概念

我国《合同法》第356条第2款规定:“技术服务合同是指当事人一方以技术知识为另一方解决特定技术问题所订立的合同,不包括建设工程合同和承揽合同。”根据这一规定,当事人为了解决特定的技术问题、完成急需的技术工作,而订立技术服务合同。如企业进口一批设备生产,检修期满后,若设备出现故障,需要检修和维护保养,当事人因此订立技术服务合同,合同中明确要求提供服务内容等。

2.技术服务合同种类

技术服务属于特定的技术运动,需要有科学技术知识和创造能力解决较专业的技术,通过技术服务,产生经济效益和社会效益。现代社会中技术服务项目繁多,主要归纳为如下几方面:

(1)技术知识性服务。①工艺服务。为解决特定技术问题订立的合同,主要内容包括:产品设计的工艺性,产品结构工艺要求,加工制造等。可分为特殊技术要求的工艺和工艺文件编制。②设计服务。主要包括改进现有产品结构和工艺操作流程的设计、专用模具设计等。③测试分析服务。主要包括新产品、新材料的测试分析、非标准化的测试分析,还有对特殊要求的技术成果的测试分析。④计算机应用技术服务。主要范围是计算机系统软件编制和辅助设计。⑤调试服务。主要范围是需要运用专业技术知识解决特定技术问题的仪器设备、生产线的调试。生产线的调试是对国内外开发式引进的先进仪器设备、成套装置及生产线的技术调试。

(2)科技信息服务。①技术项目的信息加工服务:这属于特定技术项目服务的科技信息的收集与整理。②技术项目的信息分析和检索服务:为技术开发项目服务的科技信息进行分析论证。

(3)其他技术服务。①农业技术服务。农业的生产技术服务,包括为品种技术成果推广应用,以及提供产量、品质、发展新品种、改良土地、降低消耗、提高经济效益和社会效益的技术服务。②技术培训服务。以培训为技术服务的合同,培训的内容应是讲解一定的专业技术,讲解技术资料,解答和解决技术问题等,培训的项目和内容应当是当事人约定的专业技术。③技术中介服务。技术中介服务是中介方以自己的知识、技术、经验和信息为另一方与第三方订立技术合同进行联系、介绍、组织工业化并对履行合同提供服务。

3.鉴定内容与依据

(1)鉴定内容。技术服务合同是解决特定技术问题,提供技术工作成果。根据技术服务的具体情况,可分为:①特定技术服务合同。这类合同时要把技术工作成果以一定的物质形式表现出来,如产品设计图、设备改造、材料配方等。订立技术服务合同时,一般都有具体约定。②科技信息技术服务合同。这类合同主要是技术培训和技术中介培训与中介多种专业技术,不是一般的普通技术。

(2)鉴定依据。①技术服务合同文件和相关附件。技术服务合同纠纷事件中的合同文件,如约定的标准和要求。②技术服务成果。技术服务完成的技术成果,经技术鉴定意见等。

六、知识产权侵权赔偿数额鉴定

我国确立了知识产权侵权的“全面赔偿原则”。三大知识产权法对侵权损害赔偿数额的确定方法作出了具体规定。总体来说,知识产权侵权的赔偿数额鉴定采取以下步骤:

(1)按照权利人因被侵权所受到的损失或者侵权人因侵权所获得的利益确定。权利人因被侵权所受到的损失可按照权利人的产品因被侵权所造成的销售量的减少与权利人销售该产品的单位利润乘积计算。侵权人因侵权所获得的利益可以根据侵权产品的销售量与该商品单位利润乘积计算。

(2)当用第一步骤不能确定赔偿数额时,对于专利侵权案件,可参照该专利许可使用费的1~3倍合理确定赔偿数额。

(3)当依据以上步骤均不能确定赔偿数额时,由法院根据情节判决给予50万元以下的赔偿。

确定赔偿范围时,应将权利人因调查、制止侵权所支付的合理费用计算在内。人民法院根据当事人的诉讼请求和案件具体情况,可以将符合国家有关部门规定的律师费用计算在赔偿范围内。

知识产权侵害赔偿数额鉴定属于司法会计和知识产权鉴定相结合的过程。通常应经过知识产权鉴定,形成明确的知识产权鉴定意见,再经由司法会计人员利用司法会计的方法、原理对赔偿数额进行鉴定。前者是后者鉴定意见形成的重要基础和依据。会计凭证、侵权人公开资料上宣称的利润和产量、纳税登记、从具有统计职能的部门或行业协会提取的相关资料等都可以作为证据确定赔偿数额。以上证据经过当事人质证后,利用审核法、核对法、查询法等司法会计鉴定的基本方法,鉴定人严格按照“全面赔偿原则”确定知识产权损害赔偿数额。

第四节　知识产权司法鉴定文书的制作

一、知识产权司法鉴定文书的概念与分类

根据司法部《司法鉴定文书规范》的规定和我国司法鉴定实践,知识产权司法鉴定文书可分为知识产权司法鉴定意见书及知识产权司法鉴定检验报告书两种类型。知识产权司法鉴定意见书是知识产权司法鉴定机构和司法鉴定人对委托人提供的鉴定材料进行检验、鉴别后出具的记录司法鉴定人专业判断意见的文书,一般包括标题、编号、基本情况、检案摘要、检验过程、分析说明、鉴定意见、落款、附件及附注等内容。知识产权司法鉴定检验报告书是司法鉴定机构和司法鉴定人对委托人提供的鉴定材料进行检验后出具的客观反映司法鉴定人的检验过程和检验结果的文书,一般包括标题、编号、基本情况、检案摘要、检验过程、检验结果、落款、附件及附注等内容。

二、基本要求

(一)格式与内容要求

司法部印发的《司法鉴定文书规范》规定了司法鉴定文书的制作要求。一般说来,知识产权司法鉴定文书可由封面、正文、附件组成。

鉴定文书的封面应写明司法鉴定机构的名称、司法鉴定文书的类别和司法鉴定许可证号;封二应写明声明、司法鉴定机构的地址和联系电话。

鉴定文书的正文应包括以下几部分内容:

(1)标题。写明司法鉴定机构的名称和委托鉴定事项。

(2)编号。写明司法鉴定机构缩略名、年份、专业缩略语、文书性质缩略语及序号。

(3)基本情况。写明委托人、委托鉴定事项、送鉴材料(包括鉴定涉及的知识产权有效文件复印件,被鉴定客体的相关证据材料等)、受理日期及鉴定日期。

(4)案件摘要。写明委托鉴定事项涉及案件的简要情况。

(5)鉴定过程。写明鉴定的实施过程和科学依据,包括检材处理、鉴定程序、所用技术方法、技术标准和技术规范等内容。

(6)检验结果。写明对委托人提供的鉴定材料进行检验后得出的客观结果。

(7)分析说明。写明鉴定人形成鉴定意见的分析、鉴别和判断的过程。

(8)鉴定意见。写明鉴定人根据送鉴材料形成的鉴定意见。如有多人参与鉴定,其中有部分鉴定人对鉴定意见有不同意见的,应在鉴定文书中注明。

(9)落款。由鉴定人签名或者盖章,并写明鉴定人的执业证号,同时加盖司法鉴定机构的司法鉴定专用章,并注明文书制作日期等。

(10)附注。对司法鉴定文书中需要解释的内容,可以在附注中作出说明。

鉴定文书的附件应包括与鉴定意见有关的对比文件、图表、照片、参考文献等。

(二)时间要求

知识产权司法鉴定文书应在与委托人签订司法鉴定协议书之日起30个工作日内完成。疑难的司法鉴定在60个工作日内完成或与委托人商定时限。鉴定过程中需要补充鉴定材料所需的时间,不计入鉴定时限。

第五节 知识产权司法鉴定意见的评价

一、知识产权司法鉴定文书评价的必要性

司法鉴定意见属于法定的证据种类之一,但不必然成为定案的依据。其证明力需要通过评价检案实践活动来确定。知识产权司法鉴定意见并不是对客观事实的直接反映,而是通过各种鉴定材料对客观事实的间接反映。所以,知识产权司法鉴定意见未经质证不得直接作为认定事实的证据,法庭质证及法官的审查机制是鉴定意见科学性评价的必要过程。

最高人民法院在《关于全国部分法院知识产权审判工作座谈会纪要》中就指出,鉴定部门和鉴定人应当将鉴定结论以及作出结论的事实依据和理由、意见以书面形式提交给人民法院。鉴定结论应当经过当事人质证后决定是否采信;当事人有权要求鉴定人出庭接受质询。未经当事人质证的鉴定意见不能采信。北京市高级人民法院发布的《关于知识产权司法鉴定若干问题的规定(试行)》第16条规定,司法鉴定机构应当依法履行出庭接受质询的义务。知识产权司法鉴定机构不履行出庭接受质询义务,由相关法院负责处理,并向高级人民法院反馈情况。鉴定人作为诉讼参与人,当事人可通过质疑、询问、辩驳等形式对其作出的鉴定结论进行对质核实。通过借助双方当事人对鉴定意见的评价、质疑或辩论,法庭可从不同的角度对鉴定意见加以剖析、论证,拓宽法官对鉴定意见确信的视角,从而通过这种方式发现真实,为准确认证打下良好的基础。

在认证阶段,法庭应当将认证的重点放在审查鉴定意见的论据是否充分、分析是否合理、证据与意见之间是否存在矛盾、鉴定人是否受到外界影响等对鉴定意见进行审查,判定鉴定意见有无证明力,并对其证明力进行评估。只有在判明其科学、客观、真实,且与其他相关证据关联的基础上,才能将鉴定意见作为定案依据。法院对鉴定意见的核实应在判决书中作出说明,并阐明理由。

二、知识产权司法鉴定意见书的形式评价

知识产权司法鉴定文书具有法律文书和科学技术报告的双重属性,其形式必须符合科学报告和法律文书的基本要求。如鉴定文书的载体、形式、文字等应符合法定要求。

知识产权司法鉴定意见的内容应涵盖委托事项和要求、送检的鉴定材料、鉴定依据、鉴定过程及使用的技术标准和技术手段的分析说明及鉴定意见、鉴定人资格的证明及鉴定机构名称等。司法鉴定意见一般由编号、绪言、资料(案情)摘要、检验过程、分析说明、鉴定意见、结尾、附件、注释等部分组成。

三、知识产权司法鉴定意见书的程序评价

司法鉴定意见的正确性,取决于两个方面,即法律程序的保障和鉴定意见的科学性、客观性。其中,程序是司法鉴定制度的核心,是保证司法鉴定合法性和公信力的最重要环节,它已成为衡量实体权利是否得以实现的一种基准。从这一论点出发,只有在知识产权司法鉴定实施程序科学性的基础上才能保证鉴定意见的合法性和公信力。

(一)知识产权司法鉴定的启动程序是否合法

当前我国审判方式的改革方向,就是由职权式审判方式向对抗式审判方式转变,法官在诉讼中的角色由主动的、积极作为的角色向被动的、消极作为的角色转变。知识产权司法鉴定作为诉讼活动的重要保障,一般应依当事人申请而启动,只有在当事人滥用鉴定权时,法院才能依职权行使鉴定委托权。北京市高级人民法院在《关于知识产权司法鉴定若干问题的规定(试行)》中指出,知识产权司法鉴定一般由当事人申请并经人民法院同意。人民法院认为确有必要的,也可以决定鉴定。同意或者决定进行知识产权司法鉴定的,均由相关法院进行委托,并明确委托鉴定的具体内容。对于鉴定机构的选择,该规定指出,人民法院应当向当事人明确选择知识产权司法鉴定机构的原则和办法,选择过程和结果如实记录在案。在当事人选择鉴定机构的过程中,人民法院工作人员不得强迫或暗示、诱导当事人进行选择。确定知识产权司法鉴定机构,首先由当事人协商,在司法鉴定机构名册中选择具有知识产权鉴定资质的司法鉴定机构。当事人选择一致的,委托该机构进行司法鉴定。当事人一方放弃选择,或经传票传唤不到庭,或在人民法院指定期限内无正当理由未予答复的,由另一方当事人单方选择后由相关法院确定。双方当事人均表示放弃选择的,可由人民法院提出建议,经双方当事人同意后确定。在当事人选择不一致时,由当事人在名册内各选择2~3家机构。选择中如有一家重合机构,委托该机构进行司法鉴定;如有多家重合机构,由相关法院在重合的机构中确定;如没有重合机构,由人民法院确定。各级法院按照前述确定鉴定机构时,应当根据委托司法鉴定的内容,在相应专业的司法鉴定机构内,采取各案分别委托、公开抽签的方式。

知识产权司法鉴定人必须具备职业资格并符合执业条件,并采用鉴定人名册管理制度。鉴定人由司法行政部门编制名册,供当事人及司法机关选聘。从检案实践分析,由技术专家鉴定的办法可保证鉴定意见的科学性、客观性、公正性和准确性。案件委托人应很好地区分鉴定对象是否为专业技术问题。把当事人有争议的问题都列入鉴定事项,将不应由鉴定机构来判断的问题交给鉴定机构,这都造成了诉讼程序的混乱。

(二)司法鉴定的实施程序是否合法

知识产权司法鉴定的实施状况如何,直接影响司法鉴定工作的整体水平。司法鉴定与当事人诉讼权益息息相关,但目前存在这样一种倾向,即法院和当事人在委托鉴定之后就对鉴定活动不闻不问,静待鉴定意见的产生。法庭和当事人对鉴定采用

的方法、鉴定专业技术设备、专业技术程序规范、检测对比的标准体系等鉴定的具体操作程序和方法均不清楚,这会导致当事人对鉴定意见的形成过程有疑虑,削弱了鉴定意见的公信力。因此为了保障当事人一定程度上的参与权,同时保证鉴定意见的可靠性和公允性,有必要加强法院对司法鉴定实施活动的必要监督和制约。佛山市中级人民法院就曾经采取了由法庭成员和双方当事人的技术代表直接参加鉴定听证会的做法,在合议庭成员的参与和监督下,双方当事人对各自的证据和相关技术问题进行了解释和说明,鉴定人对当事人进行了必要的询问,合议庭成员回答了鉴定人有关证据保全和庭审情况等问题。经过尝试,这种由当事人参加鉴定会的方式,能最大限度地保证鉴定活动的合法、有序、客观,消除当事人对鉴定过程的质疑,受到了当事人的普遍赞同,也为法官对鉴定结论的采信奠定了坚实的基础。当事人和合议庭对鉴定的参与和监督,加强了司法权力与诉讼权利的结合,对实现诉讼民主与诉讼公正有一定的促进作用。

知识产权司法鉴定业务带有强烈的主观性,对这些鉴定的鉴定意见客观真实性的判断,基本上要依据鉴定人的专业技能和相关经验。近几年我国知识产权司法鉴定的检案实践分析,在鉴定问题所涉及的法律背景和技术领域上,既有熟悉专利、商标等知识产权法律知识的专家参加,又有专业技术专家参加。所以,正是在知识产权司法鉴定的法律和技术两个方面都有法律专家和技术专家参与,才能确保司法鉴定工作的全面、公正和客观。

四、知识产权司法鉴定意见书的内容评价

(一)鉴定方法、技术和标准的统一性、可靠性评价

严格规范鉴定的具体操作方法、统一鉴定技术标准既是保证科学性、可靠性的重要途径,也是提高鉴定质量,保证鉴定意见客观真实的保障。我国目前尚未确立知识产权司法鉴定方法、技术和标准的评价体系。目前,知识产权司法鉴定人也有借鉴和采用其他司法鉴定领域的技术、方法和技术标准。实际上,由于知识产权司法鉴定涉及的技术领域极为广泛,对于某些鉴定方法(如物理和化学分析方法)建立一套专门针对知识产权司法鉴定的标准并不现实,借鉴和采用已有的技术方法和技术标准更符合实际。但应当明确,何种鉴定应当“通过程序采用何种国家或行业标准”。对于非技术领域的鉴定方法,如检索分析方法或理论分析方法,则应当尽快建立统一的知识产权司法鉴定标准,尽量减少因为主观因素而影响鉴定结果可靠性的可能。

(二)对鉴定意见表述与分析说明的规范性评断

(1)司法鉴定文书在语言表述上应符合以下基本要求:①基本概念清楚,使用本行业通用的规范专业术语。鉴定意见还应符合法律用语的规范要求,便于非专业人员正确理解鉴定意见。②文字简练,用词准确,语句通顺,描述确切无误,鉴定意见清晰明确,不使用有歧义的字、词、句和模糊的语言。

(2)司法鉴定的过程需要进行鉴别,并在鉴别的基础上进行判断。要判断就需

要进行分析说明。司法鉴定离不开分析说明，没有分析说明，我们只能得到在检验过程中看到的现象，永远无法得到一个明确的鉴定意见。分析说明在司法鉴定中的存在是合理的并且是必需的。与此同时，分析说明不能离开对鉴定对象的检验，脱离了对鉴定对象的检验而进行的逻辑推理，违背了司法鉴定的性质。司法鉴定的特性要求鉴定人必须运用科学技术手段或者专门知识，因此，分析说明在司法鉴定中是必需的。

思考题

1. 简述知识产权司法鉴定的概念、特征及其意义。
2. 知识产权司法鉴定要遵循哪些特定原则?
3. 知识产权鉴定的范围有哪些?
4. 简述知识产权鉴定的常用技术方法。
5. 如何理解判断专利侵权中的等同原则?
6. 简述商业秘密权与专利权之间的区别与联系。
7. 简述如何理解保密措施在商业秘密构成中的重要性。
8. 简述技术合同鉴定的内容。

阅读书目

1. 杨林村主编:《知识产权案件鉴定实务与研究》，人民法院出版社 1994 年版。
2. 闵银龙主编:《经济案件司法鉴定》，中国方正出版社 2007 年版。
3. 上海文艺知识产权司法鉴定中心编:《天下没有免费的午餐:文艺作品知识产权诉讼案例辨析》，上海人民出版社 2009 年版。
4. 杜志淳主编:《司法鉴定概论》(第 2 版)，法律出版社 2012 年版。
5. 王志广著:《中国知识产权刑事保护研究》，中国人民公安大学出版社 2007 年版。
6. 刘春田主编:《以案说法——知识产权法篇》，中国人民大学出版社 2006 年版。
7. 蒋志培主编:《知识产权民事审判证据实务》，中国法制出版社 2008 年版。

图书在版编目(CIP)数据

司法鉴定通论 / 霍宪丹主编. —2 版. —北京:
法律出版社,2013.12 (2025.9 重印)
ISBN 978-7-5118-4384-5

Ⅰ.①司…　Ⅱ.①霍…　Ⅲ.①司法鉴定—研究　Ⅳ.
①D918.9

中国版本图书馆 CIP 数据核字(2012)第 298092 号

司法鉴定通论(第二版)
SIFA JIANDING TONGLUN(DI-ER BAN)

霍宪丹 主编

责任编辑 任 娜
装帧设计 汪奇峰

出版发行 法律出版社
编辑统筹 法治与经济出版分社
责任印制 吕亚莉
经　　销 新华书店

开本 720 毫米×960 毫米 1/16
印张 24.5　字数 420 千
版本 2013 年 2 月第 2 版
印次 2025 年 9 月第 3 次印刷
印刷 河北虎彩印刷有限公司

地址:北京市丰台区莲花池西里 7 号(100073)
网址:www.lawpress.com.cn
投稿邮箱:info@lawpress.com.cn
举报盗版邮箱:jbwq@lawpress.com.cn

销售电话:010-83938349
客服电话:010-83938350
咨询电话:010-63939796

书号:ISBN 978-7-5118-4384-5
定价:48.00 元
凡购买本社图书,如有印装错误,我社负责退换。电话:010-83938349